# Staat – Souveränität – Nation
## Beiträge zur aktuellen Staatsdiskussion

**Herausgegeben von**
R. Voigt
Univ. der Bundeswehr München Fak. für Sozialwissenschaften
Neubiberg, Deutschland
S. Salzborn
Göttingen, Deutschland

AF148118

Zu einem modernen Staat gehören Staatsgebiet, Staatsgewalt und Staatsvolk (Georg Jellinek). In Gestalt des Nationalstaates gibt sich das Staatsvolk auf einem bestimmten Territorium eine institutionelle Form, die sich über die Jahrhunderte bewährt hat. Seit seiner Etablierung im Gefolge der Französischen Revolution hat der Nationalstaat Differenzen in der Gesellschaft auszugleichen vermocht, die andere Herrschaftsverbände gesprengt haben. Herzstück des Staates ist die Souveränität (Jean Bodin), ein nicht souveräner Herrschaftsverband ist kein echter Staat (Hermann Heller). Umgekehrt ist der Weg von der eingeschränkten Souveränität bis zum Scheitern eines Staates nicht weit. Nur der Staat ist jedoch Garant für Sicherheit, Freiheit und Wohlstand der Menschen. Keine internationale Organisation könnte diese Garantie in ähnlicher Weise übernehmen.

Bis vor wenigen Jahren schien das Ende des herkömmlichen souveränen Nationalstaates gekommen zu sein. An seine Stelle sollten supranationale Institutionen wie die Europäische Union und – auf längere Sicht – der kosmopolitische Weltstaat treten. Die Zustimmung der Bürgerinnen und Bürger zu weiterer Integration schwindet jedoch, während gleichzeitig die Eurokratie immer mehr Macht anzuhäufen versucht. Die demokratische Legitimation politischer Entscheidungen ist zweifelhaft geworden. Das Vertrauen in die Politik nimmt ab.

Wichtige Orientierungspunkte (NATO, EU, USA) haben ihre Bedeutung für die Gestaltung der Politik verloren. In dieser Situation ist der souveräne Nationalstaat, jenes „Glanzstück occidentalen Rationalismus" (Carl Schmitt), der letzte Anker, an dem sich die Nationen festhalten (können). Dabei spielt die Frage nur eine untergeordnete Rolle, ob die Nation „gemacht" (Benedict Anderson) worden oder ursprünglich bereits vorhanden ist, denn es geht nicht um eine ethnisch definierte Nation, sondern um das, was Cicero das „Vaterland des Rechts" genannt hat.

Die „Staatsabstinenz" scheint sich auch in der Politikwissenschaft ihrem Ende zu nähern. Und wie soll der Staat der Zukunft gestaltet sein? Dieser Thematik will sich die interdisziplinäre Reihe *Staat – Souveränität* – Nation widmen, die Monografien und Sammelbände von Forschern und Forscherinnen aus unterschiedlichen Disziplinen einem interessierten Publikum vorstellen will. Das besondere Anliegen der Herausgeber der Reihe ist es, einer neuen Generation von politisch interessierten Studierenden den Staat in allen seinen Facetten vorzustellen.

Rüdiger Voigt
Samuel Salzborn

Stefanie Hammer

# Wie der Staat trauert

Zivilreligionspolitik in der
Bundesrepublik Deutschland

 Springer VS

Stefanie Hammer
Erfurt, Deutschland

Dissertation, Universität Erfurt, 2014

Ergänzendes Material zu diesem Buch finden Sie auf
http://www.springer-vs.de/978-3-658-07710-5

ISBN 978-3-658-07710-5        ISBN 978-3-658-07711-2 (eBook)
DOI 10.1007/978-3-658-07711-2

Die Deutsche Nationalbibliothek verzeichnet diese Publikation in der Deutschen Nationalbibliografie; detaillierte bibliografische Daten sind im Internet über http://dnb.d-nb.de abrufbar.

Springer VS

Springer Fachmedien Wiesbaden ist Teil der Fachverlagsgruppe Springer Science+Business Media
(www.springer.com)

# Inhalt

Verzeichnis der Tabellen und Abbildungen     7

Vorwort     11

| 1 | Einleitung | 13 |
|---|---|---|

| 2 | Was ist Zivilreligion? | 25 |
|---|---|---|
| 2.1 | Das Religiöse der Zivilreligion | 29 |
| 2.2 | Die Idee der Zivilreligion bei Rousseau | 35 |
| 2.2.1 | Die Bekenntnisse des Rousseau | 40 |
| 2.2.2 | Vom Naturzustand | 44 |
| 2.2.3 | Vom Emil | 51 |
| 2.2.4 | Vom Gesellschaftsvertrag und vom Gesetzgeber | 58 |
| 2.2.5 | Von der Zivilreligion | 63 |
| 2.3 | Der Zivilreligionsdiskurs im Anschluss an Rousseau | 78 |
| 2.3.1 | Émile Durkheim- Gesellschaft und Religion | 79 |
| 2.3.2 | American Civil Religion- Robert N. Bellah | 89 |
| 2.3.3 | Die deutsche Rezeption des Zivilreligionskonzeptes | 97 |
| 2.3.3.1 | Niklas Luhmann | 97 |
| 2.3.3.2 | Hermann Lübbe | 100 |
| 2.3.3.3 | Wolfgang Vögele | 107 |
| 2.4 | Zwischenfazit | 111 |

| 3 | Zivilreligionspolitik | 113 |
|---|---|---|
| 3.1 | Symbolische Politik | 115 |
| 3.1.1 | Das erste Gesicht symbolischer Politik | 117 |
| 3.1.2 | Das zweite Gesicht symbolischer Politik | 128 |
| 3.2 | Rituale | 135 |
| 3.2.1 | Ritual und Narration | 147 |
| 3.3 | Zwischenfazit: Zivilreligionspolitik | 152 |

| 4 | **Die Trauerfeiern für die gefallenen Bundeswehrsoldaten** | **155** |
|---|---|---|
| 4.1 | Material | 162 |
| 4.2 | Die Trauerfeiern der Bundeswehr als Ritual | 166 |
| 4.2.1 | Rahmung und formeller Beschluss | 169 |
| 4.2.2 | Formeller Aufbau und Ablauf auf dem Flughafengelände | 175 |
| 4.2.3 | Formeller Aufbau und Ablauf in den Kirchen | 180 |
| 4.2.4 | Überhöhung und Transformation | 185 |
| 4.2.5 | Die Trauerreden als Narrativ | 196 |
| 4.3 | Die Trauerfeiern als Zivilreligionspolitik | 218 |
| **5** | **Schluss** | **223** |
| **Literatur** | | **229** |

# Verzeichnis der Tabellen und Abbildungen

Tabelle 1:     Die Trauerfeiern für die gefallenen Bundeswehrsoldaten   164

Abbildung 1:  Gedenkappell auf dem Flughafengelände Wunstorf,

22.10.1993                                                                       176

Abbildung 2:  Ökumenische Trauerfeier auf dem Flughafengelände

Köln-Wahn, 29.06.2005                                            176

Abbildung 3:  Ökumenische Trauerfeier auf dem Flughafengelände

Köln-Wahn, 29.06.2005                                            177

Abbildung 4:  Gedenkappell auf dem Flughafengelände Wunstorf,

22.10.1993                                                                       186

Tabelle 2:     Ablaufplan für eine zentrale Trauerfeier                184

Tabelle 3:     Typologie der Narrativen                                      214

Tabelle 4:     Ergebnisse der Analyse der Trauerreden              217

Tabelle 5:     Ergebnisse der Analyse der Trauerfeiern als

Zivilreligionspolitik                                                 221

Für Hannes, Anton und Maive.

# Vorwort

Die vorliegende Studie wurde 2013 von der Staatswissenschaftlichen Fakultät der Universität Erfurt als Dissertation angenommen. Sie ist inhaltlich mit der eingereichten Fassung bis auf wenige redaktionelle Korrekturen identisch.

Bedanken möchte ich mich zuallererst bei meinem Doktorvater Prof. Dr. André Brodocz, der mir, auch als Mitarbeiterin, den Raum und die Zeit gelassen hat eigene Ideen zu entwickeln. Es ist vor allem auch seiner intensiven Betreuung zu verdanken, dass das Projekt erfolgreich zu Ende gebracht werden konnte. Für sein inhaltliches ‚Input' möchte ich mich beim Zweitgutachter der Arbeit, Prof. Dr. Gert Pickel, bedanken. Dank gilt auch den Teilnehmern des sozialwissenschaftlichen Kolloquiums der Universität Erfurt, insbesondere der Kollegin Ariane Neumann und dem Kollegen Jan-H. König, die mit ihrer konstruktiven Kritik geholfen haben, die Lücken der Arbeit mit Erkenntnis zu stopfen. Ich danke zudem Jannis Eickner und Lara Falkenberg für die redaktionelle Hilfe sowie Maik Herold für das gemeinsame Nachdenken über Zivilreligion.

Das Leben und Arbeiten einer Doktorandin kann ziemlich einsam sein. Umso wichtiger sind die Menschen, die einen vom Schreibtisch weg zurück ins Leben holen: Danke an Jo, Susanna und Svenja, an meine Eltern und meine Familie, die mir meinen eigenen Kopf gelassen haben. Für einen Platz, zu dem ich jeden Abend zurückkehren kann, für mein Zuhause, danke ich Hannes.

# 1 Einleitung

Der Afghanistan-Einsatz hat nicht nur die Bundeswehr, sondern die gesamte Bundesrepublik einschneidend verändert. Deutschland hat sich mit dem Einsatz, so umstritten er war und ist, erstmals als vollwertiges und belastbares Mitglied der Nato bewiesen. Vor der Isaf-Mission hat kaum einer unserer Partner geglaubt, dass deutsche Soldaten wirklich kämpfen können oder dass ihre Führung sich traut, ihnen den Befehl dafür zu geben. *Wir haben bewiesen, dass wir das können und auch bereit sind, Opfer zu erbringen.* Wir haben das Bild der bewaffneten Sanitäter und Wahlbeobachter abgelegt und sind eine vollwertige Armee geworden, die Respekt bei den Partnern hat. Der Kampf in Afghanistan, der breite Einsatz der Armee im Gefecht, hat die Bundeswehr und Deutschland transformiert, und das wird auch bleiben (Gebauer, 23.12.2011, Herv. SH).

Was Verteidigungsminister Thomas de Maizière in diesen Worten reflektiert, ist nicht weniger als eine Zäsur in der Geschichte der Bundesrepublik– die *Transformation der Bundeswehr von der Verteidigungs- zur Einsatzarmee* (von Neubeck 2007), eine Folge der ebenso bedeutsamen politisch-kulturellen Entwicklung vom „Nie wieder Krieg" zum „Nie wieder Auschwitz". Diese Entwicklung hat weitreichende Konsequenzen auch für die deutsche Gesellschaft– welche betont De Maizière selbst, wenn er sagt: „Wir haben bewiesen, dass wir bereit sind, Opfer zu erbringen." *Aber wie geht die Bundesrepublik mit dieser für sie neuen Form von Opfern um? Wie wird ihrer gedacht? Und welche politische Bedeutung hat dieses Gedenken?*

Die Bundeswehr registriert jeden Todesfall eines ihrer Angehörigen. Namentlich werden die ca. 3.200 Todesfälle seit dem Jahr 2009 am Ehrenmal der Bundeswehr gewürdigt.[1] Dort wird nicht zwischen den Todesursachen, zwischen Tötung, Unfall, Selbsttötung, oder auch natürlichem Tod, zwischen dem Tod im Heimatland und dem Sterben im Auslandseinsatz differenziert. Bisher starben 100 Soldaten im Auslandseinsatz, 36 von ihnen werden seit dem Jahr 2008 als „durch Fremdeinwirkung *Gefallene*" geführt, 44 starben

---

[1] Die Liste mit allen Namen findet sich auch im auf der Homepage der Bundeswehr: http://www.bundeswehr.de/por-tal/a/bwde/!ut/p/c4/04_SB8K8xLLM9MSSzPy8xBz9CP3I5EyrpHK9pPKUVL301JTUvOz UPL3UjKLUvNzEHL3M3HiYoH5BtqMiANGP9kM!/ (Stand Oktober 2012).

durch „sonstige Umstände" bzw. Suizid (20).[2] Von diesen 36 gefallenen Soldaten wurden 34 im Rahmen des ISAF Einsatzes getötet.[3]
   „Ich verneige mich in Dankbarkeit und Anerkennung vor den Toten, die
für unser Land im Einsatz für den Frieden gefallen sind" (Jung 24.10.2008).
Diesen Satz sprach der damalige Verteidigungsminister Franz-Josef Jung am
24.10.2008 bei der zentralen Trauerfeier für zwei in Afghanistan getötete Soldaten der Bundeswehr. Damit führte der Minister eine Bezeichnung wieder
ein, die seine Amtsvorgänger zuvor aus verschiedensten Gründen vermieden
hatten: Aus völkerrechtlicher Perspektive ist die Bezeichnung von in Afghanistan getöteten Soldaten als Gefallene problematisch, denn *Kombattanten*
fallen im *Krieg*.[4] Spricht der Verteidigungsminister von Gefallenen, so kann
geschlussfolgert werden, dass sich die Bundesrepublik im Krieg befindet. Für
diesen Fall enthielte das Grundgesetz, Kapitel Xa, klare Vorgaben: Bundestag
und Bundesrat erklären den Verteidigungsfall und infolge dessen geht die Be-
fehls- und Kommandogewalt vom Verteidigungsminister auf die Bundeskanzlerin über. Aber: Deutschland befindet sich nicht im Krieg mit Afghanistan, sondern

> [i]n Afghanistan kämpfen bewaffnete Aufständische gegen die legitime Regie-
> rung, die in diesem Kampf von ISAF und damit auch von Deutschland unterstützt
> wird. Dies ist ein ‚nicht-internationaler bewaffneter Konflikt', und so bezeichnet
> ihn auch die Bundesregierung (Fragen und Antwortenkatalog der Bundesregie-
> rung zum Thema Afghanistan: 11).

Der Titel Gefallener hatte bis vor kurzem zudem mögliche negative Konsequenzen für die Hinterbliebenen, da einige Versicherungen bei Tötung im
Krieg eine ‚Kriegsklausel' anwendeten und Zahlungen ablehnen konnten.[5]

---

2    http://www.bundeswehr.de/portal/a/bwde/!ut/p/c4/DclBDoAgDAXRs3gBunfnLdRNU-
     xXCaQYREk8vWR2b2ilnskbDqkhmySaadnC6JvzTeEOKCzC3Cdng-
     vFjyrvE2qVmxb0LUgIHY0Vh3zfuhrPQFafhB-oSd6w!/ (Stand September 2012).
3    Lediglich zwei Soldaten anderer Missionen gelten als ‚gefallen': 1993 wurde ein Soldat bei
     einem Überfall in Kambodscha erschossen, wo er im Rahmen der UNTAC Mission der Ver-
     einten Nationen stationiert war. Der Zweite fiel 2001 beim Abschuss eines Hubschraubers
     der UNOMIG Mission. Zur Bedeutung und medialen Rezeption dieser beiden Todesfälle
     siehe Kümmel/Leonhard 2005.
4    Der Status des Kombattanten wird in der Haager Landkriegsordnung geregelt. Wann eine
     militärische Intervention als Krieg zu bezeichnen ist, wird unterschiedlich bewertet. Die
     einschlägige Literatur bezieht sich hier zumeist auf das Correlates of War (COW) Projekt
     von David Singer und Melvin Small.
5    Diese Lücke im Soldatenversorgungsgesetz wurde durch eine Reform geschlossen. Das
     entsprechende Einsatzversorgungs-Verbesserungsgesetz wurde am 05.12.2011 vom Bun-
     destag verabschiedet (siehe Bundesgesetzblatt Jahrgang 2011 Teil I Nr. 63).

Unabhängig von der Tatsache, dass sich Deutschland nicht im Krieg befindet und deutsche Soldaten somit nicht ‚fallen', gäbe es noch einen weiteren
Grund, der gegen die Verwendung des Begriffs spricht. Historisch eingebettet
ist der Begriff Gefallener in die Militärgeschichte der politischen Vorgängersysteme der Bundesrepublik. Deren symbolischer Umgang mit getöteten Soldaten wurde jedoch durch die Verbrechen des Nationalsozialismus „desavouiert" (Münkler 2009: 19).

Die „innerbetriebliche Hierarchisierung" (Münkler 2010) zwischen *Gefallenen* und *Getöteten* der Bundeswehr hat neben den genannten Bedeutungen einen hohen *symbolischen* Wert. Die Toten werden so entweder als passive Opfer *von* Gewalt oder Krankheit, als *victims*, oder als aktive Opfer *für* die
Gemeinschaft und für deren Werte, als *sacrifices*, gekennzeichnet (vgl.
Münkler/Fischer 2000). Gefallene Soldaten geben ihr Leben „im Einsatz für
den Frieden in Afghanistan" (Jung 24.10.2008), während verstorbene Soldaten „bei einem heimtückischen Terroranschlag ihr Leben verlieren" (Struck
10.06.2003). Die Unterscheidung zwischen Getöteten und Gefallenen ist jedoch nicht allein für Angehörige der Bundeswehr von Bedeutung. Als Mitglieder einer Parlamentsarmee sterben die Soldaten in Erfüllung ihres politischen Auftrags. Demzufolge ist es die Aufgabe der politischen Verantwortlichen und der Bürger gleichermaßen, einen *Politischen Totenkult* zu gestalten,
denn: „[d]er Toten zu gedenken gehört zur menschlichen Kultur. Der Gefallenen zu gedenken (...) gehört zur politischen Kultur" (Koselleck 1994: 9).[6]

Für die Verleihung des Titels ‚Gefallener' zeigt sich schließlich die politische Elite verantwortlich. Sie vollzieht den „durch und durch mysteriöse[n]
Akt" (Bourdieu 1985: 113) der „Ernennung" (Bourdieu 1985: 113), indem sie
Gebrauch macht von ihrem *symbolischen Kapital*[7]. Über die Setzung dieser sozialen Kategorie entscheidet sie über „Einschluss und Ausschluss" (Bourdieu
1970: 62). Auf der Basis seiner symbolischen Macht ist es dem Staat so möglich

> mit Autorität [zu sagen], was ein Seiendes, ob Sache oder Person, seiner legiti
> men sozialen Definition nach wirklich ist (Urteil), das heißt was es sein darf, was
> zu sein es ein Recht hat, aus welches es einen Rechtsanspruch hat, (...). [So] übt

---

6   Koselleck 1994: 9; im Anschluss an Koselleck und Jeismann verfolgt derzeit auch der Historiker Manfred Hettling das Thema „Der Tod des Soldaten. Politischer Totenkult und bürgerliche Gesellschaft in Deutschland (18.- 21. Jh.)" in einem umfassenden Projekt (vgl. Hettling 2009; siehe auch Maciejewski 2005).
7   Die Vorstellung von einem symbolischen Kapital geht zurück auf Bourdieu, der damit eine
    Art von „Metakapital" beschreibt, aus dem sich die Bedeutung der anderen Kapitalsorten
    (er unterscheidet zusätzlich zwischen dem physischen, ökonomischen und kulturell/informationellen Kapital) ableitet (zitiert nach Gnerlich 2013: 167).

der Staat eine wahrhaft *schöpferische*, gottesähnliche Macht aus (Bourdieu 1985: 115, Herv. i. O.).

Die aktiven Opfer der Gefallenen werden dabei, ganz im Sinne des lateinischen Wortes *sacrificium* (von *sacer* (heilig) und *facere* (machen) (Carter 2003: 2)), im Rahmen wirksamer *Einsetzungsrituale*[8] symbolisch überhöht. Die Bezeichnung als Gefallener verleiht dem Opfer so eine „Aura des Sakralen" (Münkler 2008: 30), die schließlich auch die politische Gemeinschaft sui generis sakralisiert, da das Opfer in ihrem Namen und damit „stellvertretend"[9] für sie ‚gegeben' wurde.

Die Gestaltung des Gedenkens an die Toten führt somit unweigerlich zur *Konvergenz von Politik und Religion*, denn „[o]b polytheistisch, monotheistisch, deistisch, pantheistisch oder atheistisch fundiert, immer enthielt der gewaltsame Tod für die Handlungseinheiten ein religiöses Element ihrer Selbstkonstitution" (Koselleck 1994: 9). Dieser symbolische Aspekt, als Folgen der neueren Einsätze der Bundeswehr, kam in der sozialwissenschaftlichen und insbesondere in der *militärsoziologischen* Forschung bisher jedoch zu kurz.[10]

---

8    Der Begriff „Einsetzungsritual" geht zurück auf Bourdieu (Bourdieu 1990). Er verwendet diesen vor allem im Gegensatz zu dem von Van Gennep geprägten Begriff der „Übergangsrituale" (siehe hierzu Kapital 3.2).

9    Darauf, dass „die Idee der Stellvertretung zentral [ist] für die Idee des Opfers" verweist Herfried Münkler (Münkler 2006: 313).

10   Die Militärsoziologie gilt in den Sozialwissenschaften als randständiges Forschungsgebiet, das als „deskriptiv-theorielose", „unhistorische", „apolitische" „Führungshilfswissenschaft" kritisiert wurde (Lippert/Wachtler 1982: 347). Aktuell leidet die Forschungsrichtung auch weiterhin unter dem ‚freundlichen Desinteresse' der restliche Sozialwissenschaften, sowie unter dem Ruf „Auftragsforschung" zu betreiben (Lippert/Wachtler 1982: 344). Dies rührt auch von ihrer engen Anbindung an das Verteidigungsministerium her (Leonhard/Werkner 2012: 1). Bereits der freie Zugang zum Feld, die Bedingung für wissenschaftliche Forschung, wird aufgrund der Sicherheitsproblematik zentral über das BVMg geregelt. Auch die vorliegende Analyse bedurfte zur Durchführung von Interviews mit Angehörigen der Bundeswehr der Akkreditierung durch das BMVg. Die deutsche Militärsoziologie steht demnach noch immer „weitgehend unter der Einwirkung ihres Gegenstandsbereichs" (Lippert/Wachtler 1982: 344). Eine aktuelle Einführung bieten Leonhard/Werkner 2012. Der Band zeichnet sich vor allem durch die Vielseitigkeit der Beiträge und Beitragenden sowie eine reflektierte Auseinandersetzung mit den Schwächen der eigenen Forschung aus (siehe auch Gareis/Klein 2004). Zur internationalen Militärsoziologie siehe: Caforio 2003; Kümmel/Prüfert 2000. Die klassischen sozialwissenschaftlichen Schriften zur Thematik Militär, von Comte bis Weber, versammelt Wachtler 1983. Für eine kritische Militärsoziologie plädiert Hagen 2012.

Nur wenige Arbeiten setzen sich mit dem Gedenken an die aktiven Opfer des ISAF Einsatzes auseinander.[11] Die Forschung konzentriert sich vielmehr auf die Veränderungen innerhalb der Bundeswehr (vgl. Tomforde 2010) sowie auf deren Auswirkung auf das Verhältnis zwischen Militär und Gesellschaft (vgl. Müller/Fey/Mannitz/Schörnig 2010; Jaberg/Biel/Mohrmann/Tomforde 2009; Schwegmann/Rühe 2011). Noch immer herrscht deshalb bei einigen Sozialwissenschaftlern eine große Unsicherheit im Umgang mit „in Gefechten oder Anschlägen" Gestorbenen, als neue Form von Opfern.[12] Es ist deren Tod, der durch die Bezeichnung Gefallener eine „besondere Weihe" erfährt und „als sakrifizielle Gabe, als stellvertretende und rettende Tat" (Münkler 2008: 30) sprachlich und damit sozial wirksam gekennzeichnet wird.[13]

---

11   Der Sammelband von Hettling/Echternkamp (Hrsg.): *Bedingt erinnerungsbereit. Soldatengedenken in der Bundesrepublik.* 2008 befasst sich ausführlich mit dem aktuellen Soldatengedenken und versammelt sowohl historische, als auch sozialwissenschaftliche Studien. Alexandra Kaiser thematisiert ebenfalls das neue „Gefallenengedenken" in ihrer historischen Studie zum Volkstrauertag (Kaiser 2011); siehe auch Hauswedell 2009.

12   So hält beispielsweise ein Sammelband des SOWI Instituts zum Afghanistaneinsatz einleitend fest, dass „[s]eit Beginn des Einsatzes 53 deutsche Soldaten in Afghanistan gefallen [sind], 34 von ihnen starben in Gefechten oder bei Anschlägen." (Seiffert/Langer/Pietsch 2011: 12). Die Differenz zwischen den vormals auf 52 bezifferten Toten und den 53 in Afghanistan gestorbenen Soldaten, die der SOWI Band nennt, kommt auch durch die Bezugnahme auf unterschiedliche Quellen zustande. Während die SOWI Band die Liste der NGO Icasualties nutzt (http://icasualties.org/OEF/Nationality.aspx), bezieht sich die folgende Analyse stets auf die offizielle Statistik der Bundeswehr. Dortige Veränderungen in der Determinierung bzw. in der Zuordnung von Opfern werden schließlich als Ausdruck eines veränderten symbolpolitischen Gedenkens gewertet.

13   Als Forschungsgegenstand reicht die politische Bedeutung der symbolischen Gestaltung der Trauerfeiern für die gefallenen Soldaten der Bundeswehr in alle drei Gegenstandsbereiche militärsoziologischer Forschung hinein (Leonhard/Werkner 2012: 21). So wird einerseits das konfliktreiche *Verhältnis zwischen den Streitkräften und der Zivilgesellschaft* thematisiert (vgl. Biehl 2007; Biehl/Fiebig 2011). Die Trauerfeiern wirken hier als Kommunikationsmedium zwischen beiden Lebenswelten. Andererseits zeigen sich in der Planung und Gestaltung der Trauerfeiern auch kulturelle Besonderheiten der *Organisationseinheit Bundeswehr.* Der dritte Gegenstandsbereich, die *Auseinandersetzung mit der Person des Soldaten im Militär,* ist insofern relevant, als es darum geht zu zeigen, dass die Feiern nicht nur der Legitimation politischer Entscheidungen dienen, sondern vor allem Sinn stiften für jene Soldaten, die auch zukünftig ihr Leben im Auslandseinsatz riskieren werden. Dass Religion, als funktionale „Lebensbewältigungsstrategie", hier eine zunehmende Rolle spielt, konnten verschiedenste Arbeiten bereits zeigen (Bock 2002; Werkner 2012; Scheffler 2003). Vor allem die Rolle der Militärseelsorge, als religiöse Institution der Bundeswehr, die den „streitkräfte-typischen Sonderbedarf" an Kontingenzbewältigung abdeckt, wurde diesbezüglich untersucht (Oberhem 2003: 315; vgl. Biehl 2003; Dörfler-Dierken 2008; Werkner 2001). Einem Bedarf an zivilreligiöser Tradition, die mit dem zunehmen-

Die Bundesrepublik steht seit dem Tod des ersten gefallenen Soldaten 1993 vor der Herausforderung ein angemessenes Erinnern dieser Form von Opfern zu etablieren. Die offizielle Erinnerung muss dabei insbesondere auch den Anforderungen einer *postheroischen Gesellschaft*[14] entsprechen, deren Selbstbild sich aus dem Gegensatz zu heroischen Gesellschaften ergibt, „die den Tod nicht [fürchten], weil das Selbstopfer in ihrer Ideologie den Höhepunkt menschlichen Daseins darstellt" (Münkler 2006: 311).

Vor dem Dilemma, „dass die Gesellschaft solcher Erinnerung zwecks Selbstvergewisserung nicht braucht, ja geradezu ablehnt, wohingegen die Politik ihrer bedarf, um darüber generalisierten Dispens für die Opfer der Einsätze zu erlangen" (Münkler 2008: 28), steht die politische Elite in allen postheroischen Gesellschaften. Die deutsche Gesellschaft charakterisiert jedoch zusätzlich ein besonderes Verhältnis zu Formen symbolischer Selbstdarstellung: Entgegen dem früheren Bild eines „Dorado der Mythographie" (Münkler 2009: 17), das die Idee von einer deutschen Nation zu versinnbildlichen suchte und seiner Helden durch eine Vielzahl an Denkmälern gedachte, wird Deutschland heute eher als „mythenfreie Zone" (Münkler 2009: 17) wahrgenommen, die zudem unter einer „gewisse[n] Ritualarmut" (Vögele 1997: 337) leide. Dennoch wagte Rolf Schieder im Jahr 2001 die Prognose, „daß *zivilreligiöse* Rituale und Rhetorik zunehmen werden, wenn Deutschland in Kriegshandlungen verwickelt wird" (Schieder 2001: 129, Herv. SH), denn

> [i]n diesem Fall ist es das Gemeinwesen den Hinterbliebenen schuldig, zu erklären, *wofür* das Menschenopfer erbracht wurde. Die Begründung ‚für das Vaterland' reicht nicht aus. Da auch Vaterländer verbrecherische und ungerechte Kriege führen können, steigt der Legitimationsdruck. Ohne die Transzendierung politischer Interessen durch die Berufung auf und das Bekenntnis beispielsweise zu den Menschenrechten läßt sich die neue Außenpolitik kaum rechtfertigen (Schieder 2001: 130, Herv. SH).

Schieder schließt hier an die Argumentation Jean-Jacques Rousseaus an, die dieser im *Contrat Social* entfaltet.[15] Dort spricht Rousseau über die *religion*

---

den religiösen Pluralismus in der Armee vereinbar wäre, steht man von Seiten der Militärseelsorge jedoch skeptisch gegenüber (Oberhem 2003: 313). Zum religiösen Pluralismus in der Bundeswehr siehe: Elßner 2012.

14    Der Begriff postheroische Gesellschaft geht zurück auf Herfried Münkler (vgl. Münkler 2002; Münkler 2006).

15    Rousseaus Vertragsschrift erschien erstmalig 1762. Im Folgenden wird aus der Ausgabe von 1977 (Rousseau: *Vom Gesellschaftsvertrag.* in: Rousseau: *Politische Schriften.* Band 1. Paderborn: Schöningh) zitiert.

*civile* und deren Bedeutung für die Stabilität einer nach seinen Vorstellungen gestalteten freiheitlichen Republik. Über ein bürgerliches Glaubensbekenntnis soll dabei der gläubige Mensch mit seiner Existenz als tugendhafter Bürger versöhnt werden.[16] In Rousseaus Vorstellungen von einer Zivilreligion finden Politik und Religion so zu einer neuen Einheit, die das gemeinschaftliche Leben nicht gefährdet, sondern stärkt.

Rousseaus Zivilreligion wurde vornehmlich aufgrund der mit ihr verbundenen Bekenntnis*pflicht* in der sozialwissenschaftlichen Rezeption als „unzweckmäßig" (Lübbe 2001b: 23) für aufgeklärte Gesellschaften abgelehnt.[17] Zieht man nun jedoch die weiteren Schriften Rousseaus zu einer werkimmanenten Analyse hinzu, so zeigt sich deutlich, dass Rousseau seine Vorstellungen vor allem auch vor dem Hintergrund der Frage formuliert, wie die bürgerliche Liebe zum Gemeinwesen Bestand haben kann in jenen kriegerischen Momenten, in denen dem Einzelnen in letzter Instanz abverlangt werden kann, sein Leben für die Gemeinschaft zu opfern. In seinen Verfassungsentwürfen für Korsika und Polen gibt Rousseau detailliert Auskunft darüber, wie politische Gemeinschaften symbolisch mit ihren Opfern umgehen sollten.[18] Er verweist dabei auch auf die Bedeutung von Denkmälern und Gedenkritualen, die einerseits vergangene Opfer Anerkennung widerfahren lassen und zugleich gegenwärtige Opferbereitschaft anregen. In der sozialwissenschaftlichen Forschung gerieten diese Gedanken Rousseaus zu einer Zivilreligion jedoch zunächst „in Vergessenheit" (Vorländer 2012: 137) Erst in den 1960er Jahren beginnt, initiiert durch einen Artikel des amerikanischen Soziologen Robert N. Bellah, eine, zunächst genuin amerikanische, Debatte um Zivilreligion (Bellah 1967).[19] Auf Rousseau wird dabei nur am Rande verwiesen. Der Zusammenhang zwischen Opfern und gemeinschaftlichem, zivilreligiösem Gedenken wird jedoch erkannt: „[t]he theme of sacrifice was indelibly written into the civil religion" (Bellah 2006: 236).

---

16    Auf den Rückseiten des Kapitels zum Gesetzgeber im Genfer Entwurf, dem ersten Entwurf zum *Contrat Social*, hält Rousseau seine Idee von einer „religion civile" erstmalig fest. In den verschiedenen deutschen Fassungen wird dieses letzte Kapitel mit „Über die *zivile* Religion" (Rousseau: *Vom Gesellschaftsvertrag*. Paderborn: Schöningh, 1977) bzw. „Von der *bürgerlichen* Religion" (Rousseau: *Vom Gesellschaftsvertrag*. Insel: Frankfurt a.M., 2000) betitelt. Hier wird im Folgenden die Ausgabe von 1977 verwendet und von der Rousseauschen Idee einer *Zivilreligion* gesprochen.

17    Eine „entspannte" Lesart der Rousseauschen Zivilreligion findet sich in Vorländer 2012.

18    Vgl. Rousseau 1989b; Rousseau 1989c.

19    Der Artikel erschien erstmals 1967 im *Daedalus* Journal. Hier wird in Folge aus dem *Robert N. Bellah Reader* 2006 zitiert.

Die USA widmen sich ihren Opfern am zivilreligiös aufgeladenen Memorial Day. Die wiedervereinigte Berliner Republik pflegt ein anderes symbolisches Verhältnis zur Opferthematik (vgl. Jeismann 2001). Hier fokussiert sich das öffentliche Gedenken vornehmlich auf die Opfer des Nationalsozialismus. Dieses sinnstiftende Gedächtnis an den Holocaust schlägt sich symbolisch in Form von eigenen Mahnmalen und Gedenktagen nieder.[20] Daneben hat sich auch eine „vergangenheitspolitische Entschuldigungspraxis" entwickelt, die Hermann Lübbe als „[christlich geprägte] Zivilbuße" (Lübbe 2001a: 42) bezeichnet.[21]

Das symbolische Gedenken an die gemeinschaftlichen Opfer und „die Manifestationen der Religion im offiziellen öffentlichen Raum" (Lübbe 2001b: 27) stehen somit im engen Zusammenhang.[22] Dennoch konzentrierte sich die empirische Auseinandersetzung mit dem Konzept Zivilreligion bisher auf die Untersuchung von zivilreligiöser Rhetorik und Symbolik, die thematisch mit dieser Form der Opfer nur wenig zu tun haben.[23] Im deutschen Fall fokussiert sich der Zivilreligionsdiskurs im Wesentlichen auf die verfassungsrechtliche Einbindung Gottes über die Präambel des Grundgesetzes sowie auf die unterschiedlichen Eidesformeln der Länderverfassungen (vgl. Lübbe 1981). Auch wurden bereits die Reden deutscher Politiker zum Zeitpunkt der deutschen Wiedervereinigung auf zivilreligiöse Bezüge hin untersucht (vgl. Vögele 1994). Die Bezugnahme auf Gott in den Antrittsreden amerikanischer Präsidenten wird dagegen von Robert N. Bellah als zivilreligiöse Rede interpretiert. Diese Beiträge zum Zivilreligionsdiskurs verschweigen dabei nicht, dass Zivilreligion in der Form von „beliefs, symbols, and rituals" (Bellah 2006: 233) auftritt. Sie ziehen jedoch kaum eigene theoretische Schlüsse aus dem Zusammenhang von Rede und Handlung, Narration und Ritual, zumal in Bezug auf das sakrale Gedenken von Opfern.

---

20   Vgl. Assmann 2006; Münkler/Hacke 2009. Eine Kritik dieser opferzentristischen Gedächtniskultur formuliert Jureit/Schneider 2010. Zur Globalisierung des Holocaustgedenkens siehe: Levy/Sznaider 2001.

21   Peter Furth argumentiert gar, dass „das Holocaustgedenken die Funktion hat, die Durkheim einst der Religion übertrug, die Stiftung sozialer Solidarität und zwar in der Tat als Zivilreligion" (Furth 2004: 304).

22   Auf den Zusammenhang zwischen Opfer und Religion bzw. (Post)Heroismus und Religion verweist auch Münkler 2006: 316; 352.

23   Die grundsätzliche Schieflage zwischen dem theoretischen Konzept von Zivilreligion und dessen empirischer Überprüfbarkeit kritisiert Gert Pickel mit Verweis auf Thomas Hase (Pickel 2011: 260).

Die Darstellung des Zusammenhanges zwischen *zivilreligiösen Überzeugungen* und *ritueller Handlung* steht im Zentrum dieser Arbeit. Dabei wird die These verfolgt, dass *die Sakralisierung der getöteten Soldaten der Bundeswehr, von Getöteten zu Gefallenen, das Ergebnis eines politischen Prozesses ist, der unter den Bedingungen von symbolischer Verdichtung und ritueller Inszenierung im Rahmen eines legitimen Einsetzungsrituals, der Trauerfeier, stattfindet.* Während sich der Zivilreligionsdiskurs demnach bisher darauf konzentrierte verschiedene Vorstellungen von Zivilreligion gegenüberzustellen, steht nun die Frage im Mittelpunkt, wie sich Zivilreligion in Form von Ritualen, verstanden als „symbolische Handlung" (Soeffner 2010: 40ff.) sowie Narrationen und Symbolen ausdrückt und welche politische Bedeutung diese symbolischen Handlungen haben. Die Analyse verschiebt sich so von der inhaltlichen Politikebene, der *policy* Dimension, auf die Beobachtung politischer Prozesse, die *politics* Dimension. Diese prozessuale Dimension von Zivilreligion wird schließlich unter den Begriff *Zivilreligionspolitik* gefasst. Zivilreligionspolitik meint politische Deutungsangebote, bei denen Vorstellungen substantiell verstandener Religion bzw. funktionaler Äquivalente mittels unterschiedlicher semiotischer Medien[24] repräsentiert werden, um so die Legitimation einzelner politischer Projekte *sowie* die allgemeine normative Integration in politischen Gemeinschaften voranzutreiben.[25] Der Staat tritt dabei als Inhaber des Monopols über die legitime Ausübung physischer *und* symbolischer Gewalt auf, der sein symbolisches Kapital nutzt, um die Gemeinschaft im Sinne legitimer Gemeinsamkeiten zu (re)konstituieren.[26]

Der noch immer „problematische" (Vorländer 2012: 138) Begriff der Zivilreligion soll im Rahmen der Analyse von *Zivilreligion*spolitik nicht intuitiv, sondern theoretisch informiert verwendet werden. Daher steht zu Beginn der Arbeit eine analytische Auseinandersetzung mit den bisherigen Zivilreligionsvorstellungen (Kapitel 2).[27]

---

24    Das Verständnis von der Vielfalt semiotischer Mittel basiert auf der Definition Andreas Dörner, der folgende Sachverhalte darunter fasst „politische Sprache in all ihren Facetten, politische Symbole, Feste, Rituale, Kunstwerke in politischer Funktion ebenso wie Denkmäler und Gebäude, Kleidung ebenso wie die Benennung von Straßen und Plätzen" (Dörner 1995: 51).

25    In Anlehnung an die Systemtheorie Eastons können diese beiden Dimensionen der Legitimation auch als *specific* und *diffuse support* bezeichnet werden (Easton 1965).

26    Vgl. Bourdieu 1985 zum Begriff des symbolischen Kapitals. Siehe auch Kapitel 3.2 in dieser Arbeit.

27    Neben der Zivilreligion finden sich noch andere Termini, die hier nicht weiter diskutiert werden, die jedoch ebenfalls ein genuines Verhältnis von Politik und Religion bzw. Religion und Kultur begrifflich zu fassen versuchen: die „Religion des Bürgers", die „Staatsreligion",

Um die vielfältigen und gegensätzlichen Vorstellungen von Zivilreligion besser einordnen zu können, wird zunächst die Frage nach dem Religiösen der Zivilreligion diskutiert (Kapitel 2.1). Funktionale und substantielle Verständnisse von Religion werden dabei voneinander abgegrenzt und in einem dritten Ansatz, unter Bezugnahme auf die Funktion substantiell verstandener Religion, wieder zusammengeführt. Die Rekonstruktion des Zivilreligionsdiskurses nimmt schließlich ihren Ausgang mit einer ausführlichen Analyse der Idee von Zivilreligion bei Jean-Jacques Rousseau (Kapitel 2.2). Dessen Vorstellungen von einem bürgerlichen Glaubensbekenntnis werden auch deshalb umfassender diskutiert, um so die bisher häufig vernachlässigten Verweise auf die performative Prägung der bürgerlichen Liebe in den Werken Rousseaus aufzeigen zu können. Die bei Rousseau angedachte Bedeutung der Rituale erklärt sich auch über die Lektüre von Rousseau mit Durkheim. Dessen funktionalistische Sichtweise auf die religiösen Formen hatte zudem einen großen Einfluss auf eine Reihe anderer Vertreter des Zivilreligionsdiskurses (Kapitel 2.3.1).[28] Der Zivilreligionsdiskurs im Anschluss an Rousseau wird hier mittels der zentralen Vertreter, wie Robert N. Bellah (Kapitel 2.3.2), der das amerikanische Vorbild prägte, aber auch Niklas Luhmann (Kapitel 2.3.3a), Hermann Lübbe (Kapitel 2.3.3b) und Wolfgang Vögele (Kapitel 2.3.3c), die die deutsche Debatte um den Zivilreligionsbegriff dominieren, rekonstruiert. Deren Beiträge zur Begriffsdebatte lassen jedoch eine ausführliche Diskussion der politischen Bedeutung der symbolischen Formen, von Ritualen und Narration, als zivilreligiöse Prozesse, vermissen. Diese Leerstelle erklärt sich möglicherweise über die noch immer dominante Interpretation symbolischer Politik als elitäres Instrument politischer Inszenierung, wel-

---

oder auch die „Kulturreligion" (vgl. Kleger/Müller 1986). Wolfgang Vögele grenzt Zivilreligion zudem zusätzlich von „neutralisierter Religion", „Leutereligion", „Volksreligion", „öffentlicher Moral" und „Sozialreligion" ab (Vögele 1994: 222ff.). Während diese Termini eine inhaltliche Nähe zum Konzept Zivilreligion aufweisen, muss eine aufgeklärte Zivilreligion von der „politischen Religion" Erich Voegelins und der „politischen Theologie" Carl Schmitts zumindest konzeptionell unterscheidbar bleiben (vgl. Voegelin 1938; Schmitt 1934. Siehe auch Adam 2006; Moltmann 1990). Phänomenal lassen sich die einzelnen Konzepte nicht immer voneinander abgrenzen, der Übergang ist vielmehr häufig graduell. Unter einem besonderen regionalen Schwerpunkt diskutieren die folgenden Arbeiten das Zivilreligionskonzept: Bellah/Hammond 1980; Harmati 1984; Harmati 1986; Willaime 1986.

28   Auf Durkheim verweisen beispielsweise Robert N. Bellah (siehe Kapitel 2.3.2), Niklas Luhmann (siehe Kapitel 2.3.3.b) sowie Rolf Schieder (Schieder 2001c) und auch Thomas Hase (Hase 2001). Auch Yves Bizeul diskutiert die Bedeutung von symbolischen Formen für das reziproke Verhältnis von Glaube und Politik unter Bezugnahme auf die Theorien Durkheims (Bizeul 2009).

ches die bürgerlichen Massen über den ‚wirklichen' Inhalt von Politik hinwegtäusche. Diesem ersten Gesicht symbolischer Politik (Kapitel 3.1.1) steht jedoch ein zweites gegenüber, welches die normative Integration von Gemeinschaften durch symbolische Repräsentation reflektiert (Kapitel 3.1.2). Im Anschluss daran widmet sich die Analyse der Performanz der Rituale in Politik und Gesellschaft (Kapitel 3.2). Die gemeinsame Wirkungsweise von Ritual *und* Narration wird hier ebenfalls ausführlich diskutiert (Kapitel 3.2.1).

Der empirische Teil der Arbeit konzentriert sich schließlich auf die Trauerfeiern für die gefallenen Soldaten der Bundeswehr (Kapitel 4). 16 zentrale Trauerfeiern wurden zum Gedenken an die 36 gefallenen Soldaten von 1993 bis 2011 abgehalten. Im Umgang mit dieser neuen Form von Todesfällen bildete die Bundesrepublik eine ebenso neue Form von öffentlicher Gedenkkultur aus, die sich durch eine Konvergenz militärischer, politischer und religiöser Symbolik auszeichnet. Die Trauerfeiern werden hier mittels der Ritualdefinition von Axel Michaels rekonstruiert (Kapitel 4.2): Rahmung und formeller Beschluss, Aufbau und Ablauf der Feiern werden so zunächst detailliert beschrieben. Dabei wird auch die Gestaltungsmacht des Verteidigungsministeriums herausgestellt. Zusätzlich wird die Überhöhung und Transformation der Toten über die Wirkung eines zivilreligiösen Narrativ analysiert. Das Zwischenfazit (Kapitel 4.3) widmet sich schließlich noch einmal der Frage, inwieweit die Trauerfeiern für die gefallenen Soldaten der Bundeswehr als Beispiel für Zivilreligionspolitik gelten können.

# 2 Was ist Zivilreligion?

Die jahrzehntelange Karriere des sozialwissenschaftlichen Themas Zivilreligion hat zur Etablierung eines mehr oder weniger strengen Schemas zur theoretischen Herleitung des Zivilreligionsbegriffs geführt: Zunächst wird kurz auf das letzte gleichnamige Kapitel des *Contrat Social* von Jean-Jacques Rousseau verwiesen, um dann jedoch, aufgrund theorieimmanenter Widersprüche, alsbald auf Émile Durkheim auszuweichen.[29] Dessen funktionales Verständnis von Religion als symbolische Repräsentation der Gesellschaft sei für die sozialwissenschaftliche Beschäftigung mit Zivilreligion „schlichtweg grundlegend" (Schieder 2001: 14), wie Rolf Schieder es ausdrückt. Robert N. Bellah nennt Durkheim gar den „high priest and theologian of the civil religion" (Bellah 1973: x). Zentrales Anliegen des anschließenden Kapitels ist es, dieses Ungleichgewicht zwischen der Wertschätzung Durkheims und der Kritik an Rousseau zu korrigieren. Die hier unternommene Rekonstruktion des Zivilreligionskonzeptes bei Rousseau fällt dementsprechend ausführlich aus und geht über den *Contrat Social* hinaus. Erst durch die Integration von Schriften wie dem Verfassungsentwurf für Polen, so die These, erschließt sich dessen Verständnis von der konstitutiven Bedeutung des gemeinsamen zivilreligiösen *Handelns*. Über das Wissen um die solidaritätsfördernde Wirkung ritueller Handlung verbinden sich Rousseau und Durkheim schließlich theoretisch miteinander.

Die folgende Rekonstruktion des Zivilreligionsdiskurses konzentriert sich auf die zentralen Vertreter der amerikanischen und deutschen Diskussion: Robert N. Bellah, Niklas Luhmann, Hermann Lübbe und Wolfgang Vögele. Zusammen mit Émile Durkheim prägen deren Theorien die sozialwissenschaftliche Beschäftigung mit dem ‚richtigen' Verhältnis von Politik und Religion bis heute.[30]

Unter dem Begriff Zivilreligion werden sehr differente Sachverhalte zusammengefasst: Gottesformeln in Verfassungen, der Diskurs um die normativen Grundlagen politischer Gemeinschaftlichkeit oder die Debatte um das

---

29  Die wichtigsten Arbeiten deutscher Sozialwissenschaftler zur Zivilreligion enthalten alle kein gesondertes Kapitel zu Rousseaus Zivilreligionskonzept (vgl. Luhmann 1978; Kleger/Müller 1986; Lübbe 1986; Schieder 1987; Hildebrandt 1996; Vögele 1994; Schieder 2001a; Hase 2001). Luhmann, Hase und Schieder beziehen sich jedoch grundlegend auf Durkheims Religionstheorie.

30  Die Arbeit erhebt keinen Anspruch darauf den Zivilreligionsdiskurs in seiner Gänze und Breite zu rekonstruieren. Es steht vielmehr die theoretische und empirische Arbeit mit dem Begriff im Vordergrund.

legitime Verhältnis von Staat und Kirche. Um diese Aspekte besser auseinanderhalten zu können, werden im Folgenden mit Wolfgang Vögele drei Ebenen im Zivilreligionsbegriff unterschieden: die *phänomenale, analytische* und *normative* Ebene (Vögele 1994: 18). Die phänomenale Ebene umfasst jene Aspekte der politischen Wirklichkeit in der Politik und Religion offen*sichtlich* miteinander verwoben werden. Die analytische Ebene hingegen widmet sich der theoretischen Auseinandersetzung mit dem Konzept und konzentriert sich zumeist auf die Funktionalität von Zivilreligion. Auf der normativen Ebene wird die Frage nach dem genuinen Wert von Zivilreligion für die Gesellschaft gestellt. Es geht dabei im Speziellen um die Frage, ob Religion überhaupt eine Rolle im modernen Verfassungsstaat spielen sollte (Vögele 1994: 242).[31]

Im letzten Kapitel des veröffentlichten *Contrat Social* formuliert Rousseau ein bürgerliches Glaubensbekenntnis, das für alle Bürger der Republik verbindlich ist:

> Die Glaubenssätze der bürgerlichen Religion müssen einfach sein, gering in der Zahl, klar im Ausdruck, ohne Erklärungen und Auslegungen. Die positiven Sätze sind: die Existenz einer mächtigen, vernünftigen, wohltätigen, vorausschauenden und vorsorglichen Gottheit; das künftige Leben; die Belohnung der Gerechten; die Bestrafung der Bösen; die Heiligkeit des Gesellschaftsvertrages und der Gesetze. Es gibt nur einen negativen Satz: Unduldsamkeit. Sie gehört den Kulturen an, die wir ausgeschlossen haben (Rousseau 1977: 207).

Dieses gesellschaftliche Band wurde zumeist als im Widerspruch zur restlichen politischen Theorie Rousseaus stehend interpretiert. Es kann jedoch auch als Möglichkeit verstanden werden, die Existenz des Bürgers mit der Existenz des Menschen zu versöhnen, so die zentrale These von Michaela Rehm, der hier gefolgt werden soll (Rehm 2006).

Es dauerte schließlich etwas mehr als 200 Jahre bis ein Artikel des amerikanischen Soziologen Robert N. Bellah Rousseaus Idee von der genuinen Verbindung von Religion und Staat wieder aufgriff und auf den amerikanischen Fall anwendete (vgl. Bellah 2006). Bellah initiierte damit eine Welle an Forschungen, die durch die Vielzahl entsprechender Publikationen aus den 1970er und 1980er Jahren dokumentiert wird.[32] Hierbei handelte es sich jedoch zu Beginn vor allem um Auseinandersetzungen mit dem spezifischen

---

31  Vögele verwendet hierfür auch den Begriff der „Ideenpolitik", den er bei Lübbe entlehnt hat (Vögele 1994: 17).

32  Als zentrales Werk, welches die wichtigsten Publikationen der amerikanischen Sozialwissenschaft zum Thema Zivilreligion in den 1970ern dokumentiert, ist Jones/Richey 1974 zu nennen.

Fall amerikanischer Zivilreligion und weniger um eine differenzierte politische Theorie der Zivilreligion.[33]

Im Mittelpunkt der Debatte um Bellahs Artikel stand zunächst die Frage, ob Bellah mit dem Begriff der Zivilreligion tatsächlich etwas beschrieben hatte, das so in der sozialwissenschaftlichen Forschung bisher vernachlässigt worden war, oder ob er nicht lediglich einen neuen Terminus für die religiöse Dimension in der amerikanischen Öffentlichkeit gefunden hatte, die beispielsweise Alexis de Tocqueville bereits in seinem 100 Jahre vorher erschienen prominenten Reisebericht kommentiert hatte.[34]

Für die amerikanische Rezeption des Begriffes waren zudem die Abhandlungen von Sidney E. Mead: *The Nation with the Soul of a Church* (1985) und Robert Wuthnow *The Restructuring of American Religion. Society and Faith since WWII* (1988) zentral. Während Mead zwischen der „religion of the people" und der „religion of the republic" differenziert, unterscheidet Wuthnow die liberale („prophetic") und konservative („priestly") Zivilreligion voneinander und spricht beiden sehr unterschiedliche handlungsorientierende Motive zu. Über die amerikanische Diskussion hinaus prägte jedoch lediglich Bellah den Zivilreligionsdiskurs, weshalb allein seine Idee von einer Zivilreligion im Folgenden analysiert wird.

Die deutsche Rezeption des Begriffes Zivilreligion nahm in den 1980er Jahren ihren Ausgang mit einem Artikel Niklas Luhmanns.[35] Kurz nach dessen Erscheinen wandte sich Hermann Lübbe gegen Luhmanns Auslegung „der Manifestation der Religion im öffentlichen Raum" (Lübbe 2001b: 27) als austauschbare „Ressource Sinn" (Lübbe 2001b: 56) und prägte eine eigene Definition dessen, was er als „die in einer Bürgergesellschaft im Rahmen politischer Repräsentanz *mitrepräsentierte Religion*, die unter den Bürgern selbst ihre Lebendigkeit hat" (Lübbe 2001b: 33, Herv. SH) bezeichnete. Wolfgang Vögele trug schließlich mit seiner Analyse des Lübbeschen Zivilreligionsbegriffes einiges zu dessen Verständnis bei (Vögele 1994). Als Teil der eigenen Analyse von Politikerreden zum Zeitpunkt der deutschen Wiedervereinigung entwickelte Vögele zudem eine „zivilreligiöse Grammatik" (Vögele 1994: 24ff). Damit verblieb jedoch auch seine empirische Beobachtung von zivilreligiösen Phänomenen auf der strukturalistischen Ebene.

---

33  Eine Zusammenfassung der Debatte um Bellah findet sich in Schieder 1987.
34  Für eine ausführliche Diskussion der Rolle der Religion in Tocquevilles Werk siehe Hidalgo 2006.
35  Luhmann „Grundwerte als Zivilreligion", erstmalig 1978 in *Kerygma und Mythos* VII, Bd. 1, S. 67-79 veröffentlicht.

Im Kern besteht Zivilreligion aus zwei begrifflichen Teilen, dem *Zivilen* und dem *Religiösen*. Die Unterteilung beider Dimensionen hilft jedoch kaum bei der Frage nach dem Gehalt von Zivilreligion. Lediglich ist damit angedeutet, dass es sich hierbei um religiöse Phänomene handeln muss, die in „die öffentliche Dimension des menschlichen Lebens"[36] hineinreichen. „Das Zivile einer Zivilreligion besteht darin, daß sie die Religion der Bürger ist. In der Zivilreligion formuliert die Zivilgesellschaft ihren Sinnhorizont und ihren normativen Kern" (Schieder 2001: 19). Normative Grundannahme des Zivilreligionsdiskurses ist es, dass gemeinsame moralische Überzeugungen eine bedeutsame Rolle in der Regelung öffentlicher Angelegenheiten spielen. Religion wird dabei zur Quelle der gemeinsamen Moral und zur kritischen Instanz, zum „Residuum gegen die Zumutungen der Staatlichkeit" (Asal 2007: 136).

Bevor ich mich im Folgenden mit den sehr unterschiedlichen Zivilreligionsbegriffen der verschiedenen Autoren auseinandersetze, soll zunächst auf einen der Grundbestandteile von Zivilreligion, das Religiöse der Zivilreligion, noch weiter eingegangen werden. Das jeweilige Verständnis von Religion ist ein explizit oder implizit formuliertes Detail des jeweiligen Zivilreligionskonzeptes. Es verengt oder weitet zudem den Blick für empirische Beobachtungen. Analytisch unterschieden werden können ein *substantielles* von einem *funktionalistischen* Verständnis, welches entweder ein konzentriertes, phänomenologisches Bild der Religion zeichnet bzw. die einzigartige ‚heilige' Qualität von *der* Religion anzweifelt und eine Reihe funktionaler Äquivalente anerkennt (vgl. Hildebrandt 1996; Schieder 1987). Ein drittes mögliches Verständnis reflektiert die genuine Funktion der substantiell verstandenen Religion als *Kontingenzbewältigungspraxis*.

---

36   Zitiert nach Hase 2001: 112.

## 2.1.Das Religiöse der Zivilreligion

Die Schwierigkeit zu beschreiben, was Zivilreligion meint, liegt nicht zuletzt in der begrifflichen Unfassbarkeit eines ihrer Elemente, der Religion, begründet. Weit entfernt von einer einheitlichen Definition hat sich jedoch die Unterscheidung zwischen einem substantiellen und funktionalen Verständnis von Religion etabliert (vgl. Schieder 1987: 239; Pickel 2011: 16ff.). Gemeinsamer Ausgangspunkt ist hierbei die Kennzeichnung der Wirklichkeit durch „Doppelbödigkeit" (Berger 1974: 131). Auf dieser gründet die Unterscheidung zwischen dem Sakralem, dem Heiligen, und dem Profanen. Während das Sakrale die religiöse Dimension des Lebens dominiert, beherrscht das Profane die weltliche Sphäre der Wirklichkeit (Eliade 1998: 21).

Vertreter eines funktionalen Verständnisses, allen voran Émile Durkheim, beschränken sich nun auf eine, häufig komparatistische, Untersuchung der Wirkungsweise vom Sakralen, während die Vertreter eines substantiellen Religionsbegriffs, wie Rudolf Otto und Peter L. Berger, das Sakrale als das universelle Alleinstellungsmerkmale der Religion anerkennen. Dessen nichtweltliche „Substanz" könne lediglich beschrieben, nicht aber definiert werden.[37] Hermann Lübbe und Detlef Pollack versuchen hingegen beide Ansätze miteinander zu verbinden, indem sie die ‚andere', sakrale Qualität der Religion anerkennen mithilfe derer Religion die soziale Funktion der „Kontingenzbewältigungspraxis" (Lübbe 1986: 166) erfüllt.

In seinen religionssoziologischen Arbeiten vertritt Peter L. Berger ein substantielles Verständnis von Religion.[38] Er verteidigt dieses auch gegen die Säkularisierungsthese einiger Soziologen.[39] Sein Studium der Religion basiert

---

37  Ein weiterer zentraler Vertreter des substantiellen Verständnisses von Religion ist Mircea Eliade (Eliade 2007). Niklas Luhmann, Clifford Geertz und Thomas Luckmann sind zu den wichtigsten Vertretern des funktionalistischen Verständnisses zu zählen (vgl. Luhmann 1977; Geertz 1973; Luckmann 1991).

38  Für die Religionssoziologie ist Bergers Werk Zur Dialektik von Religion und Gesellschaft (im Original The Sacred Canopy, erschienen 1967) von zentraler Bedeutung, auch wenn Berger sich selbst in der Einleitung gegen die Einschätzung ausspricht, es handle sich dabei um ein ‚religionssoziologisches' Werk: „Ein Unterfangen, das dieses Titels würdig wäre, müßte eine Menge Stoff berücksichtigen, der hier nicht einmal berührt wird – etwa das Verhältnis der Religion zu anderen gesellschaftlichen Institutionen oder die Formen religiöser Institutionalisierung und natürlich auch die typischen Unterschiede geistlicher Führungskräfte usf. Was ich hier als Denkübung in theoretischer Soziologie vorlege, hat ein ungleich bescheideneres Ziel" (Berger 1973: xif.).

39  Berger galt selbst lange als einer der stärksten Vertreter der Säkularisierungsthese (vgl.: Berger/Berger/Kellner 1974). Bereits 1977 stellt er diese jedoch selbst infrage (Berger 1974: 133). Auch in seinem 2005 erschienenen Werk schätzt Berger die Säkularisierung als Minderheitenphänomen unter „people of Western-type higher education" ein (Berger

dabei auf den objektiven Kriterien sozialwissenschaftlicher Methode, die er
als „methodological atheism" (Berger 1974: 133) bezeichnet.[40] Das einzig re-
levante Phänomen seiner Untersuchungen von Religion ist somit soziales
Handeln, „the gods are not empirically available" (Berger 1974: 125).

Religiosität versteht Berger schließlich als die individuelle Erfahrung mit
der „Doppelbödigkeit" menschlichen Lebens. Diese unterteilt sich auf zwei
Sphären: die gewöhnliche Welt, „the paramount reality", wie er sie nennt und
eine andere Wirklichkeit, „one of drastic otherness and nevertheless of im-
mense significance for man" (Berger 1974: 131). Berger betont dabei zusätzlich die irritierenden Auswirkungen, die der Bruch zwischen normalem Leben und religiöser Erfahrung möglicherweise zum Ergebnis hat. Der Tod wird
hier so zur „bedeutsamsten Grenzsituation" (Berger 1973: 43). Um dem Individuum auch im Umgang mit solchen Grenzerfahrungen Orientierungsleistungen zu bieten, wirken schließlich religiöse Institutionen.

Die Trennung der Realität in zwei Sphären objektiver Wirklichkeit unterscheidet den substantiellen Ansatz Bergers jedoch noch nicht von einem
funktionalem, wie er im Folgenden anhand von Émile Durkheim exemplifiziert wird. Sie ist ein gemeinsames Moment aller Religionsbegriffe. Als von
der funktionalen Perspektive abweichend erscheint erst die substantiell ‚andere' Qualität, die Berger und weitere Vertreter dieses Verständnisses der religiösen Dimension der Wirklichkeit zusprechen. Diese wird mit Begriffen
wie dem ‚Heiligen' oder auch dem ‚Transzendenten' betont unspezifisch gefasst, um so „[die] gegenstandsspezifischen Begrenztheit einer ausschließlich
über den Gottesbegriff vorgenommenen Religionsdefinition"[41] zu vermeiden.

Rudolf Otto hat zur besseren Beschreibung jener subjektiv empfundenen
Momente religiöser Erfahrung den Begriff des *Numinosen* geprägt. Otto beschreibt hiermit ein universelles Merkmal der Religion, dessen irrationale
Qualität er betonen will.[42] Das Numinose zeigt sich in Momenten des „mysterium tremendum" und demnach in solchen Momenten in denen der Mensch

---

40    2005: 10). Berger beschreibt hier auch die Ausnahmesituation in Westeuropa, die er besser
      als „shift" innerhalb religiöser Institutionen verstanden wissen will, denn als Säkularisie-
      rung.

40    Gay Dorrien beschreibt Bergers Beharrlichkeit zum Thema soziologischer Objektivität als
      „the quintessential Berger-Moment" (Dorrien 2001: 26).

41    Pollack nennt verschiedene substantielle Religionsbegriffe, die ‚das' Religiöse noch weiter
      fassen, wie beispielsweise Edward Tylor, der von der Religion als Glaube in „superhuman
      beings" spricht (Pollack 2003: 33f.).

42    Otto unterscheidet in der zusammengesetzten Kategorie des Heiligen zwischen dem irra-
      tional Numinosen und „[den] rationalen Ideen und ebenso die des Guten als objektiven
      Wert…" (Otto 1991: 137).

eine rätselhafte „Furcht", oder ein „schauervolles" (Otto 1991: 13), unerklärliches Gefühl befällt, in Momenten also, in denen man auf etwas „„Ganz anderes' stoße, das durch Art und Wesen meinem Wesen inkommensurabel ist und vor dem ich deshalb in erstarrendem Staunen zurückpralle" (Otto 1991: 33). In solchen Augenblicken des „sich wundern[s]" (Otto 1991: 29) bietet Religion dem Menschen in ihren Ideen „der Absolutheit Vollendung Notwendigkeit und Wesenheit" (Otto 1991: 137) Orientierungsleistungen im Umgang mit diesen unbestimmbaren Gefühlen. So fangen religiöse Mythen, Rituale und Symbole das Mysterium, also „dasjenige was unserm ‚Begreifen' sich entzieht, sofern es unsere ‚Kategorien transzendiert'" (Otto 1991: 36) auf.[43]

Auch Bergers Verständnis von Religion orientiert sich stark an Rudolf Ottos Kategorie des Numinosen. So definiert er Religion als

> das Unterfangen des Menschen, einen heiligen Kosmos zu errichten. (...) Als heilig bezeichnen wir hier eine numinose, furchterregende Mächtigkeit, die der Mensch anders als sich selbst und doch mit ihm verbunden erlebt und von der er glaubt, sie hause in bestimmten Objekten der Erfahrung (Berger 1973: 26).

Der heilige *Kosmos* ist bei Berger vom *Nomos* einer einzelnen Gesellschaft zu unterscheiden. Mit Nomos beschreibt Berger die gesellschaftliche „Sinnordnung" (Berger 1973: 20).[44] Während der Nomos die Ordnung einer spezifischen Gesellschaft umreißt, verweist das Heilige schließlich über die Gesellschaft hinaus: „Religion impliziert die Projektion menschlicher Ordnung in die Totalität des Seienden. Anders ausgedrückt: Religion ist der kühne Versuch, das gesamte Universum auf den Menschen zu beziehen und für ihn zu beanspruchen" (Berger 1973: 28). In Erfüllung ihrer einzigartigen Funktion legitimiert Religion dennoch spezifische gesellschaftlichen Institutionen, „indem sie ihnen einen ontologisch gültigen Status verleiht, d.h., sie stellt sie in einen heiligen kosmischen Bezugsrahmen" (Berger 1973: 33). Obwohl Berger und Otto somit die substantiell andere Natur von der Religion verteidigen, wissen auch sie um deren funktionaler Bedeutung für die Gesellschaft.

Die Vertreter eines funktionalistischen Verständnisses von Religion konzentrieren sich auf diese handlungsorientierende Wirkungsweise religiöser Symbolik, Überzeugungen und Rituale. Im Gegensatz zur einen, substantiell verstandenen, Religion identifizieren sie schließlich auch mögliche funktionale Äquivalente. Der Religionsbegriff wird damit zur offeneren analytischen

---

43   Mircea Eliade spricht diesbezüglich auch von „Hierophanien": *jedes Beliebige, in dem sich Sakrales manifestiert"* (Eliade 1998: 15).

44   Berger leitet den Terminus von Durkheims „Anomie" ab. Mit Anomie beschreibt dieser die fehlende Regulationsleistungen in einer Gesellschaft und somit das Gegenteil von Bergers Nomos (Durkheim 1897).

Kategorie. Um die Pluralität der so beobachtbaren religiösen Phänomene begrifflich fassen zu können, spricht Émile Durkheim, der prominenteste Vertreter des funktionalistischen Verständnisses, nicht von Religion, sondern
von den *religiösen Formen* (Durkheim 2007).[45]

Ausgangspunkt des Religionsverständnisses bei Durkheim, den Thomas
Hase folgerichtig als „radikal auf Soziales reduzierende[n] Theoretiker" (Hase
2001: 31) bezeichnet, ist der Gedanke, dass Religion eine von verschiedenen
möglichen *sozialen Tatsachen* ist, welche über ritualisierte Handlungen
Räume des kollektiven Miteinander schafft und somit für die Funktion der
Konstituierung und Rekonstituierung einer Gemeinschaft elementar ist.
Durkheim bietet mit der Klassifizierung vom *Heiligen und Profanen* eine Mög-
lichkeit, das Spezifische der Religionen zu fassen, ohne es auf das besondere
Merkmal *einer* Religion reduzieren zu müssen:

> Alle bekannten religiösen Überzeugungen (...) haben den gleichen Zug: sie setzen
> eine Klassifizierung der realen und idealen Dinge, die sich die Menschen vorstel-
> len, in zwei Klassen, in zwei entgegengesetzte Gattungen voraus, die man im all-
> gemeinen durch zwei unterschiedliche Ausdrücke bezeichnet hat, nämlich durch
> *profan* und *heilig*. Die Aufteilung der Welt in zwei Bereiche, von denen das eine
> alles umfaßt, was heilig ist, und der andere alles, was profan ist; das ist Unter-
> scheidungsmerkmal des religiösen Denkens....(Durkheim 2007: 61f., Herv. i. O.).

Im Anschluss daran lautet die Religionsdefinition Durkheims:

> Eine Religion ist ein solidarisches System von Überzeugungen und Praktiken, die
> sich auf heilige, d.h. abgesonderte und verbotene Dinge, Überzeugungen und
> Praktiken beziehen, die in einer und derselben moralischen Gemeinschaft, die
> man Kirche nennt, alle vereinen, die ihr angehören (Durkheim 2007: 76).

Es werden damit alle elementaren Bestandteile einer *jeden* religiösen Form
benannt: die kollektiven *Überzeugungen*, die Gebote und Verbote umfassen
und die *Riten*, welche die Kategorisierung der Dinge in *heilig* und *profan* für
eine jeweilige Gemeinschaft performativ bezeugen. All diejenigen, die eine
solche Kategorisierung im Denken und Handeln anerkennen, sind damit Teil
einer *Glaubensgemeinschaft*. Eine Konsequenz der funktionalen Perspektive
ist es dabei, dass religiöse und nicht-religiöse Überzeugungen und Praktiken
nicht zu unterscheiden sind. Vielmehr ist das Religionsverständnis Durk-

---

45  Methodisch sind Peter L. Berger und Émile Durkheim sehr nah bei einander. Beide be-
     schränken ihre Analyse von Religion auf die Beobachtung und theoretische Verifizierung
     sozialer Phänomene.

heims so inklusiv formuliert, dass *alle* Überzeugungen und Riten, die das Leben und Denken einer Gemeinschaft als heilig kennzeichnen, als religiös einzuordnen sind.
Auf Durkheim bezieht sich auch ein Großteil der Zivilreligionstheoretiker.[46] Robert N. Bellah nennt ihn gar den „high priest and theologian of the civil religion" (Bellah 1973: x). Durkheims funktionaler Blickwinkel ist für sie deshalb so interessant, weil dessen Verständnis von Religion, als Repräsentation des Idealbildes einer moralischen Gemeinschaft, die Einheit von Kirche und Nation und damit die Einheit von Politik und Religion erst denkbar macht (Tyrell 2008: 199f.). So ist die Zivilreligion schließlich weder dem Einflussbereich der Kirche, noch des Staates einwandfrei zuzuordnen. Durkheims Theorie beinhaltet zudem mit seiner Beschreibung religiöser Rituale ein wichtiges Detail zur Erklärung von deren Funktion.[47]

Hermann Lübbe und Detlef Pollack verbindet ein substantielles Verständnis von Religion sowie ein funktionaler Blickwinkel.[48] Ausgangspunkt ihrer Analyse von Religion ist dabei die Beobachtung, dass jegliche menschliche Existenz von der Erfahrung grundsätzlicher Kontingenz geprägt ist. Kontingenz meint dabei „dass etwas möglich, aber nicht notwendig ist, dass es ist, was es ist, aber auch anders sein könnte" (Pollack 2009: 64; vgl. Lübbe 1986: 152). Religion ist schließlich das einzig adäquate Mittel des Menschen, diese Kontingenz zu bewältigen. Sie ist somit von „fortschrittsindifferenter Nötigkeit" (Lübbe 1986: 14). Die „Kontingenzbewältigungspraxis" der Religion besteht darin, dem Menschen die Anerkennung dieser Grunddisposition zu ermöglichen – *anerkannte* Kontingenz ist somit *bewältigte* Kontingenz, denn

> [i]n Anerkennung dessen, was indisponsibel ohnehin ist, wie es ist und somit unser Dasein unabänderlich bestimmt, lassen wir alles sein, wie es sowieso schon ist, und das einzige, was sich im Akt dieser Anerkennung ändert, sind wir selbst, nämlich in unserem Verhältnis zu diesem Bestand (Lübbe 1986: 166).

Hermann Lübbe macht zugleich deutlich, dass die Fokussierung auf die Funktion von Religion nicht deren Entzauberung bedeutet. Nicht die Wahrheit über die Religion will Lübbe herausgestellt, sondern deren singuläre Leistung anerkennen (Lübbe 1986: 227). Offene Religionsdefinitionen, wie die Émile

---

46    Niklas Luhmann, Rolf Schieder und Thomas Hase verweisen, neben Robert N. Bellah, auf Durkheims Religionsbegriff.
47    Die Ausführungen zu Durkheims Religionssoziologie fallen an dieser Stelle sehr kurz aus. Ausführlich werden dessen Annahmen im Kapitel 2.3.1 diskutiert. Dort wird vor allem auch Durkheims Verständnis von der Bedeutung der Rituale näher beleuchtet.
48    Auch Bellah verbindet eine funktionalistische Sicht mit einer substantiellen Religionsdefinition, siehe Kapitel 2.3.2.

Durkheims, verkennen diese Singularität der Religion, wenn sie funktionalen Äquivalenten nachspüren. Für Religion aber kann es, laut Lübbe, „kein funktionales Äquivalent" (Lübbe 1986: 227f) geben. Lübbe verschweigt dabei nicht, dass es soziale Bereiche gibt, in denen früher Religion von Bedeutung war und in denen heute säkulare Äquivalente wirken (Lübbe 1986: 235).[49] Dabei handle es sich jedoch nicht um Kontingenzbewältigungspraxis, denn nur Religion wirkt kontingenzbewältigend. Ausgefüllt werden kann die religiöse Funktion allerdings durch unterschiedliche *Konfessionen*, die die Religion jedoch nicht ersetzen, sondern durch spezifische konfessionell unterschiedliche Inhalte ausfüllen (Lübbe 1986: 241).

Abschließend gilt es festzuhalten, dass die Verfechter des substantiellen Religionsverständnisses einen trennschärferen Begriff von *der* Religion prägen. Dieser wendet sich im Besonderen auch gegen die Deutung von Moral als Religion.[50] Diese Trennschärfe geht jedoch zu Lasten der empirischen Beobachtung von Phänomenen, die sich nicht klar einem solchermaßen verstandenen Begriff von Religion zuordnen lassen und dennoch funktionale Ähnlichkeiten ausweisen. Zivilreligion ist ein solches Phänomen.

---

49 Als Beispiel sind standesamtlichen Trauungen zu nennen.
50 Laut Otto kann die Moral als Teil des Heiligen anerkannt werden. Sie ist jedoch jenem rationalen Teil der Religion zuzuordnen, dem das Numinose gegenübersteht. Diesen rationalen Teil deutet Otto als: „das Heilige minus seines sittlichen Momentes und (...) minus seines rationalen Momentes überhaupt" (Otto 1991: 5f.).

## 2.2 Die Idee der Zivilreligion bei Rousseau

„[S]obald ich diese Zeile gelesen, sah ich rings um mich eine andere Welt und ward ein anderer Mensch" (Rousseau 1985: 493). Mit diesen Worten beschreibt Jean-Jacques Rousseau seine Reaktion auf eine Preisfrage der Akademie von Dijon, die er in seinem ersten von zwei politischen Diskursen beantwortet. Bis zu seinem Tode 1778 verfasste Rousseau eine Reihe weiterer politischer Schriften, deren größte Herausforderung an nachfolgende Interpreten darin besteht, in dieser Abfolge von Schriften ein Ganzes, in sich geschlossenes Werk, zu erkennen.[51] Im Zentrum der Untersuchungen der politischen Philosophie Rousseaus steht dabei der scheinbare Widerspruch zwischen dem einzelnen Menschen und dem Bürger, der als Teil einer politischen Gemeinschaft, der Rousseauschen Republik, „gezwungen wird frei zu sein" (Rousseau 1977: 77). Es ist dieser Grundkonflikt, von dem manche Interpreten, wie beispielsweise C.E. Vaughan, glauben, dass er im Gesamtwerk Rousseaus niemals überwunden wird (Vaughan 1915, Bd. I, 1915: 5).

Ernst Cassirer gelingt dennoch ein Verständnis der Lehre Rousseaus als „sachliche Einheit" (Cassirer 1991: 107), die sich durch „keine feste und fertige Doktrin [auszeichnet (SH)]; es ist vielmehr eine stetig sich erneuernde Bewegung des Gedankens" (Cassirer 2009: 3).[52] Zudem charakterisiert Cassirer das Gesamtwerk als „Lehre vom Gefühl" (Cassirer 2009: 66). Der ungewohnt hohe Grad an Emotionalität, der aus dem Werk spricht, sei mit der Absicht Rousseaus zu begründen, hier eine Welt zu beschreiben, wie er sie sich wünsche. Die Zivilreligion, als Liebe der Bürger zueinander, ist Teil dieses

---

51  Ernst Cassirer argumentiert, dass die Einheit des Gesamtwerkes erst durch die verschiedenen historischen Interpretationen verloren gegangen ist (Cassirer 2009: 20). In der Umbettung des Leichnams Rousseaus, den die französischen Revolutionäre ins Pantheon brachten, um so den Genfer zum französischen Nationalhelden erklären zu können, erkennt Robert Spaemann ein Beispiel für diese unterschiedlichen historischen Deutungen. Die in den 1960ern beantragte erneute Umbettung zurück in den von Rousseau selbst gewählten Park von Ermenonville liest sich so als neue Richtung in der Rousseauforschung (Spaemann 1980: 16f.).

52  Auch Jeremiah Alberg argumentiert, dass nur eine einheitliche Interpretation aller Werke dem Autor Rousseau gerecht werde (Alberg 2007: 11).

Projektes. Sie ist auch der Schlüssel zum Verständnis seiner *realistischen Uto-pie*[53] des *Contrat Social*.[54]

Insbesondere in den Überlegungen zu Polen und Korsika zeigt sich, dass auch Rousseau den Spagat zwischen theoretischem Konzept und empirischer Anwendung wagt, ganz im Sinne der historischen Methode seines Vorbildes Montesquieu (Vaughan 1915, Bd. 1: 2). Die verkürzende Einordnung der Arbeiten Rousseaus als Fiktion oder Utopie verschweigt diese phänomenale Dimension.[55] Damit etabliere sich eine Lesart des *Contrat Social* als Museum fantastischer Ideen, deren Relevanz für die heutigen Sozialwissenschaften zum Teil übersehen wird. Dem soll hier entgegengewirkt werden.

Aus seinem umfangreichen Werk sind es somit Rousseaus Vorstellungen von der Liebe zu den bürgerlichen Pflichten, die er als Zivilreligion beschreibt, die hier im Fokus stehen. Damit konzentriert sich die Arbeit auf ein Konzept, welches erst im letzten Kapitel des *Contrat Social* ausformuliert wird und das erst spät in den Fokus der sozialwissenschaftlichen Analysen gerückt ist.[56]

---

53    Die Bezeichnung des Gesellschaftsvertrages als realistische Utopie schließt an Rawls Idee
      von einer politischen Philosophie an, die realistisch-utopisch ist: „...wenn sie die Grenzen
      dessen, was wir gewöhnlich für praktisch-politisch halten, ausdehnt" (Rawls 2002: 4).
      Rousseau demonstriert diese Herangehensweise beispielsweise, wenn er festhält, dass er
      mit dem Gesellschaftsvertrag versuchen will „eine legitime und sichere Verfassung [zu ge-
      ben], wenn man die Menschen so nimmt, wie sie sind, und die Gesetze so, wie sie sein kön-
      nen" (Rousseau 1997: 59). Die Realität der menschlichen Natur anerkennend, gilt es dem-
      nach eine bisher utopische politische Gemeinschaft auf dieser Grundlage zu begründen.

54    Zur Rezeption des *Contrat Social*, unter besonderer Beachtung der Wirkung des Kapitels
      zur Zivilreligion im Frankreich des 17. und 18. Jahrhundert, siehe Asal 2007: Kapitel 5.

55    Für Simon Critchley stellt Rousseau den „am meisten fiktiv agierende[n] Philosoph[en]"
      dar (Critchley 2008: 72). Und auch Judith Shklar unterstreicht den utopischen Charakter
      der Rousseauschen Republik, wenn sie schreibt: „...Rousseau was the last of the classical
      utopists. He was the last great political theorist to be utterly uninterested in history, past
      or future, the last to judge and condemn without giving any thoughts to programs or ac-
      tions" (Shklar 1969: 1).

56    Zunächst tendierten verschiedene Interpreten dazu die Religionsphilosophie getrennt von
      den Betrachtungen zur politischen Philosophie zu betrachten und im Zuge dessen die Ab-
      schnitte zur Religion im *Emil* und auch im *Gesellschaftsvertrag* als Fremdkörper im Gesamt-
      werk Rousseaus wahrzunehmen (vgl. Borgeaud 1883; Kehrwald 1929). Der Schwerpunkt
      lag dann zunächst meist auf dem Kapitel zum savoyischen Vikar aus dem *Emil*, so beispiels-
      weise bei Cassirer 1932; Cassirer 1991; Bolle 2002; Alberg 2007. Als Standardwerk galt
      Pierre Massons dreibändiges Werk *La religion de Jean-Jacques Rousseau* aus dem Jahre
      1916, wobei der Versuch Massons Rousseaus Werk als die Lehre eines Katholiken zu lesen
      heute als überholt gilt (vgl. Cassirer 1932: 6; Alberg 2007: 12; Forschner 1977: 178f.).

Das Konzept von der Zivilreligion wird somit nicht als vernachlässigbarer Abschluss der politischen Theorie Rousseaus gelesen, sondern in Anlehnung an Simon Critchley als „transzendentale Bedingung der Möglichkeit von Politik" (Critchley 2008: 55) verstanden.[57] Über die zivilreligiöse Versöhnung von Staat und Religion, von Mensch und Bürger, erschließt sich so auch die Rousseausche Idee von der freien Republik.[58] Die Werke seiner politische Philosophie werden so in einen Zusammenhang gebracht: Am Anfang des *Diskurses über den Ursprung der Ungleichheit unter den Menschen*[59] steht der einzelne Mensch im originären Naturzustand, der mit beginnender Vergesellschaftung seine natürliche Religion verdrängt. Der *Emil* liest sich als das Erziehungsprogramm des Menschen, als *Katechismus des Menschen*. Erst im Gesellschaftsvertrag konstituiert schlussendlich dieser Mensch, als Mitglied einer politischen Gemeinschaft, eine Republik mithilfe des *Katechismus des Bürgers*.[60]

Rousseaus Idee von einer Zivilreligion wird nun zunächst als Resultat der Erfahrung des gläubigen Jean-Jacques Rousseau mit „[t]he fashionable atheist [Voltaire, who SH] destroyed beliefs without providing a substitute" (Shklar 1969: 125) diskutiert (Kapitel 2.2.1). Damit wird einer der wenigen gemeinsamen Linien der Rousseauforschung nachgegangen, die sich darin einig ist, dass ein Verständnis der Schriften mit einem Verständnis der Person Rousseau beginnen muss.[61] Diese Beobachtung gilt umso mehr für Rousseaus Vorstellungen von der Vereinbarkeit von Politik und Religion. Im Anschluss daran wird die spezifische Vorstellung Rousseaus vom Naturzustand behandelt (Kapitel 2.2.2). Hier unterscheiden sich Rousseaus Ideen grundlegend von anderen Vertragstheoretikern, wie Thomas Hobbes und John Locke. Im *Contrat Social* selbst findet sich dazu wenig. Rousseau beschreibt jedoch in seinem zweiten Diskurs, dem *Diskurs über den Ursprung der Ungleichheit un-*

---

57  C.E. Vaughan erklärt in seinen Erläuterungen zum Genfer Manuskript, dass das Kapitel zur Zivilreligion scheinbar in letzter Minute „hurriedly and with many corrections to the chapter" auf der Rückseite des eigentlich letzten Kapitels angefügt wurde (Vaughan 1915: Bd.I: 505). Damit entsteht der Eindruck es handele sich um eine Randnotiz. Erst im Zuge der Wiederbelebung des Konzeptes der Zivilreligion durch Robert N. Bellah im Jahr 1967 beschäftigte man sich schließlich erneut mit Rousseaus Vorstellungen zur Zivilreligion (vgl. Linder 1975). An aktuellen Veröffentlichungen zur Zivilreligion Rousseaus sind vor allem Critchley 2007; Rehm 2006 und Asal 2007 zu nennen.

58  Vgl. Meermann 2004: 171; vgl. Herold 2013.

59  Im Folgenden als *Zweiter Diskurs* .

60  Für eine solche Lesart des *Emil* und des *Gesellschaftsvertrags* spricht auch, dass der *Emil* mit dem Ausblick auf den *Gesellschaftsvertrag* endet (Rousseau 1998: Fünftes Buch).

61  Vgl. Cassirer 1932; Shklar 1969; Spaemann 1980.

*ter den Menschen,* umso ausführlicher, wie er sich das Leben vor Vertragsabschluss vorstellt. Im nächsten Schritt widmet sich die Analyse dem *Emil* und
dem dort enthaltenen Glaubensbekenntnis des savoyischen Vikars (Kapitel
2.2.3). Dieses wird hier als Katechismus des Menschen gelesen, der die Kraft
des Gewissen und die Idee von einer natürlichen Religion als Kern der Morallehre Rousseaus predigt. Diese natürliche Religion soll in der Zivilreligion
nicht nur bewahrt werden, sie ist die treibende Kraft im Prozess der „Versitt-
lichung" (Rehm 2000: 230) des Menschen zum Bürger. Schließlich vollzieht
die Analyse den Schritt vom *Emil* zum *Contrat Social.*[62] Es werden zunächst
die zentralen Vorstellungen Rousseaus zur politischen Ordnung einer freiheitlichen Republik kurz vorgestellt (Kapitel 2.2.4). Der Moment der Konstituierung und Legitimierung des Gemeinwesens im Gesellschaftsvertrag spielt
dabei eine entscheidende Rolle. Der Mensch wird hier über eine „sittliche Metamorphose" (Rehm 2006: 92) zum Bürger, der nun gemeinwohlorientiert
handeln soll. Diese Verwandlung kann allein unter Zuhilfenahme der Figur
des Gesetzgebers und der sozialisierenden Wirkung von zivilreligiösen Vorstellungen und Handlungen erklärt werden. Die Darstellung und Analyse der
eigentlichen Zivilreligion bildet den Abschluss der theoretischen Auseinandersetzung mit Rousseau (Kapitel 2.2.5). Der Gehalt dieser genuinen Verbindung von Politik und Religion erschließt sich vornehmlich *ex negationis* über
die drei historischen Möglichkeiten der Verbindung von Staat und Religion,
die Religion des Menschen, die Religion des Bürgers und die Priesterreligion,
die Rousseau diskutiert und allesamt als ungeeignet verwirft (vgl. Iser 2006:
305ff.). Die Zivilreligion ist sein Kompromissversuch zwischen diesen drei
Formen.

   Mit seiner Idee von einer Zivilreligion schafft Rousseau ein ziviles Bekenntnis, welches der Gemeinschaft einen sakralen Charakter verleiht. Einige
Rezipienten deuten dieses Bekenntnis aufgrund seines verpflichtenden Charakters als voraufgeklärt (vgl. Lübbe 1986: 82). Dem ist kaum zu widersprechen. Ich will dennoch versuchen, das Bekenntnis sozialtheoretisch neu zu

---

62    Martin Rang vertritt die Auffassung, dass eine gemeinsame Interpretation des *Emil* und des
      *Contrat Social,* die er als die Gipfel der Rousseauschen Schriften anerkennt, nicht gelingen
      kann: „Wir müssen wählen" (Rang 1959: 87). Die Entscheidung fiele dann zwischen einer
      Analyse der „Philosophie der individuellen Existenz", für die sich Rang entscheidet, und
      einer Interpretation der politischen Philosophie, die im Kern das Bild einer homogenen
      Gemeinschaft trägt. Liest man jedoch den *Emil* als ein Erziehungsprogramm vom Menschen
      in Ergänzung zum Erziehungsprogramm des Bürgers, so kann eine konsistente Analyse des
      religionssoziologischen Gehaltes beider Schriften und damit auch des Gesamtwerkes von
      Rousseau gelingen.

interpretieren, um so den Fokus auf die Wirkung religiöser Symbole und Rituale im öffentlichen Raum legen zu können. Dazu bedarf es nicht nur einer werkimmanenten Analyse, sondern auch der Anreicherung der Theorie Rousseaus durch die späteren religionssoziologischen Ideen Émile Durkheims, mit dem Rousseau die Sorge um die gesellschaftliche Einheit sowie die historische Methode Montesquieus teilt.[63] Es zeigt sich, dass sich speziell die Ausführungen Durkheims zum Zusammenhang von obligatorischen religiösen Vorstellungen und Handlungen eignen, die Idee von einer Bekenntnispflicht zu erklären, die die Interpreten Rousseaus zu einer Kritik herausgefordert haben.[64]

Die Einführung der Unterscheidung zwischen der zivilreligiösen *Theorie* und dem durch normative Präferenzen eingefärbten und damit *präskriptiven Zivilreligionsprogramm* Rousseaus erscheint abschließend zweckmäßig.[65] Der Versuch Rousseaus, den substantiellen Glauben, die natürliche Religion des Menschen, im bürgerlichen Band zu bewahren, ist dem programmatischen Teil seiner Idee von Zivilreligion zuzuordnen. Rousseau diskutiert jedoch ebenso theoretisch informiert die Funktionalität von Zivilreligion. Sie ist es, die das Opfer des eigenen Lebens für die Republik legitimiert.

In ihrem Anspruch auf das Leben der Bürger unterscheidet sich die Vertragstheorie Rousseaus schließlich wesentlich von der Hobbes. Während der *Leviathan* seine Grenzen im Recht auf das eigene Leben der Untertanen findet, ist die grenzenlose Hingabe an die Gemeinschaft Kern des Gesellschaftsvertrages (vgl. Bizeul 2009: 108).

---

63  Anthony Orum unterscheidet zwischen zwei Lagern in der politischen Soziologie: das eine Lager forscht zur gesellschaftlichen Einheit („consensus"), während die andere Gruppe sich auf die Untersuchung gesellschaftlicher Konflikte („conflict") konzentriert. Durkheim wird dabei dem einheitssuchenden Lager zugeordnet (Orum 2001: 64).

64  Es soll dennoch nicht verschwiegen werden, dass: „[D]er *Gesellschaftsvertrag* ein schwieriges Buch [ist] (...). Rousseaus politikphilosophisches Hauptwerk ist uneinheitlich, spannungsvoll und widersprüchlich" (Kersting 2002: 12). Diese Widersprüche können auch in der folgenden Interpretation nicht gänzlich ausgeräumt werden.

65  Wolfgang Vögele unterscheidet in Bezug auf Robert N. Bellah und Hermann Lübbe Theorie von Programm (Vögele 1994: 242). Diese Qualifizierung erscheint mir auch für Rousseaus Modell von der Zivilreligion zielführend.

## 2.2.1 Die Bekenntnisse des Rousseau

Seine zwölf Bände umfassende Autobiographie, die *Bekenntnisse*, zeugen von der großen Bedeutung, die Rousseau seinen Lebenserfahrungen selbst zuspricht. Dabei ist es zunächst entscheidend, sich zu vergegenwärtigen, gegenüber wem sich Rousseau zu seiner eigenen Geschichte bekennt:

> Ich will vor *meinesgleichen* einen Menschen in aller Wahrheit der Natur zeigen, [...] Die Posaune des Jüngsten Gerichts mag erschallen, wann immer sie will, ich werde vor den höchsten Richter treten, dies Buch in der Hand, und laut werde ich sprechen: ‚Hier ist, was ich geschaffen, was ich gedacht, was ich gewesen. [...] Versammle um mich die zahlreichen Menschen Scharen meiner Mitmenschen, sie mögen meine Bekenntnisse anhören, mögen ob meiner Schändlichkeiten seufzen und rot werden ob meiner Schwächen. Jeder von ihnen entblöße am Fuß deines Thrones sein Herz mit derselben Wahrhaftigkeit, und wer von ihnen es dann noch wagt, der mag geruhig hervortreten und sprechen: ‚Ich war besser als dieser Mann dort' (Rousseau 1985: 37f., Herv. SH).[66]

Die *Bekenntnisse* sind somit als Lebensbeichte zu verstehen mit der sich Rousseau nicht an Gott, sondern an seine Mitmenschen, seine Leser, richtet (Spaemann 1980: 10).[67] Am Anfang seiner *Bekenntnisse* schreibt Rousseau: „Ich bin in Genf dem Bürger Isaak Rousseau und der Bürgerin Susanna Bernard im Jahr 1712 geboren worden" (Rousseau 1985: 38). Dieser Genfer Republik widmet Rousseau auch seinen *Zweiten Diskurs*.[68] Sie ist es zudem, die er im Sinn hat, als er seinem Ideal von einer freien Republik im *Contrat Social* ein realistisch-utopisches Denkmal setzt. Diesem Ideal kann jedoch auch die

---

66  Jürgen Oelkers vergleicht die *Bekenntnisse* mit dem gleichnamigen Schriftstück Augustinus, in dem dieser sich vor Gott zu seinem Glauben bekennt. Oelkers glaubt allerdings nicht, dass dies auch das vordergründige Anliegen Rousseaus war, auch wenn sich Rousseau sicherlich bei der Titelwahl des Bezuges zu Augustinus bewusst war. Sehr viel mehr als zum Glauben scheint sich Rousseau zu seinem Leben zu bekennen: „What [Rousseau] presents is neither a radical conversion nor a declaration of believing in God, but the confessions of a life, a 'self' which is without disguise and therefore truly accessible. Thus, Rousseau is responsible to no other sovereign than himself" (Oelkers 2008: 63).

67  Hierfür spricht auch, dass Rousseau noch zu Lebzeiten Teile seiner *Bekenntnisse* vor Publikum vorliest (vgl. Rousseau 1985: 900).

68  Für diese nicht bewilligte Widmung wird Rousseau jedoch keine „öffentliche Ehrbezeichnung" zuteil, wie er sie erwartet hatte, sondern: „[D]er einzige Vorteil, den mir dieses Werk, außer dass es meinem Herzen Genüge getan, noch brachte, war der Titel Bürger, den meine Freunde und nach ihrem Beispiel auch das Publikum mir gaben und den ich später [um Zuge der Veröffentlichung des *Emil* und des *Gesellschaftsvertrages* (SH)] wieder verlor, weil ich ihn allzuwohl verdient hatte" (Rousseau 1985: 554).

Republik Genf nicht vollends genügen.[69] Es zeigt sich zudem deutlich, dass Rousseaus Ideen von einer Republik vor allem aus seiner Kindheit stammen, die geprägt war von den Geschichten längst vergangener Zeiten. Auch das Idealbild der spartanischen Mutter stammt aus dieser Zeit:

> Ohne Unterlaß mit Rom und Athen beschäftigt, mit ihren großen Männern gewissermaßen lebend, selber als Bürger einer Republik geboren und Sohn eines Vaters, dessen Vaterlandsliebe seine stärkste Leidenschaft war, entflammte ich in seinem Beispiel, fühlte mich als Grieche oder Römer...(Rousseau 1985: 42).

In diesen Bildern inniger Vaterlandsliebe findet Rousseau schließlich seine ideelle Heimat.[70] Es gilt demnach zu unterstreichen, dass die Genfer Herkunft als ein

> ...entscheidender hermeneutischer Schlüssel zur Klärung der Frage nach der Einheit des Gesamtwerkes [erscheint (SH)], weil sich von hier aus, wenn nicht in jedem Falle die entscheidenden Motive zur Abfassung seiner Schriften, so doch wenigstens die entscheidenden Impulse seines Nachdenkens ergaben (Bolle 2002: 27).

Auch in Bezug auf die Rolle der Religion für den Staat gilt es, die Lebensgeschichte Rousseaus in den Blick zu nehmen. Hier sind es insbesondere die Auseinandersetzungen, die sich Rousseau mit den *philosophes* lieferte, die bedeutsam erscheinen.[71] Unter die Gruppe der philosophes subsumierten die Vertreter selbst: „alle Mitarbeiter der *Encyclopédie*, später allgemeiner die Gesinnungsgenossen (...), welche ihr Projekt der Aufklärung unterstützten" (Rehm 2006: 20). Zugleich konstruierten sie in den *dévots* ihr Gegenstück, welches: „...zweifelsfrei die Anhänger äußerst heterogener religiöser Konzeptionen [umfasst]. (...) als Sammelbegriff für all jene, die dem Projekt der Aufklärung aufgrund seiner allgemeinen Kampfansage an *die* Religion kritisch gegenüberstanden" (Rehm 2006: 22). Der gläubige Rousseau hatte

---

69  Als Zeugnis der Auseinandersetzung zwischen dem Bürger Rousseau und der Regierung Genfs sind vor allem die *Briefe vom Berge*, eine der letzten Veröffentlichungen Rousseaus vor seinem Tod, zu lesen. Die Genfer Regierung zeigte sich insbesondere mit den religiösen Motiven des *Emil* und des *Contrat Social* nicht einverstanden und klagte Rousseau deshalb an. In seinen Briefen verteidigt Rousseau jedoch seine Ideen vom Staat und von der Religion vehement.

70  In diesem Sinne verstand Robert Spaemann Rousseau als einen Mann, der: „...Zeit seines Lebens ein Bürger im antiken Sinne, ein Civis, sein wollte, aber keine Civitas, kein Vaterland fand..." (Spaemann 1980:16).

71  Eine umfassende Darstellung und Interpretation des Verhältnisses zwischen den philosophes und Rousseau findet sich in Rehm 2006.

selbst Artikel für die Encyclopédie verfasst und fügt sich somit nicht prob-
lemlos in dieses Schema ein.[72] Im Streit zwischen den dévots und den philosophes und damit im Konflikt zwischen Vernunft und Glaube kam Rousseau
somit eine Versöhnerrolle zu.[73] Durch die Auseinandersetzungen mit den philosophes wurde zudem auch Rousseaus eigener Glaube gestärkt, wie er selbst
betonte: „Der häufige Verkehr mit den Enzyklopädisten hatte meine Glauben
nicht erschüttert, sondern im Gegenteil durch meine natürliche Abneigung
für Streit und Parteiwesen gefestigt" (Rousseau 1985: 550).

In einem Brief an Voltaire, ein prominenter Vertreter der philosophes
und späterer Lieblingsgegner Rousseaus[74], aus dem Jahr 1756 bittet
Rousseau diesen schließlich um einen Katechismus des Bürgers:

> Ich wollte also, daß man in jedem Staate ein sittliches Gesetzbuch oder eine Art
> von bürgerlichem Glaubensbekenntnis hätte, welches positiv die gesellschaftli-
> chen Grundsätze enthielt, die jeder verbunden wäre anzunehmen, und negativ
> die fanatischen Grundsätze, die man genötigt wäre, zwar nicht als gottlos, son-
> dern als aufrührerisch zu verwerfen. Folglich würde jede Religion, die sich mit
> diesem Gesetzbuch vertragen könnte, gestattet, jede Religion, die sich damit
> nicht vertragen könnte, verbannt sein, und jeder hätte die Freiheit, keine andere
> Religion als das Gesetzbuch selbst zu haben (Rousseau 1978a: 331).

In seinen Erwartungen an dieses Werk setzt sich Rousseau somit erstmals
mit der Bedeutung des Glaubens für die Gesellschaft und den Staat auseinander und formuliert jene Grundsätze, die später seine Idee von einer Zivilreligion auszeichnen würden.[75] Zudem spricht Rousseau in diesem Brief dem
Staat bereits das Recht zu, die religiösen *Praktiken* der Bürger, also den äußeren Kult eines inneren Glaubens, zu gestalten. Er pflanzt somit den „erste[n]
Keim" (Critchley 2008: 7) der Zivilreligion bereits einige Jahre vor Verfassen
des letzten Kapitels des *Contrat Social*.

Den eigenen Grundsätzen entsprechend versuchte Rousseau auch, seine
persönliche Religionszugehörigkeit mit seinem jeweils aktuellen Bürgerstatus in Einklang zu bringen. Während seine Kindheit geprägt war durch den

---

72    Rehm gibt zu bedenken, dass es sich bei den *devots* und *philosophes* um Idealtypen handelt
      (Rehm 2006: 20).
73    Michaela Rehm liest Rousseaus Werk als eine „Philosophie der Versöhnung" (Rehm 2006:
      12).
74    „If Voltaire had not existed, Rousseau would have had to invent him. He was the embodi-
      ment of everything Rousseau hated" (Shklar 1969: 221).
75    Victor Gourevitch zeigt sich überzeugt, dass der gesamte Brief, die: „most authoritative dis-
      cussion of religious issues" der Schriften Rousseaus enthält (Gourevitch 2001: 194). Dem
      ist jedoch zumindest der *Emil* hinzuzufügen (siehe Kapitel 2.2.3).

Einfluss des väterlichen Calvinismus, die offizielle Religion der Genfer Republik (vgl. Burgelin 1962), tritt Rousseau zunächst nach Verlassen der Heimat
zum Katholizismus über (Rousseau 1985: 113).[76] Das protestantische Glaubensbekenntnis legt er erst 1755 wieder ab, als er erneut nach Genf reist.[77]
All diese Bekenntniswechsel haben jedoch ohnehin wenig mit dem Glauben
Rousseaus gemein, wie er selbst betont:

> Ich meinte, das Evangelium sei eines für alle Christen, die Verschiedenheit der
> Lehren rühre nur davon her, daß man sich angelassen hatte, das, was man nicht
> verstand, verschieden zu erklären, und so stand es in jeglichem Land allein dem
> Herrscher zu, jenes Bekenntnis und jene Lehre zu bestimmen, und folglich war
> es Pflicht des Bürgers, die Lehre anzuerkennen und dem Bekenntnis zu folgen,
> das das Gesetz vorschrieb (Rousseau 1985: 551).

Nur weil er in seinem Glauben gefestigt war, zeigte sich Rousseau schließlich
überhaupt bereit zum Bekenntnis zu unterschiedlichen äußerlichen Ausdrucksformen des „Wesentliche[n] der Religion" (Rousseau 1985: 550).

---

76  Mit dem Katholizismus verbindet Rousseau einerseits die Erinnerung an die gute Verpfle-
gung im katholischen Hospiz, aber auch an sexuelle Übergriffe eines anderen Konvertiten,
die ihm das Leben dort zuwider machten (Rousseau 1985: 120). Im Streit mit den katholischen Geistlichen testet Rousseau schließlich seine Argumente, die er später im Glaubensbekenntnis des savoyischen Vikars verarbeitet, aber auch im Kapitel zur Zivilreligion gegen
den Katholizismus anführt.

77  Die Rückkehr nach Genf beschreibt Rousseau mit folgenden Worten: „Von allen Standes-
klassen gefeiert und mit Freundlichkeiten überhäuft, überließ ich mich ganz meinem pat-
riotischem Eifer, und da es mich beschämte, durch das Bekenntnis einer anderen Religion,
als es die meiner Väter war, von meinen Bürgerrechten ausgeschlossen zu sein, so beschloß
ich, zu meinem alten Glauben zurückzukehren" (Rousseau 1985: 550). Rousseau erwähnt
diesbezüglich auch, dass er das Bekenntnis zum Protestantismus vor keiner allzu großen
Öffentlichkeit ablegen wollte. Nur eine kleinere Gruppe von Geistlichen prüfte ihn schließlich in Glaubensdingen. Die Eidesformel der Republik Genf, also das bürgerliche Glaubensbekenntnis, spricht er jedoch vor den Augen der breiten Genfer Öffentlichkeit.

## 2.2.2 Vom Naturzustand

Rousseau steht als Vertragstheoretiker in der Tradition von John Locke und Thomas Hobbes. Deren Ausführungen zum Staat geht jeweils eine Beschreibung des Naturzustandes voraus. Diese Darstellungen sind ein wichtigstes legitimatorisches Detail des Kontraktualismus, denn „...immer ist der Naturzustand von der Art, dass nur die Etablierung staatlich organisierter Herrschaft eine Besserung der Situation verspricht" (Kersting 2002: 17). Folglich richtet sich die Erwartung an den *Contrat Social* ebenfalls eine möglichst negative Vorstellung vom Leben der Menschen *vor* dem Staat zu präsentieren, um so das vermeintlich bessere Leben *im* Staat rechtfertigen zu können (Kersting 2002: 18). Diesen Erwartungen entspricht Rousseau, wie so oft, jedoch nicht.

Im *Contrat Social* belässt es Rousseau bei der Aussage, dass: „...die Menschen an jenem Punkt angelangt sind, wo die Hindernisse, die dem Verharren im Naturzustand entgegenstehen, jene Kräfte übersteigen, die der einzelne einbringen kann, um in diesem Zustand zu verbleiben" (Rousseau 1977: 72).[78] Eine ausführlichere Beschreibung vom Naturzustand findet sich im Zweiten Diskurs, dem *Diskurs über den Ursprung der Ungleichheit unter den Menschen*. Die dortige komplexe Beschreibung des Naturzustandes ist allerdings als rhetorische Vergleichsfigur und somit als methodologischer Kunstgriff zu verstehen, die den Kontrast vom Leben vor und nach dem Gesellschaftsvertragsabschluss verstärken soll.[79] Die Analyse des Naturzustandes, wie ihn sich Rousseau vorstellt, gestaltet sich zudem schwieriger als bei anderen Vertragstheoretikern, da es bei ihm zwei evolutionäre Stufen zu unterscheiden gilt: den reinen, „originären" (Crocker 2007: 107) sowie den späteren Naturzustand (Kersting 2002: 22). Rousseau verurteilt das elende Leben in Gesellschaft kurz vor dem Vertragsabschluss grundsätzlich und stellt diesem kritischen Bild seine Idee von einem früheren friedlichen Naturmenschen ohne Gesellschaft gegenüber. Frieden *und* Konflikt sind somit in seiner Idee vom Naturzustand inbegriffen. Insbesondere sein abwertendes Bild von der Gesellschaft im Naturzustand stellt jedoch eine unüberwindliche Hürde auf dem Weg zum Gemeinwesen dar, denn so kann nichts den späteren vertraglichen Zusammenschluss zwischen gesellschaftlich korrumpierten Individuen erklären.

---

78   Der erste Entwurf zum *Gesellschaftsvertrag*, der sogenannte Genfer Entwurf, beinhaltete noch ein Kapitel mit Titel: „De la societe generale du genre humain" (Vaughan 1915, I: 447).
79   Durkheim 1980: 69; Durkheim meint zudem, dass Rousseaus pessimistisches Gesellschaftsbild zurückzuführen ist auf seine Kritik der französischen Gesellschaft. Siehe auch Schaal/Heidenreich 2006: 141ff. für eine Zusammenfassung der Debatte um das Verständnis vom Naturzustand als „historischen Zustand" vs. „heuristisches Werkzeug".

Der entscheidende Unterschied zwischen den Beschreibungen des Naturzustandes bei Rousseau und anderen Vertragstheoretikern, stellt Rousseaus Idee von einem früheren Naturzustand dar, „the original nature" (Crocker 2007: 108). So gibt Rousseau zu bedenken: „Die Philosophen, welche die Grundlagen der Gesellschaft untersucht haben, haben alle die Notwendigkeit gefühlt, bis zum Naturzustand zurückzugehen, aber keiner von ihnen ist bei ihm angelangt" (Rousseau 1984: 69). Seine eigenen Vorstellungen vom ersten Menschen, der im „reinen Naturzustand" (Rousseau 1984: 121) lebt, beschreibt Rousseau wie folgt:

> Wenn ich dieses so verfasste Wesen aller übernatürlichen Gaben, die es hat empfangen können und aller künstlicher Fähigkeiten, die es nur durch langwierige Fortschritte hat erwerben können, entkleide, wenn ich es, mit einem Wort, so betrachte, wie es aus den Händen der Natur hat hervorgehen müssen, so sehe ich ein Tier, das weniger stark als die einen, weniger flink als die anderen, aber alles in allem genommen am vorteilhaftesten von allen organisiert ist. Ich sehe es, wie es sich unter einer Eiche satt isst, wie es am erstbesten Bach seinen Durst löscht, wie es sein Bett am Fuße desselben Baumes findet, der ihm sein Mahl geliefert hat, und damit sind seine Bedürfnisse befriedigt (Rousseau 1984: 79).

Die Prämisse, der Rousseau mit diesem Bild Ausdruck verleiht, lautet: „[daß] der Mensch von Natur gut ist [...], daß das menschliche Herz von Natur nicht verdorben ist und daß die ersten Regungen der Natur immer gut sind" (Rousseau 1978b: 508). Mit der Idee vom guten Menschen, der ein friedliches Leben im reinen Naturzustand führt, wendet Rousseau sich vor allem gegen Hobbes, der, so Rousseau, glaubte, dass: „...der Mensch, weil er keine Vorstellung von der Güte hat, von Natur aus böse sei; dass er lasterhaft sei, da er die Tugend nicht kennt" (Rousseau 1984: 137). Gegensätzlicher können die Bilder vom Naturzustand, von Friedlichkeit bzw. vom „Krieg aller gegen alle", wie es Hobbes beschrieben hat, nicht sein. Rousseau verteidigt seine Vorstellung dennoch:

> Ich weiß man wiederholt uns unablässig, daß nichts so elend gewesen wäre wie der Mensch in jenem [Natur]Zustand; [...]. Nun ich hätte gerne, daß man mir erklärte, welcher Art das Elend eines freien Wesens sein kann, dessen Herzen in Frieden und dessen Körper gesund ist (Rousseau 1984: 131ff.).

Der Mensch, den Rousseau hier beschreibt, ist jedoch nicht nur asozial, sondern auch amoralisch (Kersting 2002: 20). Sein Denken wird allein vom Instinkt regiert, denn „[i]m Instinkt allein hatte [der Mensch] alles, was er brauchte, um im Naturzustand zu leben; in einer gebildeten Vernunft hat er nur, was er braucht, um in der Gesellschaft zu leben" (Rousseau 1984: 135).

Im Begriff des Instinktes fasst Rousseau zwei Empfindungen zusammen: den Selbsterhaltungstrieb, den er auch als Selbstliebe bezeichnet und das Mitleid, welches die Menschen im frühen, originären Naturzustand bereits füreinander empfinden.[80] Vom Tier unterscheidet sich dieser Mensch allein durch seine natürliche Freiheit und die damit einhergehende Vorstellung „ein frei Handelnder" (Rousseau 1984: 101) zu sein. Die Moral erlernt er schließlich erst in der Gemeinschaft (Crocker 2007: 108; Durkheim 1980: 75). Der Naturmensch lebt demnach *allein*. Er sucht den Kontakt zu anderen nicht und hört auf seinen Instinkt. Der vertraglich gebundene Bürger lebt hingegen friedlich *gemeinsam* mit anderen und folgt den gesellschaftlichen Moralvorstellungen. Zwischen diesen beiden Entwicklungsstufen existiert ein weiterer Zwischenschritt: Im fortgeschrittenen Naturzustand findet bereits eine Vergesellschaftung statt, wie sie Rousseau im zweiten Teil seines *Zweiten Diskurses* beschreibt. Der Gedanke, dass eine Form von Gesellschaft bereits vor Vertragsabschluss existiert, ist dabei revolutionär (Crocker 2007: 112). Es gilt dennoch zu betonen, dass dieses erste Leben in Gesellschaft, laut Rousseau, keinen glücklichen Umstand für die Menschen darstellt. Vielmehr wird der Einfluss der gesellschaftlichen Meinungen und Leidenschaften als wider der Natur dargestellt und der Vergesellschaftungsprozess als ein Prozess der „Entfremdung" (Althusser 1987: 137) verurteilt.

Es ist das Eigentum und die daraus resultierende Ungleichheit, welches bei beginnender Vergesellschaftung zum Konflikt führt.

> Der erste, der ein Stück Land eingezäunt hatte und es sich einfallen ließ zu sagen: dies ist mein und der Leute fand, die einfältig genug waren, ihm zu glauben, war der wahre Gründer der bürgerlichen Gesellschaft (*société civile*). Wie viele Verbrechen, Kriege, Morde, wie viel Not und Elend und wie viele Schrecken hätte derjenige dem Menschengeschlecht erspart, der die Pfähle herausgerissen oder den Graben zugeschüttet und seinen Mitmenschen zugerufen hätte: ,Hütet euch, auf diesen Betrüger zu hören; ihr seid verloren, wenn ihr vergesst, dass die Früchte allen gehören und die Erde niemanden'.(...) Man musste viele Fortschritte machen, viele Fertigkeiten und Einsichten erwerben und sie von Generation zu Generation weitergeben und vergrößern, ehe man bei diesem letzten Stadium des Naturzustandes angelangte (Rousseau 1984: 173, Herv. i. O.).[81]

---

80  Über das Mitleid sagt Rousseau; „[Mitleid] veranlaßt uns ohne Reflexion zur Unterstützung derer, die wir leiden sehen; im Naturzustand vertritt es die Stelle der Gesetze, der Sitten und der Tugend – mit dem Vorteil, daß keiner versucht ist, seiner süßen Stimme den Gehorsam zu versagen" (Rousseau 1984: 151).

81  Für Lester G. Crocker ist das Eigentum der „villain" im zweiten Diskurs (Crocker 2007: 107).

Laut Rousseau ist es besonders die Entdeckung von Eisen und Getreide, die die Menschen zivilisiert (Rousseau 1984: 197). So kommt eine Entwicklung in Gang, die in dem endet, was Thomas Hobbes als den Krieg aller gegen alle bezeichnet hat:

> Die Usurpation der Reichen, die Räubereien der Armen, die zügellosen Leidenschaften aller erstickten das natürliche Mitleid und die noch schwache Stimme der Gerechtigkeit und machten so die Menschen geizig, ehrsüchtig und böse. Zwischen dem Recht des Stärkeren und dem Recht des ersten Besitznehmers erhob sich ein fortwährender Konflikt, der nur mit Kämpfen und Mord und Totschlag endete. Die entstehende Gesellschaft machte dem entsetzlichsten Kriegszustande Platz (Rousseau 1984: 211ff.).

Während somit bei Hobbes der Vertragsabschluss die Rettung aus dem Kriegszustand bedeutet, sind Krieg und Konflikt bei Rousseau Resultat der Vergesellschaftung selbst (Durkheim 1980: 79).

Und dennoch kommt schließlich der Moment, an dem die Menschen in neuen Formen des politischen Zusammenlebens einen Ausweg aus diesem „entsetzlichsten" Leben suchen. Sind es Eigentum und das eigene Leben, welches die Menschen sichern wollen, so können sie sich zu einem politischen Körper zusammenschließen, in dem der Stärkere über die Schwächeren herrscht. Diese Form der Herrschaft beruht jedoch auf den „Scheingründen" (Rousseau 1984: 215) derer, die alleinig ihren Nutzen aus ihr ziehen. Die Rousseausche Republik hingegen hat die Freiheit zum Ziel.[82]

Auch die Vertragstheorie Rousseaus baut demnach auf einer „begriffliche[n] Trias von Naturzustand, [Gesellschafts-]Vertrag und staatlich gefestigter Gesellschaft" (Kersting 2002: 21) auf. Beim Versuch diese Entwicklungsstufen logisch miteinander zu verbinden, ergibt sich jedoch ein unüberwindlicher Widerspruch zwischen dem Menschen im originären Naturzustand und dem „status civilis" (Kersting 2002: 22). Der *Diskurs über den Ursprung der Ungleichheit unter den Menschen* und der *Contrat Social* erscheinen unvereinbar. Rousseau selbst liefert keinerlei Erklärung dafür, warum sich asoziale, unmoralische Individuen vertraglich miteinander zu einer Gemeinschaft zusammenschließen sollten (Crocker 2007: 107). Das Vertrauen und die Solidarität, die im Folgenden mit Durkheim als nicht-kontraktuelle Ver-

---

82 Tine Stein betont diesen Unterschied zwischen der Vertragstheorie Hobbes und Rousseaus (Stein 2007: 38).

tragsgrundlagen ausgewiesen werden und die somit für diese Art von Zusammenschluss nötig sind, wie ihn sich Rousseau im *Contrat Social* vorstellt, fehlen zwischen ihnen.[83]

Angenommen man folge Rousseau in seiner Argumentation zunächst und bedenkt dabei, dass die Menschen nach Vertragsabschluss als gleichberechtigte Bürger ihre Leidenschaften, auch durch Wirkung der Zivilreligion, einhegen, so erklärt diese „sittliche Metamorphose" (Rehm 2006: 92) noch nicht das motivierende Moment des Vertragsabschlusses selbst. Es erscheint dem Leser vielmehr sinnvoller, das Individuum verbliebe im originären Naturzustand. Dann hätte es aufgrund der dort herrschenden „paradiesischen" Zustände gar keinen Grund, sich zu vergemeinschaften. Ist die Entwicklung jedoch schon zu weit fortgeschritten und der Entfremdungsprozess der Menschen vom originären Naturzustand hat bereits begonnen, dann wird es verständlicher, dass sich das Individuum aus dem Elend dieses vergesellschafteten Naturzustands befreien will, in dem ihm immer Gefahr von Seiten der Stärkeren droht. Es ist bleibt dabei jedoch fraglich, warum sich das Individuum auf die Vertragstreue der anderen von Leidenschaften und Eigentum korrumpierten Mitmenschen verlassen sollte? Wolfgang Kerstings fasst zusammen:

> Beide Naturzustandskonzeptionen fügen sich jedoch nicht in den normativen Kontraktualismus des *Contract social*: der Paradieszustand nicht, weil er als Vollkommenheitszustand nichts zu wünschen übrig lässt, in Sonderheit keinen Grund liefert, ihn zu verlassen und einen Staat zu gründen: der Zustand der Vergesellschaftung ebenfalls nicht, weil ihm nicht die normativen Bestimmungen innewohnen, aus denen dann kontraktualistisch die Prinzipien des Staatsrechts entwickelt werden könnten. Es gibt keine Brücke zwischen dem explanativen Kontraktualismus der Gesellschaftskritik des Ungleichheits-Diskurses und dem normativen Kontraktualismus des Gesellschaftsvertragsbuches (Kersting 2002: 22).[84]

Und doch existiert eine theoretische Brücke zwischen den beiden Entwicklungsstufen. Sie wurde jedoch nicht von Rousseau selbst gebaut, sondern von einem seiner Interpreten.

---

83  Yves Bizeul hebt die Bedeutung von Vertrauen zur Schaffung von Gemeinschaften hervor. Er weist zudem darauf hin welche herausragende Rolle der Glaube diesbezüglich spielt (Bizeul 2009: 7).

84  Auch Lester G. Crocker argumentiert grundsätzlich für die Interpretation des zweiten Diskurses und des *Gesellschaftsvertrages* als gegensätzliche Schriften, die als „movement from one frame of reference to another", vom „original state of nature" zum „civil state" verstanden werden sollten (Crocker 2007: 107).

Émile Durkheim hat sich ausführlich mit dem *Contrat Social* auseinandergesetzt und sich im Besonderen für das vertraglich zu begründende Gemeinwesen interessiert (Durkheim 1980). Durkheims eigener Gesellschaftsbegriff, der das Wesen der Gesellschaft als soziale Einheit sui generis erfasst, findet hier eine Vielzahl von Anschlussmöglichkeiten. Dabei hat Durkheim auch die Widersprüchlichkeiten zwischen Naturzustand und Gemeinwesen in der Theorie erkannt:

> [Rousseau] starts with the individual and, without ascribing to him the slightest social inclination (...), he undertakes to explain how a being so fundamentally indifferent to any kind of life in common came to form societies. (...) The problem is obviously insoluble, and we may be sure in advance that Rousseau's solution is fraught with contradictions (Durkheim 1980: 80).

Durkheim wagt zunächst die These, dass Rousseau durchaus um die positiven Seiten der Gesellschaft wusste, sich jedoch unschlüssig war, ob diese als „compensation" für das in ihr erlebte Elend genügen könnten (Durkheim 1980: 90).

Überzeugend wird Durkheims Verteidigung Rousseaus jedoch erst mit dem Verweis auf die nicht-kontraktuellen Grundlagen eines Vertrages, die eigentlichen Voraussetzungen zum Abschluss eines Gesellschaftsvertrages. Ausgangspunkt ist hierbei die Annahme, dass: „[s]pezialisierter Tausch und Verträge zwischen Individuen nur möglich [seien], wenn es bereits einen verbindlichen Rahmen, einen *nicht-kontraktuellen Teil des Vertrages* – letztlich die Gesellschaft also – gibt" (Esser 1999: 415, Herv. i. O.). Ein Vertrag kann also keine Gesellschaft begründen, wenn nicht bereits eine moralische Grundordnung und somit *Solidarität*[85] zwischen den Mitmenschen besteht, die Verbindlichkeit *erzwingt*, um eine Vokabel Durkheims zu verwenden: „Zusammenfassend können wir sagen, daß der Vertrag sich nicht selber genügt; er ist nur möglich dank einer Reglementierung des Vertrags, der sozialen Ursprungs ist" (Durkheim 1988: 272).[86]

---

85 Der Begriff wird zentral in Durkheims Band *Über soziale Arbeitsteilung*. 1893 behandelt; siehe vor allem Kapitel 7: „Organische Solidarität und Vertragssolidarität."

86 Durkheim hält in Bezug auf den Gesellschaftsvertrag bei Rousseau fest: „Damit ein solcher Vertrag möglich wäre, müßten sich zu einem bestimmten Zeitpunkt alle individuellen Willen über die gemeinsamen Grundlagen der sozialen Organisation verständigen und jedes einzelne Bewußtsein müßte sich das politische Problem in seiner Allgemeinheit stellen (...). Stellen wir uns den Moment vor, in dem sich die Gesellschaft durch den Vertrag bildet: ist die Zustimmung einstimmig, dann ist das Bewusstsein aller identisch" (Durkheim 1988: 257).

Im *Contrat Social* und dem im zweiten Diskurs beschriebenen Naturzustand stehen sich somit unterschiedliche Gesellschaftsvorstellungen gegenüber, die nicht miteinander zu vereinbaren sind. Diese resultieren aus den ebenso gegensätzlichen normativen Programmen Rousseaus. Auf der einen Seite will er vor den Gefahren der (französischen) Gesellschaft warnen, unter denen er selbst gelitten hat. Auf der anderen Seite will er eine gute politische Ordnung beschreiben, wie er sie sich wünscht. Beides versucht er in einem realistisch-utopischen Entwurf über eine vertraglich vereinbarte Form des politischen Zusammenlebens zu vereinbaren. Bevor nun die Konditionen dieses Vertrags und die Bedingungen des gesellschaftlichen Lebens in der daraus resultierenden politischen Ordnung dargestellt werden, steht zuvor die pädagogische Studie vom *Emil* im Vordergrund.

Im *Emil* beschreibt Rousseau den Menschen, wie er sein könnte, wenn er nach seinen Vorstellungen erzogen werden würde. Auch hier zeigt sich Rousseaus pessimistisches Gesellschaftsverständnis, welches die gesellschaftliche Entwicklung als Rückschritt bewertet. So wird Emil zunächst gezwungen allein aufzuwachsen. Erst mit Ende seiner Erziehung wagt er den Weg in die Gesellschaft. Für seinen Weg dorthin gibt ihm sein Lehrer bereits einige Gedanken zur Gestaltung eines politischen Gemeinwesens mit auf den Weg, die den *Contrat Social* vorwegnehmen (Rousseau 1998: 504ff.). Der Weg zurück in die Einsamkeit wird dadurch für immer verstellt. Es gilt somit die Menschen, im Sinne des *Emil*, so zu *erziehen*, dass ihr Zusammenleben dergestalt ist, wie es der *Contrat Social* vorsieht. Die Zivilreligion ist hierfür der Schlüssel.

## 2.2.3 Vom Emil

Mit dem *Emil* verfasst Rousseau 1762 keine vordergründig politische Schrift, sondern ein Werk, welches ihn als einen „herausragenden Vertreter neuzeitlicher Pädagogik an der Schwelle zur Moderne" (Hansmann 1993: 27) auszeichnet.[87] Der *Emil* trägt dennoch auch zum Verständnis der Idee von einer Zivilreligion bei Rousseau bei. Im Kapitel „Das Glaubensbekenntnis des savoyischen Vikars" im vierten Buch des *Emil* legt Rousseau hierfür den Grundstein. Hier verteidigt er bereits seine Vorstellung von der Vereinbarkeit der Politik und der Religion, indem er seine Idee von einer natürlichen Religion darlegt. Diese drückt sich im Gewissen der Menschen aus und wird im *Contrat Social* dann als Religion des Menschen der Religion des Bürgers gegenübergestellt. Die Worte des Vikars scheinen sich dabei auch gegen die philosophes und deren Unglauben zu richten (Alberg 2007: 57). Es ist vor allem dieses Kapitel, das dem *Emil* einerseits die Anklage der Genfer Regierung und andererseits die Anerkennung einiger seiner Mitmenschen einbrachte. So schreibt Rousseau in seinen *Bekenntnissen*: „Kein Buch ist wohl jemals von einzelnen so begeistert gelobt und von der Öffentlichkeit so lau behandelt worden. Was mir die urteilsfähigen Leute darüber sagten und schrieben, bestätigte mir, dass es sowohl die wichtigste wie die beste meiner Schriften sei" (Rousseau 1985: 789).

Auch Michaela Rehm setzt sich in ihrer Publikation zum *Bürgerlichen Glaubensbekenntnis* mit der Rolle der natürlichen Religion auseinander und verweist dabei auf den *Emil* und das Kapitel des savoyischen Vikars (Rehm 2006: 42ff.). Dabei macht sie die Unterscheidung zwischen innerem und äußerem Kult stark, die auch für meine Analyse zentral ist (Rehm 2006: 56).[88] Ich will, in Anlehnung an Émile Durkheims Religionsverständnis, diese Unterscheidung jedoch verfeinern und zwischen den inneren Überzeugungen, dem Glauben im eigentlichen Sinn und dem äußerlich sichtbaren Handeln bei Teilnahme an gemeinschaftlichen Riten, unterscheiden. Diese Kategorisierung ist dabei nicht von qualifizierender Natur, sondern ermöglicht schlicht eine präzisere Analyse.

Mit dem *Emil* schreibt Rousseau die Anleitung zur Erziehung der Kinder in erster Linie zu Menschen. Er malt dabei auch ein neues Bild vom Kind und erfindet dessen Kindheit neu (Hansmann 1993: 32). Erst an zweiter Stelle will er zum Bürger erziehen, verstanden als „a new, artificial man, a 'social' man,

---

87   Siehe auch: Bolle 2002; Hansmann 1993; Schäfer 2002.
88   Auch Mark Silk verweist auf diese jahrhundertealte Unterscheidung bei Roussau (Silk 2004: 884).

one who experiences his participation in the collectivity more strongly than his individual egoism" (Crocker 2007: 116). Rousseaus Schrift über die Erziehung wendet sich zudem explizit gegen das Erziehungsmodell John Lockes, welches es sich zum Grundsatz nimmt „mit Kindern zu räsonieren", so der Titel des Kapitels in dem Rousseau klarstellt: „Die Natur will, dass Kinder Kinder sind, ehe sie Männer werden" (Rousseau 1998: 69). In dieser Aussage werden zwei Grundsätze der Rousseauschen Erziehung veranschaulicht: Erstes: die Natur des Kindes, wie Rousseau sie versteht, sollte respektiert und geschützt werden. Und Zweitens: die Erziehung richtet sich zuallererst an die männlichen Nachfahren.

Mit der Natur des Kindes meint Rousseau die Natur des Menschen. Diese soll vor den Zwängen der Gesellschaft bewahrt werden. Der *Emil* beginnt daher mit den Worten: „Alles ist gut, wie es aus den Händen des Schöpfers kommt; alles entartet unter den Händen des Menschen" (Rousseau 1998: 9). Im *Emil* wiederholt sich damit die zentrale Aussage der Rousseauschen „hypothetischen Anthropologie" (Hansmann 1993: 32), die so bereits im *Zweiten Diskurs* angelegt ist. Der Versuch, das Gute im Menschen vor den negativen Einflüssen der Gesellschaft zu bewahren, wird als „negative Erziehung"[89] beschrieben und ist grundsätzliche Methode des Tutors Emils, Jean Jacques. Und obwohl Rousseau seinem Emil im fünften Buch mit Sophie eine Partnerin zur Seite stellt, ist das Buch der Erziehung des Jungen zum Mann gewidmet.

Mit der Erziehung von Mädchen beschäftigt sich Rousseau wenig.[90] Nur vereinzelt spricht er die besonderen Unterschiede im Erziehungsstil von Mädchen an, die den Grundsätzen der Erziehung zum Mann widersprechen. Geht es bei der Erziehung des Jungen Emil darum, den schlechten Einfluss der Meinungen der Gesellschaft von ihm fernzuhalten, so sollen Mädchen beispielsweise dieser Gesellschaft sofort ausgesetzt werden, weil sie sich deren Urteil ein Leben lang werden beugen müssen (Parry 2001: 264). Auch in Bezug auf die Unterweisung des Kindes in Religionsdingen unterscheidet sich die Erziehung von Emil und Sophie. So findet Rousseau:

---

89  Geraint Parry hält diese Bezeichnung für irreführend, denn: „Even if he appears to do nothing he is actively involved in purging the environment of all vestiges of the social as it is understood by conventional opinion. A better term might have been 'defensive' or 'protective'" (Parry 2001: 252).

90  Geraint Parry hält Rousseau zugute, dass er Frauen spezifische Fähigkeiten zuspricht, die der besonderen Erziehung bedürfen (Parry 2001: 261). Martha Nussbaum hingegen weist, mit Blick auf Rousseaus Emil, darauf hin, dass männliche, wie weibliche Menschen ihren Möglichkeiten (*capabilities*) nicht gerecht werden können, wenn beide getrennte Bereiche in der Gesellschaft zugewiesen werden. Erst über die Verbindung ihrer Fähigkeiten vervollkommnen sich die unterschiedlichen Geschlechter (Nussbaum 1999: 53).

Wenn Knaben schon nicht imstande sind, sich einen richtigen Begriff von der Religion zu machen, so geht sie um so mehr über das Fassungsvermögen der Mädchen hinaus. Gerade deshalb möchte ich früher mit ihnen darüber sprechen. Denn wenn man warten wollte, bis sie imstande sind, methodisch über diese tiefen Fragen zu diskutieren, würde man Gefahr laufen, niemals mit ihnen darüber zu reden (Rousseau 1998: 409).

Erst an späterer Stelle führt Rousseau genauer aus, was er mit dem Sprechen über Religion meint: dabei handelt es sich um Unterricht nach einem neuen Katechismus des Kindes, „das nützlichste Buch, das jemals geschrieben worden wäre" (Rousseau 1998: 410), welches den Mädchen und Jungen nicht die religiösen Pflichten predigt, sondern sie anhand von Beispielen anleitet. Das Glaubensbekenntnis des Vikars ist eine solche beispielhafte Erzählung.

Es ist Rousseau selbst, der mittels der Worte des Vikars „predigt" (Rehm 2006: 42). Seine Lehre richtet sich dabei direkt an den Leser, dessen abnehmende Religiosität Rousseau mit Sorge beobachtet (Alberg 2007: 64). Indem sich Rousseau der Erziehung der zukünftigen Generation widmet, hofft er den neuen Entwicklungen entgegenwirken zu können.

Mit dem Knaben Emil wird erst im „letzten Akt der Jugend" explizit über die Religion gesprochen. Dabei wandelt sich die negative Erziehung langsam und erste Kontakte mit der Gesellschaft werden über den Tutor arrangiert.[91] Man sollte diese späte Thematisierung der Religion allerdings nicht so verstehen, dass Religion nur in Verbindung mit Gemeinschaft existent sei.[92] Viel mehr umfasst Rousseaus Erziehung des Kindes von Anfang an auch die Religion als Morallehre, die den Menschen zu einem „moral being" (Crocker 2007: 109) formt. Explizit spricht der Lehrer mit Emil über Religion aber erst als dieser mit der Gesellschaft in Verbindung kommt und die Stimme seines Gewissens droht durch deren negativen Einfluss und die Vielfalt an Glaubenspraktiken übertönt zu werden. Der Vikar weicht dabei betont von der traditionellen Sprache eines Predigers ab. Er unterweist nicht in spezifischen Glaubensriten, sondern ermutigt zum eigenen Glauben. Zudem belehrt er nicht oder versucht die Existenz Gottes zu beweisen. Vielmehr ist es seine Methode das eigene Beispiel und die eigene Glaubensgeschichte inspirierend wirken zu lassen.[93]

---

91 Die Religion wird zum gleichen Zeitpunkt thematisiert, zu dem der Tutor für *Emil* eine Frau sucht und der Moment naht, an dem er eine Familie gründen soll.
92 Dieser Auffassung war beispielsweise Durkheim (Durkheim 2007: 70).
93 So beginnt der Vikar das Gespräch mit den Worten: „Mein Kind, erwarte von mir weder gelehrte Reden noch tiefe Betrachtungen. Ich bin kein großer Philosoph und es liegt mir wenig daran, es zu sein. Doch manchmal habe ich ein gesundes Urteil und immer liebe ich

Das Glaubensbekenntnis des Vikars, der Katechismus des Menschen, umfasst schließlich zwei Gebote: der erklärte Glaube an eine „natürliche Religion"[94] und die Absage an religiöse Intoleranz, die alleinig aus dem Missverständnis der unterschiedlichen Offenbarungen herrührt.[95] Mit dem ersten Gebot verfolgt Rousseau das Ziel, den beginnenden Unglauben in der Gesellschaft zu bekämpfen oder zumindest zu verlangsamen (Alberg 2007: 63). Über das zweite werden schließlich bestimmte negative Auswirkungen bestehender religiöser Glaubenssätze der Kirchen kritisiert. Während Rousseau sich somit mit dem ersten Gebot von den philosophes absetzt, setzt er sich im zweiten differenzierter mit den äußeren Kulten der unterschiedlichen Religionsgemeinschaften auseinander und entwickelt hierbei grundlegend den Gedanken vom Dogma der Toleranz, welches sich später in der Zivilreligion wiederfindet.

Das folgende Zitat ist exemplarisch für die Lehre des Vikars, dem „minister of nature" (Parry 2001: 251)[96]:

> Ich sehe, wie die einzelnen Dogmen [die Menschen] verwirren; statt sie zu erhöhen, ziehen sie sie herab; den unbegreiflichen Geheimnissen, die die Gottheit umgeben, fügen sie sinnlose Widersprüche hinzu und machen den Menschen stolz, unduldsam und grausam; statt den Frieden auf der Erde zu stiften, überziehen sie sie mit Feuer und Schwert. (...) Wenn man nur darauf gehört hätte, was Gott dem Menschen ins Herz sagt, so hätte es immer nur eine einzige Religion auf Erden gegeben. (...) Verwechseln wir nur nicht das Zeremoniell der Religion mit der Religion selbst. Der Kult, den Gott verlangt ist der des Herzens; der aber ist, wenn er aufrichtig ist, immer einheitlich (Rousseau 1998: 312).

Die Unterscheidung zwischen innerem Glauben und äußerem Kult wird hier besonders deutlich. Sie ist es, die die Menschen in Unruhe versetzt und verhindert, dass sie in ihrem eigentlich natürlichen Glauben gestärkt werden.

In der Lehre des Vikars wird besonders deutlich, was Ernst Cassirer unter Rousseaus „Absage an die Herrschaft des Intellektualismus" (Cassirer 2009: 44) versteht. Es herrscht das Gewissen, welches Ausdruck einer natürlichen Religion ist und welches der Vernunft vorgeordnet wird (Bolle 2002:

---

die Wahrheit (...). Es genügt mir, dir darzulegen, was ich in der Einfalt meines Herzens denke" (Rousseau 1998: 275).

94    Jürgen Oelkers weist darauf hin, dass Rousseau den Begriff der „natürlichen Religion" lose von Samuel Clarke übernimmt, ihn jedoch auf eigene Weise prägt (Oelkers 2008: 28).

95    Auch Iring Fetcher erkennt in den Dogmen der Zivilreligion die wahre Menschenreligion wieder (Fetcher 1993: 190).

96    Parry zielt mit dieser Bezeichnung eigentlich auf die Figur des Tutoren im *Emil* ab. Auf den Vikar, der Anweisungen zum aufrichtigen Glauben an die natürliche Religion gibt, scheint sie mir jedoch zutreffender.

176). Die „Kraft des Gefühls" wird propagiert, wobei einmal das positive Gefühl des Glaubens gemeint ist und zugleich der quälende Zweifel bei beginnendem Unglauben.[97] Damit der Einzelne nicht solche Qualen erleidet, soll er sich in seinem Glauben von einer praktischen Vernunft leiten lassen, die ihm sagt: „Ich will nur wissen, was für meine Lebensweise wichtig ist" (Rousseau 1998: 328). Glauben besteht damit nicht darin die Existenz Gottes zu beweisen oder auch zu verstehen, sondern in der Erkenntnis: „Je mehr ich mich anstrenge, sein unendliches Wesen anzuschauen, um so weniger begreife ich es. Aber es besteht, das genügt mir. Je weniger ich Gott begreife, um so mehr verehre ich ihn" (Rousseau 1998: 300). Dieser Erkenntnis folgend, bekennt sich der Einzelne zum Glauben beispielsweise mit den Worten: „Wesen aller Wesen, ich bin, weil du bist" (Rousseau 1998: 300).

Das Gewissen wird im *Emil* als ein „göttlicher" Instinkt beschrieben, der es den Menschen ermöglicht, frei zu leben. Rousseaus Ideen von Freiheit und Religion können demnach nur zusammen gedacht werden (Cassirer 2009: 66). Es ist „der eigentliche Ort der Freiheit: Im Gewissen ist die menschliche Freiheit ‚zuhause'" (Bolle 2002: 178). Es ist auch das Gewissen, welches den Menschen hin zur Gesellschaft führt, denn

> [d]a aber der Mensch, was keinem Zweifel unterliegt, von Natur aus ein geselliges Wessen ist *oder doch werden soll*, so muß er auch noch Empfindungen habe, die sich auf die Gattung beziehen. Denn wenn man nur auf die physischen Bedürfnisse sieht, so müsste es die Menschen eher auseinandertreiben als zusammenführen. Der Impuls des Gewissens hat also seinen Ursprung im System der Moral, das sich die Beziehungen der Menschen zu sich selbst und zu seinen Nebenmenschen bildet (Rousseau 1998: 310, Herv. SH).

Der Vikar rückt hier von der Ansicht Rousseaus ab, der Mensch sei kein von Natur aus soziales Wesen, wie dieser es noch im *Zweiten Diskurs* behauptete (Schmidt M. 2000: 82). Jedoch kann man die Worte „oder doch werden soll" auch dahingehend lesen, dass der natürliche, originäre Mensch den Umgang mit den anderen Menschen im Zuge der Vergesellschaftung lernen musste, um nicht dem Kriegszustand zum Opfer zu fallen.

Das Gewissen ist demnach die Quelle der Moral, die Rousseau zum Wohle der politischen Gemeinschaft nicht verloren geben will. Dazu sagt der Vikar: „Im Grunde der Seele gibt es demnach ein angeborenes Prinzip der Ge-

---

97    So führt der Vikar aus: „Ich befand mich in einem Zustand der Ungewißheit und des Zweifels, ....Dieser Zustand ist nicht von langer Dauer [wenn das Herz noch nicht verdorben ist], aber er ist beunruhigend und schmerzlich" (Rousseau 1998: 275).

rechtigkeit und Tugend, nach dem wir, gegen unsere eigenen Grundsätze, unsere und die Handlungen anderer als gut oder böse beurteilen; und dieses Prinzip nenne ich Gewissen" (Rousseau 1998: 303). Diese Vorstellungen zum Gewissen sind wiederum Ausdruck des Rousseauschen Glaubens an die gute Natur des Menschen, der erst durch die falsche Erziehung in der Gesellschaft verlernt, auf sein angeborenes Gewissen zu hören. Das natürliche Gewissen macht schließlich den universellen Kern des bürgerlichen Glaubensbekenntnisses im *Contrat Social* aus. Nicht im Glauben oder in den moralischen Grundsätzen unterscheiden sich die Zivilreligionen der unterschiedlichen politischen Gemeinschaften, sondern in den verschiedenen Ritualen, die demselben inneren Kult äußerlich Ausdruck verleihen.[98] Die Bedeutung der äußerlichen Glaubenspraktiken erscheint hier zunächst wesentlich geringer als die Wirkung der inneren wahren Überzeugungen. Wissend um die unterschiedlichen Glaubenspraktiken, gibt auch der Vikar dem *Emil* zu bedenken:

> Ich betrachte die einzelnen Religionen als Heilseinrichtungen, die in jedem Land einen einheitlichen Gottesdienst vorschreiben und die alle im Klima, in der Regierung, im Volkscharakter oder in sonst einer örtlichen Ursache ihre Berechtigung haben können, die der einen vor der anderen je nach Zeit und Ort den Vorrang gibt. Ich halte alle für gut, wenn man Gott darin nur in angemessener Weise dient (Rousseau 1998: 328).

Diese unterschiedlichen religiösen Praktiken sind das Ergebnis der fortschreitenden Vergesellschaftung der Menschheit. Denn erst im Zuge dieser Entwicklung wenden sich die Menschen ab von der einen Religion, der natürlichen Religion, die darauf beruht, „was Gott dem Menschen ins Herz sagt" (Rousseau 1998: 312), hin zu unterschiedlichen Religionsgemeinschaften mit verschiedenen Dogmen, die die Menschen verwirren und schlussendlich vom Glauben abbringen.

Was Rousseau im *Contrat Social* mit der Zivilreligion schließlich versucht, ist die Vielzahl der verschiedenen Deutungen der eigentlich natürlichen Religion zu ihrer Quelle zurückzuführen und damit auch die politische Gemeinschaft zu stärken. So entlässt der Vikar den Schüler schließlich mit folgenden Worten:

---

98    Die universelle Natur des Gewissens verteidigend, führt Rousseau, gegen Montaigne, an: „...sage mir, ob es irgendein Land auf Erden gibt, wo es ein Verbrechen ist, sein Wort zu halten, gütig, wohltätig und freigebig zu sein; wo Rechtschaffene verachtet und der Schuft geehrt wird" (Rousseau 1998: 304).

> Hab den Mut, dich auch vor Philosophen zu Gott zu bekennen; hab den Mut, den
> Unduldsamen Menschlichkeit zu predigen! Du wirst damit vielleicht allein blei-
> ben, aber du wirst in dir selbst ein Zeugnis tragen, das dich von dem der Men-
> schen entbindet. Ob sie dich lieben oder hassen, ob sie deine Schriften lesen oder
> verachten, es ist gleichgültig. Sag, was wahr ist, tu was gut ist! (Rousseau 1998:
> 334)

Der Vikar fordert seinen Schüler damit auf zu einer menschlichen Existenz als
„Entfremdeter" (Althusser 1987: 137). Ein freier Bürger, der sich am Gemein-
wohl orientiert, kann aus dem Emil nur werden, wenn man seine natürliche
Religion mit der politischen Ordnung versöhnt. Erst in einer politischen Ge-
meinschaft, die ihre öffentliche Erziehung nach den zivilreligiösen Vorstel-
lungen Rousseaus vollzieht, ist dieses widerspruchsfreie Leben möglich.
Diese Republik ist jedoch bisher eine realistische Utopie, die lediglich auf den
Seiten des *Contrat Social* existiert.[99]

---

99 Dass die öffentliche Erziehung Frankreichs nicht seinem Ideal entspricht, macht Rousseau
   bereits auf den ersten Seiten des *Emil* deutlich, wenn er sagt: „Eine öffentliche Erziehung
   gibt es nicht mehr und kann es nicht mehr geben, denn wo kein Vaterland ist, gibt es auch
   keine Bürger mehr. Diese beiden Wörter *Vaterland* und *Bürger* müssen aus den modernen
   Sprachen ausgemerzt werden" (Rousseau 1998: 13, Herv. i. O.).

## 2.2.4 Vom Gesellschaftsvertrag und vom Gesetzgeber

In seinem 1762 erstmals erschienen Werk *Contrat Social* geht Jean-Jacques Rousseau der Frage nach: „...ob es für die Gesellschaftsordnung eine legitime und sichere Verfassung gibt, wenn man die Menschen so nimmt, wie sie sind, und die Gesetze so, wie sie sein können" (Rousseau 1977: 59).[100] Rousseau nimmt sich somit zum Ziel, seine Vorstellungen von einer freien Republik auf Grundlage der realen Gesellschaft zu verwirklichen- der *Contrat Social* als realistische Utopie also. Der *Contrat Social* stellt demnach keinen Bruch im Gesamtwerk, sondern eine Zusammenfassung zentraler Ideen dar, die Rousseau bereits in vorhergehenden Schriften entwickelte (Cassirer 2009: 29).[101] Er ist schlussendlich auch als „Kritikfolie" (Schaal/Heidenreich 2006: 141) zu lesen, die Rousseau in Anbetracht seiner damaligen sozialen und politischen Zustände entwickelte.[102]

Im Rahmen der „begrifflichen Trias von Naturzustand, [Gesellschafts-]Vertrag und staatlich gefestigter Gesellschaft" (Kersting 2002: 21), beschreibt der *Contrat Social* den Vertragsabschluss sowie die sich anschließende Entwicklung zu einer staatlich gefestigten Gesellschaft. Die scheinbar unüberwindliche Hürde vom Naturzustand zum Vertragsabschluss, der Wandel also vom asozialen Individuum, das unter den ersten Regungen der Gesellschaft leidet, hin zu einem vertrauensvollen Menschen, der gewillt ist sich gemeinsam mit anderen zu einer Gemeinschaft zu verbinden und sich dieser zu verpflichten, wird nicht thematisiert. Diesen Gegensatz kann lediglich Durkheims Interpretation auflösen.

---

100  In seinen *Bekenntnissen* macht Rousseau deutlich, dass er seine Gedanken zur Ordnung im Staat gern ausführlicher, in einer Publikation mit dem Titel *Staatliche Einrichtungen*, dargestellt hätte: „Von den verschiedenen Werken, an denen ich arbeitete, waren meine ‚Staatlichen Einrichtungen' dasjenige, über das ich bisher am meisten und mit der größten Lust nachgedacht hatte, an dem ich mein ganzes Leben lang arbeiten wollte und das, wie ich hoffte, meinem Rufe die Krone aufsetzen sollte" (Rousseau 1985: 566).

101  Johannes Caspers zieht ein negativeres Fazit, wenn er meint: „Das große Problem und die Schwäche der Rechts- und Staatskonstruktion Rousseaus bleibt dann auch die tendenzielle Schwachstelle jeder die Realität nicht nur verarbeitenden, sondern verändern wollenden sozialphilosophischen Theorie: die Gestaltwerdung des Gedankens in der Wirklichkeit, die Überwindung des schier unüberwindbaren Widerspruchs zwischen ohnmächtiger gesellschaftspolitischer Vision und ernüchternder sozio-kultureller Realanalyse als deren vorgängige Bestandsaufnahme." (Caspar 1993: 185).

102  Vor allem die Vorlesung Louis Althussers setzte sich mit der theoretischen Konstruktion des Gesellschaftsvertrages auseinander und erkennt in ihr eine Ansammlung von Verschiebungen, die schlussendlich im „fiktionalen Triumph" enden. Alleinig in den Romanen Rousseaus herrschen somit die Bedingungen für eine Realisierung der Rousseauschen Republik (Althusser 1987: 172).

Der Gesellschaftsvertrag, wie ihn sich Rousseau vorstellt, lautet: „Jeder von uns unterstellt gemeinschaftlich seine Person und seine ganze Kraft der höchsten Leitung des Gemeinwillens (*volonté générale*), und wir empfangen als Körper jedes Glied als unzertrennlichen Teil des Ganzen" (Rousseau 1977: 74, Herv. i. O.). Weiter heißt es:

> Im gleichen Augenblick entsteht aus dieser Vergesellschaftung, anstelle des einzelnen Vertragspartners, ein Moral- und Kollektivkörper, der aus so vielen Mitgliedern besteht, wie die Versammlung Stimmen hat; aus diesem Akt hat er seine Einheit, sein gemeinsames *Ich*, sein Leben und seinen Willen. Diese Staatsperson, die sich durch die Vereinigung aller anderen Personen gebildet hat, hieß früher *Stadtstaat* (Polis), heute *Republik* oder *Staatskörper* (Rousseau 1977: 74, Herv. i. O.).

Es ist dieses Bild von der Gesellschaft als „eine *neue*, eine *emergente* Einheit" (Esser 1999: 403, Herv. i. O.), das Durkheim von Rousseau übernimmt, wie noch zu zeigen sein wird. Dem Wortlaut des Vertrags entsprechend erkennt Louis Althusser in dem Akt des Vertragsabschlusses eine „totale Entäußerung" (Althusser 1987: 143) des Einzelnen an die Gemeinschaft. So bleiben dem Individuum auch keine Schutzrechte, wie in der Hobbeschen Vertragsformel, in der jeder das Recht auf das eigene Leben bewahrt. Für Rousseau stellt diese Vertragsform jedoch den einzigen Weg dar, eine freiheitliche Republik zu begründen, „die mit der gesamten Kraft aller Mitglieder die Person und die Habe eines jeden einzelnen Mitglieds verteidigt und beschützt; in der jeder einzelne, mit allen verbündet, nur sich selbst gehorcht und so frei bleibt wie zuvor'" (Rousseau 1977: 73). Im Tausch für seine Entäußerung kann der Einzelne schließlich fortan in bürgerlicher Freiheit leben.

Wie das politische Gemeinwesen nach Vertragsabschluss staatsrechtlich zu gestalten sei, ist abhängig vom jeweiligen Volk. Im dritten Buch des *Contrat Social* werden diesbezüglich drei Regierungsformen vorgeschlagen, die demokratische, aristokratische und monarchische. Die Entscheidung für eine dieser Regierungsformen wird durch eine externe Macht, den Gesetzgeber, getroffen: „Der Gesetzgeber ist innerhalb des Staates ein in jeder Beziehung außergewöhnlicher Mensch. Er ist es durch sein Genie und nicht weniger durch sein Amt, das weder Verwaltung noch Herrschaft ist. Er begründet die Republik, geht aber nicht in die Verfassung ein" (Rousseau 1977: 101).[103]

---

103  Die Frage nach der Regierungsform kann jedoch von den versammelten Bürgern, der Legislative, immer wieder neu entschieden werden. Michaela Rehm argumentiert zudem, dass der Gesetzgeber bereits vor Abschluss des Gesellschaftsvertrages anwesend sein muss und dass es seine „mitreißenden" Argumente unter Anrufung des Himmels sind, die

Der Gesetzgeber ist somit für die Gründung der Republik von großer Bedeutung. Er kann seine zentrale Ausgangsposition jedoch nicht verstetigen,
indem er beispielsweise seine Position verfassungsrechtlich schützt.[104] Seine
wichtigste Entscheidung betrifft folglich die Auswahl eines Volkes, welches
„für die Gesetzesannahme geeignet ist" (Rousseau 1977: 111). Der Gesetzgeber schenkt diesbezüglich der Natur des Volkes sowie auch der geographi-
schen Lage Beachtung:

> Welches Volk ist für die Gesetzannahme geeignet? Das Volk, das durch Ursprung,
> Interesse und Überlieferung bereits *geeint* ist, das aber noch nicht das wahre
> Joch der Gesetze getragen hat; das weder in Gebräuchen und Aberglauben ver-
> wurzelt ist; das nicht befürchten muß plötzlich überfallen zu werden; das sich
> nicht in Streitigkeiten seiner Nachbarn hineinziehen läßt und jedem einzelnen
> von ihnen allein widerstehen oder mit gegenseitiger Hilfe der anderen zurück-
> werfen kann; in dem jedes Mitglied allen bekannt ist und wo keiner größere Las-
> ten trägt als der andere; das ohne die anderen Völker auskommt und selbst von
> jedem anderen Volk entbehrt werden kann (Rousseau 1977: 111, Herv. SH).

Es ist somit an dem Gesetzgeber, jene Völker ausfindig zu machen, deren normative Ordnung solchermaßen geprägt ist, dass sie selbst über ihre Gesetze
abstimmen können. Hat der Gesetzgeber ein geeignetes Volk gefunden, so beginnt er durch Abstimmungen über die Gesetze das Volk zu lehren stetig als
Souverän zu agieren (Stein 2007: 44). Das zu Beginn noch ungeübte Volk hat
noch ‚wenig' Verständnis vom Gemeinwillen, welcher die Gesetzgebung re-
gieren sollte.[105]

Der Gesetzgeber kann das Volk dabei nicht rational überzeugen, seinen
Vorschlägen Folge zu leisten. Er muss vielmehr Kraft einer „anderen" Macht,
als „deus ex machina" (Caspar 1993: 166)[106] agieren:

> Weil der Gesetzgeber weder Gewalt noch logisches Denken anwenden kann,
> muß er notwendigerweise auf eine Macht anderer Ordnung zurückgreifen, die
> ohne Zwang mitreißt und ohne Versicherung überzeugt. Das hat die Väter aller
> Nationen zu allen Zeiten gezwungen, die Vermittlung des Himmels anzurufen

---

dazu führen, dass sich der erste Akt der Vergesellschaftung vollzieht (Rehm 2006: 88). Dagegen spricht jedoch, dass Rousseau im Kapitel zum Gesetzgeber immer bereits vom *Volk*
spricht. Die Vergesellschaftung ist, in Übereinstimmung mit Durkheims Argumentation, somit dem Vertragsschluss vorgelagert (Rousseau 1977: 102).

104   Hierin unterscheiden sich die Figuren des Gesetzgebers bei Rousseau und Machiavelli
      (Kersting 2002: 168).

105   Dass ein gewisses Maß an sozialer Ordnung vorhanden sein muss, sollte bereits deutlich
      geworden sein.

106   Caspar verweist auch auf eine gewisse Ähnlichkeit zwischen dem Gesetzgeber und dem
      charismatischen Führer bei Weber.

und den Göttern ihre eigene Weisheit zuzuschreiben... (...) Wir dürfen also nicht mit Warburton schließen, daß die Politik und die Religion bei uns einen gemeinsamen Zweck haben, sondern daß bei der Entstehung der Nationen eines dem anderen als Werkzeug dient (Rousseau 1977: 103f.)·

Hier konzentriert sich Rousseaus Verständnis von der Wirkung der Religion alleinig auf deren Funktionalität für den Gesetzgeber. Der Glaube der Bürger spielt eine indirekte Rolle, da das Auftreten des Gesetzgebers als von Gott Entsandter lediglich dann seine Wirkung entfalten kann, wenn die Bürger tatsächlich an einen solchen Gott glauben. Der Gesetzgeber ist somit eine „Figur des ,als ob'" (Asal 2007: 133). Er agiert, „als ob" er von Gott entsandt worden ist, um dem Souverän die Gesetze vorzuschlagen. Diese göttliche Autorität ist es, die seinen Gesetzen die Legitimität verleiht. Die Religion der Zivilreligion ist jedoch von einer anderen Art.

Die Aufgabe des Gesetzgebers ist somit die eines Erziehers und seine Lehrstücke sind die zur Abstimmung gestellten Gesetze. Sie legen jedem Einzelnen dar, wie gemeinwohlorientiertes Handeln aussieht und erziehen ihn über die Abstimmungspraxis zu einem tugendhaften Bürger (Shklar 1969: 155). Verstetigt wird diese Tugendhaftigkeit schließlich über die gesetzliche Praxis, die auch ohne den Gesetzgeber andauert. Hier ist eine Kategorie der Gesetze von besonderer Bedeutung: jene vierte Kategorie, die die Sitten und Bräuche der Bürger formt, „...die weder in Erz noch in Marmor, sondern in die Herzen der Bürger eingegraben [werden]" (Rousseau 1977: 116).

Sitten und Bräuche bilden schließlich „den unerschütterlichen Schlußstein" (Rousseau 1977: 116) der politischen Ordnung. Genau dort soll auch die Zivilreligion wirken, die den Bürger lehrt „seine Pflichten zu lieben" (Rousseau 1977: 205) und damit „unmerklich an die Stelle der Autorität die Macht der Gewohnheit" (Rousseau 1977: 116) setzt. Rousseau verweist hier zudem bereits selbst auf eine zentrale Quelle des Gemeinschaftsgefühls in der Republik: die gemeinsame Praxis. Ganz im Sinne der späteren Theorie Durkheims wird sich die Menge der Bürger in jenen Akten der gemeinschaftlichen Entscheidung der Identität als Souverän gewahr und praktiziert ihre Souveränität, die auf genau jener Identifizierung beruht. Damit wird auch der Gesellschaftsvertrag in der Gesetzespraxis performativ immer wieder neu geschlossen (Durkheim 1980: 109).[107]

---

107 Durkheim bezeichnet alles gemeinschaftliche Handeln als impliziten Vertragsabschluss. Den Gesellschaftsvertrag selbst hält er ohnehin für keine historische Tatsache (Durkheim 1988: 258).

Die Menschen, die im Naturzustand durch Leidenschaften und Eigentum korrumpiert einen Kriegszustand herbeiführten, werden demnach als aktive Glieder des Staatskörpers zu tugendhaften, freien Bürgern. Dieser Wesenswandel, der aus dem Volk einen Souverän macht, muss als ein ‚Wunder‘ bestaunt werden. Allein, wie wird es bewirkt? Louis Althusser erkennt hier eine *Verschiebung* in der Theorie Rousseaus (Althusser 1987: 168ff.). Es ist die einzige von vier Verschiebungen, die Althusser im *Contrat Social* ausmacht, die nicht theorieimmanent erklärt werden kann, sondern erst durch Übertragung auf transzendente Quellen schlüssig wird. Althusser bezeichnet diesen Schritt Rousseaus daher als „Flucht nach vorn in die Ideologie (...). Die ideologische Lösung, dieser ‚Schlußstein‘, der das gesamte politische Gewölbe im Himmel zusammenhält, bedarf des Himmels" (Althusser 1987: 169). Und auch Rousseau erklärt den Wandel eines Volkes zu einem Staatskörper durch „die Vermittlung des Himmels" (Rousseau 1977: 102).

Mit diesem Schritt bricht laut Althusser jedoch das Kartenhaus des *Contrat Social* zusammen, denn: „Nichts ist so zerbrechlich wie der Himmel" (Althusser 1987: 169). So deutet Althusser das letzte Kapitel des *Contrat Social* als Ende der politischen Theorie und Beginn der Fiktion (Althusser 1987: 169). Entgegen der Argumentation Althussers verteidigt Simon Critchley diesen Zug Rousseaus:

> Wenn das Problem, das Rousseau im seinem Gesellschaftsvertrag zu lösen versucht, das Problem des Politischen ist, dann erfordert die Lösung dieses Problems Religion. (...) Um wirksam zu werden, ist Rousseaus völlig *immanent* gehaltene Wesenskonzeption des Politischen also auf eine Dimension von *Transzendenz* angewiesen (Critchley 2008: 11).

Im Einklang mit Simon Critchley und Sonja Asal wird hier ebenfalls die Unabdingbarkeit der transzendenten Legitimierung eines politischen Gemeinwesens akzeptiert. Schließlich legt Rousseau:

> ...im Contrat Social (...) mit dem Konzept der Zivilreligion Rechenschaft ab über die impliziten ethischen Voraussetzungen seiner politischen Theorie, welche die Republik weder selbst erschaffen kann, noch von außen im Sinne einer göttlichen Offenbarung oder Stiftung entgegennimmt (Asal 2007: 138).

In der stetigen gemeinsamen Praxis finden sich zudem die performativen Voraussetzungen für die Realisierung einer Rousseauschen Republik, denn erst über deren Wirkung kann Solidarität entstehen.

## 2.2.5 Von der Zivilreligion

Im Kapitel „Über die Zivilreligion" im *Contrat Social* wird das Verhältnis zwischen Religion und Politik in drei Schritten abgehandelt.[108] Zunächst erläutert Rousseau die *historisch* wichtigen Entwicklungen und fährt fort, eine dreiteilige *typologische* Einordnung unterschiedlicher Verbindungen von Politik und Religion zu entwickeln und zu verwerfen, um abschließend seine genuine Idee der Zivilreligion *staatsrechtlich* zu begründen.[109] Der letzte Abschnitt zur eigentlichen Zivilreligion fällt dabei recht knapp aus, so dass die vorhergehenden Ausführungen zur Analyse seines Zivilreligionsbegriffs ex negationis herangezogen werden müssen. Zudem ist die Zivilreligion vor dem Hintergrund früherer Schriften zu lesen, um das Konzept nicht vorschnell als „watered-down quasi religion" (Beiner 1993: 621) abzutun.

Mit seiner Idee von einer Zivilreligion versucht Rousseau, zwei sehr unterschiedliche Probleme zu lösen. Erstens versucht er zwanghaft, die moralische Kraft der substantiell verstandenen Religion des Menschen, ausführlich beschrieben im *Emil*, in seine Vorstellung von einer freiheitlichen Republik zu integrieren. Dieser Aspekt seines normativen Zivilreligionsprogrammes richtet sich vornehmlich gegen die philosophes. Das darauf basierende obligatorische Glaubensbekenntnis eines jeden Bürger muss schließlich im Zuge der Aufklärung und der damit verbundenen Anerkennung der negativen Religionsfreiheit aufgegeben werden.

---

108  Rousseau schrieb auch im ersten Genfer Manuskript von der Notwendigkeit der Religion für die Gemeinschaft: „Gott ist der Eckstein des Staates. Sobald die Menschen in Gesellschaft leben, müssen sie eine Religion haben, die sie ihnen erhält. Niemals hat ein Volk Bestand gehabt, wenn es ohne Religion existiert hat, und wenn man ihm keine gab, dann gab es sich selbst eine, oder es war bald vernichtet" (zitiert nach Glum 1956: 260.) Die spätere Aufnahme des Zivilreligionskapitels deutet Friedrich Glum so, dass Rousseau zunächst versuchte seine Theorie ohne Rückgriff auf die Metaphysik zu begründen, sich aber im letzten Moment anders entschied. Demensprechend soll hier nicht das erste Manuskript, in der Lesart Vaughan's, als „more consistent" einschätzt werden, sondern die eigentliche Veröffentlichung als konsequentere Umsetzung dessen gelesen werden, was Rousseau ausdrücken wollte (Vaughan 1915, I: 436).

109  Die Einteilung des Kapitels anhand dieser Kategorien geht zurück auf K.D. Erdmann. Diese wird von den meisten Untersuchungen der Rousseauschen Zivilreligion übernommen (Erdmann 1935). Auch der Verfassungsentwurf Rousseaus für Polen hält grundsätzlich an diesem Aufbau fest indem hier ebenfalls zunächst die historischen Beispiele der Gesetzgeber Moses, Lykurg und Numa dargelegt werden, um dann deren Prinzipien auf den staatsrechtlichen Aufbau einer zukünftigen polnischen Republik anzuwenden (Rousseau 1989c: 436ff.).

Das zweite Motiv Rousseaus ist jedoch für die theoretische Rezeption vom Verhältnis von Religion und Staat auch nach der Aufklärung anschlussfähig. Die Frage, wie für den freien Bürger ein Anreiz zu schaffen sei sein Leben im Kampf für die Gemeinschaft einzusetzen und welche Funktion die „richtige" Religion dabei hat, stellt sich auch weiterhin.

In einem ersten Schritt zeichnet Rousseau die Entwicklung nach von der anfänglichen Einheit der Politik und Religion, als: „[d]ie Menschen keine anderen Könige als die Götter und keine andere Regierung als die theokratische [hatten]" (Rousseau 1977: 195) bis zum Moment als Jesus erschien,

> ...um ein geistiges Reich auf Erden [zu gründen (SH)], das durch die Trennung des theologischen vom politischen System die Einheit des Staates aufgehoben und jene inneren Spannungen hervorgerufen hat, die seither nie aufgehört haben, die christlichen Völkern zu erschüttern (Rousseau 1977: 198).

Die frühere Einheit von Volk und Religion bezeichnete bereits Machiavelli in seinen *Discorsi* als ausschlaggebend beispielsweise für den Erfolg Roms.[110] Er kritisierte allerdings auch die „verweichlichende" Macht der christlichen Kirche (Machiavelli 2007: 172). Die Lösung des religions-politischen Problems sah Machiavelli schließlich in einer Neuinterpretation der christlichen Religion (vgl. Machiavelli 2007: 172).[111] Und auch Hobbes Lösung des internen staatlichen Konflikts zwischen Souverän und Priester scheiterte, laut Rousseaus Einschätzung, am Christentum.[112] Auf den Erkenntnissen dieser früheren Staatstheoretiker aufbauend, entwickelt Rousseau schließlich seine Idee von der Zivilreligion, die den individuellen Glauben bewahren und mit dem politischen Gemeinschaftssinn vereinbaren will.

Zunächst setzt Rousseau sich jedoch im zweiten Schritt mit der *Religion des Menschen*, der *Religion des Bürgers* und der *Priesterreligion* auseinander. Alle drei Formen beschreiben bestehende oder vergangene Organisationsformen von Religion und Staat, die er aus unterschiedlichen Gründen ablehnt:

---

110 So schreibt Machiavelli im ersten Buch, Kapitel 11: „Wer die römische Geschichte aufmerksam verfolgt, wird stets finden, wie viel Religion dazu beigetragen hat, die Heere in Gehorsam, das Volk in Eintracht zu halten, die guten Menschen zu stärken und die schlechten zu beschämen" (Machiavelli 2007: 44).

111 Ronald Beiner liest Machiavellis Lob des römischen Heidentums und seine Kritik an der christlichen Religion als Aufforderung dazu: „[that] Christianity has to be paganized" (Beiner 1993: 624).

112 „Unter allen christlichen Autoren ist der Philosoph Hobbes der einzige, der das Übel und seine Heilmittel erkannt hatte; der es gewagt hatte, die beiden Köpfe des Adlers zu vereinen und alles auf eine politische Einheit zurückzuführen, ohne die weder der Staat noch die Regierung lebensfähig sind. Er mußte aber einsehen, daß die Herrschsucht des Christentums mit seinem System unvereinbar ist..." (Rousseau 1977: 200).

Die *Priesterreligion* lehnt Rousseau aufgrund von funktionalen Überlegungen von Anfang an ab, da sie den Widerspruch zwischen Staat und Kirche
nicht aufhebt, sondern, „den Menschen zwei Gesetzgebungen, zwei Ober-
häupter und zwei Vaterländer beschert" (Rousseau 1977: 201). Der Katholizismus wird hier als Beispiel für die Priesterreligion genannt und damit als
für die Republik unbrauchbar abgelehnt. Der Widerspruch zwischen geisti-
gem und staatlichem Oberhaupt wird in den Priesterreligionen somit nicht
überwunden, sondern durch das Gegenüber von staatlicher und religiöser
Obrigkeit erst institutionalisiert. Eine solche geteilte bürgerliche Loyalität
kann Rousseau jedoch nicht akzeptieren. Es geht ihm dabei insbesondere um
den Fall, in dem Kirche und Souverän gegensätzliche Anforderungen an den
Einzelnen stellen und damit das Gewissen des Menschen mit der Tugendhaftigkeit des Bürgers in Konflikt bringen. Rousseau erkennt, dass unter diesen
Umständen die moralische Kraft der Religion, die er für seine Republik als
unabdingbar einschätzt, für öffentliche Angelegenheiten nicht länger nutzbar
wäre.

Nicht allein die katholische Form des Christentums bringt den Bürger in
Widerspruch mit der freiheitlich sittlichen Ordnung seiner Republik. Mit der
*Religion des Menschen* kritisiert Rousseau alle Formen des Christentums,
schränkt dann aber ein, dass er vornehmlich das frühe Christentum des Evan-
geliums meint: „In dieser heiligen, erhabenen und wahren Religion erkennen
sich die Menschen, Kinder des einen und selben Gottes, als Brüder wieder,
und das Gesellschaftsband, das sie vereint, wird nicht einmal vom Tod gelöst"
(Rousseau 1977: 202). Diese Religion des Menschen unterscheidet sich von
der Priesterreligion durch das Fehlen einer institutionalisierten Obrigkeit,
die den Menschen Befehle predigt. Man erkennt in ihr die natürliche Religion
aus den Erzählungen des *Emil* wieder. Warum ist jedoch auch diese Form der
Religion für die Republik unbrauchbar?[113] So zielt Rousseau doch auf die sittliche und moralische Legitimierung der politischen Gemeinschaft durch die
Religion ab. Bevor die Religion als Morallehre für die politische Gemeinschaft
aber nutzbar wird, muss ihre Wirkungsweise geändert und auf die Republik
bezogen werden. Rousseau erkennt demnach im *Contrat Social* die Wahrhaftigkeit der Religion des Menschen weiterhin an, kritisiert aber deren fehlende
staatsrechtliche Funktionalität.[114] So gibt er zu bedenken:

---

113 Friedrich Glum nimmt Rousseau in seiner Kritik am Christentum nicht ernst und bezeichnet diese Bemerkungen Rousseaus als „akzidentiell" (Glum 1956: 258; vgl.: Gouhier 1970;
Masson 1914).
114 In seinen *Briefen vom Berge* verteidigt Rousseau das Evangelium gar als „erhaben und das
stärkste Band der [menschlichen] Gesellschaft" (Rousseau 1989a: 151).

Diese Religion [des Menschen SH] steht aber in keiner besonderen Beziehung zu dem politischen Körper und läßt den Gesetzen jene Kraft, die sie aus sich selbst ziehen, ohne ihnen eine andere zu verleihen. (…) Statt die Herzen der Bürger an den Staat zu fesseln, löst sie sie, wie von allen anderen irdischen Dingen, von ihm ab. Mir ist nichts bekannt, was dem Gesellschaftsgeist mehr widerstrebt (Rousseau 1977: 202).

Die universelle Religion des Menschen kann die singuläre politische Sinnstiftung und Identifizierung des Einzelnen mit seiner politischen Gemeinschaft nicht vorantreiben, da sie irdische Grenzen nicht anerkennt. Diese Grenzen sind es jedoch, die das Leben im Diesseits, laut Rousseau, bestimmen. Dabei geht es nicht nur um den inkludierenden Effekt der Gemeinschaftlichkeit innerhalb einer Republik, sondern insbesondere auch um die notwendige Exklusion Anderer, die es möglicherweise zu bekämpfen gilt.

Zum Bürger eignen sich Rousseau zufolge Christen nur in einer Republik von Christen. Nur hier können sie, „friedlich und harmonisch leben [wenn] alle Bürger *ohne Ausnahme* gute Christen sind" und somit niemand deren Nächstenliebe missbrauchen könne (Rousseau 1977: 203). Aber auch die angrenzenden Gebiete müssten dementsprechend christliche Republiken sein, denn sind sie es nicht, würden sie die Schwäche der Christen für sich nützen:

Bricht zum Beispiel ein Krieg aus? Die Bürger ziehen ohne Zögern in den Kampf. Keiner denkt an Flucht. Sie tun ihre Pflicht, ohne nach dem Sieg zu fiebern. Sie verstehen es besser, zu sterben als zu siegen. Was macht es aus, ob sie siegen oder besiegt werden? Weiß die Vorsehung nicht besser, was sie brauchen? (Rousseau 1977: 204).

Mit den hier angesprochenen Pflichten der Bürger meint Rousseau nicht allein das universell *moralisch* gute Handeln der Menschen, welches ihnen auch die Religion des Menschen predigt, sondern vielmehr das *gemeinwohlorientierte* Handeln von Bürgern, die schlussendlich dazu bereit sind zum Wohle ihrer Gemeinschaft zu kämpfen und möglicherweise zu sterben. Für die christlichen Bürger entsteht hier ein Widerspruch: sie glauben nicht, dass sie ihr Leben der Gemeinschaft schulden, sondern Gott. Um diesen Konflikt zu überwinden, braucht es eine andere Form der Religion.

Im Gegensatz zur Religion der Menschen befiehlt die *Religion des Bürgers* alleinigen Gehorsam gegenüber dem eigenen Vaterland.[115] „Sie hat ihre Dogmen, ihre Riten, ihren von den Gesetzen vorgeschriebenen äußeren Kult. Mit

---

115  Die Religion des Bürgers ähnelt stark dem was Marcus Terentius Varro als „theologia civilis" beschrieben hat (Eßbach 2008: 134; vgl. Beiner 1993: 618). Eine Kritik an diesem Vergleich formuliert Christoph Lundgreen (Lundgreen 2013).

der Ausnahme der Nation, die sich zu ihr bekennt, ist alles andere für es ungläubig, fremd und barbarisch" (Rousseau 1977: 201). Während die Religion des Menschen also darunter leidet, dass die Menschen sich nicht als Soldaten eignen, da sie den Feind als Nächsten lieben und das diesseitige Leben weniger schätzen als das jenseitige, sind die Anhänger der Religion des Bürgers alleinig damit beschäftigt, ihrer politischen Gemeinschaft zu dienen und sie gegen Feinde, und damit ist potentiell jede andere Gemeinschaft gemeint, zu verteidigen. Damit folgen die Bürger nicht mehr ihrer inneren Stimme des Gewissens, auf die Rousseau vertraut, sondern sie folgen alleinig den Befehlen ihres Herrschers.

Zusammenfassend lässt sich die Priesterreligion als die Religion der zwei Souveräne, des religiösen und des politischen Oberhauptes, bezeichnen, während die Religion des Menschen als der wahre innere Kult zu verstehen ist, der die Heiligkeit der politischen Gemeinschaft nichts bedeutet und deren moralische Anleitung zwar dienlich ist, bei der die Menschen aber schlussendlich einem anderen Herren gehorchen. Die Religion des Bürgers stellt hingegen einen äußeren Kult ohne Wahrhaftigkeit dar, der in der Heiligkeit der eigenen Gemeinschaft aufgeht und diese zum alleinigen Idol macht.

Nach dem Studium einer widersprüchlichen Priesterreligion, einer zu inklusiven Religion der Menschen und einer intoleranten Religion des Bürgers erscheint es, als müsse sich auch Rousseau im Kampf um die Macht der Religion für den Staat geschlagen geben. Aber:

> Rousseau has not simply condemned this or that particular religion. He has gone much further and called into question all of the religions that were available to him at the time. None of his options will fulfill the needed function. So now Rousseau must do something quite radical; he must develop his own notion of religion – a true civil religion (Alberg 2007: 105).

Schließlich ist er überzeugt: „Für den Staat ist es allerdings sehr wichtig, daß jeder Bürger eine Religion habe, die ihm vorschreibt, seine [bürgerlichen] Pflichten zu lieben" Rousseau 1977: 205). Die Zivilreligion des Rousseau stellt daher den entsprechenden „Kompromissversuch" dar (Fetcher 1993: 190; Rehm 2006: 132).[116]

Rousseaus Zivilreligion vereint die Vorteile der Religion des Menschen und des Bürgers zu einem neuen Katechismus des Bürgers, der auf dem wahrem Glauben beruht, Kraft dessen die Bürger dazu motiviert werden, sich und ihr Leben für das Gemeinwohl einzusetzen. Diesem Ideal entsprechend wird so „[d]er beste Christ der eifrigste Staatsbürger sein" (Fetcher 1993: 190).

---

116   Sonja Asal bezeichnet die Zivilreligion Rousseaus auch als „Amalgam" (Asal 2007: 100f.).

Bevor nun Rousseau mit seinen kurzen Ausführungen zum Inhalt des
bürgerlichen Glaubensbekenntnis seinen *Contrat Social* abschließt, stellt er
noch einmal grundsätzlich fest: „Es gibt also ein rein bürgerliches Glaubensbekenntnis. Seine Artikel müssen vom Souverän erlassen werden. Sie dürfen
keine Dogmen sein, sondern Gemeinschaftsgefühle, ohne die es unmöglich ist,
weder guter Staatsbürger noch treuer Untertan zu sein" (Rousseau 1977:
206). Die Unterscheidung zwischen Dogmen und Gefühlen erscheint zunächst widersprüchlich, vor allem, da Rousseau schließlich fortfährt, die *Dogmen* der Zivilreligion zu nennen.[117] Was er mit dieser Unterscheidung hervor-
heben will, ist der Ursprung der normativen Verhaltensregeln in der Gemeinschaft, dem Souverän. Es ist deren gemeinschaftliches Band und nicht eine
Form des dogmatischen Katechismus, die die Zivilreligion formt.

Ebenso deutlich beschreibt Rousseau die Grenzen seines bürgerlichen
Glaubensbekenntnisses:

> Das Recht, das der Gesellschaftsvertrag dem Souverän über die Bürger einräumt,
> übersteigt nicht (...) die Grenzen des Staatswohles. Die Untertanen sind dem Sou-
> verän nur in soweit Rechenschaft über ihre Ansichten schuldig, als sich diese An-
> sichten auf die Gemeinschaft beziehen. (...) Aber die Dogmen dieser Religion sind
> dagegen für den Staat wie für seine Mitglieder nur insofern von Bedeutung, als
> sie die Moral und die Pflichten betreffen, die der Gläubige anderen gegenüber zu
> erfüllen hat. Darüber hinaus kann jeder glauben, was er will, ohne daß der Sou-
> verän es zu wissen braucht (Rousseau 1977: 205).

Die wirkliche Auslotung des individuellen privaten Freiraums gegenüber
dem öffentlichen Leben ist jedoch schwieriger, als Rousseau es hier beschreibt. Es ist der Konflikt zwischen Mensch und Bürger, der hier noch einmal thematisiert, aber nicht endgültig aufgelöst wird. Es sind schließlich dieselben Individuen, die als Untertanen den Gesetzen gehorchen und als Souverän Gesetze verabschieden (Rousseau 1977: 155). Die Bürger müssten also
jene Gedanken, die ihren Privatinteressen Ausdruck verleihen und die nicht
dem Gemeinwohl entsprechen, ihre Einzelinteressen also, vor sich selbst verbergen, diese vergessen, oder dem Gemeinwohl unterordnen, wenn sie zu einer Abstimmung gehen.[118] Sie agieren so als *citoyen* und nicht als *bourgeois*
(Rousseau 1977: 87ff.). Voraussetzung für ein solches gemeinwohlorientier-

---

117  Im Original heißen die Grundsätze: „les dogmes de la religion civile" (Vaughan 1915, II:
     132).
118  Zur Unterscheidung von Gemeinwillen, Gesamtwillen und Sonderwille siehe Rousseau
     1977: 1. Buch, 3. Kapitel.

tes Handeln ist die Teilnahme an den gemeinsamen Riten und die daraus resultierenden Gemeinschaftsvorstellungen. Beides fasst Rousseau unter den
Begriff der Zivilreligion.[119]
  C.E. Vaughan erkennt in der Zivilreligion „[a] religious test [which] is im-
posed on all members of the State" (Vaughan 1915, Bd. I, 1915: 89). Und ganz
wie bei einem Test wird den Prüflingen zunächst klar gemacht, welche Konsequenzen ihnen drohen, wenn sie diesen nicht bestehen.[120] Verstoßen die
Bürger gegen das Gemeinwohl, so bestrafen sie sich nicht selbst, sondern die
Regierung verurteilt die Untertanen, in ihrer Funktion als die vom Souverän
eingesetzte ausführende Gewalt (Fetcher 1993: 191). So führt Rousseau noch
vor den eigentlichen Dogmen der Zivilreligion aus: „Wer diese Glaubenssätze
öffentlich anerkannt hat und sich dennoch *benimmt*, als glaube er nicht daran,
der soll mit dem Tod bestraft werden" (Rousseau 1977: 206, Herv. SH). Er
fährt schließlich fort:

> Zwar kann niemand gezwungen werden, daran zu glauben, aber der Souverän
> kann jeden aus dem Staat verbannen, der nicht daran *glaubt*. Er kann ihn nicht
> als Ungläubigen verbannen, sondern als Feind der Gesellschaft, der unfähig ist,
> die Gesetze und die Gerechtigkeit *aufrichtig zu lieben* und notfalls sein Leben für
> seine Pflicht zu opfern (Rousseau 1977: 206, Herv. SH).

Die Todesstrafe ist für Rousseau zulässig, da es sich beim Verstoß gegen die
Zivilreligion um „Hochverrat" handelt (Fetcher 1993: 192). So nimmt der
Souverän, laut Rousseau, dem Untertan lediglich das Leben, das er erst durch
den Souverän erhalten hat, was noch weiter auszuführen sein wird. Es ist zudem entscheidend, dass das singuläre Vergehen eines Individuums auf der
Basis allgemeiner Gesetze verurteilt und bestraft wird (Durkheim 1980:
114).[121]

---

119  Mark Cladis untersucht ebenfalls das Gegenüber von Privatheit und Öffentlichkeit im Werk
     Rousseaus und Durkheims. Dabei stellt er fest, dass Rousseau zufolge im Privaten die Reli-
     gion des Menschen herrsche. In der Öffentlichkeit habe sich der Einzelne nach dem Ge-
     meinwohl und damit nach der Zivilreligion zu richten. Der offensichtliche Konflikt zwi-
     schen beiden werde nie überwunden, was schlussendlich jedoch einen Vorteil bedeute, da
     Rousseaus Werk für beide Bereiche das passende religiöse Vokabular liefere. Was Cladis
     hier jedoch übersieht, ist die Tatsache, dass Rousseau genau diesen Konflikt mit seiner Zi-
     vilreligion überwinden wollte (Cladis 1993: 19ff.).
120  Auch Jeremiah Alberg bemerkt diese Reihenfolge und schlussfolgert daraus, dass es nicht
     so sehr der Inhalt der Zivilreligion ist, der wichtig ist, sondern deren Prinzip (Alberg 2007:
     106).
121  Aufgrund der Tatsache, dass ein Vergehen gegen die Regeln der Zivilreligion überhaupt
     eine Bestrafung zur Folge haben kann, kritisiert Manfred Schmidt Rousseaus Vertragsthe-
     orie als „autoritarismusanfällige Lehre" (Schmidt 2008: 95).

Rousseau ist sich dennoch bewusst, dass der Souverän nicht über die Gedanken der Bürger herrschen kann, ohne den freiheitlichen Geist der Republik preiszugeben. Deshalb richtet sich die Strafe gegen das *Handeln* der Bürger. Hierbei ist es wichtig zu betonen, dass es die gemeinschaftlichen Handlungen sind, die der Kontrolle unterliegen, nicht die privaten, denn: „...jede menschliche Regierung schränkt sich ihrer Natur nach bloß auf die bürgerliche Pflichten ein..." (Rousseau 1978a: 329). Die zwingende Teilnahme an den kollektiven Handlungen ist schließlich eine erzieherische Maßnahme, wie sie Durkheim ebenfalls empfohlen hätte, denn

> [i]n der Tat, wie gering die Bedeutung dieser religiösen Zeremonien auch sein mag, sie setzen doch die Kollektivität in Bewegung; die Gruppen versammeln sich, um sie durchzuführen. Ihre erste Wirkung ist also, Individuen einander näher zu bringen, Kontakte unter ihnen zu vervielfachen und sie untereinander vertraut zu machen. Damit allein schon ändert sich das Bewußtsein (Durkheim 2007: 511).

Äußerlich sichtbares und sanktionierbares Handeln in der Gemeinschaft wird demnach als Ausdruck innerer Überzeugungen verstanden.

Im Verfassungsentwurf für Polen merkt Rousseau an, dass seine Ideen zur religiösen Verbindung der Bürger und ihrer Gemeinschaft auch durch die Ideen antiker Gesetzgeber inspiriert wurden:

> Alle [Gesetzgeber] suchten nach Bindungen, die die Bürger ans Vaterland und aneinander ketteten, und sie fanden sie in besonderen Bräuchen, in religiösen Zeremonien, die stets ausschließender Natur, dem jeweiligen Volk eigen waren (siehe den Schluß des *Gesellschaftsvertrages*), in Spielen, welche Bürger häufig vereinten, in Übungen, die ihre Körperstärke und Kraft vermehrten und damit auch ihren Stolz und ihre Selbstachtung stärkten, in Schauspielen, die ihnen die Geschichte der Vorfahren, deren Missgeschicke, Tugenden, Siege ins Gedächtnis riefen, ihre Herzen berührten, sie zum lebhaften Nacheifern entflammten und machtvoll an dieses Vaterland fesselten, mit dem man sie unablässig beschäftigte (Rousseau 1989c: 438).

Zu betonen ist wiederum die auffällige Konzentration auf Rituale. Mit der Beteiligung an den gemeinschaftlichen Ritualen wiederholen die Bürger performativ ihr Bekenntnis zur Gemeinschaft. Über die Gewohnheit werden diese gemeinschaftlichen Vorstellungen, die im Handeln repräsentiert werden, zum verinnerlichten Selbstverständnis.

Aus, im Handeln explizit gemachter, *Akzeptanz* kann schließlich *Über-zeugung* werden.[122] Damit dies gelingt, soll mit der rituellen Prägung bereits bei den Kindern begonnen werden, wie es Rousseau für die polnische Ge-meinschaft vorschlägt:

> Womit also lassen sich die Herzen rühren, und wie lässt sich Liebe zum Vaterland und zu seinen Gesetzen erwecken? (...) Durch kindliche Spiele, durch Einrichtun-gen, die in den Augen oberflächlicher Menschen müßig erscheinen mögen, die aber liebe Gewohnheiten und unbezwingliche Bindungen ausbilden (Rousseau 1989c: 436).

Die Kinder, die diese öffentlichen Rituale früh als einen selbstverständlichen Teil ihres Lebens verstehen, können dann eine Form des zivilen Gewissens entwickeln, das Rousseau mit dem Begriff der Zivilreligion schlussendlich be-schreibt.

Auch die Opfer gefallener Soldaten werden in den Gemeinschaftsritus eingebunden, wie Rousseau wiederum am polnischen Beispiel veranschau-licht. So rät er den Polen zum Umgang mit den gefallenen Helden:

> Ich wünschte man errichtete ihr[er] zum Gedächtnis ein Denkmal und verzeich-nete auf ihm die Namen aller Konföderierten, selbst jener, die in der Folge die gemeinsame Sache verraten könnten; eine so große Tat muß die Fehler des gan-zen Lebens auslöschen. Ich wünschte, dass man regelmäßig Feierlichkeiten ein-führte, bei denen sie alle zehn Jahre geehrt würden, nicht mit gleißendem, frivo-lem Pomp, sondern mit schlichtem, hochgemutem, republikanischen Gepränge; würdig, doch ohne Überschwang sollte das Lob jener tugendhaften Bürger er-klingen, denen die Ehre zuteil wurde, in den Ketten des Feindes für das Vaterland zu leiden (Rousseau 1989c: 442).

Michaela Rehm erkennt in einer solchen symbolischen Sinnstiftung die „Republikanisierung des Todes", mit der der Toten als Opfer für die Gemein-schaft gedacht wird (Rehm 2006: 148).[123] Der Lohn für einen heldenhaften Tod liegt somit in der Erinnerung durch die Gemeinschaft: „Was [der Staat] versprechen kann, ist die innerweltliche Belohnung ihrer Bürgertugend, der ‚prix de la vertu', der ihnen Unsterblichkeit im Gedächtnis der Nation sichert. [Die Leiber der] Individuen sterben, Körperschaften niemals..." (Rehm 2006: 164f.).

---

122  Dass mit Hilfe von Ritualen aus Akzeptanz Überzeugung werden kann, hält Roy Rappaport für möglich (Rappaport 1999: 122).

123  Im Rahmen seiner politischen Theorie des Opfers merkt Herfried Münkler an, dass bereits im vorsokratischen Griechenland dem Selbstopfer durch Praktiken der kulturellen Mne-motechnik gedacht wurde (Münkler/Fischer 2000: 356).

Verhalten sich die Bürger zu Lebzeiten also entsprechend der zivilreligiösen Dogmen, so gedenkt der Staat ihrer auch nach dem Tod.[124] Damit wird noch einmal deutlich, dass die Bereitschaft, die Gemeinschaft zu verteidigen, ein zentrales Problem für Rousseau war.[125] Zudem unterstreicht der Hinweis auf die öffentliche Heldenfeier, dass die Verehrung der Helden insbesondere auch eine vorbildhafte Funktion für die zurückbleibenden Bürger haben sollte. Sie sehen so bereits im Leben, welche Ehrung sie erwarten können, wenn sie sich ihre bürgerliche Tugend bewahren. Die rituelle Erinnerung der Kameraden schafft so eine Verlässlichkeit im Umgang mit möglichen zukünftigen Opfern für die Gemeinschaft (Althoff 2003: 85). Insbesondere Rousseaus praktische Überlegungen zeigen damit deutlich, dass die Zivilreligion neben der Versöhnung von Glauben und Tugend ein weiteres zentrales Ziel verfolgt und zwar, den kämpferischen Einsatz des menschlichen Lebens für die politische Gemeinschaft zu motivieren.

Auch Judith Shklar charakterisiert die Rousseausche Staatstheorie im Allgemeinen als „overwhelmingly military". Der Bürger werde vornehmlich in seiner möglichen Funktion als Soldat wahrgenommen:

> For the military life is the most perfect model of public service. Here, as in no other form of social endeavour, the individual loses his personal identity and becomes a part of a purposive social unit. Here alone, the group absorbs all his resources, emotional as well as physical. For this, among other aspects, is an exclusively masculine society, a point not lost upon Rousseau. (...) In the citizen-army, the *moi humain* really is crushed by the *moi commun*. And this is the very essence of the psychological transformation of man into a citizen (Shklar 1969: 15, Herv. i. O.).[126]

Im *Contrat Social* rechtfertigt Rousseau den Tod des Bürgers für den Staat bereits zu Anfang. So argumentiert er im Kapitel „Vom Recht über Leben und Tod": „Der Gesellschaftsvertrag hat den Zweck, die Vertragspartner am Leben

---

124  Michaela Rehm führt zusätzlich an, dass es zunächst die philosophes waren die den tugendhaften Bürgern Denkmäler setzten (Rehm 2006: 166ff.). Rousseau war selbst Teil eines solchen Kultes; die Umbettung seines Leichnams ins Pantheon in einer langen Prozession ist dafür als beispielhaft anzusehen.

125  Die Einordnung der Rousseauschen Republik in Herfried Münklers Kategorien der heroischen Gesellschaften, der postheroischen Gesellschaften oder auch der heroischen Gemeinschaften innerhalb postheroischer Gesellschaften gestaltet sich dennoch schwierig (Münkler 2006: 322ff.). Die Zivilreligion inspiriert zwar das Selbstopfer für die Gesellschaft, jedoch als ultima ratio. Jene friedliebenden, isolierten, einfachen Gesellschaften, die Rousseau sich vorstellt, sind sicherlich nicht als heroische Gesellschaften zu bezeichnen. Dennoch gilt ihm das heroische Sparta als das antike Vorbild und nicht Athen.

126  Auch Wolfgang Kersting versteht die Zivilreligion insbesondere als Möglichkeit, den Bürger zum Soldaten zu erziehen (Kersting 2002: 199).

zu erhalten. Wer den Zweck will, muß mit den Mitteln einverstanden sein. (...) Wer sein Leben auf Kosten anderer erhalten will, muß es für sie hingeben, wenn es nötig ist" (Rousseau 1977: 94).

Dennoch geht die rationale Kosten-Nutzenrechnung nicht auf. Gäbe ein jeder Bürger sein Leben für die Gemeinschaft, weil er versteht, dass er ihr sein Leben schuldet, dann wäre die Zivilreligion überflüssig. Ein Bürger muss aber nicht nur *verstehen*, was er der Gemeinschaft schuldet, er muss auch *glauben*[127], dass er es *seiner* Gemeinschaft schuldet, weil nur sie durch einen heiligen Vertrag, gemäß dem letzten Dogma der Zivilreligion, zustande gekommen ist und ihn zum freien Bürger macht.

Eine Frage, die sich schließlich aufdrängt, ist, wer die Dogmen der Zivilreligion prägt? Sie ist umso entscheidender, wenn man Zivilreligion als Instrument symbolischer Politik erachtet. Rousseau sagt dazu, dass der Souverän und somit das Volk sich die Zivilreligion gibt, macht dann aber selbst als Gesetzgeber für Polen und auch Korsika Vorschläge, wie das bürgerliche Glaubensbekenntnis zu gestalten sei.[128] Der scheinbare Widerspruch zwischen Gesetzgeber und Souverän kann mit der Verwandlung vom Mensch zum Bürger erklärt werden. Diese Metamorphose kann nur durch den Erzieher, den Gesetzgeber, inspiriert werden, sonst „...müsste die Wirkung zur Ursache werden. Der Gesellschaftsgeist, der das Werk der Verfassung sein soll, müßte schon vor der Verfassung vorhanden sein" (Rousseau 1977: 102). Der Gesetzgeber erzieht „jeden einzelnen" der Menschen zu Bürgern, indem er ihnen, wie bereits ausgeführt, Gesetze zur Abstimmung vorlegt (Rousseau 1977: 102). Und auch die Zivilreligion „eine Art Grundkonsens, über den es keinen wirklichen Zweifel geben kann", wird zunächst vom Gesetzgeber vorgeschlagen (Rehm 2000: 227).[129]

---

127　Yves Bizeul macht den Zusammenhang von Gemeinschaftlichkeit und Glauben, mit Verweis auf die Theorien Tocquevilles und Durkheims, besonders stark: „Erst durch einen gemeinsamen Glauben ist ein individuelles bzw. kollektives Handeln möglich" (Bizeul 2009: 10).

128　Im Falle Korsikas verfasst Rousseau sogar eine Eidesformel, die jeder Bürger öffentlich sprechen soll. Sie lautet: „Im Namen Gottes des Allmächtigen und durch einen heiligen und unwiderruflichen Eid auf die heiligen Evangelien vereine ich mich mit Körper, Gut und Willen und mit all meiner Kraft mit der korsischen Nation, um ihr ganz anzugehören, ich und alles, was von mir abhängig ist. Ich schwöre, dass ich für sie leben und sterben werde, dass ich all ihre Gesetze befolgen und ihren rechtmäßigen Oberhäuptern und Beamten in allem, was mit dem Gesetz in Einklang steht, gehorchen werde. So wahr mir Gott in diesem Leben helfe und sich meiner Seele erbarme" (Rousseau 1989b: 421).

129　Der Gesetzgeber schlägt die zivilreligiösen Grundsätze vor, das Volk stimmt darüber ab. Damit praktiziert er symbolische Macht (Bourdieu), die über die Gründungsphase hinaus wirkt.

Die Bürger erkennen die Grundsätze der Zivilreligion zunächst performativ an, sie wollen sie, da sie deren Nutzen für die Gemeinschaft verstehen.[130] Glauben oder gar selbst ausgestalten werden sie sie erst nach jahrelanger Praxis. Der Gesetzgeber gestaltet somit Rituale, von denen er meint, dass sie einen gemeinschaftlichen Sinn stiften können.[131] Dementsprechend heißt es, dass: „[d]ie Glaubenssätze der bürgerlichen Religion einfach, gering in der Zahl, klar im Ausdruck, ohne Erklärungen und Auslegungen [sein müssen]", denn erst die individuelle Ausdeutung und Erklärung inspiriert die innere Überzeugung, die diese Rituale und Dogmen dann mit Leben füllt. Erst „...wenn [die Zivilreligion] dem Bürger die nötige Liebe zu [den bürgerlichen Pflichten] eingeflößt hat", hat sie ihren Zweck erfüllt (Rehm 2006: 13).

Rousseau interessiert sich jedoch nicht ausschließlich für die gemeinschaftlichen Handlungen seiner Bürger. Die Zivilreligion hat schließlich auch eine innere, religiöse Dimension. In seinem Brief an Voltaire hält Rousseau diesbezüglich fest

> Nein, jede menschliche Regierung schränkt sich ihrer Natur nach bloß auf die bürgerliche Pflichten ein, und was auch der Sophist Hobbes hierüber hat sagen mögen: wenn ein Mensch dem Staate redlich dient, so ist er darüber, wie er Gott dient, niemandem Rechenschaft schuldig (Rousseau 1978a: 329).[132]

Auf der Basis dieser Aussage könnte man annehmen, dass Rousseau dem Bürger eine große Freiheit im Glauben zuspricht sowie dass er beispielsweise dem atheistischen Bürger zugeständе, ein tugendhafter Bürger zu sein. Diese Lesart findet sich bei Maximillian Forschner, der feststellt: „Ein Atheist, der seine staatsbürgerlichen Pflichten erfüllt, (...) hat indessen in Rousseaus Staat nichts zu befürchten" (Forschner 1977: 176, Fussnote 154). Unabhängig davon, dass die Rousseausche Republik nicht die Furcht abschaffen, sondern die bürgerliche Freiheit des Einzelnen herstellen wollte, kann man die Aussage Rousseau hier auch anders deuten. Es sind die äußeren Ausdrucksformen ei-

---

130  So argumentiert Michaela Rehm: „Die innerweltliche Zivilreligion aber beschränkt sich darauf, die Bürger zu einem Verhalten aufzufordern, das dem Staat nützlich ist und das sie wollen können. Nur einer in dieser Weise definierten Zivilreligion können Rousseaus autonome Bürger, die nur durch den Gemeinwillen verpflichtet werden, angehören (...); ihr instrumenteller Charakter ist jedoch von den Bürgern gewollt, um den Zweck der Stabilisierung des Gemeinwesens zu erfüllen" (Rehm 2006: 228).
131  Der Gesetzgeber ist somit als Ritualdesigner zu bezeichnen (Ahn 2012).
132  Im französischen Original heißt es: „Non: tout Gouvernement humain se borne par sa nature aux devoirs civils; et quoi qu'en ait put dire le sophiste Hobbes, quand un homme sert bien L'État, il ne doit compte à personne de la manière *dont* il sert Dieu" (Vaughan 1915, II: 163, Herv. SH).

nes inneren Glaubens von dem Rousseau annimmt, dass er im Einzelnen existiert, denn „so ist [der Bürger (SH)] darüber, *wie* er Gott dient [und nicht *ob*
(SH)], niemandem Rechenschaft schuldig" (Rousseau 1978a: 329).

Bestätigt wird diese Lesart auch im ersten Entwurf des *Contrat Social*:
„In jedem Staat, der von seinen Gliedern das Opfer ihres Lebens verlangen
kann, ist derjenige, der nicht an ein künftiges Leben glaubt, entweder ein
Feigling oder ein Narr" (Fetcher 1993: 189). Im veröffentlichten Werk findet
sich dieser Satz nicht mehr, er könnte jedoch, unter zivilreligiösen Vorzei-
chen, lauten: „In einem Staat, der von seinen Gliedern das Opfer ihres Lebens
verlangen kann, ist derjenige, der nicht an *die Heiligkeit seiner Gemeinschaft*
glaubt, ein Feigling oder ein Narr."

Die eigentlichen Dogmen des bürgerlichen Glaubensbekenntnisses werden erst auf den letzten zwei Seiten des *Contrat Social* ausformuliert und stellen damit eher eine Zusammenfassung vorher implizit erläuterter Ansprüche
dar:

> Die Glaubenssätze der bürgerlichen Religion müssen einfach sein, gering in der
> Zahl, klar im Ausdruck, ohne Erklärungen und Auslegungen. Die positiven Sätze
> sind: die Existenz einer mächtigen, vernünftigen, wohltätigen, vorausschauen-
> den und vorsorglichen Gottheit; das künftige Leben; die Belohnung der Gerech-
> ten; die Bestrafung der Bösen; die Heiligkeit des Gesellschaftvertrages und der
> Gesetze. Es gibt nur einen negativen Satz: Unduldsamkeit. Sie gehört den Kultu-
> ren an, die wir ausgeschlossen haben (Rousseau 1977: 207).[133]

Die natürliche Religion des Vikars und damit auch die Religion des Menschen
finden sich in den ersten drei Dogmen wieder. Sie bleiben damit im neuen
bürgerlichen Katechismus unverändert erhalten.[134] Die mit Absicht vage ge-
haltene, aber in jedem Fall als substantiell zu qualifizierende, Idee Gottes
wird in die Zivilreligion als deren innerer Kult integriert. Darüber hinaus können die Bürger ihren Glauben jedoch frei praktizieren, schließlich hat der

---

133  Der negative Artikel wird im Orginal mit „l'intolerance" bezeichnet (Vaughan 1915, II: 133).
Simon Critchley kritisiert dieses „Gemisch von Dogmen" als „opportunistisch" (Critchley
2008: 59). Dem soll mit Verweis auf das Zitat aus dem Brief Rousseaus an Voltaire, aber
auch auf den *Emil*, widersprochen werden. Der Ausblick auf den kurze Zeit später veröffentlichten *Gesellschaftsvertrag* im *Emil* enthält zwar keine Bemerkung zur Zivilreligion,
aber in dessen Kapitel zum Vikar steckt bereits der Schlüssel zum Verständnis des inneren
Kults.

134  Auch Beiner zeigt in einem Vergleich der Zivilreligionskonzepte von Rousseau, Machiavelli
und Hobbes, dass lediglich Rousseau die Religion (des Menschen) nicht anpasst, nicht po-
litisiert, wie es Machiavelli und Hobbes seinem Verständnis nach tun: „Rousseau is re-
sistant to the idea of de-Christianizing Christianity because he is more of a Christian than
either Machiavelli or Hobbes" (Beiner 1993: 636; vgl. Asal 2007: 111).

Souverän keinerlei Einfluss auf das Jenseits (Rousseau 1977: 206). Rousseaus
Idee von einer Zivilreligion ist somit nicht als vollständig funktional einzuschätzen, denn an funktionale Äquivalente für diese tatsächlich gelebte und
substantiell verstandene Religion glaubt Rousseau nicht.[135]

Auch in seiner Typologie der unterschiedlichen Verbindungen von Staat
und Religion hatte Rousseau bereits zum Ausdruck gebracht, dass sein Zivilreligionskonzept über den Aspekt der Funktionalität hinausgeht: die Religion
des Bürgers ist schließlich eine rein funktionale, die alleinig dem jeweiligen
Staat dient. Rousseau hätte diese nur um das Verbot der Intoleranz zu erweitern gebraucht, um ein friedliches Miteinander zwischen den Staaten zu gewährleisten ohne die substantielle Religiosität der Menschen einfordern zu
müssen. Verbunden mit seiner genuinen Form von Zivilreligion ist aber nun
einmal auch der normative Anspruch den gläubigen Menschen in seiner Existenz mit dem tugendhaften Bürger zu vereinen.

Die religiöse Morallehre der natürlichen Religion wird demnach in die
Grenzen der politischen Gemeinschaft integriert. So binden die letzten beiden
Dogmen den Menschen als Bürger an das Gemeinwesen, welches nun auf einem heiligen Vertrag beruht und sich die Gesetze selbst gibt. Unter diese Gesetze sind, wie Rousseau selbst anmerkt, auch Bräuche und Sitten zu zählen,
die vom Souverän geprägt werden und die dafür sorgen, dass die Untertanen
zu gemeinschaftlichen Überzeugungen gelangen. So wird schlussendlich die
politische zur sakralen Gemeinschaft.[136]

Der einzig negativ gefasste Glaubensartikel der Zivilreligion, das Verbot
der Intoleranz, gilt beiden Teilen der Zivilreligion. Er gebietet also die Toleranz gegenüber den unterschiedlichen Ausdrucksformen der inneren, allen
gemeinen Religion sowie gegenüber anderen bürgerlichen Religionen. Damit
verliert die Zivilreligion an Konfliktpotential. Sie will keinen alleinigen Wahr-
heitsanspruch geltend machen, sondern das Glaubensbekenntnis *einer* Gemeinschaft darstellen.

---

135  Fetscher ordnet die Zivilreligion bei Rousseau dem funktionalen Typus zu (Fetscher 1993:
     185). Und auch Wolfgang Kersting argumentiert: „Der Glaube ist nur insoweit von Inte-
     resse, wie er für die Begründung und Festigung der Bürgermoral unentbehrlich ist. [Aber]
     Es ist kein existenziell notwendiger Glaube, es ist ein politisch benötigter Glaube" (Kersting
     2002: 197). Bei Cladis hingegen findet sich, in Übereinstimmung mit der vorliegenden Ana-
     lyse, eine Lesart der integrierten Religion des Menschen in die Zivilreligion (Cladis 1993:
     16).
136  Dazu Iring Fetscher: „[Der Sinn der Zivilreligion] kann daher umschrieben werden als eine
     Heranziehung der einfachsten Bestimmungen der *Menschheitsreligion zur Festlegung und
     Garantie der positiven Rechtsordnung eines besonderen* (republikanischen) *Staates*" (Fet-
     scher 1993: 189).

Der Zwang zum Glauben, den Rousseau mit seiner Zivilreligion einfordert, versagt dennoch einigen Individuen die Gewissensfreiheit, denn der Nicht-Gläubige kann nur Bürger sein, wenn er sich dem bürgerlichen Glaubensbekenntnis entsprechend verhält. Der Atheist muss sich demnach performativ zu einem Glauben bekennen, den er nicht hegt. Seinen Nichtglauben darf er nicht öffentlich machen. Er lebt somit mit einem inneren Widerspruch, den die Zivilreligion für den gläubigen Menschen beseitigen wollte. Damit verstößt die Zivilreligion nicht nur gegen das eigene negative Gebot der Intoleranz, sie muss auch aufgrund der fehlenden negativen Religionsfreiheit als voraufgeklärt gelten (Asal 2007: 99; Lübbe 1986: 82).

Nachfolgende Theoretiker, die ebenfalls die Kraft einer substantiell verstandenen Religion für den Staat bewahren, jedoch die Trennung von Kirche und Staat sowie die positive, wie negative Religionsfreiheit achten wollen, können sich alleinig auf die *Annahme* eines mehrheitlichen vorhanden inneren Glaubens stützen. Ist auch dieser in der Bevölkerung nicht mehr vorhanden, so wird es möglichweise sinnvoll von einer Zivil*moral* (Iser 2006: 321) zu sprechen, oder auf das offenere Verständnis einer funktionalen Zivilreligion im Sinne Émile Durkheims auszuweichen.

## 2.3 Der Zivilreligionsdiskurs im Anschluss an Rousseau

Etwa 200 Jahre nach Erscheinen des *Contrat Social* entflammt die Debatte um
die Zivilreligion erneut und bringt eine Reihe neuer, sehr unterschiedlicher
Ansätze hervor. Seither gibt es „[keine] feste Regel für den Gebrauch des Be-
griffsnamen ‚Zivilreligion'" (Lübbe 2001b: 23). Angestoßen wurde die Debatte von Robert N. Bellah im Jahr 1967. 10 Jahre später wird der Begriff dann
auch in der deutschen Sozialwissenschaft rezipiert und zieht als „Neologis-
mus" einige Aufmerksamkeit auf sich (Lübbe 2001b: 23). Die zentralen Autoren dieses Diskurses, wie Hermann Lübbe, aber auch Robert N. Bellah und
Niklas Luhmann, setzen sich jedoch nur wenig bis gar nicht mit dem auseinander, was Rousseau im abschließenden Kapitel des *Contrat Social* beschreibt. Für Lübbe fungiert Rousseaus „religion civile" gar als Gegenbegriff.
Bellah und Luhmanns Analyse stützt sich hingegen sehr viel mehr auf die
funktionalistische Perspektive Durkheims. Durkheim selbst verwendet den
Begriff Zivilreligion jedoch lediglich in seiner eigenen Rezeption der Vertragstheorie Rousseaus.

Im Folgenden werden die unterschiedlichen theoretischen Ansätze zum
Verhältnis von Religion und Gemeinschaft von Émile Durkheim (Kapitel
2.3.1) sowie das amerikanische Modell von einer American Civil Religion von
Robert N. Bellah (Kapitel 2.3.2) vorgestellt. Die deutsche Rezeption des Begriffs Zivilreligion (Kapitel 2.3.3) ist gekennzeichnet durch die historisch be-
gründeten Unterschiede im Institutionengefüge und in der politischen Kultur
der Bundesrepublik. Die Theorien Niklas Luhmanns (Kapitel 2.3.3a) und Hermann Lübbes (2.3.3b) machen diese Differenz deutlich. Wolfgang Vögele veranschaulicht diese Unterschiede zudem durch eine Analyse der Rhetorik von
deutschen Bundespolitikern (2.3.3c).

## 2.3.1 Émile Durkheim – Gesellschaft und Religion

Die religionssoziologischen Beobachtungen Émile Durkheims zur Funktion von Religion für Gesellschaften finden sich konzentriert in seinem Band *Die elementaren Formen des religiösen Lebens* von 1912. Die empirische, aber auch theoretische Validität der dort vorgebrachten Argumente ist bisher bereits oft bezweifelt worden.[137] Es ist nun nicht der Anspruch der nachfolgenden Seiten, diese Zweifel vollständig auszuräumen. Vielmehr wird Durkheims Religionstheorie trotz dieser Widersprüche diskutiert, da sie für den Zivilreligionsdiskurs „schlechthin grundlegend" ist (Schieder 2001c: 14). Es ist schließlich sein Verständnis von Religion als „überindividuelle[m] Tatbestand", das Theoretiker, wie Robert N. Bellah und Niklas Luhmann, überzeugte und zu eigenen Überlegungen inspirierte (Schieder 2001c: 11).

Durkheim selbst verwendete den Begriff Zivilreligion nie theoriebildend, sondern führte ihn lediglich in Verweis auf Rousseaus *Contrat Social* an. Die Staatstheorie Rousseaus las Durkheim dabei als Gesellschaftstheorie eines Vorreiters der Soziologie, der zeigen wollte, in welchem Verhältnis Individuum und Gesellschaft in einem sozialen Gemeinwesen zueinander stünden (Durkheim 1980).[138] Die größte Gemeinsamkeit zwischen beiden Theoretikern ist die Idee von der Gesellschaft als transzendentem Gemeinwesen *sui generis*.[139] In der Religion und im Speziellen in den gemeinsamen religiösen Handlungen erkennen Rousseau und Durkheim bewusstseinsprägende Phänomene, welche die Verbindung zwischen Individuum und transzendenten Kollektiv schaffen. Im Detail unterscheiden sich ihre Vorstellungen von Religion jedoch erheblich. Während Rousseau in seiner Idee von einem politisch wirksamen bürgerlichen Glaubensbekenntnis Religion und Zivilreligion voneinander unterscheidet und dabei seine Vorstellung von der ‚wahren' Religion des Menschen verteidigt, beschränkt Durkheim seine soziologische Untersuchung auf die *Formen* von Religion und deren Funktionalität.[140]

---

137 Eine Zusammenfassung der wichtigsten Kritikpunkte findet sich in Lukes 1985: 477ff.

138 Durkheim: *Montesquieu and Rousseau*. Der gesammelte Band wurde erstmalig 1953 posthum veröffentlicht, einzelne Artikel, wie der Artikel „Le ‚Contrat Social' de Rousseau" jedoch bereits 1918 (Lukes 1985: 586f.).

139 Wolin hält fest: „The purest restatement of Rousseau, however, is to be found in one of the founders of modern sociology, Emile Durkheim." Dabei spielt Wolin vor allem auf die Gemeinschaftsvorstellungen beider Theoretiker an (Wolin 1960: 372; vgl. Orum 2001: 64ff.).

140 Grundsätzlich hält er fest: „...wir wollen den Tatbestand des Religiösen selbst in den Blick bekommen und nicht unsere Vorstellungen von ihm. Um das zu erreichen, müssen wir uns aus unserer Selbstbefangenheit lösen und uns den Dingen stellen" (Durkheim 1967: 121). Pickering beschreibt diesen Zugang Durkheims zum religiösen Feld mit dem Weberianischen Begriff des „Verstehens" (Pickering 1984: 97).

Ihren Ausgang nehmen die Staatstheorie Rousseaus und die Gesellschaftstheorie Durkheims jeweils mit Annahmen über die menschliche Natur, die. Während Rousseau jedoch in seinem *Zweiten Diskurs* dem Menschen ein naturgemäß soziales Wesen abspricht und im Sinne einer regressiven Evolutionstheorie in der Gesellschaft eine Gefahr sieht, stellt Durkheim fest, dass „das, was den Menschen zur Person macht, das ist, was er mit den anderen Menschen gemeinsam hat, was ihn zum Menschen an sich und nicht zu einem bestimmten Menschen macht" (Durkheim 2007: 399). Das Vertragswerk Rousseaus studiert Durkheim ausführlich auf der Suche nach einer Antwort auf die Frage, wie eine Gesellschaft zu organisieren sei, so dass sie uns besser und glücklicher mache (Durkheim 1980: 91). In seiner Interpretation des *Contrat Social* beschäftigt sich Durkheim daher sehr viel weniger mit Rousseaus Konstrukt des Naturzustands und dagegen umso ausführlicher mit dem vertraglich konstituierten Staatskörper, der das Zentrum der Staatstheorie Rousseaus bildet. Das verbindende Element zwischen der Staatstheorie Rousseaus und der Gesellschaftstheorie Durkheims ist somit die Vorstellung von einem transzendenten Gemeinwesen *sui generis*. Laut Rousseau geht dieses aus einer gleichberechtigten vertraglichen Verbindung hervor, bei der „sich schließlich jeder allen überäußert, [und so] überäußert er sich niemandem" (Rousseau 1977: 74). Es entsteht der Souverän bzw. der „Staatskörper" (Rousseau 1977: 74). Der Einzelne gehorcht somit fortan, als passiver Untertan, dem Souverän, dem er als aktiver Bürger ebenfalls angehört (Rousseau 1977: 75).[141]

Im Gesellschaftsvertrag wird über das Bekenntnis zur Gemeinschaft ein Moment der Solidarität explizit gemacht, von welchem Durkheim, wie bereits ausgeführt wurde, annimmt, dass es bereits vor Vertragsabschluss existieren muss, damit die Menschen einander überhaupt vertrauen können. Die so konstituierte Gemeinschaft ist dabei „immer mehr als die Summe ihrer Teile" (Esser 1999: 403). Dieses „mehr" hat auch für Durkheim, so Hartmut Esser, eine „ganz und gar eigenständige Realität, jenseits der individuellen Eigenschaften, Handlungen und Beziehungen der Menschen" (Esser 1999: 404f.).

---

141  Aus der Perspektive Durkheims ist der doppelten Natur von Individuum und Kollektiv, von
       souveränem Bürger und passivem Untertan, besondere Beachtung zu schenken. Durch die
       gegensätzliche Bezeichnung der gleichen Person, als Bürger bzw. als Untertan, werden so
       unterschiedliche Lebensbereiche sprachlich markiert. Durkheim spricht hier selbst von
       der sakralen und profanen Sphäre der Wirklichkeit.

Für die soziologische Theorie Durkheims ist der Gesellschaftsbegriff ebenso fundamental wie komplex. Er verwendet den Begriff Gesellschaft dabei auf vielfältige Weise.[142] Einmal beschreibt er damit die gesamte Gesellschaft, um dann wieder eine Gruppe innerhalb einer Gesellschaft, oder aber auch eine Institution, wie den Staat oder die Familie, zu bezeichnen (Lukes 1985: 21). Die Definition dessen, was Gesellschaft letztgültig meint, steht jedoch bei Durkheim nicht im Vordergrund. Vielmehr will er deren *Wirken* als *„neue, eine emergente Einheit"* (Esser 1999: 403, Herv. i. O.) erklären und prägt hierfür den Begriff der sozialen Tatsache bzw. des *soziologischen Tatbestands*[143]:

> Ein soziologischer Tatbestand ist jede mehr oder minder festgelegte Art des Handelns, die die Fähigkeit besitzt, auf den Einzelnen einen äußeren Zwang auszuüben; oder auch, die im Bereich einer gegebenen Gesellschaft allgemein auftritt, wobei sie ein von ihren individuellen Äußerungen unabhängiges Eigenleben besitzt (Durkheim 1991: 114).

Vor allem aufgrund dieses Verständnisses vom Wirken der Gesellschaft erscheint Durkheim die uneingeschränkte Herrschaft des Gemeinwillens, Resultat des Vertrags bei Rousseau, nicht als „despotism", sondern als selbstverständliches Wirken der neu gebildeten solidarischen Gemeinschaft sui generis (Durkheim 1980: 109). Hier zeigt sich auch die konzeptionelle ‚Schwäche' Durkheims: Stets wirft er den Blick allein auf die sozialen Tatsachen.[144] Sein so konzentrierter Blick kategorisiert die Wirklichkeit fortwährend entlang der Dichotomie von Individuum und Gesellschaft und vernachlässigt in Konsequenz die Perspektive des Individuums. Auch die Soziologie will er entsprechend als Wissenschaft von der Gesellschaft verstanden wissen.[145] Seine

---

142 Zum Gesellschaftsbegriff Durkheims meint Bellah: „At times the word is simple and obvious – it refers to some specific social group. At other times its meaning is darker and more mysterious" (Bellah 1973: ix). Bellah deutet zudem an, dass die Gesellschaft das Idol Durkheims ist, wenn er sagt: „[Durkheim] elevates, purifies, and deepens the word ‚society' that it can, not unworthily, take the place of the great word it supersedes" (Bellah 1973: ix).

143 Der Begriff soziale Tatsache wird von René König mit „sozialer Tatbestand" übersetzt, der die abweichende Übersetzung mit der unklaren Begriffsbestimmung bei Durkheim selbst begründet (König 1991: 38).

144 Parsons hält fest, dass die auf das Kollektiv fokussierte Sichtweise Durkheims lediglich vom Standpunkt der „Anglo-American tradition of positivist thought" als Schwäche ausgelegt wird (Parsons 1968: 307). Harmut Esser deutet die „methodologische Vorstellung" Durkheims zudem als Programm: „Das methodologische Programm von Emile Durkheim bestand darin, *Soziales* nur durch *Soziales* zu erklären" (Esser 1999: 415, Herv. i. O.).

145 Die Soziologie soll damit vor allem unterscheidbar werden von der Psychologie als Wissenschaft vom individuellen Bewusstsein (Lukes 1985: 20ff.).

Lesart des Rousseauschen Gesamtwerks ist ebenfalls Resultat dieses struktu-
rierten Denkens (Cladis 1993: 20).
Um der Gesellschaft und deren obligatorischer Wirkungsweise habhaft
zu werden, müsse man, so Durkheim, die unbewussten Verhaltensweisen
und somit die Gewohnheiten und Sitten der Mitglieder des Gemeinwesens
studieren (Durkheim 1980: 109). Durkheim spricht diesbezüglich auch von
der Rousseauschen Zivilreligion als ein System kollektiver Glaubensgrund-
sätze, das aufgrund seiner Prägung durch die soziale Einheit als soziale Tatsache zu bezeichnen ist (Durkheim 1980: 133). Als vom Souverän geprägte
„Institution"[146] erfüllt die Zivilreligion so die wichtige soziale Integrations-
funktion (Durkheim 1988: 95). Sie entspricht damit auch dem, was Durkheim
selbst mit dem Begriff des *Kollektivbewusstseins* (Durkheim 1988: 128) bezeichnet (König 1991: 32).[147] Die Zivilreligion ist jedoch nur *eine* mögliche
*Form* des Kollektivbewusstseins. Welche Form dieses „Gemeinsame" einer
Gesellschaft annimmt, ob als Moral oder Religion, hängt laut Durkheim vor
allem vom Entwicklungsstand der jeweiligen Gesellschaft ab (Durkheim
1988: 128).[148]

---

146 Institutionen definiert Durkheim wie folgt: „Tatsächlich kann man, ohne den Sinn dieses
Ausdrucks zu entstellen, alle Glaubensvorstellungen und durch die Gesellschaft festgesetz-
ten Verhaltensweisen Institutionen nennen; die Soziologie kann also definiert werden als
die Wissenschaft von den Institutionen, deren Entstehung und Wirkungsart" (Durkheim
1991: 100).

147 Dass das Rousseausche Modell einer Zivilreligion Durkheims Idee vom Kollektivbewusst-
sein erst inspiriert hat, kann nicht einwandfrei belegt werden, die inhaltliche Nähe beider
Konzepte ist dennoch offenkundig.

148 Durkheim unterscheidet zwischen einfacheren, „primitiveren" und höher entwickelten Gesellschaften, deren Integration über unterschiedliche Arten von Solidarität erreicht wird.
Zu unterscheiden sind hier die *organische* und *mechanische* Solidarität, zwei Formen, die
im Zuge der gesellschaftlichen Modernisierung schließlich in einander übergehen (vgl.
Durkheim 1988 Kapitel 2). Die *mechanische* Solidarität einfacherer Gesellschaften, die dem
Rousseauschen Ideal einer Republik entsprechen, ist gekennzeichnet durch ein hohes Maß
an Ähnlichkeit zwischen den einzelnen Mitgliedern, die direkt an die Gesellschaft gebun-
den werden (Durkheim 1988: 156). Als Integrationsmechanismus wirkt hier zuallererst
ein rigides Strafgesetz (Durkheim 1988: 135ff.). In durch *organische* Solidarität geprägten
modernen Gesellschaften findet sich statt sozialer Homogenität Heterogenität (Durkheim
1988: 183). Charakteristisch ist hier eine durch zunehmende Arbeitsteilung charakteri-
sierte Solidarität, also ein soziales Miteinander, das von Differenz geprägt ist. Der Einzelne
wird nicht länger direkt in die Gesellschaft integriert, sondern über ein durch Spezialisie-
rung sich auszeichnendes Teilsystem eingebunden, welches wiederum in Abhängigkeit zu
anderen Teilbereichen steht. Die spezialisierte Arbeitsteilung wird so zum verbindenden
Charakteristikum dieser Gesellschaften. Das so beschriebene soziale Band moderner heterogener Gesellschaften ähnelt damit dem Zivilreligionsbegriff Niklas Luhmanns, demzufolge funktional differenzierte Gesellschaften über ein absolutes Mindestmaß an Grund-

Während sich Durkheim also in verschiedenen Publikationen bereits am Rande mit integrativ wirksamen religiösen Formen beschäftigt, widmet er sich erst in seinem letzten großen Werk *Die elementaren Formen des religiösen Lebens*[149] dem ausführlichen Studium von Religion. Basierend auf der Prämisse lautet: „Da alle Religionen vergleichbar sind, da sie alle Abarten einer und derselben Gattung sind, gibt es notwendigerweise wesentliche Elemente, die ihnen allen gemeinsam sind" (Durkheim 2007: 18), lautet Durkheims Religionsdefinition schließlich:

> Eine Religion ist ein solidarisches System von Überzeugungen und Praktiken, die sich auf heilige, d.h. abgesonderte und verbotene Dinge, Überzeugungen und Praktiken beziehen, die in einer und derselben moralischen Gemeinschaft, die man Kirche nennt, alle vereinen, die ihr angehören (Durkheim 2007: 76).

Als Grundphänomene von Religion sind somit ausgemacht: die *kollektiven Glaubensvorstellungen*, die positiven, wie auch negativen, *Riten*[150], die gemeinsam die Unterscheidungsleistung zwischen *heiligen und profanen* „Dingen"[151] produzieren und reproduzieren. Die Kategorisierung der Dinge in sakral und profan bzw. heilig[152] und profan wird auf alle Dinge angewandt, sie ist „absolut" und gemeinsames Merkmal aller Religionen (Durkheim 2007: 64):

> Alle bekannten religiösen Überzeugungen (...) haben den gleichen Zug: sie setzten eine Klassifizierung der realen und idealen Dinge, die sich die Menschen vorstellen, in zwei Klassen, in zwei entgegengesetzte Gattungen voraus, die man im allgemeinen durch zwei unterschiedliche Ausdrücke bezeichnet hat, nämlich durch *profan* und *heilig*. Die Aufteilung der Welt in zwei Bereiche, von denen das

---

werten integriert werden, welches Luhmann als „laufend in Anspruch genommene Prämisse" bezeichnet (Luhmann 2005: 350). Siehe hierzu auch Kapitel 2.3.3a. Dazu sagt Durkheim. „Es gibt eben gemeinsame Gefühle und Ideen, ohne die man gewissermaßen kein Mensch ist. Die Regel, die uns vorschreibt, uns zu spezialisieren, wird von der gegenläufigen Regel begrenzt" (Durkheim 1988: 471f.).

149   Talcott Parsons schätzt das Werk als „one of the few most important works on sociological theory" ein (Parsons 1968: 411).

150   Die Unterscheidung zwischen positiven Ritualen, die den Umgang mit den heiligen Dingen gebieten und negativen Ritualen, welche Verbote in Bezug auf die heiligen Dinge formulieren ist nicht absolut. Hierzu hält Durkheim fest: „Jeder Kult hat einen doppelten Charakter: einen negativen und einen positiven. In der Wirklichkeit haben die beiden derart genannten Arten von Riten zweifellos eine enge Verbindung" (Durkheim 2007: 439). Durkheim verwendet zudem die Begriffe Ritual und Kult zumeist synonym.

151   Die Eigenschaften heilig oder profan ist nicht auf eine Gegenstandsgruppe beschränkt: „...jedes Ding kann ein heiliges Wesen sein" (Durkheim 2007: 62). Eine ausführliche Definition dessen, was er unter sakral und profan meint, liefert Durkheim nicht.

152   Die Begriffe heilig und sakral werden hier synonym verwendet.

eine alles umfaßt, was heilig ist, und der andere alles, was profan ist; das ist Unterscheidungsmerkmal des religiösen Denkens....(Durkheim 2007: 62, Herv. i. O.).

Empirisch ist die Aussage über die absolute Aufteilung der Welt in sakrale und profane Objekte zugegebenermaßen nicht haltbar und deshalb oft kritisiert worden (vgl. Pickering 1984: 145f.; Lukes 1985: 28). Sie ist insbesondere als Ausdruck der Vorliebe Durkheims für Dichotomien zu verstehen.[153] Die Kategorie des Profanen vernachlässigt Durkheim dabei in seiner Analyse inhaltlich fast vollständig (Pickering 1984: 135ff.).[154] Das Profane ist schlichtweg nicht sakral. Und auch das Sakrale sollte als analytische Kategorie verstanden werden. Als soziale Konstruktion nimmt es seinen Ausgang in der Gesellschaft und umfasst deren unverfügbare Überzeugungen, die im Rahmen gemeinschaftlicher Riten bezeugt wird.[155]

Die zentrale Funktion, welche die Religion laut Durkheim erbringt, ist die *Vergesellschaftung*. Die durch Religion integrierte moralische Gemeinschaft wird somit folgerichtig als *Kirche* bezeichnet. Die Riten bieten hierbei den Anlass zusammenzukommen, um über das gemeinsame Handeln Solidarität zu generieren:

> In der Tat, wie gering die Bedeutung dieser religiösen Zeremonien auch sein mag, sie setzen doch die Kollektivität in Bewegung; die Gruppen versammeln sich, um sie durchzuführen. Ihre erste Wirkung ist also, Individuen einander näher zu bringen, Kontakte unter ihnen zu vervielfachen und sie untereinander vertraut zu machen. Damit allein schon ändert sich das Bewußtsein (Durkheim 2007: 511).[156]

Während der Teilnahme an den Riten wird das Bewusstsein der Menschen demnach auf jene Bereiche konzentriert, in denen sie sich „völlig der Kollektivität verpflichte[n]" (Durkheim 2007: 466). Die Teilnahme bezeugt diese

---

153  Auch Lukes analysiert Durkheims Theorie entlang verschiedenster Dichotomien (Lukes 1985: 16ff.).
154  Ob die Dichotomie sakral/profan mit den Kategorien Individuum/Gesellschaft gleichzusetzen sind, ist in der Literatur umstritten (Lukes 1985: 26; Douglas 1999: xiv).
155  „Sakral sind diejenigen Güter, deren Gestalt die Gesellschaft selbst geschaffen hat" (Durkheim 1967: 139). Mary Douglas deutet die Ausführungen Durkheims über das Sakrale auch als Ausdruck seiner ungeschriebenen Wissenssoziologie, in deren Zentrum die Idee von der sozialen Konstruktion des Wissens stünde (Douglas 1999: xivf.). Auch Parsons liest die *Elementaren Formen* als Epistemologie Durkheims (Parsons 1968: 441).
156  Anthony Giddens fasst diese funktionale Auffassung von den Ritualen folgendermaßen zusammen: „...what the rite is, in terms of actual conduct, is relatively unimportant. It is what the rite does which matters: and all rites have one pre-eminent function, that of enhancing the solidarity of the group" (Giddens 1986: 95).

Hingabe (Durkheim 2007: 312). Die Rituale unterteilen schließlich das Leben der Mitglieder einer Gemeinschaft *sichtbar* in Zeiten der Gemeinschaftlichkeit, die „heilige Zeit", die an sakralen Orten mit sakralen Objekten gemeinsam verbracht wird und die „profane Zeit", in der jeder den eigenen Angelegenheiten nachgeht.[157] Dennoch verwirklicht sich Religion erst in der Verbindung von *Handlung* und *Überzeugung*, Glaube und Ritual „durchdringen" sich demnach (Durkheim 2007: 151).

Durkheim beschreibt auch jene Momente „kollektiver Erschütterungen" (Durkheim 2007: 313), in denen eine Ansammlung von Menschen ‚beginnt'[158] sich als Gemeinschaft wahrzunehmen:

> Es gibt Umstände, unter denen dieses stärkende und belebende Handeln der Gesellschaft besonders deutlich ist. Innerhalb einer Ansammlung, die eine gemeinsame Leidenschaft erregt, haben wir Gefühle und sind zu Akten fähig, deren wir unfähig sind, wenn wir auf unsere Kräfte allein angewiesen sind. Löst sich die Ansammlung auf und stehen wir allein da, dann sinken wir auf unsere gewöhnliche Ebene zurück und können dann die Höhe ermessen, über die wir uns über uns hinaus erhoben haben (Durkheim 2007: 312).

Durch Ritualisierung wird aus dem einmaligen Erlebnis eine obligatorische periodische Zusammenkunft, in welcher die soziale Gemeinschaft sich schlussendlich (re)konstituiert. So wird die Religion durch die Gesellschaft und die Gesellschaft durch die Religion hervorgebracht, oder, wie Durkheim es ausdrückt: „[w]enn die Religion alles, was in der Gesellschaft wesentlich ist, hervorgebracht hat, dann deshalb, weil die Idee der Gesellschaft die Seele der Religion ist" (Durkheim 2007: 614). Religion ist jedoch nicht als Täuschung zu verstehen. Sie stellt vielmehr eine Wirklichkeit sui generis dar. Der Glaube, als Glaube an die Gesellschaft, ist dabei genauso wirklich, wie die Gesellschaft selbst.[159]

Die religiöse Gemeinschaft wird schließlich durch ein gemeinsames Zeichen, welches den Einzelnen als zugehöriges Mitglied identifiziert, *versinnbildlicht*. Dieses „Zeichen für Heiligkeit" (Durkheim 2007: 177) ist das *Totem*:

---

157   Durkheim beschreibt diese Unterteilung am Beispiel der australischen Gesellschaft (Durkheim 2007: 319).

158   Dass Durkheims Religionsvorstellungen sich durch einen prozesshaften Charakter auszeichnen, ist nicht zu bezweifeln. Nicht nur die konstitutiven Rituale leben von ihrer Wiederholung, auch die Tatsache, dass Religion generationenübergreifend gedacht wird, betont ihre stetige Konstituierung und Re-konstituierung.

159   So hält Durkheim unmissverständlich fest: „Wir können in der Tat sagen, daß sich der Gläubige keinen Täuschungen hingibt, wenn er an die Existenz einer moralischen Kraft glaubt, von der er abhängt und von der er den besten Teil seiner selbst bezieht: diese Macht existiert; es ist die Gesellschaft" (Durkheim 2007: 333; siehe auch Idinopulos 2002: 2ff.).

Das Totem ist also vor allem ein Symbol, ein materieller Ausdruck von etwas anderem. (...) Einerseits ist es die äußere und sinnenhafte Form dessen, was wir das Totemprinzip oder den Totemgott genannt haben. Andererseits ist es auch das Symbol jener spezifischen Gesellschaft, die Clan genannt wird (Durkheim 2007: 306f.).[160]

Im Totem, als „die Quelle des moralischen Lebens des Clans" (Durkheim 2007: 283), wird schließlich Durkheims Grundverständnis von der Religion noch einmal konzentriert ausgedrückt (Durkheim 2007: 283).

Über seine religionssoziologischen Arbeit hat sich Durkheim zum Paten für viele der sozialwissenschaftlichen Theoretiker entwickelt, die sich mit Zivilreligion auseinandersetzen.[161] Die theoretische Übertragung seiner Theorie, die ohne den Begriff Zivilreligion auskommt, wird durch die funktionale Offenheit seines Religionsverständnisses erst möglich: so ist Religion, was sie bewirkt und was sie bewirkt, ist die Integration unterschiedlichster Gesellschaften. Auch säkulare, gemeinschaftliche Moralvorstellungen können so als Religion gewertet werden (Pickering 2002: 33).[162]

Wer also mit Durkheim die religiösen Phänomene in modernen Gesellschaften sucht, der findet sie auch in ihrer *Zivilreligion*, versinnbildlicht in nationalen Symbolen, wie der Flagge.[163] Die Nation wird schließlich zur ‚Kirche', denn

---

160  Giddens unterstreicht die Bedeutung der religiösen Führer oder auch Priester in primitiveren Religionen, welche selbst als religiöses Symbol fungieren (Giddens 1986: 88).

161  Auf Durkheim verweisen beispielsweise Robert N. Bellah (siehe Kapitel 2.3.2), Niklas Luhmann (siehe Kapitel 2.3.3.b) sowie Rolf Schieder (Schieder 2001) und auch Thomas Hase (Hase 2001).

162  Diese indifferente Behandlung unterschiedlicher Phänomene gipfelt schließlich in Durkheims Idee von einer „Religion der Menschheit" (Durkheim 1986: 59). Durkheims Idee von der Religion der Menschheit beruht auf einem aufgeklärten Verständnis von Individualismus, einer Art ‚wohlverstandenem Eigennutz' und entspricht, laut Bellah, gar einer „secular ethic of a modern democracy" (Bellah 1973: xxxviii). Durkheim beschreibt diese mit folgenden Worten: „[Die Religion der Menschheit] hat etwas von der transzendenten Majestät, welche die Kirche zu allen Zeiten ihren Göttern verliehen; man betrachtet sie so, als wäre sie mit dieser mysteriösen Eigenschaft ausgestattet, die um die heiligen Dinge herum eine Leere schafft, die sie dem gewöhnlichen Kontakt und dem allgemeinen Umgang entzieht. Und genau daher kommt der Respekt, der der menschlichen Person entgegengebracht wird. (...) Eine solche Moral ist also nicht einfach eine hygienische Disziplin oder eine weise Ökonomie der Existenz; sie ist eine Religion, in der der Mensch zugleich Gläubiger und Gott ist" (Durkheim 1986: 57).

163  Durkheim schreibt hierzu: „Der Soldat, der für die Fahne stirbt, stirbt für das Vaterland;..." (Durkheim 2007: 326). Thomas Hase spricht in Anlehnung an Durkheim von der amerikanischen Flagge als Totem (Hase 2001: 95).

[w]elchen *wesentlichen* Unterschied gibt es zwischen einer Versammlung von Christen, die die wesentlichen Stationen aus Christi Leben feiern, oder von Juden, die den Auszug aus Ägypten oder die Verkündung der Zehn Gebote zelebrieren, und einer Vereinigung von Bürgern, die sich der Errichtung einer neuen Moralcharta oder eines großen Ereignisses des nationalen Lebens erinnern? (Durkheim 2007: 625, Herv. SH).[164]

Durkheim lag somit nichts daran, mögliche Unterschiede zwischen den Formen von Religion zu untersuchen. Sein Ziel war es vielmehr, die allen sakralen Symbolen und Handlungen *gemeinsame* Funktion zu untersuchen und Religion als soziale Tatsache zu beschreiben, die diese Funktion erfüllt.[165]

Über individuelle religiöse Phänomene schreibt Durkheim fast nichts.[166] Sie dienen Durkheim lediglich als Kontrastpunkt, um das eigene Argument der „fundamentalen [sozialen] Bedingungen des religiösen Lebens" zu unterstreichen, denn „[o]bgleich also die Religion ganz im Inneren des Individuums enthalten zu sein scheint, liegt die Quelle, die sie versorgt, wiederum in der Gesellschaft" (Durkheim 2007: 622). Rousseau nahm jedoch an, dass eine Republik auf die private Religiosität ihrer Bürger angewiesen ist. Der potentielle Konflikt zwischen privaten und zivilen Glaubensvorstellungen der Menschen trieb ihn dabei an, sich zu mühen, die private Religion des Menschen in sein bürgerliches Glaubensbekenntnis zu integrieren. Gegenüber solchen individuellen Spannungen ist Durkheims Theorie blind (Cladis 1993: 22; Schieder 2001c: 14). Hier bleibt dem Individuum kein Rückzugsort vor der Gesellschaft, denn sie ist es, die *jegliche Form von Religion* mitprägt.

---

164　Im Zuge der Forschung zur Entstehung, Verwirklichung und Verstetigung nationaler Gemeinschaften erfährt die Idee von der Gesellschaft als soziale Einheit sui generis, welche sich erst in den Handlungen und Vorstellungen realisiert, neue Relevanz. Es fällt nicht schwer Benedict Andersons Idee von den „erfundenen Nation" mit Durkheim zu verbinden (Anderson 1983).

165　„Das allgemeine Ergebnis des Buches ist, daß die Religion eine eminent soziale Angelegenheit ist. Die religiösen Vorstellungen sind Kollektivvorstellungen, die Kollektivwirklichkeiten ausdrücken; die Riten sind Handlungen, die nur im Schoß von versammelten Gruppen entstehen können und die dazu dienen sollen, bestimmte Geisteszustände dieser Gruppen aufrechtzuerhalten oder wieder herzustellen" (Durkheim 2007: 25).

166　Lediglich in einer Fußnote in den *soziologischen Methoden* führt er aus: „Daraus, daß sich uns die sozialen Glaubensvorstellungen und Verhaltensweisen von außen aufdrängen, folgt nicht, daß wir sie passiv aufnehmen und sie etwa keiner Modifikation unterzögen. Indem wir die kollektiven Institutionen erfassen, sie uns assimilieren, individualisieren wir sie und verleihen ihnen mehr oder minder unsere persönliche Marke...Aus diesem Grunde bildet sich jeder gewissermaßen *seine* Moral, *seine* Religion, *seine* Technik. (...) Nichtsdestoweniger bleibt das Gebiet der erlaubten Variationen begrenzt" (Durkheim 1991: 100, Fußnote **).

Ein aufgeklärtes Verständnis von Zivilreligion kann, im Gegensatz zu Rousseau, den Bürgerstatus nicht länger abhängig machen vom Bekenntnis zu einer wie auch immer gearteten Religion. Dennoch gehen die Theoretiker des neueren Zivilreligionsdiskurses auch weiterhin davon aus, dass, um mit Böckenförde zu sprechen, auch der moderne Verfassungsstaat von Voraussetzungen lebt, die er selbst nicht garantieren kann (Böckenförde 1976: 60). Auf diese Voraussetzungen kann sich der Staat, die Trennung von Kirche und Staat achtend, lediglich implizit, durch zivilreligionspolitische Instrumente, wie Rituale, Symboliken und Narration, beziehen. Durkheims Theorie hilft uns dabei, deren konstitutive Wirkungsweise zu verstehen. Jene Autoren, wie Hermann Lübbe, die auf der substantiell anderen Qualität der Religion bestehen, die im öffentlichen Raum ‚lediglich' repräsentiert wird, lehnen Durkheims Theorie jedoch als unzulänglich ab. Sein Religionsverständnis eignet sich schließlich sehr viel besser für jene Zivilreligionstheoretiker, die im Zuge der Säkularisierung und Differenzierung von Gesellschaften untersuchen wollen, wie diese sich auch weiterhin integrieren – wie sie also als Gemeinschaft *funktionieren*. Rituale, die die Bürger veranlassen zusammenzukommen, um sich so ihrer Existenz als politische Gemeinschaft symbolisch und performativ gewahr zu werden, spielen hier eine zentrale Rolle. So ist Durkheim schließlich zum gemeinsamen Ausgangspunkt für jene modernen Ritualtheorien geworden, die im Fokus des Kapitels 3.2 stehen.

Abschließend soll noch eine Frage diskutiert werden, die Durkheims Theorie unbeantwortet lässt. Aus politikwissenschaftlicher Perspektive stellt sich wiederum die Frage, wie gemeinschaftliches Handeln im modernen Staat organisiert werden kann und welche Personen die gemeinsamen Symbole prägen, die schließlich die gemeinsame Wirklichkeit strukturieren. Durkheim zufolge sind scheinbar alle Individuen in kollektiv versammelter Form ‚gleichberechtigt' an der Konstituierung und (Re)konstituierung ihrer Gemeinschaft beteiligt. Durch seine marko-soziologische Perspektive geht hier der Blick auf die Mikroebene verloren, mit dem die Bedeutung der unterschiedlichsten Akteure auf dem symbolischen Feld auszuloten wäre. Dass religiöse Führer, oder analog dazu politische Entscheidungsträger, wie der Gesetzgeber Rousseaus, hier eine herausgehobene Position einnehmen können, kann nur unter Anreicherung mit anderen Theoretikern gezeigt werden, beispielsweise unter Rückgriff auf die Ideen vom symbolischen Kapital des Staates bei Pierre Bourdieu (siehe Kapitel 3).

## 2.3.2 American Civil Religion - Robert N. Bellah

Mit dem 1967 veröffentlichten *Daedalus* Artikel „Civil Religion in America"
begann Robert N. Bellah eine Diskussion über die zentralen Werte der amerikanischen Gesellschaft, die er über Jahre und mit der Zeit immer intensiver
fortführen würde. Sein Name wird seither unabänderlich mit dem Terminus
*American Civil Religion* verbunden, auch wenn Bellah selbst den Begriff aufgrund der vielen kritischen Stimmen nach Erscheinen seines ersten Artikels
nicht mehr führt und vorzugsweise von einer *public philosophy* republikanischer Natur spricht. Im Folgenden wird dieser Artikel dennoch als repräsentatives Beispiel für Bellahs Verständnis von der American civil religion vorgestellt, das auch von anderen Interpreten einer religiösen öffentlichen Dimension häufig rezipiert wurde.[167] In seinem Artikel entwickelt Bellah eine
eigene Idee von einer Zivilreligion, die er zum Teil an Rousseau anlehnt. Während Rousseau jedoch die Zivilreligion ersann um den gläubigen Mensch mit
seiner bürgerlichen Existenz zu versöhnen und darüber die moralische Wirkungsweise der Religion für die Republik nutzbar machen wollte, will Bellah
Zivilreligion als kritische moralische Instanz verstanden wissen. Die Bekenntnispflicht und damit der autoritäre Charakter der Rousseauschen Zivilreligion werden mit Bellah überwunden. Was aber auch obsolet wird, ist der
Gedanke der Heiligkeit der nationalen Gemeinschaft und derer Gesetze. Ob
nun American Civil Religion, oder public philosophy, gemeint ist bei Bellah
die Idee von einer gemeinsamen moralischen und schlussendlich universellen Ethik, die er in Anlehnung an Durkheim entwickelt und schließlich zu einem Ideal erhebt, welches er auch in seinen weiteren Werken als Kritikfolie
gegen die amerikanische Wirklichkeit wendet.

Auch vor seiner Auseinandersetzung mit der amerikanischen Zivilreligion hatte sich Bellah, der als einer der bekanntesten Schüler Talcott Parsons
gilt[168], bereits intensiv mit der Rolle der Religion in der Gesellschaft auseinandergesetzt.[169] Bellahs regionaler Schwerpunkt lag jedoch zunächst auf
dem Gebiet Japans (Bellah 1957). Bellahs „intuitive Ideen" (Hase 2001: 57)

---

167  Für eine umfangreiche Analyse der Bellahschen American Civil Religion sowie dessen all-
     gemeines Religionsverständnis siehe Schieder 1987.
168  Mit Parsons teilt Bellah: ...de[n] funktionalistische[n] Ansatz, der die soziale Wirklichkeit
     im Hinblick auf ein bestimmtes Problem analysiert; de[n] handlungstheoretische[n] An-
     satz, der Motivation und Sinn als Voraussetzungen sozialen Handelns begreift, die An-
     nahme der Kultur und Religion als unabhängige Variablen sozialen Handelns" (Schieder
     1987: 99).
169  Im Jahr 1964 veröffentlichte Bellah seinen ersten Essay mit dem Titel „Religious Evolu-
     tion."

zur Zivilreligion in Amerika basieren auf dem lebenslangen Studium der Klassiker der Religionssoziologie und insbesondere auf den Studien Max Webers
und Émile Durkheims (vgl. Bellah 2006; Bellah 1973). [170] Mit beiden stimmt
Bellah überein „that religion [is] at the center of any understanding of human
society" (Bellah 2006: 4). Ihren Ausgang nimmt Bellahs Beobachtung der
amerikanischen Zivilreligion mit der funktionalistischen Perspektive Durkheims.[171] Von Durkheim greift Bellah zunächst die Vorstellung auf, dass eine
jede Gesellschaft einer Religion, im Sinne eines gemeinsamen Kollektivbewusstseins, bedürfe (Bellah 2006: 14). Zudem sehen beide die moderne Gesellschaft in einer Krise, ausgelöst durch zunehmende gesellschaftliche Differenzierung, deren Lösung in ‚der' Religion zu suchen sei (Bellah 1973: xvii).
Im Verlauf der Beobachtung der gemeinschaftlichen Überzeugungen seines
Heimatlandes führt Bellah dennoch den offenen Religionsbegriff Durkheims
ungemein enger, um am Ende *seine* substantiellere Vorstellung der American
Civil Religion zu vertreten. Dieser finale Perspektivwechsel, der hier als Wandel einer soziologischen Theorie zu einem ziviltheologischen Programm verstanden wird, weist den singulären Aspekt der Bellahschen American Civil
Religion aus.[172] Kennzeichnend für Bellahs Zivilreligionsidee ist es dabei
auch, dass er, anders als seine soziologischen Vorbilder, seine eigenen Werte
und Weltanschauungen in seine Texte explizit einbindet (Bellah 2006: 16).
Der Wissenschaftler Bellah verbindet soziologische und theologische Ideen
schließlich zu einem „Narrativ"[173], aus dem immer auch der amerikanische
Protestant Bellah spricht.[174]

---

170  Thomas Hase betont, dass Bellah beim Verfassen des *Daedalus* Artikels zunächst keine ge-
     naueren Motive verfolgte. Im Gegenteil, er ließ sich kurzfristig dazu überreden anstelle von
     Talcott Parsons den Artikel beizusteuern, ohne sich vorher ausführlich mit der Materie
     auseinanderzusetzen (Hase 2001: 57). In Folge der Diskussion, die sein Artikel auslöste,
     nahm Bellah jedoch keine seiner vermeintlich „intuitiven" Thesen zurück.
171  „The argument of the essay seemed obvious to me. It is the sort of thing any Durkheimian
     would have said" (Bellah 2006: 147).
172  Auch Rolf Schieder schätzt Bellahs American civil religion als Programm: „[Bellah] wollte
     Werte vermitteln – und zwar unter dem Einsatz seiner ganzen Person" (Schieder 2001:
     85). Bellah selbst beschreibt seinen Ansatz wie folgt: „[an] abstract analysis [rooted] in the
     personal experiences out of which it comes" (Bellah 1972: xi).
173  Bellah selbst beschreibt dieses Narrativ als: „more than literature; it is the way we under-
     stand our lives. If literature merely supplied entertainment, then it wouldn't be as im-
     portant as it is. (...) Narrative is not only the way we understand our personal and collective
     identities, it is the source of our ethics, our politics, and our religion" (Bellah 2006: 10).
174  Ein kurzer autobiographischer Essay findet sich in der Einleitung zu Bellahs *Beyond Belief*.
     Hier macht Bellah auch deutlich, dass seine spätere Kritik der amerikanischen Gesellschaft
     nicht Teil seiner protestantischen Erziehung gewesen war. Im Gegenteil: „I grew up with

Bellah vertritt somit beispielhaft seine eigene Vorstellung von einem „public philosopher"[175]. Die Figur des öffentlichen Philosophen ist dabei das Gegenmodell zum, von Peter L. Berger vertretenen, „methodological atheism"[176]. Berger und Bellah verbindet dessen ungeachtet die Sorge um den gesellschaftlichen Zusammenhalt, im Besonderen in den USA während des Vietnam Krieges, zu dem beide eine kritische Position einnehmen.[177] Diesen Konflikt Amerikas zu versöhnen ist zugleich Anliegen und Motivation der Bellahschen Auseinandersetzung mit dem eigenen Land. Bellahs Artikel „Civil Religion in America" ist demnach aus der Perspektive eines kritischen Bürgers zu lesen.

Mit seinem Artikel will Bellah schließlich die Gesellschaft an die gemeinsamen Werte, „the ethical principles that transcend the American nation", erinnern (Bellah 2006: 225). Daher verweist er auf „an elaborate and well-institutionalized civil religion in America" (Bellah 2006: 226), die den öffentlichen Raum in Amerika kennzeichnet, jedoch aufgrund einer falschen Interpretation der Trennung von Kirche und Staat, aber auch aufgrund eines zu engen Verständnisses von Religion, bisher von Sozialwissenschaftlern nicht erkannt wurde. Um die Existenz dieser öffentlichen, gemeinschaftlichen Religion in den USA zu beweisen, zitiert Bellah Beispiele für die Verwendung des Wortes „God" in der Antrittsrede John F. Kennedys. Bellah besteht allerdings darauf, solche Verweise auch in den Reden anderer Präsidenten finden zu können.[178] Über das Beispiel Kennedys kann Bellah zugleich zeigen, dass des-

---

an unself-conscious American patriotism, in which no basic questions about American society ever arose..." (Bellah 1972: xii).

175 Im letzten Kapitel von *Habits of the Heart* stellen die Autoren ihre Vision von der Sozialwissenschaften als „public philosophy" vor (Bellah 1986: 297-307).

176 In seiner Analyse der Soziologie Durkheims spricht Bellah dem historischen Vorbild Motive zu, die seinem Ideal von einem Sozialwissenschaftler stark ähneln: „It is not through direct political action that Durkheim thinks the intellectual best makes his contribution to society but through ‚books, seminars, and popular education'. (...) The intellectual is called to hold a mirror to his society, to make conscious its' deepest values" (Bellah 1973: xxxvii).

177 Thomas Hase schätzt das Interesse Bellahs an der Zivilreligion wie folgt ein: „Bellah steht in diesem Kontext nicht als Wissenschaftler, sondern als Person mit einem religiösen Anliegen im Mittelpunkt. (...) der mit einer Sensibilität für Sinnfragen ausgestattet ist, der deshalb an und in seiner Zeit, das heißt aber vor allem: an und in seiner Gesellschaft leidet" (Hase 2001: 50). Peter Berger schrieb sein religionssoziologisches Werk, *The Sacred Canopy*, im gleichen Jahr wie Bellah seinen *Daedalus* Artikel. Gary Dorrien liest auch dieses als durchsetzt von Bergers Sorge um die Auswirkungen des Vietnamkrieges und der Protestbewegung auf den Zusammenhalt in seiner neuen Heimat (Dorrien 2001: 32).

178 Hierzu meint Bellah: „‚God' has clearly been a central symbol in the civil religion from the beginning and remains so today" (Bellah 2006: 242).

sen Referenzen zu Gott nicht alleinig Ausdruck von Kennedys eigenem, kontrovers diskutierten, katholischen Glauben waren, sondern von etwas anderem, der Zivilreligion: „this public religious dimension [as] expressed in a set of beliefs, symbols, and rituals" (Bellah 2006: 228). Die Referenz auf Gott deutet Bellah schließlich als Ritual, das dem durkheimschen Verständnis nach als Verweis auf tiefverwurzelte Werte und Einstellungen in der Gesellschaft gilt.

Auch der rituelle Kalender Amerikas wird durch Feiertage, wie dem Memorial Day, der der Opfer („sacrifices"[179]) der gefallenen Soldaten gewidmet ist, oder auch dem Thanksgiving Day strukturiert. Zudem benennt Bellah zentrale Figuren der amerikanischen Zivilreligion, wie die Gründervater, oder auch Lincoln, mit denen Bellah jeweils eine Zeit der nationalen Prüfung, „a time of trial", verbindet (Bellah 2006: 242).

In seiner Analyse verleiht Bellah auch seiner Furcht vor Wandel Ausdruck. So fragt er beispielsweise:

> We have had a Catholic president; it is conceivable that we could have a Jewish one. But could we have an agnostic president? Could a man with conscientious scruples about using the word ‚God' the way Kennedy and Johnson have used it be elected chief magistrate of our country? (Bellah 2006: 242)

Genau wie Rousseau vor ihm (und andere vor Rousseau) zweifelt Bellah schließlich an der aufrichtigen zivilreligiösen Glaubensfähigkeit des Atheisten. Für ihn ist der private, gelebte Glaube eine Voraussetzung für die Zivilreligion und der Glaube an die Zivilreligion ein Zeichen der Tugendhaftigkeit eines politischen Repräsentanten. Damit relativiert sich auch die Aussage Bellahs, der private Glaube sei vom öffentlichen getrennt zu betrachten.[180] Diese ist nur insoweit korrekt, als einer Vielzahl von Glaubensrichtungen privat nachgegangen werden kann. Um jedoch die öffentliche Religiosität glaubhaft repräsentieren zu können, bedarf es, ähnlich wie im Rousseauschen Konzept, eines privaten Glaubens.

Auch Bellah geht somit nicht allein der Frage nach, was Zivilreligion für eine soziale Funktion erfüllt, sondern er verfolgt zusätzlich die Annahme, dass Zivilreligion ihre legitimierende Funktion lediglich dann erfüllen kann, wenn es der ‚wahre'[181] Glaube ist, der hier in die Öffentlichkeit hineinwirkt.

---

179   „The theme of sacrifice was indelibly written into the civil religion" (Bellah 2006: 236).

180   Beispielsweise führt Bellah auch in Bezug auf das Verhältnis von Kirche und Zivilreligion aus: „The American civil religion was never anticlerical or militantly secular. On the contrary, it borrowed selectively from the religious tradition in such a way that the average American saw no conflict between the two" (Bellah 2006: 239).

181   Bellah definiert Religion wie folgt: „If we define religion as that symbol system that serves to evoke what Herbert Richardson calls the ‚felt-whole', that is, the totality that includes

Dies wird umso deutlicher, wenn Bellah die Legitimierung des amerikanischen Gesellschaftsvertrages nicht dem amerikanischen Volk zuspricht, sondern „the ultimate sovereignty has been attributed to God" (Bellah 2006: 228). Bliebe Bellah bei der funktionalen Perspektive Durkheims, so verstünde er die Figur Gottes als symbolischen Repräsentanten des Volkes. Bellah will sich dieser funktionalen Sichtweise von der „Entzauberung" der Symbole jedoch nicht vollständig anschließen. Vielmehr verteidigt er seine Idee von einem „symbolic realism"[182] gegen Webers und Durkheims „symbolic reductionism". Bezüglich der Unterscheidung zwischen substantiellem und funktionalem Religionsverständnis nimmt Bellah, wie auch Lübbe, somit eine Zwischenposition ein.[183] Letztlich will er die funktional erklärbaren Elemente der Religion, wie sie Weber und Durkheim diskutieren, nicht abstreiten, diese jedoch um die Erkenntnis von den irrationalen Momenten erweitern, die für Bellah die Essenz der Religion darstellen.[184]

Dieses Religionsverständnis hat auch Auswirkungen auf Bellahs Rousseau Rezeption: „In chapter 8, book 4 of The Social Contract, [Rousseau] outlines the simple dogmas of the civil religion: the existence of God, the life to come, the reward of virtue and the punishment of vice, and the exclusion of religious intolerance" (Bellah 2006: 230). Diese Lesart des *Contrat Social* ist jedoch hochgradig selektiv, denn Bellah vergisst hier einen entscheidenden Teil des Zivilreligionskonzeptes von Rousseau zu nennen: die Heiligkeit der Gesetze und des Gesellschaftsvertrages. Damit reduziert sich die Zivilreligion Rousseaus zurück auf das Maß der universellen Religion des Menschen. Dass

---

subject and object and provides the context in which life and action finally have meaning, then I am prepared to claim that as Durkheim said of *society*, *religion* is a reality sui generis. To put it bluntly, religion is true" (Bellah 1972: 253, Herv. SH).

182   Bellah definiert seine Idee von einem „symbolic realism" wie folgt: „The canons of empirical science apply primarily to symbols that attempt to express the nature of objects, but there are nonobjective symbols that express the feelings, values, and hopes of subjects, (...) These symbols, too, express reality and are not reducible to empirical propositions" (Bellah 1972: 252).

183   Auch Inger Furseth spricht in seiner Analyse der Zivilreligion in Norwegen von einer „inconsistency" in Bellahs Zivilreligion: „[H]e alternates between treating civil religion as a substantive and a functional phenomenon" (Furseth 1994: 42).

184   Bellah macht zudem deutlich, dass auch Durkheim sich bereits am Rande mit den irrationalen Momenten der Religion beschäftigt hat, wenn er beispielsweise von dem „Zustand außerordentlicher Erregung" sprach, den das Kollektiv auslösen konnte, um so Kräfte freizusetzen, die der Einzelne nicht besitzen kann, aber auch um jene Ideen zu vermitteln, die das kollektive Bewusstsein schlussendlich ausmachen. Leider wurden diese Beobachtungen in seiner Studie der *Elementaren Formen des religiösen Lebens* in der Rezeption eher vernachlässigt. Und auch Weber beschreibt mit dem Charisma, so Bellah, „some quality of extraordinary" (Bellah 1972: 239f.).

Bellah eine solche universelle Religion im Sinn hat, wird zum Ende seines Artikels umso deutlicher:

> Fortunately, since the American civil religion is not the worship of the American
> nation but an understanding of the American experience in the light of ultimate
> and universal reality, the reorganization entailed by such a new situation need
> not disrupt the American civil religion's continuity. A world civil religion could
> be accepted as a fulfillment and not as a denial of American civil religion. Indeed,
> such an outcome has been the eschatological hope of American civil religion from
> the beginning. To deny such an outcome would be to deny the meaning of Amer-
> ica itself (Bellah 2006: 245).

Bellahs eigene Vorstellung von einer American Civil Religion soll hier auch als
kritische Instanz fungieren, an der sich die nationale Realität messen muss.[185]
Bellahs Zivilreligionskonzept weicht somit in einem entscheidenden Aspekt
von Rousseaus früherer Idee ab. Während Rousseau seine Verbindung von
Religion und Politik erdachte, um den (gläubigen) Bürger zu verpflichten sich
und somit auch sein Leben für sein Land einzusetzen, fürchtet Bellah genau
diese nationale Engführung universeller Prinzipien und Werte:

> The civil religion has not always been invoked in favor of worthy causes. On the
> domestic scene, an American Legion type of *ideology that fuses God, country, and
> flags* has been used to attack nonconformist and liberal ideas and groups of all
> kinds. (...) With respect to America's role in the world, the dangers of distortion
> are greater and the built-in safeguards of the tradition weaker (Bellah 2006: 241,
> Herv. SH).

Gerade also in jenen kriegerischen Konfliktfällen, die Rousseau dazu veran-
lassten, die Religion des Menschen mit der Religion des Bürgers zu einer
neuen Religion zu verbinden, erkennt Bellah einen Missbrauch universeller
ethischer Prinzipien. Auch deshalb spricht Bellah an keiner Stelle von der

---

185  Bellah schätzt den Daedalus Artikel selbst als „deeply critical" ein (Bellah 2006: 147.) Die
     Frage, ob bereits bei Rousseau eine kritische Dimension der Zivilreligion denkbar ist, ist
     nicht so leicht zu beantworten. Seiner Utopie entspricht es, dass die Zivilreligion die mora-
     lischen Ideale des Souveräns und damit des Gemeinwesens bezeugt. Bei Entscheidungen
     bei denen der Einzelne sein Gewissen befragt und den Vorgaben des Vertrages entspre-
     chend gemeinwohlorientiert abstimmt, ist Kritik durch eine unabhängige Instanz somit un-
     nötig. Das Verständnis von Zivilreligion als „Liberalitätgarant", den der Souverän gegen-
     über Regierungen nutzt, die entgegen der kollektiven Grundsätze handeln, wäre allerdings
     denkbar. Auch Sonja Asal nimmt an, dass diese kritische Dimension der Zivilreligion bei
     Rousseau bereits angelegt ist, wenn man die Religion des Menschen als individuelles Ge-
     wissen versteht, welches: „einerseits die Moralität jeder einzelnen dieser Entscheidungen
     [garantiert] und andererseits das Konvergenzkriterium für den Gemeinwillen [bereit-
     stellt]" (Asal 2007: 137).

amerikanischen Flagge als Durkheimsches Totem der amerikanischen Gemeinschaft, sondern rekurriert alleinig auf die enge religiöse Symbolik in der Anrufung Gottes.

Im Konflikt zwischen nationaler, öffentlicher Religion und privater, universeller Religion steht für Bellah klar die universelle Ethik an erster Stelle. Dieser Auffassung verleiht er explizit durch ein Zitat Henry David Thoreaus Ausdruck: „'I would remind my countrymen that they are men first, and Americans at a late and convenient hour'" (Bellah 2006: 244). Entsprechen die nationalen Ziele den Anforderungen dieser universellen Ethik, so kann Zivilreligion als gesellschaftliches Band fungieren. In jenen Fällen, wie dem von Bellah kritisierten Vietnam Krieg, in denen die politischen Handlungen nicht den zivilreligiösen Moralvorstellungen entsprechen, kommt es dagegen zum Konflikt. Zivilreligion sollte dann als moralisches Korrektiv auf die politischen Handlungen wirken, so die Hoffnung Bellahs.

Zum Ende seines Essays tritt die programmatische Dimension des *Daedalus* Artikels noch einmal deutlich hervor. Die Beobachtung der American Civil Religion wandelt sich hier zu einem Aufruf an die amerikanische Gesellschaft sich moralisch zu erneuern, vor allem in Hinblick auf „the deepening theological crisis", den Verlust privaten Glaubens (Bellah 2006: 242). Ohne die „prophetic voices" nimmt schließlich auch die Wahrscheinlichkeit verantwortungsvoller Außenpolitik, im Sinne einer zivilreligiösen Moralordnung, ab (Bellah 2006: 244).[186]

40 Jahre nach der Erstveröffentlichung beschreibt Bellah die singuläre Qualität seines *Daedalus* Essays noch einmal mit den Worten: „I put American civil religion in a powerful, ethically charged, narrative perspective. (...) Thus, though the essay has theoretic content, it was also mythic, and when delivered in person, mimetic as well" (Bellah 2006: 15). Spricht man also von der amerikanischen Zivilreligion, so ist dieser Begriff unweigerlich mit Bellahs

---

186  Bellah ist selbst ein solcher „Prophet" (Vögele 1994: 336). Robert Wuthnow führt zur besseren Unterscheidung dessen, was er als zwei konkurrierende Formen amerikanischer Zivilreligion versteht, die Typen „conservative" und „liberal" ein. Die konservative Form amerikanischer Zivilreligion zeichnet sich durch die Idee einer „...distinct 'myth of origin' that relates the [American] nation's founding to divine purposes" aus. Sie entspricht also der Idee von politischer Ideologie, die Bellah ablehnt. Die liberale Form hingegen lehnt jegliche nationale Überhöhung ab und beruft sich auf Werte, die die amerikanische Nation transzendierenden (Wuthnow 1988: 244). Die Bellahsche Zivilreligion ist dem liberalen Typ zu zuordnen.

Vision von einer amerikanischen Republik verbunden, die sich der transzendenten Qualität ihrer Identität bewusst wird und diese als eigene Moralordnung reflektiert.[187]
   Der Begriff American Civil Religion sollte somit nicht einfach mit Zivilreligion übersetzt werden, sondern als Synonym für die Vision eines Zivilreligi-
onstheologen angesehen werden, der dem amerikanischen Volk sein Bild von
einer friedlichen Nation predigen wollte (Vögele 1994: 167). In kritischer
Distanz zu den unterschiedlichen Konzepten von Zivilreligion verwendet
schließlich auch Bellah nach seinem *Daedalus* Artikel den Begriff Zivilreligion
immer seltener, bis er ihn schließlich für den Begriff der „public philosophy"
eintauscht.[188]

---

187  In den folgenden Publikationen setzte sich Bellah auch weiterhin intensiv mit dem von ihm
     persönlich als dringlich wahrgenommenen Problem der Abnahme religiöser Überzeugun-
     gen in der amerikanischen Gesellschaft auseinander, so beispielsweise in seiner anschlie-
     ßenden Publikation *The Broken Covenant*, die Rolf Schieder als „eine Jeremiade mit Fußno-
     ten" schätzt (Schieder 1987: 191).
188  „I grew tired of arguing against those for whom civil religion means the idolatrous worship
     of the state, still the most commonest meaning of the term" (Bellah 2006: 147).

## 2.3.3 die deutsche Rezeption des Zivilreligionskonzeptes

### 2.3.3.1 Niklas Luhmann

In den späten 1970er beginnt auch die deutsche Sozialwissenschaft sich für das Konzept der Zivilreligion zu interessieren. Es ist schließlich Niklas Luhmann, der den Begriff der Zivilreligion in Deutschland „wiederverwendungsfähig, ja akademisch und kirchlich populär" macht (Lübbe 2001b: 23).[189] Luhmann begreift Zivilreligion zunächst als „Kind des 18. Jahrhunderts", das dem gesellschaftlichen Transformationsprozess, von einer schichtenmäßigen hin zu einer funktionalen Differenzierung, entsprungen ist (Luhmann 2005: 337). In seiner Analyse konzentriert er sich auf die analytische Kategorie Zivilreligion als Faktor soziologischer Gesellschaftstheorie. Sein Verständnis von Zivilreligion zeichnet sich auch deshalb durch Neutralität aus. So ist es „hinreichend enthistorisiert, also von den Schlacken kontingenter Nationalgeschichten hinreichend gesäubert" (Lübbe 2001b: 33). In aller Konsequenz kann Luhmanns Zivilreligionsbegriff daher auch auf transnationale Räume angewandt werden (Lübbe 2001b: 33).

Luhmanns soziologische Rezeption des Begriffs nimmt ihren Ausgang mit der Annahme, dass „[d]ie Grenzen des Phänomens [Zivilreligion] unscharf [sind], und seine Inhalte mögen mehr oder weniger variieren. Aber kein Gesellschaftssystem überläßt die Wertorientierungen der an ihm Beteiligten ganz dem Zufall oder ganz dem individuellen Belieben" (Luhmann 2005. 336). Zivilreligion meint daher „Mindestelemente eines religiösen oder quasireligiösen Glaubens (...), für den man bei allen Mitgliedern der Gesellschaft Konsens unterstellen kann" (Luhmann 2005: 336).

Vornehmlich interessiert sich Luhmann für die integrative Funktion von Zivilreligion in modernen funktional differenzierten Gesellschaften. Diese beschreibt er wie folgt:

> Zunehmende strukturelle *Differenzierungen* des Gesellschaftssystems erfordern zunehmende *Generalisierung* der für alle verbindlichen Symbolik. Ohne Zweifel sucht die neue vorgeschlagene Zivilreligion diesem Trend zu folgen und Religion als Moral oder als Werteorientierung zu generalisieren (Luhmann 2005: 344).

Luhmann schließt damit an die Integrationstheorie Émile Durkheims an.[190] Es ist Durkheims konsequent funktionale Einschätzung der Religion als soziale Tatsache, die die Zivilreligion zu einer „freiwilligen Notwendigkeit" für die

---

189  Der Artikel Luhmanns „Grundwerte als Zivilreligion" wird erstmalig 1978 in *Kerygma und Mythos* VII, Bd. 1, S. 67-79 veröffentlicht. Im Folgenden wird aus der Version aus dem Band Luhmann: *Soziologische Aufklärung* 3 zitiert.

190  Siehe hierzu auch Luhmanns Einleitung zu Durkheims Band: *Über soziale Arbeitsteilung*.

Soziologie macht, so Luhmann (Luhmann 2005: 346).[191] Da Gesellschaft und
Religion so theoretisch eng miteinander verbunden werden, müsse die Soziologie die Existenz der Zivilreligion schließlich anerkennen, wenn sie nicht
die Existenz der Gesellschaft leugnen wolle: „Wenn es keine Zivilreligion
gäbe, müßte die Theorie sie erfinden" (Luhmann 2005: 346). Diese „autonom
erzwungene" Anerkennung der Zivilreligion bedeutet jedoch nicht, dass Zivilreligion Religion in modernen Gesellschaften ersetzen würde (Luhmann
2005: 346). Vielmehr unterscheidet Luhmann Zivilreligion klar von den
„Hochreligionen" und hält fest, dass Zivilreligion sich, im Gegensatz zu der als
Teilsystem zu bezeichnenden Religion, symbolisch an der Gesamtgesellschaft
ausrichte (Luhmann 2005: 347). Dabei bezeichnet er die Religion als das „Eigentliche", während Zivilreligion demnach als das „Uneigentliche" zu gelten
habe (Luhmann 2005: 348). Das Verhältnis von Zivilreligion und Religion ist
somit nicht als Konkurrenz, sondern als „notwendiges Zusammenbestehen"
zu begreifen (Luhmann 2005: 348).

Für die empirische Untersuchung einer solchermaßen verstandenen
analytischen Kategorie Zivilreligion ist die Frage relevant, inwieweit Zivilreligion beobachtbar und damit rekonstruierbar ist. Die notwendigerweise *implizite* Natur, die Luhmann der Zivilreligion zuspricht, spricht dagegen. Die
implizite Natur ist jedoch notwendig, da Zivilreligion nur so den Status als
„Selbstverständlichkeit" behält. Zivilreligion sollte demnach als „laufend in
Anspruch genommene Prämisse" verstanden werden, die „Form und Gehalt
des Allgemeinen" annimmt und eben nicht auf „empirische[m] Konsens" beruht (Luhmann 2005: 350). Das Ausbuchstabieren des angenommenen Kon-
senses birgt schließlich die Gefahr „der Rückfrage, ja der Negation" (Luhmann
2005: 349). Daraus folgt jedoch nicht, dass ein Teilsystem nicht in seiner Bezugnahme auf den impliziten Konsens explizite Aussagen treffen kann. Diese
subsystemische Operationalisierung ist jedoch nicht länger als Zivilreligion
zu bezeichnen, sondern als „Durchgriff", im Sinne Josef Essers, eines Teilsys-
tems, der auf der Annahme eines gemeinsamen Wertekonsenses aufbaut
(Luhmann 2005: 349). Politik und Zivilreligion teilen somit eine entscheidende Eigenschaft: Beide beziehen sich ihrer Funktion nach auf die Gesamtgesellschaft.[192] Wenn das politische System demnach in seiner Kommunikation den gemeinsamen Wertekonsens operationalisiert, um die ihm eigene

---

191   Die funktionale Sichtweise auf Religion fasst Luhmann mit den Worten zusammen: „Reli-
      gion symbolisiere das soziale Faktum Gesellschaft, sie vertrete die Gesellschaft, wenn es
      gelte, sozialer Gebundenheit und Solidarität Ausdruck zu geben, sie sei der gemeinsame
      Kern des kollektiven Bewusstseins" (Luhmann 2005: 345).

192   „Der Begriff der Zivilreligion kann sich seinem Sinn und seiner Tradition nach nur auf die
      Gesamtgesellschaft beziehen" (Luhmann 2005: 347).

Funktion zu erfüllen und politisches Handeln zu legitimieren, dann sind diese Aussagen ebenso impliziter Natur. Sie müssen es sein, wenn sie unwidersprochen von der Gesamtgesellschaft anerkannt werden sollen.[193]

Die so verstandene Zivilreligion stellt folglich eine grundlegende Voraussetzung für das Gelingen jeglicher Form sozialer Kommunikation dar (Luhmann 2005: 348). Im deutschen Kontext sind es, laut Luhmann, die „'Grundwerte' (...) also die Anerkennung, der in der Verfassung kodifizierten Wertideen", die das Mindestelement gemeinsamen Glaubens festhalten (Luhmann 2005: 336). Durch nationale Symbole, wie die Bundesflagge, aber auch das Grundgesetz selbst wird auf diese Grundwerte verwiesen. Diese Symbole, die die gesamtgesellschaftlichen Verbindlichkeiten sichtbar repräsentieren sind in ihrer Deutung dennoch unverbindlich.

Dem Artikel Niklas Luhmanns verdankt das Konzept der Zivilreligion eine funktionale Öffnung. Fernab der Debatten um die genuine Qualität der Religion bzw. der Zivilreligion wird so deutlich gemacht, was der gemeinsame Wertekonsens für das Gesellschaftssystem leistet. Aber auch wenn Luhmann damit dem Beispiel Émile Durkheims gefolgt ist, fehlt es seinen Ausführungen an der Anschaulichkeit, die Durkheim, insbesondere in Bezug auf zivilreligiöse Rituale, in Fülle liefert. Da Zivilreligion bei Luhmann zudem in ihrer impliziten Eigenschaft betont werden soll und der Religion als das Uneigentliche gegenübergestellt wird, bleibt die Frage, was Zivilreligion denn ausmache, gewollt unbeantwortet. Für eine empirische Anwendung, wie die hier angestrebte, ist dieser Ausgangspunkt ein sehr offener. So wird die Aufmerksamkeit weniger auf zu beobachtende diskursive Ereignisse, sondern vielmehr auf die Hintergrundannahmen gelenkt.[194]

---

193 Ich danke Jan-H. König für diesen wichtigen Hinweis.
194 Die Schwierigkeit der Beobachtung des Impliziten besteht vor allem für solche Analysen, wie die hier vorliegende, die sich mit der Rolle der Zivilreligion für das politische Handeln, mit Zivilreligionspolitik, auseinandersetzen.

## 2.3.3.2 Hermann Lübbe

Es ist insbesondere Hermann Lübbe, „der sich im deutschsprachigen Raum stärker als andere um die Einführung des Begriffs Zivilreligion bemüht hat und bemüht" (Vögele 1994: 74). Während sich Niklas Luhmann nach Erscheinen seines Artikels mit dem Zivilreligionskonzept nicht weiter auseinandersetzt, verfolgt Lübbe in seinen verschiedenen Publikationen zur Thematik stets zwei Ziele: Erstens die Herleitung eines „unterscheidungstüchtigen" (Lübbe 1981: 56) und „zweckmäßigen" (Lübbe 2001b: 23) Zivilreligionsbegriffs, der sich von der rein funktionalen und laut Lübbe „witzlosen" (Lübbe 1986: 320) Interpretation des Konzepts als „Ressource Sinn" (Lübbe 1986: 320) unterscheidet und zweitens die „empirienahe" (Lübbe 2001b: 27) Auseinandersetzung mit dem „Sammelbegriff für Phänomene öffentlicher politischer Präsenz von Elementen religiöser Kultur" (Lübbe 2001b: 25).

Ausgangspunkt der Beschäftigung Lübbes mit Zivilreligion ist die historische Einordnung des Konzeptes: „Zivilreligion ist Religion nach religionspolitisch vollendeter Aufklärung" (Lübbe 1981: 43).[195] Lübbe grenzt so seinen Zivilreligionsbegriff vornehmlich vom gleichnamigen „voraufgeklärten" (Lübbe 1981: 42) Konzept der „religion civile"[196] bei Rousseau ab, welches für den Bürger mit einer Bekenntnispflicht verbunden ist. Eine solchermaßen obligatorische Verbindung von Bürgerstatus und Bürgerglaube werde durch die „erfolgreiche" Aufklärung „entkoppelt", so Lübbe (Lübbe 1986: 9ff.). Dem aufgeklärten Bürger steht es somit fortan frei, zu glauben. Die politische Relevanz der Religion bleibt dabei jedoch im Anschluss an das Böckenförde Theorem unbestritten (Lübbe 1986: 323).

Aber auch wenn Lübbe sich betont von Rousseaus Ideen abzugrenzen versucht, haben die Konzepte beider Theoretiker einiges gemein. So verbindet sie zunächst die Erkenntnis, Zivilreligion erfülle eine legitimierende Funktion für das politische System. Beide Theoretiker eint diesbezüglich aber auch die „Empfindlichkeit" dafür, „dass das Dasein der Religion nicht in den Funktionen aufgeht, deren Erfüllung ihr das politische System andienen möchte" (Lübbe 1981: 61). Rousseau und Lübbe argumentieren daher, dass

---

195  Vögele ergänzt diesbezüglich, dass: „Lübbes Zivilreligionsbegriff ohne seinen spezifischen Historismus nicht zu haben [ist], und dasselbe gilt auch umgekehrt" (Vögele 1994: 77).
196  Lübbe lehnt es ab Rousseaus bürgerliches Glaubensbekenntnis als Zivilreligion zu bezeichnen (Lübbe 1981: 43).

Zivilreligion die ihr angedachten Funktionen alleinig dann auszufüllen vermag, wenn sie im Kern eine gelebte, private und substantiell verstandene Religiosität öffentlich repräsentiere.[197]

Laut Lübbe bewältigt Zivilreligion so jene Aspekte des öffentlichen Lebens, die für die Politik nicht verfügbar sind. Demzufolge hält Lübbe fest, dass

> dem Zivilreligionsbegriff exklusiv diejenigen Symbole, symbolischen Handlungen, rituellen und freien Bekundungen, Normen und freien Gewohnheiten [zuzuordnen sind], durch die innerhalb des politischen Systems öffentlich ein Sinnbezug zu prinzipiell nicht disponsiblen Voraussetzungen seiner Existenz hergestellt wird und durch die darüber hinaus der Grund benannt und anerkannt wird, der uns normativ festlegen läßt, was prinzipiell menschlicher Dispositionsfreiheit entzogen sein soll (Lübbe 1981: 56).

Lübbe verteidigt dieses Zivilreligionsverständnis auch als „gemeingebräuchlich und Common-sense-fähig" (Lübbe 2001b: 29). Dem „üblichen Wortgebrauch" (Lübbe 2001b: 28) folgend seien somit funktional äquivalente Phänomene, wie der Verfassungspatriotismus nicht mit Zivilreligion gleichzusetzen. Ebenso sind Grundwerte entgegen der Auffassung Luhmanns nicht als zivil*religiös* zu deuten, denn: „[w]er käme denn, spontan und theoriebildungsdesinteressiert, auf den Gedanken, das Recht auf freie Entfaltung der Persönlichkeit als einen Gehalt seiner Religion aufzufassen?" (Lübbe 2001b: 28) Eine Zivilreligion, die lediglich auf Grundwerten basiere, sei vielmehr eine „Ersatzreligion", „die auf Dauer dieses ihres Schwundstufencharakters wegen gar nicht in der Lage wäre, den ihr angesonnenen politischen Dienst einer Grundwerteaufwertung zu erfüllen" (Lübbe 2001: 32).

Inhaltlich reduzieren Rousseau und Lübbe die „bekenntnisförmig ausformulierten Gehalte" der Zivilreligion dennoch jeweils auf „jenes Minimum hin (...), der als maximal konsensfähig angenommen wird", um so auch religiösen Pluralismus tolerieren zu können (Lübbe 1986: 309ff.). Rousseau führt zwar explizit seine zivilreligiösen Dogmen aus, bleibt jedoch in seinen Formulierungen betont offen. Und auch Lübbe „sperrt sich (...) gegen die Festlegung des Wertekonsenses, denn Zivilreligion ist inhaltlich nicht definierbar, nicht fixierbar und nicht institutionalisierbar" (Hacke 2008: 255). Lediglich ein Minimum an genuin religiösem Gehalt muss vorhanden sein. Den „Schwundstufencharakter des explizierbaren zivilreligiösen Bekenntnisinhalts" (Lübbe 1986: 310f.) achtend, versteht Lübbe Zivilreligion schließlich als

---

197 Siehe hierzu auch Kapitel 2.1 indem unter anderem das Verständnis Lübbes von der Religion als Kontingenzbewältigungspraxis diskutiert wird.

das Ensemble derjenigen Bestände religiöser Kultur, die in das politische System faktisch oder sogar förmlich-institutionell, wie im religiösen Staatsrecht, integriert sind, die somit auch den Religionsgemeinschaften nicht als ihre eigene interne Angelegenheit überlassen sind, die unbeschadet gewährleisteter Freiheit der Religion die Bürger unabhängig von ihren konfessionellen Zugehörigkeitsverhältnissen auch in ihrer religiösen Existenz an das Gemeinwesen binden und dieses Gemeinwesen selbst in seinen Institutionen und Repräsentanten als in letzter Instanz religiös legitimiert, dass heißt auch aus religiösen Gründen anerkennungsfähig dargestellt (Lübbe 1981: 57).

Zivilreligion ist damit weder mit dem Staatskirchenrecht, noch mit dem Religionsrecht identisch, reicht jedoch als „religiöses Staatsrecht" (Lübbe 1986: 312) in beide Rechtsbereiche hinein. Beispiele für das so verstandene „Staatsinteresse" (Lübbe 1981: 52) findet Lübbe, ähnlich wie Robert N. Bellah, im Gottesbezug in Reden von Politikern. Klar zu unterscheiden sind diese politisch relevanten von privaten religiösen Bekenntnissen, denn

> es wäre unangemessen, ihre religiösen Verlautbarungen als Akte in Wahrnehmung ihrer individuellen Religionsfreiheit zu interpretieren. So privat-bekenntnishaft pflegt man ja in einer fortgeschritten säkularisierten Gesellschaft außerhalb des sozialen und institutionellen Zusammenhangs kirchlicher oder sonstiger gemeinschaftlicher Religionsausübung einander nicht mehr zu kommen, und Politiker könnten sich das aus erläuterungsunbedürftigen Gründen erst recht nicht leisten (Lübbe 1981: 46).

Wenn nun jedoch ein Politiker keine religiöse Symbolik verwende, habe dieser im Umkehrschluss nicht automatisch als „kulturdissidentisch-religionskritisch" (Lübbe 1998: 241) zu gelten: „Vielmehr könne der Verzicht auf die Anrufung Gottes in einem solchen Fall seinerseits religiöse Gründe haben" (Lübbe 2001: 25).

Ein weiteres zivilreligiöses Phänomen in der Politik erkennt Lübbe in der inzwischen „global sich ausbreitende[n] vergangenheitspolitische[n] Entschuldigungspraxis" (Lübbe 2001a: 42), die er als „Zivilbuße" (Lübbe 2001a: 76) bezeichnet. Als Beispiel verweist Lübbe auf Bundespräsident Johannes Rau, der am 16. Februar im Jahr 2000 folgende Worte sprach: „'Im Angesicht des Volkes Israel verneige ich mich in Demut vor den Ermordeten, die keine Gräber mehr haben, an denen ich sie um Vergebung bitte könnte...'" (Lübbe 2001a: 15). Das Wort „Vergebung" deutet Lübbe dabei als „...unüberhörbare[n] Anklang dieser Bitte an das Vaterunser[,] der zivilreligiös unüberbietbar stärkste Ausdruck eines politischen Schuldeingeständnisses" (Lübbe 2001a: 15f.).

Vor allem da sie ohne juristische Konsequenz bleibt, ist „[d]ie fragliche Zivilbuße in ihrem rationalen Sinn einzig als zivilreligiöser Akt verständlich" (Lübbe 2001a: 76). Für Lübbe ist es dabei nur konsequent, dass man „Ritensicherheit" (Lübbe 2001a: 21) in „religiöse[r] Bußpraxis" (Lübbe 2001a: 33) suche, um die Gemeinschaften zu „versöhn[en] und [zu] kräftig[en]" (Lübbe 2001a: 51), da die Politik keine eigenen Riten der Entschuldigung kenne. Allein Angehörige der Exekutive, also Minister, Regierungschefs oder auch Präsidenten, seien jedoch als „entschuldigungskompetent" (Lübbe 2001a: 32) einzustufen. Zudem dürfe ein solcher Akt nicht leichtfertig wiederholt werden, sondern müsse „rituell auf extraordinär gewichtige Gelegenheiten beschränkt sein" (Lübbe 2001a: 15).

Zivilreligion findet sich jedoch nicht allein im „vergangenheitspolitische[n] Entschuldigungshandeln" (Lübbe 2001a: 32) von Politikern, die so auf religiöse Symbole und Riten verweisen, deren Bedeutung sie als „öffentlich konsensuell und als gemeinwohlerheblich" (Lübbe 1986: 311) einschätzen. Formell verstetigt prägt Zivilreligion zudem Verfassungspräambeln, die Erziehungsziele verschiedener Bundesländer sowie auch Eidesformeln.[198] Hier müssen sich Atheisten „gefallen lassen gesetzesförmig gesagt zu bekommen, ihr Recht, sich gottlos zu erklären, sei in ‚Verantwortung vor Gott' konstituiert worden" (Lübbe 1981: 49). Die Frage nach der Vereinbarkeit vom „Selbstverständlichkeitscharakter des Gottesglaubens in unserer öffentlichen Kultur" (1986: 315) mit der „weltanschaulichen Neutralität des Staates", so der Untertitel des Sammelbandes in dem Lübbe seine Überlegungen zum Kruzifixurteil festhält, stellt sich diesbezüglich für Lübbe nicht. Sie resultiere allein aus wissenschaftlichen Prämissen über die Trennung von Politik und Religion, deren empirische Unerheblichkeit er durch den Mangel an einer hohen Zahl von „verfassungsgerichtlichen Konfliktfällen" (Lübbe 1981: 46f.) bestätigt sieht. Lübbe nimmt schließlich dennoch einen solch seltenen Konfliktfall, den Kruzifix-Beschluss des Bundesverfassungsgerichts aus dem Jahr 1995, zum Anlass, sein ‚aufgeklärtes' Zivilreligionsverständnis erneut zu diskutieren. Im Zentrum dieses Rechtsstreits steht für Lübbe die folgende Frage:

> Repräsentiert das auf staatliche Anordnung in Klassenräumen öffentlicher Schulen, die nicht Bekenntnisschulen sind, angebrachte Kreuz einen in kirchlich sanktionierten Bekenntnisschriften ausformulierten Bekenntnisgehalt, den der Staat für sich selbst übernommen, öffentlich gemacht und als verbindlich jedermann, der mit diesem Bekenntnis sich konfrontiert findet, zugemutet hätte, oder repräsentiert das fragliche Kreuz in dem erläuterten Sinne Zivilreligion, nun freilich

---

198  Eine ausführliche Darstellung und Diskussion der Gottesklauseln im GG und in den Länderverfassungen findet sich bei Vögele 1994: 265ff.

als ein zivilreligiöses Element im Kontext der Erfüllung staatlicher Funktionen, die ohne Rekurs auf herrschende religiöse Kultur sich wie Schulerziehung nur unvollständig erfüllen ließen? Die Frage stellen, heißt sie beantworten (Lübbe 1998: 250).

Mit der vom Gericht vornehmlich diskutierten Frage, ob denn das Kreuz als kulturelles oder als genuin christliches Symbol zu charakterisieren sei, setzt sich Lübbe kaum auseinander. Diesbezüglich hält er lediglich fest, dass: „Kreuze in unserer bislang primär christlich geprägten Kultur ohnehin omnipräsent und unausweichlich [sind]" (Lübbe 1998: 250).[199] Die Bedeutung des Kreuzes im öffentlichen Raum erscheint Lübbe dabei ähnlich evident, wie die Antwort auf die Frage, ob es solcher Symbole in öffentlichen Räumen überhaupt bedürfe. Die Minderheitenmeinung des Senats, die die zustimmende Haltung Lübbes zum Kreuz in der Schule wiederspiegelt, zitiert Lübbe dann auch entsprechend ausführlich:

> 'Auch ein Staat', so heißt es, könne ,die kulturell vermittelten und historisch verwurzelten Wertüberzeugungen und Einstellungen nicht abstreifen, auf denen der gesellschaftliche Zusammenhalt beruht und von denen auch die Erfüllung seiner eigenen Aufgaben abhängt' (Lübbe 1998: 248).[200]

Zusätzlich untermauert Lübbe seine ablehnende Haltung gegenüber dem Beschluss des Bundesverfassungsgerichts mit dem Verweis auf die fehlenden „politisch mehrheitsfähigen Interessen", die den Gesetzgeber davon abhielten „unser Rechtssystem von den exemplarisch in Erinnerung gebrachten religiösen Elementen zu purgieren" (Lübbe 1998: 242). Die Mehrheitsentscheidung des Senats gegen das Aufhängen des Kruzifixes an öffentlichen Schulen wertet Lübbe schließlich als nicht-repräsentativ für die Mehrheit der Bevölkerung. Deren Einstellung zum Kreuz spiegele sich vielmehr in der „streitauslösenden Wirkung des Kruzifix-Beschlusses" (Lübbe 1998: 252).[201] Dabei betont Lübbe auch die politische Dimension von Zivilreligion noch einmal deutlich, wenn er festhält, dass „das fragliche religiöse Recht" „unmittelbar und exklusiv zur Disposition des Gesetzgebers selbst [steht]" (Lübbe 1998: 243).

---

199   Bei allen von Lübbe angeführten Beispielen deutscher Zivilreligion handelt es sich um christlich geprägte Symbole.
200   Die Argumentation des Senats erinnert hier stark an das Böckenförde Theorem, auf das bereits vielfach verwiesen wurde.
201   Abschließend bewertet Lübbe den Beschluss als „Beitrag zur kulturellen Pluralisierung des Schulwesens" da Eltern, die ihren Kindern die Erziehung auf der Basis christlicher Werte ,zumuten' wollten das öffentliche Schulsystem zukünftig meiden müssten (Lübbe 1998: S. 254).

Lübbe deutet diesbezüglich auch die unterschiedlichen Formen des Gottes-bezuges in den Landesverfassungen als abhängig von bestehenden politi-schen Mehrheitsverhältnissen (Lübbe 2001b: 26).

Auch die unterschiedlichen Ausprägungen der amerikanischen und bun-desdeutschen Zivilreligion erklärt Lübbe durch „Unterschiede im politischen Gewicht von Beständen der Religion in der Bürgeröffentlichkeit" (Lübbe 2001b: 27), die wiederum auf historisch unterschiedlichen Auffassungen zur Trennung von Politik und Religion zurückzuführen seien:

> Ein System strikter Trennung von Staat und Religionsgemeinschaften, das sich als religionsfreundliches Trennungssystem gerade dem religiösen Lebensinte-resse dieser Gemeinschaften verdankt, bewirkt eben eine ungleich stärkere Prä-senz der Religion im Gemeinschaftsleben der Bürger als in Ländern eines die Kir-chen privilegierenden Staatskirchenrechts mit dem historischen Hintergrund er-ledigter Staatskirchentümer (Lübbe 2001b: 28).

Unabhängig davon macht Lübbe deutlich, dass er das amerikanische Modell ungleich mehr schätzt, da es „ersichtlich ein größeres Potential enthält, zivi-lisatorische Modernität mit einer religiösen Kultur der größeren Säkularisie-rungsresistenz zu verbinden" (Lübbe 2001b: 33). Auch deshalb orientiert er sich stark am Bellahschen Konzept von Zivilreligion (Hacke 2008: 246).

Auch in der Aufwertung amerikanischer Zivilreligionspraxis zeigt sich schließlich die konservative Haltung Lübbes[202] sowie der „ideenpolitische Charakter der Lübbeschen Zivilreligion" (Vögele 1994: 336), mit deren Hilfe der Politiker Lübbe, dem Ziviltheologen Bellah nicht unähnlich, versucht pro-grammatische Akzente zu setzen. So will Lübbe schließlich den „Liberalitäts-garant" Zivilreligion, der für eine „Pragmatisierung" und „Rationalisierung" (Lübbe 1986: 325) der Politik sorgt, nicht verloren geben.[203]

Da Lübbe Zivilreligion jedoch als abhängig von der „Lebendigkeit wirk-lich vorhandener Religion" (Lübbe 1986: 318) begreift, ist sie Veränderungen unweigerlich ausgesetzt (Vögele 1994: 314). Spätestens seit der Wiederver-einigung kann diesbezüglich von einer „kompakte[n] Majorität" (Lübbe 1986: 315) religiöser deutscher Bundesbürger nicht länger gesprochen werden. Die Integration der mehrheitlich konfessionslosen Ostdeutschen wirkte hier als

---

202  Hier wird der These Hackes gefolgt, der Religion als konservative „Orientierungsgröße" einschätzt (Hacke 2008: 19).

203  Hier folgt Lübbe, ohne dies jedoch zu erwähnen, dem Argument Tocquevilles. Tocqueville hatte bereits 1835 die Rolle der Religion als erste politische Institution hervorgehoben. Auch Jens Hacke wundert sich über die fehlende Auseinandersetzung Lübbes mit Tocque-ville, aber auch mit anderen Theoretiker, die ebenfalls in der Religion eine wichtige Vo-raussetzung für freiheitliche Staatlichkeit sehen (Hacke 2008: 249). Lübbes Verweis auf Böckenförde bleibt die Ausnahme.

Zäsur.[204] Den „Sonderfall Ostdeutschland" (Pickel 2003) ausblendend, spricht Lübbe dennoch auch weiterhin von „wenigen, aus Sondertraditionen der Aufklärung noch persistenten bekennenden Atheisten" (Lübbe 2001b: 25). Das von ihm vertretene Verständnis einer Zivilreligion kann so jedoch nicht länger zur gesamtgesellschaftlichen Integration beitragen, sondern bewirkt die Entwicklung Deutschlands zur „gespaltenen Gesellschaft" (Lessnich/Nullmeier 2006). Um dies zu verhindern können lediglich funktional äquivalente Integrationsmechanismen, wie der Verfassungspatriotismus oder eine geteilte Zivilkultur, verstärkt gemeinsinnstiftend wirken.

Abschließend wird somit deutlich, dass in Lübbes Zivilreligionsverständnis die analytische Dimension hinter die normative zurückfällt. Über sein substantielles Verständnis von Religion ist Lübbes Blick zwar geschärft für Veränderungen in Bezug auf die Religiosität der Menschen und deren Relevanz für die öffentliche, politische Kultur, er ist jedoch auch theoretisch blind für mögliche funktionale Äquivalente, die neben der Religion integrierend wirken können. Zudem bleibt Lübbe in seiner empirischen Analyse hinter den Ansprüchen seines eigenen Verständnisses von Zivilreligion zurück. So spricht er zwar von zivilreligiösen Akten und Ritualen, untersucht dann jedoch singuläre Sprechakte und Symbole ohne deren rituelle Einbettung genauer zu betrachten.

---

204 Siehe zur Bestimmung der spezifisch ostdeutschen Form des Atheismus: Gärtner/Pollack/Wohlrab-Sahr 2003; Pollack/Pickel 2000; Wohlrab-Sahr/Karstein/Schmidt-Lux 2009.

### 2.3.3.3 Wolfgang Vögele

Wolfgang Vögele liefert mit seiner Arbeit zur *Zivilreligion in der Bundesrepublik Deutschland* einen Beitrag zur Debatte um die Bedeutung von öffentlich präsenter Religion in der Bonner Republik. Er widmet sich dabei ausführlich den Schriften Hermann Lübbes und ordnet dessen Beiträge zum deutschen Zivilreligionsdiskurs in die Geschichts- und Religionstheorie Lübbes ein. Vögele leistet dabei insbesondere mit der Unterscheidung zwischen normativer und analytischer Ebene in Lübbes Theorie einen wichtigen Beitrag, von dem auch die vorangegangene Auseinandersetzung mit Lübbe profitiert. Im Folgenden steht jedoch nicht diese theoretisch gehaltvolle Diskussion des Lübbeschen Zivilreligionskonzeptes im Vordergrund. Vielmehr wurde mit Wolfgang Vögele ein Vertreter des deutschen Zivilreligionsdiskurses ausgewählt, der in seiner Arbeit den seltenen Versuch unternimmt, das Konzept der Zivilreligion empirisch zu prüfen. Hierfür untersucht Vögele Politikerreden sowie kirchliche Dokumente auf zivilreligiöse Phänomene.

Vögeles Interesse an der empirischen Validität von Zivilreligion nimmt ihren Ausgang mit einer These Rolf Schieders. Während hier der Schiederschen Prognose nachgegangen wird, wonach „zivilreligiöse Rituale und Rhetorik zunehmen werden, wenn Deutschland in Kriegshandlungen verwickelt wird" (Schieder 2001a: 129), geht Vögele auf eine Aussage Schieders aus dem Jahr 1988 ein, wonach es: „empirische Tatsache [sei], daß in den vergangenen Jahren die religiöse Sprache in der Politik zugenommen hat" (Vogele 1994: 21). Mit dieser Aussage verbindet Vögele zudem eine eigene Annahme, die sich auf den von ihm gewählten Untersuchungszeitraum vom November 1989 bis Oktober 1990 bezieht: „Ich nahm an, daß die meisten zivilreligiösen Passagen im Kontext der politischen Reflexion über die deutsche Einheit platziert sein würden" (Vögele 1994: 21). Vögele begründet diese Ausgangshypothese mit der politischen Umbruchsituation, nimmt dann jedoch vorweg: „Die Untersuchung der Reden bestätigte diese Vermutungen nicht" (Vögele 1994: 21).

Die Analyse Vögeles umfasst alle offiziellen Reden von Mitgliedern der Exekutive im gewählten Zeitrahmen. Diese Vorgehensweise übernimmt Vögele von Robert N. Bellah und Hermann Lübbe (Vögele 1994: 22). Die spezifische Redesituation, der Ort und möglicherweise auch der Zeitpunkt des Sprechaktes sind jedoch, ähnlich wie bei Lübbe, kein Bestandteil der Analyse. Im Zuge seiner Inhaltsanalyse, die sich darauf konzentriert herauszustellen, mit welcher religiösen Konnotation ein Politiker an welcher Stelle seiner

Rede zivilreligiöse Bezüge verwendet[205], entwickelt Vögele schließlich eine „zivilreligiöse Grammatik" (Vögele 1994: 24), die er anhand eines Zitates von Richard von Weizsäcker, dem „prominenteste[n] Theologe[n] der Civil Religion der Republik" (Schieder 1987: 297), exemplifiziert. Während der Verleihung der Ehrenbürgerwürde von Berlin an Weizsäcker am 29.06.1990, erinnert Weizsäcker mit folgenden Worten an den einstigen Pfarrer und Dichter Paul Gerhardt:

> Obwohl sie [die Lieder Gerhardts wv] es immer wieder wert sind, und obwohl wir die besten instrumentalen Begleiter der Welt bei uns haben, will ich uns nicht auffordern, eines davon zu singen. Wir leben ja bewußt und gewollt in einem weltanschaulichen neutralen Staat. Aber da unter den Politikern der DDR die Theologie so stark vertreten ist, weit stärker als in der Bundesrepublik, darf ich vielleicht einen Vers aus seinem Lied ‚Nun danket all und bringet Ehr...' zitieren, den er kurz vor dem Ende des Dreißigjährigen Krieges gedichtet hat. Dort heißt es: ‚Er lasse seinen Frieden ruhn/auf unserm Volk und Land/ er gebe Glück zu unserm Tun/ und Heil zu allem Stand.' So einfach und so direkt wie damals können wir heute kaum noch sprechen. Aber auch in unserer Zeit tut es gut, uns um einen solchen Geist zu bemühen. Möge es uns zusammen mit allen unseren Nachbarn gelingen (zitiert nach Vögele 1994: 24).

Aus diesen Äußerungen zieht Vögele schließlich das Fazit, dass „[z]ivilreligiöse Äußerungen nicht die Funktion der religiösen Überhöhung von Politik [haben]" (Vögele 1994: 25). Die ausgemachten zivilreligiösen Phänomene zeichnen sich vielmehr durch eine Überkonfessionalität bzw. einen „universalistischer Charakter" (Vögele 1994: 26) aus, bedingt durch den mehrheitlichen Konsens der Bevölkerung, dem solche Äußerungen entsprechen müssen. Die „weltanschauliche Neutralität des Staates" (Vögele 1994: 25) bildet hier den Rahmen. Die Bezugnahme auf konsensuelle religiöse Vorstellungen erfolgt durch die Politiker, die hier nicht als gläubige Privatpersonen auftreten, zudem „nicht ‚einfach und direkt', sondern reflektiert und mittelbar" (Vögele 1994: 25). Im Anschluss zitiert Vögele die folgenden Worte aus einer Fernsehansprache des Bundeskanzlers Helmut Kohl zum Anlass der deutschen Wiedervereinigung: „‚Deutschland ist unser Vaterland, das vereinte

---

205 Vögeles Forschungsfragen im Einzelnen lauteten: „An welchen Stellen tauchen Themen theologischer oder religiöser Inhalte auf? Verwenden die Redner bestimmte theologische oder religiöse Schlüsselworte? Welche Bibelstellen werden zitiert? Wo werden Kirchen und Konfessionen für den Staat in Anspruch genommen? Wie werden Religion, Kirche und Theologie auf der einen und Staat, Gesellschaft und Gemeinwohl auf der anderen Seite zueinander in Beziehung gesetzt? Wann reden Politiker von ‚christlich' und nicht spezifisch von ‚katholisch' oder ‚evangelisch'? Wann ist sogar die jüdische Tradition mit eingeschlossen?" (Vögele 1994: 23).

Europa unsere Zukunft. Gott segne unser deutsches Vaterland'" (Vögele 1994: 26). Vögele merkt zwar an, dass sich hier „die Bitte um Hilfe und Segen Gottes" sehr wohl „exklusiv auf das eigene Vaterland beschränkt" (Vögele 1994: 26), er zieht daraus aber keine eigenen Schlussfolgerungen. Dabei könnte die rhetorische Wendung Kohls durchaus so interpretiert werden, dass zivilreligiöse Bekundungen zwischen zwei Polen, dem Universalismus und „engstirnige[m] Nationalismus" (Vögele 1994: 26), einzuordnen sind.

Jene Reden, die laut Vögeles Analyse zivilreligiöse Äußerungen enthalten, setzen sich vornehmlich mit den folgenden Themen auseinander: der deutschen Einheit, der Anthropologie sowie mit christlichen Grundwerten, dem christlichen Menschenbild und der Schöpfungstheologie und Schöpfungsethik (Vögele 1994: Kapitel 1). Vögele relativiert dann jedoch, dass nur wenige Reden zur deutschen Einheit zivilreligiöse Bezüge enthalten. Sein Fazit lautet daher: „Mit dem Thema Deutsche Einheit gehen die Politiker unter zivilreligiösen Gesichtspunkten sehr vorsichtig um" (Vögele 1994: 40). Vögele hält zusätzlich fest, dass „[z]ivilreligiöse Themen nicht regelmäßig vor[kommen]; sie stehen auch nicht im Vordergrund der analysierten Reden. Doch sie haben einen festen Platz" (Vögele 1994: 29). Die meisten zivilreligiösen Bezugnahmen lassen sich in Reden zur Anthropologie finden (Vögele 1994: 40). Als zentraler Bezugspunkt wird zudem der Freiheitsbegriff ausgemacht: „Alle zivilreligiösen Äußerungen machen deutlich, daß der Freiheitsbegriff eine Brückenfunktion einnimmt. In ihm verbindet sich einer der Leitbegriffe der Demokratie der Bundesrepublik mit einem der Leitbegriffe christlicher Theologie" (Vögele 1994: 32). Zusätzlich betont Vögele den Status der Gottesklausel in der Präambel des Grundgesetzes als „die zentrale Verständigungsformel deutscher Zivilreligion" (Vögele 1994: 433). Im Anschluss an die Ergebnisse der Analyse Vögeles lauten die Stichwörter für die anschließende eigene Analyse der Reden der Verteidigungsminister: Freiheit, Menschenrechte, Menschenwürde und Verantwortung sind neben dem expliziten Gottesbezug zu nennen.

Leider versäumt auch Vögele es, die von ihm analysierten Reden vor dem Hintergrund ihres jeweiligen Anlasses zu interpretieren. Auch hinterfragt er nicht die Bedeutung der Räumlichkeiten, in denen gesprochen wird, obwohl die Mehrzahl der von ihm zitierten Reden in Kirchen stattfand. Ein erheblicher Teil der Äußerungen wurde zudem beim Katholikentag getätigt. Die Analyse hätte von einer solchen *rituellen* Einbettung der zivilreligiösen Rhetorik profitieren können. Vögele kritisiert zudem selbst die textfokussierte Analyse zivilreligiöser Phänomene, begründet diese jedoch mit der „gewisse[n] Ritualarmut" (Vögele 1994: 337), die in Deutschland herrsche.

Schließlich schlussfolgert Vögele: „Deutsche Zivilreligion kommt mehr in Reden als in Ritualen zum Ausdruck" (Vögele 1994: 336f.), gibt dann jedoch zu bedenken: „Zu untersuchen wären weiterhin die zivilreligiösen Rituale bundesrepublikanischer politischer Kultur, ein Aspekt, der in dieser Arbeit fast völlig ausgeblendet wurde" (Vögele 1994: 435).

Zu bezweifeln ist abschließend nicht, dass es sich bei den von Vögele zitierten Redestellen um das handelt, was Hermann Lübbe mit seinem Begriff der Zivilreligion beschreibt, also die öffentlich repräsentierte Religion, die sich in öffentlichen Politikerreden bzw. staatsrechtlich relevanten Dokumenten zeigt. Vögele bestätigt somit Lübbes Annahme, dass Politik eben „kein religionsfreier, der menschlichen Beliebigkeit überlassener Raum" (Vögele 1994: 433) sei, sondern durchaus Bezug genommen wird auf Religion.

## 2.4 Zwischenfazit

Das vorangegangene Kapitel widmete sich der *Rekonstruktion des sozialwissenschaftlichen Zivilreligionsdiskurses*. Um die zahlreichen Ansätze zu systematisieren, wurde zunächst darauf verwiesen, dass das Verständnis von Religion zentraler Bestandteil des jeweiligen Zivilreligionskonzeptes ist. So wurden *funktionale* (Émile Durkheim) von *substantiellen* Religionsbegriffen (Peter L. Berger, Rudolf Otto) unterschieden sowie jene Autoren zitiert, die der substantiell verstandenen Religion die singuläre Funktion der *Kontingenzbewältigung* zuschreiben (Hermann Lübbe, Detlef Pollack). Daran schloss sich eine Interpretation der Zivilreligion an, wie Jean Jacques Rousseau sie im *Contrat Social*, aber vor allem auch darüber hinaus in Schriften wie dem *Emil* und dem *Verfassungsentwurf für Polen* entwickelt hat. Es wurde deutlich gemacht, dass Rousseau in seiner Idee einer Zivilreligion dem persönlichen Wunsch nach Einbindung einer substantiell verstandenen Religion des Menschen in ein bürgerliches Glaubensbekenntnis Ausdruck verleiht. Sein Zivilreligionsprogramm wird zudem angeleitet vom Wissen um die funktionale Bedeutung der moralischen Kraft der Religion und deren Verfestigung durch Rituale als soziale Praxis. Demnach setzte sich bereits Rousseau mit der Problematik der normativen Integration politischer Gemeinschaften auseinander, wie sie moderne Gesellschaften bis heute kennzeichnet.

Wie die Darstellung des Zivilreligionsdiskurses nach Rousseau gezeigt hat, leidet die Rezeption seiner Idee von einer Zivilreligion allerdings unter der Gegenüberstellung von Rousseau und Durkheim. So wird nicht Rousseau *mit* Durkheim gelesen, wie es diese Arbeit versucht, sondern die vermeintlich autoritäre Staatstheorie des einen wird gegen die funktionale Religionssoziologie des anderen ausgespielt, während die zwanghafte Wirkung der Gesellschaft auf das Individuum, die Durkheim ebenso klar beschreibt, ausgeblendet wird. Im Zuge dessen bleibt die fruchtbare Interpretation des Werkes Rousseaus unter ritualtheoretischen Gesichtspunkten aus. Rousseaus Ideen zur performativen Integration von Gemeinschaften durch zivilreligiöse Rituale werden so kaum rezipiert.

Während Robert N. Bellah, angeleitet durch die eigene Durkheim Lektüre, die Zentralität von zivilreligiösen Praktiken noch diskutiert, beschränkt sich die Beobachtung von zivilreligiöser Handlung in der Bundesrepublik zumeist auf zivilreligiöse Rede. Erklärt werden kann dies u. U. mit dem nationalsozialistischen Erbe, das zur Abkehr von symbolischen Formen in Theorie und Praxis führte. So beginnt die sozialwissenschaftliche Auseinandersetzung mit der symbolisch-expressiven Dimension von Politik hier erst in den

112 2 Was ist Zivilreligion?

1990er Jahren. Vernachlässigt wurde von deutschen Vertretern des Zivilreligionsdiskurses somit vor allem die performative Dimension von Zivilreligion. Die Bedeutung von zivilreligiöser Symbolik im Handeln und Reden wurde somit thematisiert, der Zusammenhang jedoch nicht theoretisch untermauert. Die diagnostizierte bundesdeutsche „Ritualarmut" (Vögele 1994: 337) plausibilisierte diese Herangehensweise zusätzlich.

Der Zusammenhang zwischen zivilreligiöser Überzeugung und Handlung wurde im vorangegangen Kapitel zunächst in den Schriften Rousseaus rekonstruiert. Dort wird das bürgerliche Glaubensbekenntnis und mit ihm die Gemeinschaft im öffentlichen Handeln immer wieder neu (re)konstituiert. Rousseau erkannte zudem bereits, dass ein solchermaßen bedeutsames Handeln der institutionalisierten Möglichkeiten bedarf. So erdachte er Rituale, die an spezifischen Orten zu besonderen Zeiten dem Mythos von der Heiligkeit des Gesellschaftsvertrages gewidmet waren und diesen somit *sichtbar und erfahrbar* machten (Michaels 2003: 6)[206] Einblicke in die religionssoziologische Theorie Émile Durkheims konnten die Wirksamkeit von Ritualen zur Generierung sozialer Solidarität zusätzlich theoretisch festigen. Die folgenden Ausführungen zu den Erkenntnissen der Ritualtheorien werden dieses Verständnis von der Performanz der Rituale noch zusätzlich untermauern. Das Sprechen von der sakralen Gemeinschaft wird dabei als eingebettet in den rituellen Kontext betrachtet.

Rousseaus besonderes Politikverständnis, welches den Souverän als ein Kollektiv gleichberechtigter Bürger versteht, verstellt ihm letztlich den Blick auf die machtvolle Rolle Einzelner, die diese zivilreligiösen Rituale prägen, indem sie sie gestalten und ausführen. Lediglich in der Figur des Gesetzgebers wird dieser Gedanke implizit angesprochen. Der Gesetzgeber ist jedoch ausdrücklich kein Mitglied der politischen Gemeinschaft, deren Konstitution er ‚nur' begleitet. Die Vorstellung von politischen Repräsentanten, die symbolische Macht besitzen und diese nutzen um potentiell integrative Akte des Miteinanders zu gestalten, soll in dem Konzept von einer Zivilreligionspolitik aufgefangen werden. Den Begriff der Zivilreligionspolitik gilt es dazu zunächst theoretisch zu entwickeln, bevor er auf das Beispiel der Trauerfeiern der Bundeswehr angewandt wird.

---

206  Zur Bedeutung von Erfahrung als Argument der politischen Theorie siehe Brodocz 2007.

# 3 Zivilreligionspolitik

Bisher wurde Zivilreligion nach der Aufklärung als legitime Verbindung von Politik und Religion im öffentlichen Raum diskutiert. Über den symbolischen Verweis auf eine transzendente, über die politische Gemeinschaft hinausreichende Dimension wird diese schließlich normativ integriert. Der Gehalt dieser indisponsiblen Voraussetzungen reicht dabei von substantiell religiösen Inhalten über funktionale Äquivalente. Die politische Wirkungsmächtigkeit von zivilreligiösen Verweisen zum Zwecke der Legitimation von politischen Entscheidungen, wurde in den Theorien nicht diskutiert. Die Fragen also, *woher die zivilreligiösen Praktiken und Symbole kommen und wer Zivilreligion sichtbar und damit erfahrbar macht und warum*, wurden zumeist ausgespart. Mathias Hildebrandts Analyse vom Zusammenhang von Politischer Kultur und Zivilreligion stellt hier eine Ausnahme dar (Hildebrandt 1996). Hildebrandt thematisiert jene „die Gesellschaft konstituierenden gemeinsamen Bedeutungen" (Hildebrandt 1996: 51), die mit Karl Rohe unter den Begriff der „Sozialkultur" (Rohe 1994) zu fassen sind. Zivilreligion wird so als „Kitt" (Hildebrandt 2001: 52) verstanden, der die einzelnen Mitglieder einen Gesellschaft verbindet. Hildebrandt spricht dabei auch von der *„Erzeugung* imaginärer Symbole" als

> Umschlingung der beteiligten Menschen mit einem einigenden Band gemeinsamer Bedeutungen. (...) Dieses gemeinsame Band der Menschen ist kein ein für alle Male Gegebenes, sondern muss fortwährend erzeugt werden. Es ist das Produkt eines unablässigen Prozesses von Imagination und Reimagination, von Sprechen und Handeln, von Altem und Neuem, von Reproduktion und Modifikation (Hildebrandt 1996: 120f., Herv. SH).

Es sind diese Prozesse, die der Begriff Zivilreligionspolitik genauer fassen will. Hildebrandt diskutiert diesbezüglich bereits die Bedeutung von Ritualen, Mythen und Symbolen, die zu einer „Sakralisierung und Vergegenständlichung" (Hildebrandt 2001: 47) bestimmter Aspekte von politischer Kultur führen, ohne jedoch deren Wirkungsmächtigkeit zu erklären.

Die sozialwissenschaftliche Diskussion spricht bei der Verwendung von Symbolen und Ritualen in der Politik von *symbolischer Politik*. Der Diskurs kennt diesbezüglich zwei Bedeutungen dieser Form politischen Handelns: Symbolische Politik wird einerseits als *symbolische Inszenierung* kritisiert, die die Machtstellung der politischen Elite sichert und die politischen Massen täuscht. Sie kann andererseits aber auch als *symbolische Repräsentation* und damit als Ausdruck der *konstitutiven, symbolisch-expressiven Dimension der*

*Politik*, derer eine Gesellschaft zum Zwecke der normativen Integration bedarf, interpretiert werden.[207]

Das erste, inszenierte Gesicht symbolischer Politik zeigt sich geprägt von der Einschätzung der Symbole als *transitivem* Machtinstrument, während das zweite Gesicht symbolische Politik als Ausdruck *intransitiver* Macht deutet.[208] Zivilreligionspolitik ist eine Form symbolischer Politik, die *quer* zu dieser Unterteilung steht. Zivilreligionspolitik ist im transitiven Sinn strategisch, denn der Staat nutzt hier sein *symbolisches Kapital* (Bourdieu 1985), um so die eigene Politik auch durch Verweis auf Transzendenz legitimieren zu können. Zivilreligionspolitik hat jedoch andererseits auch einen intransitiven Aspekt. Durch sie werden sakrale Orte und Zeiten geschaffen, die das integrative Potential der Rituale und Narration zur (Re)Konstituierung von Gemeinschaft nutzen.

Es folgt zunächst eine Diskussion des sozialwissenschaftlichen Diskurses zu symbolischer Politik (Kapitel 3.1). Dabei zeigt sich, dass es der politikwissenschaftlichen Auseinandersetzung mit symbolischer Politik in Bezug auf die genuinen symbolischen Formen an theoretischer Schärfe fehlt. Vor allem die Beschäftigung mit Ritualen bleibt oft eindimensional. Diese theoretische Lücke wird durch Anschluss an die interdisziplinäre Ritualforschung geschlossen (Kapitel 3.2). Die konstitutive Bedeutung von Ritualen wird hier untermauert, indem davon ausgegangen wird, dass Gemeinschaften über rituelle Performanz nicht nur begründet, sondern über das Gründungsmoment hinaus nachhaltig stabilisiert werden. Auch Narration spielt hier eine zentrale Rolle. Über Erzählungen wird die Geschichte einer Gemeinschaft schließlich als bedeutungsvoll interpretiert. Zivilreligionspolitik bedient sich dabei beider Instrumente zur Ausbildung einer symbolischen Politik (Kapitel 3.3).

---

207  Die Unterscheidung zwischen symbolischer Politik als Inszenierung sowie als Repräsentation geht zurück auf Hans-Georg Soeffner (Soeffner 1997).

208  Die Begriffe transitive und intransitive Macht gehen zurück auf Gerhard Göhler. Mit transitiver Macht meint Göhler die Weber'sche Idee von der „Unterordnung des Willens unter den Willen eines anderen" (Göhler 2013: 227). Intransitive Macht bezeichnet eine produktive Form der Macht, die in „Bezug auf die eigene Gruppe" praktiziert wird und, diese so „[aktuell] erzeugt und [potentiell] aufrechter[hält]" (Göhler 2011: 231).

## 3.1 Symbolische Politik

Im Fokus der folgenden Darstellung des sozialwissenschaftlichen Diskurses zur symbolischen Politik stehen zwei Möglichkeiten der Interpretation, die hier als die zwei Gesichter der symbolischen Politik bezeichnet werden: erstens die Ablehnung von symbolischer Inszenierung in der Politik und zweitens das Verständnis von Symbolen als repräsentatives Mittel normativer Integration. Möglich werden beide Interpretationen durch *die ambiguine „Grundstruktur"* (Göhler 1997: 31) der Symbole. Diese bedingt, dass Symbole der *Deutung* durch einen *Interpreten* bedürfen. Symbole werden hier mit Andreas Dörner als *Zeichen* verstanden, die eine „bilaterale Einheit aus einem wie auch immer materialisierten ‚Ausdruck' und einem aus diversen Bedeutungsmerkmalen zusammengesetzten ‚Inhalt'" (Dörner 1995: 45) bilden.[209] Die Verbindung zwischen Inhalt und Ausdruck wird dabei erst über die Interpretation mittels weiterer Zeichen realisiert, die so eine „unabschließbare Semiose" (Dörner 1995: 46) angestößt.[210]

Für beide Gesichter symbolischer Politik lassen sich zahlreiche empirische Beispiele ausmachen. Es ist zudem möglich, entsprechend gegensätzliche Interpretationen derselben bzw. gleichen empirischen Begebenheit zu finden. So kann der vielbeschriebene symbolische Handschlag zweier Machtfiguren einmal als Schauspiel gedeutet werden, das zur Beruhigung der Bürger inszeniert wird bzw. der Ablenkung von totalitären Machtverhältnissen dient. Ein solcher Handschlag kann aber auch als Symbol einer neuen Gemeinschaftlichkeit integrativ wirken, indem er die Norm der gewaltfreien Konfliktregulierung repräsentiert.[211]

---

209  Dörner orientiert sich bei seiner Definition an Louis Hjemslev und Umberto Eco.

210  Eine ausführliche Diskussion der unterschiedlichsten Symbolbegriffe, wie sie vor allem in der Linguistik entwickelt worden sind, wird hier unterlassen (vgl. für die einschlägigsten Theorien Cassirer: *Symbolische Formen.* 2010 [1923-1929]; Jakobson: *Semiotik* 1992 [1919-1982]; Saussure: *Grundfragen der Allgemeinen Sprachwissenschaft.* 2001 [1916]). Im Mittelpunkt der Arbeit steht nicht die theoretische Auseinandersetzung mit der Semiotik als Zeichenlehre, sondern vielmehr die „politische Semiotik" und damit „ein[e] Zeichenanalyse, die beschreibt, wie sich im politischen Prozeß Zeichen konstituieren, mit Bedeutungen verbinden und bestimmte Funktionen innerhalb des sozialen Verbandes ausüben" (Dörner 1995: 44f.).

211  Ein Beispiel findet sich in einem Interview mit dem Bundesverteidigungsminister a.D. Peter Struck, der auf die Frage, was ihm aus seiner Amtszeit in Erinnerung bleiben wird, antwortet: „Was mir sicherlich aus dem Gedächtnis schwinden wird, war die Übergabe von ‚Leopard'-Panzern an die polnischen Streitkräfte. Das war kurz nach meinem Amtsantritt auf einem Übungsplatz in Polen. Da wurde mir deutlich, wie sehr Europa zusammengewachsen ist und sich die NATO [North Atlantic Treaty Organisation] verändert hat. Das hatte für mich Symbolcharakter." (*Bundeswehr Aktuell* Interview Struck, 17.11.2005).

Ob nun die affektive Wirkkraft von Symbolen zur Täuschung bürgerlicher Massen über die ‚wahren' politischen Inhalte überwiegt, oder ob mit den Symbolen Aussagen über kognitive Inhalte *und* affektive Bindungen getroffen werden, kann nur die wiederum interpretative Überprüfung des Einzelfalls ‚beweisen'. Die Frage nach dem ‚wahren' Gesicht der symbolischen Politik bedeute somit die normative Engführung eines offenen Analysekonzeptes. Beide Gesichter der symbolischen Politik beruhen schließlich auf einer jeweils eigenen Interpretation der symbolischen Wirklichkeit. Analytisch ist somit an beiden Gesichtern der symbolischen Politik festzuhalten.

Die Einschätzung symbolischer Politik als Inszenierung ist Ausdruck des *ersten Gesichtes der symbolischen Politik.* Auch aufgrund seiner Dominanz in der sozialwissenschaftlichen Diskussion um die Bedeutung von Symbolen und Ritualen in der Politik wird es hier als das erste Gesicht bezeichnet. Beispielhaft beschrieben wird es mit dem folgenden Zitat:

> … urspr. von M. Edelman (1990) geprägter Begriff, der die symbolische Inszenie-
> rung von Politik in den Massenmedien charakterisiert. Darunter ist zu verstehen,
> dass die Politik sich an den dramaturgischen Bedingungen der Medien orientiert
> und diese zur Gewinnung von Glaubwürdigkeit nutzt. Dies schließt nicht aus, daß
> die an sich systemnotwendige symbolische Politik zur politischen Täuschung ge-
> nutzt wird (Gellner 2002: 241f.).

Hier werden bereits die grundlegenden Argumentationslinien der dominanten Interpretation symbolischer Politik dargelegt: Symbolische Politik steht somit für eine *täuschende Inszenierung,* die vor dem Kontext der Gestaltungspraxis von Theater und Fernsehen zu betrachten ist (vgl. Meyer 1993). Diese Verbindung wird zusätzlich untermauert durch den Hinweis auf die „dramaturgischen Bedingungen" der modernen Medien, denen sich die Politik scheinbar anpasse. Eine *Mediokratie* ist die Folge (vgl. Meyer 2001). Während das erste Gesicht die Divergenz von tatsächlicher politischer Entscheidung und symbolischem Ausdruck herausstellt, fokussiert das zweite Gesicht den Blick auf die genuine, konstitutive Bedeutung von *Symbolizität* (Göhler 1999) für politische Gemeinschaften: *Symbole wirken integrierend,* so die Annahme. Als „integraler Bestandteil von Politik" (Sarcinelli 2011: 138) schaffen sie so eine *andere* Form von Wirklichkeit, eine Wirklichkeit sui generis, derer nicht nur politische Gemeinschaften bedürfen.[212]

---

212 Als zentrale Vertreter dieses Verständnisses sind Andreas Dörner, Gerhard Göhler,
    Herfried Münkler, Hans Georg Soeffner sowie Hans Vorländer zu nennen.

### 3.1.1 Das erste Gesicht symbolischer Politik

Die Schriften von Murray Edelman, dem prägendesten Vertreter des ersten Gesichtes symbolischer Politik, legen den Fokus auf die *Differenzierung* zwischen der *strategisch, rationalen Herstellung politischer Entscheidungen* einerseits und *banalen politischen Äußerungen und rituellen Handlungen zur symbolischen Darstellung* andererseits. Die *instrumentelle* Dimension des politischen Aktes wird so der *expressiven* gegenübergestellt (Edelman 2005: 10). Ins Verhältnis gesetzt werden beide Dimensionen durch die Instrumentalisierung des affektiven Potentials der Symbole durch die politische Elite (Edelmann 2005: XVI). Edelman versteht symbolische Politik somit als ein *transitives Machtinstrument* zur Stabilisierung des Status quo. Dahinter verbirgt sich zudem ein normatives Demokratieverständnis, welches ebenfalls auf einer Differenz, zwischen Sein- und Sollwert moderner, repräsentativer Demokratien, beruht. Gemeinsamer Bezugspunkt dieser zahlreichen Dichotomien ist die Unterscheidung Edelmans zwischen symbolisch inszenierter und tatsächlicher politischer Wirklichkeit. Die politische Realität wird demnach im Sinne einer „Zweiwirklichkeitenlehre" (Nullmeier 2005: 204) als „gebrochen" und „zwieschlächtig" wahrgenommen (Offe 2005: VIII).

In seinem Symbolverständnis, das merklich von dem Glauben an eine objektiv erfahr- und überprüfbare Wirklichkeit lebt, setzt Edelman die Dichotomosierung zwischen konstruierter und objektiv wahrnehmbarer, tatsächlicher Wirklichkeit fort. So unterscheidet er analytisch zwischen *Verdichtungs-* und *Verweisungssymbolen* (Edelman 2005: 5). In Anlehnung an Edward Sapir versteht Edelman Verweisungssymbole dabei als „einfache Methode, um auf objektive Elemente in Gegenständen oder Situationen zu verweisen; dabei werden die Elemente von jedem Menschen in gleicher Weise identifiziert" (Edelman 2005: 5). Verdichtungssymbole hingegen „wecken Emotionen" (Edelman 2005: 5) und widersetzen sich der „Überprüfung an der erfahrbaren Wirklichkeit" (Edelman 2005: 5). Während Verweisungssymbole demnach einen überprüfbar bestehenden Zusammenhang von Symbol und Objekt abbilden, konstruieren Verdichtungssymbole einen Zusammenhang, der sich in der ‚Realität' gar nicht findet. Im Vorwort zur Neuausgabe seines Werkes verwirft Edelman diese Typologisierung der Symbole schließlich jedoch. Er zweifelt nun selbst an der Existenz einer durch den (wissenschaftlichen) Betrachter als objektiv ausgewiesenen Wirklichkeit und erkennt an, dass

[w]as immer eine Gruppe von Menschen als wirklich betrachtet, in seinen politischen Konsequenzen wirklich [ist], unabhängig davon, wie absurd,

phantastisch oder schockierend dies auf andere Menschen in einer anderen Situation oder anderen Zeit wirken mag (Edelman 2005: XIII).

Diese „konstruktivistische Wendung" (Nullmeier 2005: 205), obwohl grundlegend, bleibt jedoch für seine Kritik an der *Politik als Ritual* ohne Bedeutung.[213]

Theoretisch schließt Edelman zunächst an soziologische Erkenntnisse an, wonach Mythen, verstanden als „eine von einer großen Gruppe von Menschen geteilte Überzeugung, die nicht hinterfragt wird und die Ereignissen und Handlungen einen bestimmten Sinn verleiht" (Edelman 2005: 110), die Gemeinschaft stabilisieren, indem sie das soziale Selbstverständnis prägen und so helfen, Spannungen zu reduzieren (Edelman 2005: 15). Die Wirkung des Mythos vom Staat beanstandet Edelman besonders vehement. Ihn nehme die Masse der Bürger lediglich noch als „eine Parade abstrakter Symbole" (Edelman 2005: 4) wahr:

> Die tradierten Vorstellungen vom Staat enthalten manches Halbwahre, das aber doch seinen emotionalen Druck ausübt, vieles, was dem täglichen Augenschein glatt widerspricht und doch als Mythos nur um so hartnäckiger geglaubt und dogmatischer tradiert wird, weil die Menschen an diesen Mythos, dem sie ihren Zusammenhalt danken, glauben *wollen*. (...) Vielleicht kann Politik sogar nur deshalb für einig Leute nüchtern und erfolgbringend sein, weil sie für andere (oder für uns alle?) etwas Zwanghaftes, Mythisches, Emotionales hat (Edelman 2005: 1).

Edelman bestreitet demnach nicht, dass Mythen, als „signifikante Symbole" (Edelman 2005: 110), die emotionalen Bedürfnisse der Menschen befriedigen, die in einer Welt voller „subjektiv erfahrene[r] Bedrohungen, Ängste und Ambivalenzen" (Offe 2005: X) leben müssen; er kritisiert sie dennoch, weil sie so auf dem Gebiet des Politischen das ungleiche Kräfteverhältnis zwischen gesellschaftlicher Mehrheit und politischer Elite zum Vorteil der machtvollen Wenigen verstetigen.

Die Masse der Bürger ist sich dieser „Hegemonie" (Edelman 2005: XVII) der politischen Elite nicht bewusst. Vielmehr unterstellt Edelman den Bürgern ein falsches Bewusstsein: „meaning an erroneous assumption about the sources of one's own thought" (Edelman 2001: 1). Der ‚sichtbare' Teil des politischen Prozesses gerät so zum symbolischen „Spektakel" (vgl. Edelman 1988), das die Bürger jedoch als ‚tatsächliche' Politik missverstehen.

---

213  In seinem 2001 erschienenen Werk verfolgte Edelman noch immer die These, dass: „rationality is an exceptional position rather than the common one; that a great many of our beliefs about political behavior are unwarranted; ..." (Edelman 2001: 1).

Möglich wird die täuschende Inszenierung erst durch die *Distanz*, die zwischen den Bürgern und dem politischen Prozess liegt, denn

> [f]ür ihre Wirksamkeit als Symbol ist entscheidend, daß [Politik] fern, distanziert, unnahbar ist, allgegenwärtig als Damoklesschwert wie als Rettungsanker und doch einer wirksamen Beeinflußung durch den Einzelnen mit seinen geringen Möglichkeiten entzogen (Edelman 2005: 5).

Eine Politik, die gekennzeichnet ist durch „Komplexitätsteigerungen, die politische Ereignisse und Entscheidungen dem Nachbereich des sinnlich Kontrollierbaren entrücken" (Offe 2005: X), wird von den Bürgern demnach nicht länger verstanden, so Edelman, sondern vermittelt durch Rituale und Mythen lediglich emotional erschlossen. *Bedeutung* und *Information* eines politischen Ereignisses fallen hier auseinander. Ein Ereignis, das unterschiedliche Informationen beinhaltet, wird schließlich durch Deutung und damit durch „Selektion" (Edelman 2005: 94) ‚eingeordnet'. Mythen und die durch sie kommunizierten Überzeugungen spielen in diesem Deutungsprozess eine entscheidende Rolle. Über die Wirksamkeit von Mythen werden beispielsweise auch politische Überzeugungen „immunisiert" gegenüber widersprüchlichen Informationen (Edelman 2005: 92). Verstanden als „Rationalitätsersatz" (Sarcinelli 2011: 143) vermitteln sie so ein anderes, im Sinne Edelmans, täuschendes Bild vom politischen Prozess.

Als beispielhaft für diesen Selbstbetrug sieht Edelman die Vorstellungen an, die mit dem Akt des Wählens in Verbindung gebracht werden.[214] So wird die Wahl vom Bürger als wichtige Partizipations- und Kontrollmöglichkeit wahrgenommen und diese Vorstellung zusätzlich verstärkt durch die ‚gebetmühlenartige' Wiederholung der Überzeugung, dass „Wahlen das Fundament der Demokratie" (Edelamn 2005: 1) seien. ‚Tatsächlich' sei Politik, so Edelman: „der nüchterne wie erfolgreiche Versuch von anderen Geld zu bekommen oder Macht über sie zu gewinnen" (Edelman 2005: 1) und politische Führung „nicht so sehr [durch] Entscheidungshandeln als vielmehr [durch] Dramaturgie und Inszenierungskunst [gekennzeichnet]" (Edelman 2005: 60). Die ‚wirkliche' Bedeutung von Wahlen liege beispielsweise in ihrer Funktion als Ritual und somit als

> motorische Aktivität, bei der sich die Beteiligten symbolisch zu einer gemeinsamen Unternehmung zusammenfinden. Es lenkt ihre Aufmerksamkeit in

---

214 Hierzu zitiert Edelman einen Psychiater mit den Worten: „'Wohl auf keinem Gebiet, ausgenommen vielleicht die Religion, ist der Durchschnittsmensch von der logischen, vertretbaren und insgesamt rationalen Natur seiner Entscheidungen dermaßen durchdrungen wie beim Wählen'" (Edelman 2005: 3).

zwingender Weise auf ihre gemeinsame Verbundenheit und die gemeinsamen Interessen. Damit fördert das Ritual den Konformismus und erzeugt zugleich Befriedigung und Freude über diesen (Edelman 2005: 14).

Edelman erliegt hier jedoch selbst einem Mythos, der ihn ‚glauben macht', dass Rituale bedeutungslose Handlungen seien, deren alleinige Aufgabe es ist, die Menschen zu versammeln, um ihnen so Überzeugungen zu vergegenwärtigen, die zum Vorteil der Elite und zum Nachteil der irrationalen Masse geraten. Er schließt damit an an einen Diskurs der Ritualstudien der 1960er und 1970er Jahre, den Catherine Bell als „initial bifurcation of thought and action" (Bell 1992: 6) beschreibt. Diese Dichotomie vom Handeln und Denken geht zurück auf die bereits diskutierte Schrift Durkheims, *Die elementaren Formen des religiösen Lebens*, in der er Ritual und Überzeugung zunächst analytisch voneinander trennt.[215] Die durch Durkheim initiierte Dichotomisierung setzt sich schließlich fort in der beispielhaften Gegenüberstellung vom aufmerksamen Ritualforscher, der die Handlungen gedankenloser Ritualteilnehmern kritisch beobachtet.

In seinen Schriften nimmt Murray Edelman selbst die Position des kritischen Ritualbeobachters ein. Seine eigene Überzeugung, dass Rituale die Masse der Menschen lediglich beruhigen und deren Widerstand brechen, indem sie ihre Aufmerksamkeit auf versöhnliche, irrationale Momente des gemeinschaftlichen Selbstverständnisses konzentrieren, blendet dabei jene Informationen aus, die für seine Deutung irritierend sein könnten, beispielsweise die Beobachtung, dass auch Minderheiten integrative Mythen konstruieren und im Rahmen von Ritualen inszenieren. Erst im Anschluß an eine solche Mobilisierung der eigenen Anhänger kann schließlich eine Veränderung im politischen Prozess bewirkt werden. Diesbezüglich argumentiert David Kertzer:

> True, kings use ritual to shore up their authority, but revolutionaries use ritual to overthrow monarchs. The political elite employ ritual to legitimate their authority, but rebels battle back with rites of delegitimation. Ritual may be vital to reaction, but it is also the life blood of revolution (Kertzer 1988: 2).

Hingegen wird Politikdarstellung von Edelman konsequent einseitig als elitäres, täuschendes Machtinstrument verstanden. So lautet schließlich auch sein Fazit:

> Eine breit anerkannte Regierung kann ihre Handlungen als wirksame Verdichtungssymbole einsetzen. Gewählte Politiker präsentieren sich als Verkörperung

---

215  Siehe Kapitel 2.3.1.

des Volkswillens und der mythische, nicht-empirische Charakter dieser Behauptung wird dem normalen Bürger nicht ohne weiteres ersichtlich, sondern nur demjenigen, der selbstkritisch nach der Grundlage phänomenologischer Wahrnehmungen fragt (Edelman 2005: 187).

Rezipiert wurde Edelman in der deutschen Politikwissenschaft zunächst von Ulrich Sarcinelli. Sarcinelli will sich jedoch nicht der „'Grundmelodie' von Edelmanns Studie, nach der symbolische Politik letztlich auf Täuschung und Ruhigstellung der Bürger angelegt ist" (Sarcinelli 2011: 142), anschließen, sondern bemüht sich um die Überprüfung der These von der symbolischen Politik im Rahmen deutscher Bundestagswahlkämpfe. Mit seiner Untersuchung *Zur Bedeutung symbolischen Handelns in der Wahlkampfkommunikation der Bundesrepublik Deutschland* von 1987 will Sarcinelli, anders als Edelman, der sich auf die kritische Argumentation gegen Symbolik konzentriert, die Bedeutung von symbolischen Politik auch methodisch prüfen.

Der Fokus der Arbeit liegt auf dem Wahlkampf, den Sarcinelli als „zentrale[n] Akt politischer Legitimierung" (Sarcinelli 1987: 54) wertet. Die kommunikative Situation der Wahlkämpfe zeichnet sich, laut Sarcinelli, durch „Themenarmut", einen „hohe[n] Grad an Personalisierung" sowie eine „zunehmende Thematisierung von Stilfragen" und eine „auffallende Reduktion politischer Problemkomplexität" aus (Sarcinelli 1987: 54). Dieser „besondere politische Kommunikationskontext" (Sarcinelli 1987: 8) wirkt sich dabei auch auf die Ergebnisse der Studie aus, auch wenn sich Sarcinelli um Verallgemeinerung in Bezug auf politische Kommunikation außerhalb der Wahlkampfsituation bemüht.[216]

Sarcinelli stellt nun in Anlehnung an die Systemtheorie Niklas Luhmanns fest, dass „Symbolisierung ‚ein unerläßliches Requisit der Machtbildung'" (Sarcinelli 1987: 46) ist. Um Täuschung und Legitimierung mittels symbolischer Politik analytisch unterscheiden zu können, spricht Sarcinelli von *politischer Symbolik* und *symbolischer Politik*. Politische Symbolik umfasst dabei „die optischen, akustischen oder sprachlichen Stimuli (...), mit denen Politik vermittelt oder über die Politik vermittelt wahrgenommen wird" (Sarcinelli 1989: 295), während symbolische Politik als „[der] konkrete

---

216 So resümiert Sarcinelli „Deshalb erscheint es auch eher zweifelhaft, ob man tatsächlich bei der Betrachtung von Wahlkämpfen wesentliches darüber erfährt, unter welchen Bedingungen Politik heute gestaltet werden kann. Vielmehr ist unverkennbar, daß politische Kommunikation – nicht nur, aber vor allem in Wahlkämpfen- zu einem exemplarischen Feld politischer Regieführung und Inszenierungskunst geworden ist, in dem weniger das Bild des Akteurs als politischer ‚Gestalter' als vielmehr das Bild des Akteurs als eine Art ‚Schausteller der Politik' die ‚Szene' bestimmt" (Sarcinelli 1987: 244).

Gebrauch politischer Symbolik, also prozeßhaftes Handeln und dessen
mögliche politisch- strategische Verwendungszusammenhänge im
Kommunikationsablauf" (Sarcinelli 1989: 295) verstanden wird. Zusätzlich
unterscheidet Sarcinelli drei Dimensionen politischer Realität: *Herstellung,
Darstellung* und *Vorstellung* (Sarcinelli 1989: 293). Herstellung meint hier
den Entscheidungsprozess, während es bei der Darstellung um die
„kommunikative Vermittlung" der Entscheidungen geht. Daraus resultiert
schließlich eine Vorstellung[217] und damit die Perzeption der Entscheidungen
(Sarcinelli 1987: 61). Während Edelman diese drei Dimensionen in einer
„verkürzende[n] Sichtweise" (Sarcinelli 1987: 61) zusammenfasst, die laut
Sarcinelli darin besteht, „[die] Vorstellung von Symbolik als ‚Ersatzrealität'
gleichsam auf die Spitze [zu treiben], indem er Politik als ‚Zuschauersport'
und als ‚Parade abstrakter Symbole' deklariert" (Sarcinelli 1987: 59), macht
Sarcinelli deutlich, dass unterschiedliche Modelle denkbar sind (Sarcinelli
1989: 294) und kommt zu folgender Schlussfolgerung:

> Symbolische Politik kann zwar eine über die Realität hinwegtäuschende politi-
> sche Ersatzwelt schaffen. Sie kann aber auch für das politische System unabding-
> bar notwendige Steuerungsleistungen erbringen, indem sie den grundsätzlichen
> Orientierungsbedarf der Gesellschaft deckt und Formen einer politischen Loya-
> lität sichert, die nicht per se auf Volksverdummung angelegt sind (Sarcinelli
> 2011: 145).

Damit zeigt die Theorie Sarcinellis uns erstmals *beide* Gesichter symbolischer
Politik.

Auf der Basis seiner differenzierten Analyse diskutiert Sarcinelli auch die
unterschiedlichen Funktionen symbolischer Politik: er unterscheidet die
*Integrations-und Differenzierungsfunktion* sowie eine *Steuerungsfunktion*. Die
Sprache als „einheitsstiftende[m] Symbol" (Sarcinelli 1987: 79) denkend,
unterstreicht Sarcinelli die integrative Bedeutung symbolischer Politik, wenn
er sagt, dass „[o]hne symbolische Politik deshalb auch keine Gesellschaft
existieren [kann]" (Sarcinelli 2011: 144). Dabei zitiert er auch Karl Rohe mit
den Worten, dass: „[d]as, was eine Gesellschaft zusammenhält, von Zeit zu
Zeit zeichenhaft verdeutlicht werden [muss], wenn sie ihre politisch-
kulturellen Muster bewahren will" (Sarcinelli 2011: 144). Sarcinelli
interpretiert symbolische Politik jedoch auch als ein diffuses
Steuerungsinstrument, das vornehmlich von der politischen Elite eingesetzt
wird (Sarcinelli 1987: 65).

---

217  Hier schließt Sarcinelli an Karl Rohes Konzept von der politischen Kultur an, das nicht kol-
     lektive Einstellungen, sondern deren Ursprung in den individuellen Vorstellungen erheben
     will (Sarcinelli 1989: 293).

Und obwohl Sarcinelli die „perzeptive Kompetenz des Symbolrezipienten, also des Bürgers" (Sarcinelli 1987: 61), sehr viel mehr schätzt, als Edelman dies tut, bezeichnet auch er die politische Eliten, mit Verweis auf Max Kaase, als „maßgebliche ‚Sinnproduzenten'" (Sarcinelli 1989: 295) und die Kommunikationssituation zwischen Bürgern und Politikern als „asymmetrisch" (Sarcinelli 1987: 14; 74).

Argumentativ lehnt sich Thomas Meyer sehr viel deutlicher als Sarcinelli an Edelmans Thesen an. Wie Edelman beobachtet dieser „die Entkoppelung des instrumentellen und des symbolischen Gehalts" (Meyer 1993: 136) in politischem Handeln *mit* Symbolen *als* Symbol (Meyer 1993: 62). Symbole, so Meyer, wirken dabei als „Stellvertreter" „für einen Zusammenhang, der selbst nicht gegenwärtig ist, den ihre Wahrnehmung aber vergegenwärtigt" (Meyer 1993: 54). Meyer verbindet die Analyse der symbolischen Politik dabei ebenfalls mit einer Demokratiekritik. Als Beobachter des politischen Prozesses ist es erklärtes Ziel von Autoren wie Meyer und Edelman, die Öffentlichkeit über die „Doppelung des Politischen" (Offe 2005: VIII) aufzuerklären. Diese Enttarnung der symbolischen Inszenierung geht einher mit der Erziehung der Bürger zu „Theaterkritikern" (Offe 2005: IX), die aufgrund der ständig steigenden Komplexität politischer Handlungen einer solchermassen „kritisch-aufklärerischen" (Offe 2005: IX) Politikwissenschaft bedürfen.

Symbolische Politik ist nun, so Meyer, Ausdruck einer neuen „visuellen Kultur" (Meyer 1998: 35). Dennoch konzentriert er sich in seiner Analyse nicht nur auf die politische Symbolik, sondern auch auf deren spezifische Verwendung im politischen Handeln, symbolische Politik im Sinne Ulrich Sarcinellis also, die Zusammenhänge „sichtbar werden läßt, verstellt, entstellt oder nur andeutet" (Meyer 1993: 55). Für Meyer werden so, im Gegensatz zu Murray Edelman, andere Varianten symbolischer Politik neben der „Placebopolitik" (Meyer 1994: 54) denkbar, wenn auch in der von ihm untersuchten ‚politischen Wirklichkeit' der Bundesrepublik nur selten sichtbar.

Um die zwei Pole symbolischer Politik terminologisch besser fassen zu können, unterscheidet Meyer symbolische Politik *von oben* von symbolischer Politik *von unten*. Symbolische Politik von oben entspricht dem politischen Handeln, das „keine Argumente bietet", sondern durch „asymmetrische Kommunikation" „Wahrnehmung steuern will" (Meyer 1993: 62). In diesem „häufigen Grenzfall" (Meyer 1993: 62) wird politisches Handeln zum „Scheinhandeln" (Meyer 1993: 62) und Symbole zu „Pseudosymbolen" (Meyer 1993: 55). Es ist diese Form symbolischer Politik, die Meyer vornehmlich kritisiert. Symbolische Politik von unten hingegen

gibt nicht vor, ihr Symbolhandeln sei real, sondern offenbart dessen Scheinhaf-
tigkeit, um es offen als Dramatisierungsritual einer gestörten Verständigung einzusetzen. Sie macht sich nicht der Täuschung schuldig, denn sie macht den
Schein in der Weise seiner Produktion durchsichtig. (...) Symbolische Politik von
unten ist Meta-Inszenierung, Inszenierung, die will, daß sie durchschaut wird.
(...) Symbolische Politik von unten enthüllt das, was die von oben verschleiert.
Das ist der klassische Unterschied von Manipulation und Aufklärung (Meyer
1993: 55).[218]

Insgesamt führt die Unterscheidung zwischen symbolischer Politik von oben
und unten jedoch nicht zu einer operationalisierbaren Kategorisierung (Sarcinelli 2011: 148). Sie basiert sehr viel mehr auf dem allzu vereinfachten und
einseitigen Verständnis der symbolischen Politik von oben als die täuschende
Inszenierung der politischen Elite, auf das sich Meyers konzentriert.

Mit seiner Terminologie will Meyer insbesondere auch die *Distanz* zwischen Berufspolitikern und Bürgern thematisieren, eine Distanz, die auch
Murray Edelman bereits kritisiert und als Bedingung für symbolische Politik
ausgemacht hat. *Distanz* steht für Thomas Meyer im klaren Widerspruch zur
*Nähe*, die sein spezifisches Verständnis vom Politischen zur Grundlage hat. So
spricht Meyer in seiner Untersuchung von der „ästhetische[n] Aushöhlung
des politischen Raums" (Meyer 1994: 125). Seine weitreichendere These lautet dabei:

Politik und Leben entfernen sich voneinander. Das Politische weicht aus der Politik. (...) Das Politische als Praxis, Politik, die diesem Anspruch gerecht würde,
verfällt, wenn die Kraft zur Gestaltung dessen, was alle angeht, erlahmt, die Teilnahme derer, die es angeht, zur Ausnahme wird und die Praktiken der Politik
dem Leben und das Leben ihnen fremd werden. Politik als Technik der Macht
und als Entscheidungshandeln ist unverwüstlich (Meyer 1994: 7).

Dieses Politikverständnis wird vor allem geprägt durch Hannah Arendts Idee
von der politischen Macht als einer „Gemeinschaftspraxis" des „Sich-Verstän-
digen-Könnens und -Wollens unter Gleichen", die alleinig die Freiheit zum

---

218 Um deutlicher zu machen, was Meyer mit der Unterscheidung zwischen der manipulativen,
    symbolischen Politik von oben bzw. der aufklärerischen, symbolischen Politik von unten
    meint, ist es sinnvoll auf Meyers eigene Analogie von Theater und Politik zurückzugreifen
    (Meyer 1998). So lässt sich im Anschluss daran weiter präzisieren, dass symbolische Poli-
    tik von oben dem Spiel meint, das dem antiken Verständnis von Theater gleicht, während
    Edelman jedoch ein aufgeklärtes episches Theater im Sinn hat, das den Zuschauer nicht in
    seinen Emotionen ansprechen will, um ihn von diesen zu befreien, sondern ihn zum Den-
    ken während, aber vor allem, nach der Vorstellung auffordert.

Zweck hat (Meyer 1994: 24). Symbolische Politik von unten entspricht diesem Bild des gemeinsamen Handelns Gleicher. Symbolische Politik von oben
jedoch nicht. Besonderes Interesse zeigt Meyer auch an den sozialen Bedingungen, die
den „Bruch" (Meyer 1994: 10f.) zwischen Bürger und Politik noch verstärken
und symbolische Politik von oben bedingen. Neben der „weltweiten Vergesellschaftung" (Meyer 1994: 8), die politische Entscheidungen noch weiter
von den Bürgern wegrückt, herrscht eine allgemeine Unsicherheit in den heutigen Gesellschaften, in denen Traditionen „alle Verbindlichkeit verloren [ha-
ben]" (Meyer 1993: 127). Beides macht Meyer verantwortlich für die er-
schwerte Möglichkeit der Überprüfung von symbolisierter und tatsächlicher
Wirklichkeit. Die Orientierungsleistung symbolischer Wirklichkeit wird so
zum Problem.

In einer Welt der Orientierungslosigkeit sind Bilder aufgrund ihrer Wirksamkeit zu einem festen Bezugspunkt geworden, so Meyer. Deren Abbildung
einer vermeintlichen Realität akzeptiere der Mensch jedoch allzu schnell als
wirklich, da er „auf Gedeih und Verderb auf die Bilder, Nachrichten und Zu-
ordnungen angewiesen [ist], die andere ihm zuliefern" (Meyer 1993: 127).

> Wo Information über die Welt, deren Fiktion uns gezeigt wird, nicht zugänglich
> ist oder abstrakter bleibt als die fiktiven Bilder, ist für alle praktischen Zwecke
> der Schein die Welt, auch wenn er nur der Schleier ist, der über sie gelegt wird.
> (...) Die Welt hinter dem Schleier löst sich im Schleier auf. Der Schleier löst sich
> in der sozialen Welt auf. Der Kreislauf Realität- Bild- Realität'- Bild' vollendet sich
> (Meyer 1993: 143f.).

Um diesen Zustand terminologisch besser fassen zu können, prägt Meyer den
Begriff der „visuellen Kultur" (Meyer 1998: 35). Die „Kultur des Bildes"
(Meyer 1998: 35) ist von der vormodernen „Kultur der Sprache" zu unterscheiden, eine „Kultur der Nachdenklichkeit", in der „Sicherheit, Verbindlichkeit und Sinn eins [waren]" (Meyer 1993: 129) und deren dominantes Medium das Buch war (Meyer 1993: 108). Was Bild und Sprache als Kommunikationsmedium grundsätzlich voneinander unterscheidet, ist, laut Meyer, das
Element der Zurechenbarkeit bzw. der Autorschaft, welches den Fokus auf
die Gemachtheit der Medien als „diskursive Deutungsangebote" (Meyer
1994: 136) lege. Im Bild jedoch, als Abbild, wird „die Urheberschaft unsicht-
bar" (Meyer 2009: 57) und „die Potenziale distanzierter und kritischer Wahrnehmung" (Meyer 2009: 58) werden unterlaufen. Der Rezipient erliegt somit
einem „essentialistischen Trugschluß", wenn er meint „Aufnahme und Auf-
nahmeobjekt" seien deckungsgleich (Meyer 1994: 136).

Um Bilder lediglich in Ergänzung zur sprachlichen Welt *verstehen* zu können, bedarf es der Schulung der Wahrnehmungsfähigkeit (Meyer 2009: 68). Die heutige Gesellschaft wird jedoch bereits über Bilder und deren dominantes Medium, das Fernsehen, regiert. Die Funktion des Fernsehens geht somit nicht länger in der Übertragung von Information auf. Vielmehr „prägt es [die soziale Welt] in ihrer Tiefe" (Meyer 1994: 132), indem es, mit Edelman gesprochen, ordnet und so Bedeutung anbietet. Die kulturelle Hegemonie des Fernsehens wirkt schließlich auch in den politischen Raum und prägt die politischen Inszenierungen mit (Meyer 1993: 107). Die Anpassung politischer Darstellung an die Bedingungen moderner Medien führt hier zur Ausbildung einer *Mediokratie* (Meyer 2001). Diese „reversible Epochentendenz" (Meyer 1994: 21) stellt jedoch kein unaufhaltsames „Verhängnis" dar, sondern sei „widerruflich und umkehrbar" (Meyer 1993: 143f.).

Neben der „parallele[n] positive[n] Bewertung des Symbolischen" (Nullmeier 2005: 210) überwiegt auch in Meyers Analyse die Interpretation der symbolischen Politik als Inszenierung eines Scheins, als Theater, das den Vorhang vor die tatsächlich herrschenden Machtverhältnisse zieht bzw. so die herrschende Machtlosigkeit im Zuge der Globalisierung verdeckt. Dieses erste Gesicht symbolische Politik zeigt uns demnach, wie symbolische Formen, wie Mythen und Rituale, als transitive Machtinstrumente missbraucht werden können, um so die vermeintliche Dysfunktionalität politischer Systeme zu überdecken. Politische Eliten verstetigen so ihre Herrschaft, indem sie die wenige Einflussnahme der Bürger symbolisch steuern. Unter den Bedingungen moderner, funktional differenzierter Gesellschaften mit heterogener Bevölkerung ist eine so zielgerichtete Steuerung der politischen Einstellungen, der politischen Kultur also, jedoch kaum vorstellbar. Eine solche symbolpolitische Gleichschaltung von Politikherstellung, -darstellung und -vorstellung kann zumindest schwer mit demokratischen Mitteln erreicht werden. Die Einflussnahme grenzt hier bereits an Ideologisierung und geht über den legitimen Einsatz von symbolischem Kapital hinaus.

Die Vertreter des ersten Gesichts symbolischer Politik deuten die Präsenz symbolischer Formen somit grundlegend als Ausdruck eines distanzierten Nebeneinanders von Bürgern und Politikern. Es ist diese „Problemfixierung des Konzepts ,symbolische Politik' [die] verhindert, daß die Symbolanalyse konsequent weitergeführt (Edelman) oder auch nur in sich konsistent entfaltet wird (Sarcinelli)" (Göhler 1999: 257). Entgegen der Argumentation von Vertretern, wie Edelman und Meyer, wird hier mit Gerhard Göhler das Argument stark gemacht werden, dass der Übergang zwischen der rein „präsentative[n] Überdeckung von Inhalten bzw. von Inhaltsleere" und der „konstitutiven, d.h., für das Gemeinwesen unabdingbare Form" (Göhler 2002: 38) symbolischer Politik ein fließender ist, der abhängig ist vom Gebrauch der Symbole durch die jeweiligen Politiker (Göhler 1999: 269).

Das Auseinanderfallen des Diskurses von der symbolischen Politik in erstes und zweites Gesicht zeigt sich schließlich nicht nur auf der argumentativen Ebene. Die Wendung von der Kritik der Instrumentalisierung der Symbole zum Zwecke der Inszenierung hin zu einer Beschäftigung mit deren konstitutiver Funktion als Repräsentation politischer Ordnung kann zudem historisch bestimmt werden. So interessiert sich zumindest die deutsche Politikwissenschaft erst seit den 1990er Jahren wieder vermehrt für die integrative Rolle von Symbolen und Ritualen.[219] Zuvor war es vornehmlich das historische Erbe des Nationalsozialismus, verstanden mit Walter Benjamin als „Ästhetisierung der Politik" (Benjamin 1935)[220], das unter das Stichwort symbolische Politik gefasst wurde (Sarcinelli 2011: 149). Damit folgt diese Arbeit der Zeitdiagnose Sarcinellis wonach „[w]enn nicht alles täuscht, sich diese Berührungsängste im Umgang mit dem Symbolischen in der Politik inzwischen abgeschwächt [haben]" (Sarcinelli 2011: 150).[221]

---

219 Die Arbeiten des Projektes „Verfassung als institutionelle Ordnung des Politischen" im Sonderforschungsbereich 537 „Institutionalität und Geschichtlichkeit", gegründet 1997, zeugen von diesem Umdenken (vgl. Brodocz 2003; Vorländer 2002).
220 Benjamin [1935]; vgl. Raab/Tänzler/Dörk 2002.
221 Drei Gründe macht Sarcinelli hierfür ausfindig. Erstens steige der „Begründungs- und Rechtfertigungsbedarf" der Politik, wenn feste Verbandsstrukturen und Sozialmilieus abnehmen und das Wechselwählerpotential dementsprechend zunehme, eine beobachtbare „Professionalisierung des Politikbetriebes" sei zweitens die Folge. Zudem reflektiere drittens die zunehmende „Mediatisierung der kommunikativen Beziehungen zwischen den politischen Akteuren und den Bürgern" den von Jürgen Habermas benannten „Strukturwandel der Öffentlichkeit" (Sarcinelli 1989: 297).

## 3.1.2 Das zweite Gesicht symbolischer Politik

Jene theoretischen Überlegungen, die das zweite Gesicht symbolischer Politik in den Blick nehmen, zeigen sich geprägt von der Prämisse, dass „[j]ede Herrschaftsform *normative Integration* durch Symbole [benötigt]" (Göhler 1999: 268). Die *symbolische Repräsentation der gemeinsamen Werte- und Ordnungsvorstellungen* wird damit zur „Grundbedingung der Politik" (Göhler 2013: 232) erklärt. Erst Kraft der *intransitiven Macht der Symbole* wird schließlich „das Gemeinwesen, als Wirkungseinheit, in Form eines gemeinsamen, symbolisch präsenten Handlungsraums" (Göhler 2013: 233) konstituiert und stabilisiert. Die Dichotomie zwischen Politikherstellung und -darstellung, die das erste Gesicht symbolischer Politik noch beherrscht, wird somit überwunden und in ein Gegenüber von *instrumentell-symbolischer Inszenierung* und *expressiv-symbolischer Repräsentation* übersetzt.[222] Die „Show" Dimension der Politik und deren „Techniken und Finessen", „Tricks und Drehs" (Hitzler 2002: 41), die im ersten Gesicht symbolischer Politik kritisiert wurden, wird demnach nicht ausgeblendet, sondern als „gleichzeitiger" (Münkler 1995: 219) Teil *einer* politischen Wirklichkeit akzeptiert, die somit nicht länger „einseitig und lediglich oberflächlich" (Soeffner 1997: 280) analysiert wird.

Sprachliche Zeichen wirken einerseits aufgrund ihrer Mehrdeutigkeit als „Garanten des Pluralismus", indem sie die gemeinsamen Werte einer politischen Gemeinschaft symbolisch vergegenwärtigen und dabei eigene Interpretationen „in einer gewissen Bandbreite" zulassen (Göhler 2013: 239). Andererseits können Symbole, als gedeutete Zeichen[223], auch als „Instrumente einseitig ideologischer Ausrichtung" (Göhler 1999: 270) genutzt werden. Symbole eignen sich demnach zur transitiven Inszenierung und intransitiven Repräsentation gleichermaßen, auch wenn ihre fehlende „Berechenbarkeit"

---

222  Laut Soeffner stehen sich hier auch zwei Politikverständnisse gegenüber: während die Idee von der symbolischen Repräsentation des normativen Gehalts des Gemeinwesens sich am „aristotelisch- christlichen" Politikbegriff orientiert, ist die Inszenierung auf politischen Machterhalt im Sinne Machiavellis aus (Soeffner 1997: 281, Fußnote 210). Auch Münkler ordnet die Dimension der instrumentellen Inszenierung, die er als „Visualisierung" bezeichnet, der politischen Theorie Machiavellis zu (Münkler 2009: 39).

223  Gerhard Göhler versucht sich auch an einer Differenzierung zwischen Symbol und Zeichen. So definiert er *Zeichen* als „semiotisches Phänomen", das „für einen bestimmten Gegenstand oder Sachverhalt [steht], den es bezeichnet", während *Symbole*, als Zeichen sui generis, „hermeneutische Phänomene" darstellen, die der Interpretation bedürfen (Göhler 2002: 35). Die Schwäche dieser Unterscheidung zeigt sich jedoch in ihrer Anwendung. So kann jedes Zeichen durch Verwendung neuinterpretiert zum Symbol werden. ‚Eindeutige Zeichen' existieren somit nur in der Momentaufnahme.

(Göhler 2002: 39) die „steuernde"[224] Instrumentalisierung erschwert (Göhler 1999: 270). Um dauerhaft *eine* Interpretation eines Symbols als Herrschaftsinstrument durchzusetzen, bedarf es nicht allein der intransitiven Macht der Symbole, sondern vielmehr der transitiven „Deutungsmacht"[225] politischer Akteure.

Im Rahmen seiner Machttheorie diskutiert Gerhard Göhler beide Formen der Macht der Symbole. Er schließt hier zunächst an die Debatte um die Unterscheidung von *power over* und *power to* an und entwickelt diese anhand der eigenen Begriffe von intransitiver und transitiver Macht weiter.[226] Er verfolgt dabei das Ziel eines „integrativen Machtbegriff[s]" (Göhler 2013: 240). Als transitive Macht bezeichnet Göhler jene Machtdimension, die sich an der Weberschen Idee von der „Unterordnung des Willens unter den Willen eines anderen" (Göhler 2013: 227) orientiert und dem Alltagsverständnis von Macht entspricht. Der machtvolle Fremdbezug zeigt sich sowohl „aktuell" in einer tatsächlichen Unterordnung des eigenen Willens, als auch „potentiell", als Möglichkeit („capacity") den Willen des anderen zu ändern, eine Möglichkeit, die vom Anderen antizipiert wird und so dessen Verhalten beeinflusst Göhler 2011: 237). Die transitive Form der Macht funktioniert als „Nullsummenspiel" (Göhler 2013: 228). Wo Macht ist, ist aber auch Gegenmacht, denn „sonst wäre [Macht] der reine Zwang der Gewalt" (Göhler 2013: 228). Dieses Macht*verhältnis* zwischen den Akteuren kann schließlich symmetrisch oder asymmetrisch ausgestaltet sein.[227] Intransitive Macht wird in „Bezug auf die eigene Gruppe" praktiziert, die so „[aktuell] erzeugt und [potentiell] aufrechter[halten wird]" (Göhler 2011: 231). Mit dieser Machtdimension orientiert sich Göhler am Machtkonzept Hannah Arendts, das jedoch eine normative „Extremposition" (Göhler 2011: 231) einnimmt, da Arendt jegliche Form

---

224 Unter den Begriff der Steuerung fasst Göhler „alle Formen der zweckbestimmten Regulierung von Handlungsoptionen in einer politischen Einheit. Die Regulierung erfolgt negativ durch Gebote und Verbote, positiv durch Anreize" (Göhler 2002: 38). Im Bereich eingeschränkter Staatlichkeit diskutiert Göhler ebenfalls die Möglichkeiten der „weichen Steuerung" durch Symbole (vgl. Göhler 2010).

225 Zum Konzept der Deutungsmacht siehe Brodocz 2009.

226 Die Unterscheidung zwischen *power over* und *power to* geht zurück auf Hannah Pitkins *The Concept of Representation* (1972). Beide Begriffe sind, laut Göhler, nicht ausreichend „trennscharf" und für manche Debatten in der Politikwissenschaft schlichtweg nicht zutreffend (Göhler 2011: 232). Eine Übersicht über die zentralen Texte der Machtdebatte findet sich auch in Haugaard 2006.

227 Die Beziehungen zwischen Bürgern und Politikern in repräsentativen Demokratien gelten Göhler als Beispiel für eine symmetrische Machtordnung. Er gesteht so, anders als Edelman, dem Bürger durchaus Einflussmöglichkeiten zu. Auch Soeffner/Tänzler verweisen darauf, dass Bürger, als Wähler „reale Macht über die Politiker" besitzen (Soeffner/Tänzler 2002: 18).

transitiver Macht als Gewalt verstanden wissen will. Intransitive Macht ist
zudem im Arendtschen Sinne immer aktuell und lediglich in Momenten des
„Miteinander-Reden-und-Handelns" existent. Symbolischer Repräsentation
gemeinsamer Werte bedarf es demnach nicht (Göhler 2013: 235). Die direkte
Partizipation aller Bürger als Gleichberechtigte stellt im modernen Staat jedoch, so Göhler, den Ideal- und damit auch den Ausnahmefall dar. Daher bedarf der Staat einer Form der normativen Integration, die expressiv ist. Diese
Form der Integration, verstanden als „stets wieder zu erneuernd[e] Orientie-
rung der Bürger an den Werten und Ordnungsprinzipien, die ein Gemeinwesen begründen" (Göhler 2013: 236), wird durch die Präsenz von Leitsymbo-
len erreicht, die als „Wegweiser" (Göhler 2013: 237) dienen. Symbole sind
damit repräsentatives Ausdrucksmittel der institutionalisierten, sozialen Beziehungen und deren Normen und Werte. Göhler erweitert so die Vorstellungen Arendts um die Idee der potentiellen intransitiven Macht. Der Staat fungiert hierbei als „organisierte Form der intransitiven Macht" (Göhler 2013:
232).[228]

Göhlers Theorie nimmt somit die Bedeutung der symbolischen Politik
zur normativen Integration politischer Gemeinschaft in den Fokus. Die strategische Dimension symbolischer Politik, die sich in der machtvollen Position
derjenigen politischen Akteure zeigt, die jene performativen Akte gestalten
in denen Symbole gemeinschaftliche Werte und Normen repräsentieren und
nicht inszenieren, wird dabei jedoch nicht ausführlich diskutiert. Diese Interpretation symbolischer Politik wirkt sich auch auf seine Rezeption der Theorie Bourdieus vom symbolischen Kapital aus:

> Es sind die Symbole, und zwar die herrschenden, welche die gesellschaftlichen
> Unterschiede, das Oben und Unten bestimmen und sichtbar machen. Insofern
> geht von ihnen zunächst transitive Macht aus, und sie sind das Ergebnis von
> Kämpfen um ihre Durchsetzung in der Gesellschaft. Einmal herrschend, geben
> sie allerdings eine Weltsicht vor, die den Wahrnehmungsraum der einzelnen
> Klassen insgesamt strukturiert. Symbolische Macht bezeichnet eine
> Gemeinsamkeit der Weltsicht, (...). Symbolische Macht bei Bourdieu ist daher
> eine spezifische Form der intransitiven Macht (Göhler 2013: 231).

---

[228]  Göhler unterscheidet zudem „wirkliche" von „inszenierter" intransitiver Macht (Göhler
2013: 234). Um ‚wirklich' integrativ wirken zu können, müssen Symbole auf einem gemeinsamen „positiven Resonanzboden" (Göhler 1999: 265) von Empfängern und Interpreten
beruhen. Diesen gemeinsamen Resonanzboden bezeichnet Göhler an anderer Stelle auch
als gemeinsame „Leitkultur" (Göhler 2003: 310f.). Erst durch ihn wird sichergestellt, dass
symbolische Politik keine vermeintlichen Gemeinsamkeiten inszeniert, sondern die ‚tatsächlichen' mehrheitlichen Vorstellungen repräsentiert.

Der Staat, den Bourdieu als „fiktive[s] Konstrukt" (Bourdieu 1985: 104) verstanden wissen will, der „das Monopol auf den legitimen Gebrauch der phy-
sischen und symbolischen Gewalt über ein bestimmtes Territorium und über
die Gesamtheit der auf diesem Territorium lebenden Bevölkerung für sich beansprucht" (Bourdieu 1985: 99), wird bei Göhler durch normative Wendung
der realistischen Theorie Bourdieus zur „organisierte[n] Form der intransitiven Macht" (Göhler 2013: 232).[229] Strategische Akte, wie jene in denen der
Staat als „zentrale Ernennungsinstanz" fungiert und mittels seiner „wahrhaft
schöpferische[n], gottesähnliche[n] Macht" „sagt, was ein Seiendes, ob Sache
oder Person, seiner legitimen sozialen Definition nach wirklich ist (Urteil),
das heißt was es sein darf, was zu sein es ein Recht hat, auf welches es einen
Rechtsanspruch hat" (Bourdieu 1985: 115), werden so ausgeblendet. Es sind
jedoch diese Aspekte symbolischer Politik auf die der Begriff Zivilreligionspolitik aus ist.

Ronald Hitzler prägt einen Begriff von symbolischer Repräsentation, der
der hier zu entwickelten Idee von einer Zivilreligionspolitik sehr nahe
kommt. Auch er schließt dafür theoretisch zunächst an die Diskussion um die
symbolische Inszenierung von Politik an. Dabei will Hitzler seine Idee von der
symbolischen Repräsentation nicht als Gegenmodell verstanden wissen, das
versucht die politische Wirklichkeit ebenso eindimensional zu erfassen, wie
es jene Theorien tun, die sich auf den Aspekt der symbolischen Inszenierung
konzentrieren. Stattdessen erkennt er an, dass „Politik vielmehr ständig und
in vielfältigen Varianten auf sehr vielen verschiedenen Bühnen, in sehr vielen
verschiedenen Kulissen und mit sehr unterschiedlichen begabten, disponier-
ten und engagierten Akteuren statt[findet]" (Hitzler 2002: 40).

Unter den Begriff der symbolischen Repräsentation fasst Hitzler nun Fol-
gendes:

> Politik, und damit auch der einzelne Politiker, muß (...) etwas mit-
> repräsentieren, was nur in und über Politik einen Ausdruck zu finden vermag;
> die Repräsentation einer bestimmten alltagstranszendenten Wirklichkeit, die
> *Repräsentation* der ‚idealen' Welt einer bestimmten Ordnung des Gemeinwesens,
> bzw. genauer: eine (zumindest) von einer bestimmten ‚Klientel' akzeptierte und
> verlangte Idee des Gemeinwesens (Hitzler 2002: 41f., Herv. i. O.).

Hitzler ist sich dabei bewusst, dass symbolische Repräsentation auch in die
religiöse Dimension hineinreicht, wenn er von einer „alltagstranszendenten
Wirklichkeit" spricht. Auch deshalb versteht er den Politiker als „säkularen

---

229  Zunächst erkennt Göhler an, dass „[s]ymbolische Macht der Verschleierung nicht gerecht-
     fertigter Herrschaftsverhältnisse [dient]", um dann jedoch zu erwidern „Das mag realis-
     tisch sein, kann aber normativ nicht hinreichen" (Göhler 2013: 231).

Priester" (Hitzler 2002: 43) einer „völlig funktional verstandene[n] Religion" (Hitzler 2002: 42). Dass es sich bei dieser „„Sinngebung durch Mythologisierung'" laut Hitzler jedoch lediglich um „religiöse Verbrämung" (Hitzler 2002: 42) handelt, darüber wird der Bürger im Unklaren gelassen:

> Während der normale Bürger also in allerlei Mythen über ,Gott und die Welt' verstrickt ist, während ihm sein Leben von uneinsehbaren Mächten und Kräften gelenkt erscheint, muß der Politiker ,einen klaren Kopf' behalten und komplexe Sachverhalte und verwickelte Zusammenhänge erkennen können (Hitzler 2002: 43).

Religion als Element des Politischen ist für Hitzler somit ein Irrationales, dessen „Wirksamkeit" (Hitzler 2002: 44) darauf beruht, dass der Bürger ,glaubt', wovon der durch Machiavelli geschulte Politiker ,weiß', dass es sich nur um den „Anschein der Transzendenz" (Münkler 1987: 245) handelt. Hitzlers Verständnis von Religion reduziert sich damit auf deren funktionale Dimension.

Während nun der strategische Aspekt der symbolischen Repräsentation mit Hitzler bereits angedeutet wird, wird dieser in Herfried Münklers Konzept der Visualisierung von Macht noch einmal zugespitzt. Münkler diskutiert dabei ausführlich „die strategische Handhabung des Sichtbaren" (Münkler 1995: 214, Fußnote 1)[230], die in dem Begriff der Repräsentation, wie ihn auch Hitzler verwendet, noch zu wenig betont wird. Münkler lehnt diesen Begriff der Repräsentation jedoch aus genau jenem Grund ab, aus dem ihn Göhler beispielsweise verwendet. Während Göhler nämlich den Aspekt der Selbstreflexivität von Repräsentation noch zusätzlich betont, indem er sie als intransitive Macht kennzeichnet, spricht Münkler lieber von der *Visualisierung* politischer Macht um das strategische „'Zur-Erscheinung-Bringen'"(Münkler 1995: 214, Fußnote 1) herauszustellen.[231] Visualisierung wird hier als „Kompensation des Transzendenzverlustes (...) im Übergang vom späten Mittelalter zur Frühen Neuzeit" (Münkler 1995: 224) qualifiziert. Sie macht aus der politischen Macht „ein innerweltliches Geheimnis" (Münkler 1995: 224). So ist das Wissen um diese Visualisierungsstrategie bzw. deren Verbergen und

---

230  Auch in einem späteren Artikel hält Münkler weiterhin an der Idee fest, dass „Verbergen und Entbergen strategische Akte bei der Herstellung und Nutzung von Handlungsmächtigkeit [sind], und oftmals sind beide nicht klar voneinander zu unterscheiden, weil sie miteinander vermischt oder ineinander verwoben sind." (Münkler 2009: 30).

231  In seinem Beitrag verwendet Münkler die Begriffe intransitive und transitive Macht nicht. Er spricht von der instrumentellen, reifizierten und der expressiven lateralen Form der Macht (Münkler 1995: 216).

damit die Unterscheidung zwischen „öffentlich und geheim" (Münkler 2009: 26) Teil der Macht der politischen Elite (Münkler 2009: 48).[232]

Bei Andreas Dörner finden sich schließlich die unterschiedlichen Aspekte des zweiten Gesichtes symbolischer Politik, die Gerhard Göhler, Ronald Hitzler und Herfried Münkler unter dem jeweils eigenen Blickwinkel thematisieren, konzentriert in einem Verständnis von symbolischer Politik wieder, welches wie folgt lautet:

> [D]en sich unterschiedlicher semiotischer Medien bedienenden strategischen Einsatz von symbolischem Kapital um [1] wiederum symbolisches Kapital zu akkumulieren, d.h. die Benennungsmacht der eigenen Position im jeweiligen Feld zu steigern; [2] symbolische Bedürfnisse in einem politischen Gemeinwesen oder in einer politischen Teilkultur nach Orientierung, Sinn, Identität etc. zu bedienen; [3] symbolisches Kapital in politische Macht zu konvertieren und auf diesem Wege eine Legitimation oder Delegitimation bestehender Verhältnisse, eine Integration in die Gemeinschaft oder eine Mobilisierung gegen dieselbe zu erreichen (Dörner 1995: 57).

Die strategische Dimension der Sichtbarmachung, von der Münkler als Visualisierung sprach, wird so in den Begriff der symbolischen Politik integriert, ohne dass die transitive Dimension damit zur alleinigen Interpretationsmöglichkeit wird. Somit bleibt der „Doppelaspekt" (Dörner 1995: 56) symbolischer Politik, der in dieser Arbeit mit der Rede von den zwei Gesichtern veranschaulicht wurde, die intransitive Repräsentation *und* transitive Inszenierung also, erhalten. Die „politische Semiotik" wird mit Dörner zudem betont vielseitig gefasst und meint „politische Sprache in all ihren Facetten, politische Symbole, Feste, Rituale, Kunstwerke in politischer Funktion ebenso wie Denkmäler und Gebäude, Kleidung ebenso wie die Benennung von Straßen und Plätzen" (Dörner 1995: 51).

---

232 Der Visualisierungsstrategie der politischen Elite stellt Münkler zudem die zivilgesellschaftliche Forderung nach mehr Transparenz gegenüber. Hier wird die bürgerschaftliche Öffentlichkeit stärker in den Blick genommen, denn „[w]o von Transparenz die Rede ist, [werden] die Beobachter und Kontrolleure des politischen Geschehens privilegiert: Sie können in Augenschein nehmen, wann und wo es ihnen gefällt" (Münkler 2009: 23). Transparenz wird damit zur „Gegenbegrifflichkeit" von Visualisierung (Münkler 2009: 23). Beide Begriffe lassen sich auch ideengeschichtlich verorten. Visualisierung galt Machiavelli als das „Lebenselixier" politischer Macht im 16. und 17. Jahrhundert, während Transparenz im demokratischen Zeitalter zu einem normativen Wert geworden ist, der insbesondere von Habermas verteidigt wird (Münkler 2009: 24ff.). Die politische Wirklichkeit erschließt sich erst durch die gemeinsame Analyse von Visualisierung und Transparenz. Wo nur von einem der beiden Aspekte die Rede ist, ist „Misstrauen" angebracht (Münkler 2009: 23f.).

Politik, die sich der semiotischen Medien bedient, ist zunächst als symbolische Politik zu bezeichnen. Als Zivilreligionspolitik ist eine solche Form politischen Handelns zu bezeichnen, wenn ein Politiker dabei in seiner Funktion als zivilreligiöser „Hohepriester" (Vorländer 1997: 9) auf die gemeinschaftsstiftenden Ressourcen und damit auf Zivilreligion verweist. Zivilreligionspolitik gelingt es dabei, den gemeinschaftlichen Sinnhorizont zu repräsentieren, gegebenenfalls aber auch zu (re)konstituieren. Rituale sind schließlich die Bühne, auf der die symbolische Repräsentation ,aufgeführt' wird. Sie strukturieren die individuelle Wahrnehmung so, dass eine gemeinsame kollektive Erfahrung möglich und Solidarität generiert wird. Sie machen so Politik über ihre *Performanz* zu gemeinschaftlichen Erlebnissen. Es ist dieser Aspekt von Ritualen, der im Diskurs zur symbolischen Politik kaum thematisiert wurde und der im Folgenden durch Bezugnahme auf die interdisziplinär ausgerichteten Ritualstudien theoretisch untermauert wird.

## 3.2 Rituale

Die sozialwissenschaftliche Auseinandersetzung mit Ritualen zeigte sich die längste Zeit geprägt von der einseitigen, bereits ausführlich beschriebenen, Diskussion symbolischer Formen als täuschende Inszenierung. Man schien sich einig, dass „performative Akte wie Rituale in der verfassungsstaatlichen Moderne sicherlich schwächere herrschaftskonstituierende Funktion besitzen, als es im Mittelalter und der Frühen Neuzeit der Fall war" (Vorländer 2010: 140).[233] Während Rituale demnach vor allem mit historisch aufwendig gestalteten, öffentlichen Ereignissen in Verbindung gebracht wurden, die sich durch einen hohen Grad an Emotionalität auszeichneten, galt moderne Politik als vom Verstand regiert, denn „...we moderns do not wish to be overwhelmed emotionally, but persuaded by good reasons" (Stollberg-Rilinger 2011: 24). Erst spät erkannte man, dass „[d]em Politischen (...) das Dramatologische von Grund auf eingeschrieben [ist]. Symbolisches, rituelles Handeln kann als ein dramaturgisches Element von Entscheidungshandeln verstanden werden" (Vorländer 2010: 138). Über den so veränderten Blick auf das zweite Gesicht symbolischer Politik und der damit verbundenen Erkenntnis vom Zusammenspiel von Darstellung und Entscheidung im Politischen fand die konstitutive Bedeutung von Symbolen und symbolischem Handeln auch für heutige politische Gemeinschaften Anerkennung.

Im Folgenden wird die These von der konstitutiven Bedeutung rituellen Handelns durch Verweis auf unterschiedliche Argumente aus den Ritualtheorien untermauert. Im Fokus steht dabei die Frage, *wie* Rituale die soziale Ordnung konstituieren und stabilisieren. Es wird somit weiterhin dem funktionalen Ansatz Durkheims gefolgt. Dieser wird zudem gestützt durch neue Erkenntnisse zur *Performanz* der Rituale und somit zu deren *Wirksamkeit*. Die so verstandenen performativen Akte symbolischer Inszenierungen bilden Gemeinschaften dabei im gleichen Maße ab, wie sie sie bilden. Mit Pierre Bourdieu wird zudem die politische Machtdimension der Rituale als performative Akte der Kategorien(ein)setzung diskutiert. Zusätzlich wird auf Axel Michaels umfassendes Ritualkonzept zurückgegriffen. So soll der theoretische Kurzschluss verhindert werden, wonach eine Handlung allein deshalb als Ritual bezeichnen zu können, weil sie gemeinschaftsstiftend wirkt.[234]

---

233  Vgl. die Arbeiten des SFB 496 „Symbolische Kommunikation und gesellschaftliche Wertesysteme vom Mittelalter bis zur Französischen Revolution." der Universität Münster.

234  Durkheims Ausführungen zu den positiven und negativen Riten beschränken sich beispielsweise stark auf deren Funktionalität. Rituelle Charakteristika sind nur indirekt auszumachen.

In seiner vergleichenden Untersuchung der unterschiedlichen *Elementaren Formen des religiösen Lebens* hatte Durkheim auf die zwei Grundphänomene aller Religionsformen verwiesen: die gemeinschaftlichen und damit sakralen *Überzeugungen* sowie die kollektiven *Handlungen*, die positiven wie negativen Riten also, denen gemein ist, dass sie „Individuen einander näher (...) bringen, Kontakte unter ihnen (...) vervielfachen und sie untereinander vertraut (...) machen" (Durkheim 2007: 511).[235] Und obwohl Ritual und Glaube dabei „so verschieden [sind], daß man sie getrennt studieren muß", "durchdringen" sich beide (Durkheim 2007: 151). Es sind schließlich die Riten, die die Mitglieder einer Gemeinschaft versammeln und in deren Rahmen der kollektive Glaube (und damit die Gesellschaft als transzendentes Ganzes) „sich erschafft und periodisch wiedererschafft" (Durkheim 2007: 611).

Andréa Belliger fasst diese Interpretation der Rituale wie folgt zusammen:

> Wann immer Menschen zusammenkommen (...) gibt es eine natürliche Tendenz ihre Handlungen auf einander abzustimmen, zu koordinieren, zu standardisieren und zu wiederholen. Dies ist die ursprüngliche Form des Rituals. Gemeinsames Handeln dieser Art erzeugt ein Gefühl der Teilnahme an etwas Überindividuellem, etwas Transzendentem (Belliger 2006: 15).

Zahlreiche zentrale Vertreter der *Ritualstudien* schließen an diese Annahmen Durkheims an, so beispielsweise Robert N. Bellah (Bellah 1973), Mary Douglas (Douglas 1995) und Roy Rappaport (Rappaport 1999). Es ist dabei vornehmlich die durkheimsche Dichotomie von ritueller *Handlung* und kollektiver *Überzeugung*, die das Studium der Rituale maßgeblich prägte. Catherine Bell spricht diesbezüglich auch von einer „initial bifurcation of thought and action" (Bell 1992: 6), die in das Konstrukt Ritual eingeschrieben wurde (Bell 1997: ix).[236] Während Durkheim jedoch betont hatte, dass die Bedeutung der Rituale in der „inneren und moralischen Erneuerung [liegt], die diese Gesten herbeizuführen beitragen" (Durkheim 2007: 509) und so die scheinbare Dichotomie letztlich überwunden wird, nahmen andere Autoren nach ihm Rituale als „thoughtless action- routinized, habitual, obsessive, mimetic" (Bell 1992: 20) wahr, die den Überzeugungen klar unterzuordnen seien. In der Kritik unreflektierter Ritualteilnahme durch vermeintlich reflektierte Ritualbeobachter findet diese Gegenüberstellung von Handlung und Denken schließlich ihre analytische Fortsetzung.

---

235  Siehe dazu auch Kapitel 2.3.1.
236  Um die Konstruiertheit von Ritualen zu unterstreichen, spricht Bell von „ritualization" und nicht von Ritualen (Bell 1992: 74).

Das Ritualverständnis Murray Edelmans, das bereits als Beispiel für das erste Gesicht symbolischer Politik zitiert wurde, veranschaulicht das Bild vom Ritual als irrationale, ‚kopflose' Handlung besonders gut. Zudem argumentiert Edelman deutlich aus der Position des aufgeklärten Analysten (Bell 1992: 21):

> Das Ritual ist eine *motorische Aktivität*, bei der sich die Beteiligten symbolisch zu einer gemeinsamen Unternehmung zusammenfinden. Es lenkt ihre Aufmerksamkeit in zwingender Weise auf ihre gemeinsame Verbundenheit und die gemeinsamen Interessen. Damit fördert das Ritual den Konformismus und erzeugt zugleich Befriedigung und Freude über diesen (Edelman 2005: 14, Herv. SH).

Die Reduzierung von Ritualen auf synchrone Bewegung gipfelt schließlich in der von Frits Staal vertretenen Position von *der Bedeutungslosigkeit der Rituale*: „Ritual, then, is primarily activity. It is an activity governed by explicit rules. The important thing is what you do, not what you think, believe or say" (Staal 1979: 4).

Auch die Anfänge der Ritualstudien zeigten sich geprägt vom Verständnis der Rituale als Handlung. So konzentrierte sich die erste wissenschaftliche Beschäftigung mit Ritualen lediglich darauf das rituelle Wissen, „what is to be done and said" (Grimes 1995: xxiv), zu bewahren. Unter die Bezeichnung Ritual fielen dabei, dem lateinischen Terminus *ritus* entsprechend, allein religiöse Praktiken (Dücker 2007: 14). Erst Sigmund Freuds Anwendung auf die Zwangshandlungen seiner Patienten säkularisierte schließlich den Ritualbegriff (Althoff 2003: 12). Was heutige Ritualwissenschaftler zusätzlich von ihren protokollierenden Vorgängern unterscheidet, ist vor allem ihr Interesse für die *Interpretation* und *Analyse* von Ritualen. Seit den 1970er Jahren wird der Terminus Ritual dementsprechend in zahllosen Analysen der „issues basic to culture, society and religion" (Bell 1992: 3), die von Sozialwissenschaftlern unterschiedlichster Disziplinen durchgeführt werden, verwendet. Und auch wenn einige Autoren noch immer „secular" (Falk Moore/Myerhoff 1977) und „sacred" (Schechner 2002: 47) Rituale voneinander unterscheiden wollen, so setzt sich doch die vergleichende, funktionale Perspektive Durkheims vermehrt durch. Dies zeigt sich vor allem auch in der Interpretation der Rituale als Performanz. Bevor jedoch diese neuere Tendenz in der Ritualforschung ausführlich diskutiert wird, folgt zunächst ein kurzer Überblick über die unterschiedlichen Ritualverständnisse innerhalb der Ritualstudien.[237] Anschließend werden mit Axel Michaels jene Merkmale von Ritualen herausgestellt, die die Bezeichnung einer Handlung als Ritual auch heute

---

237  Siehe Belliger 2008 für eine Sammlung der wichtigsten Primärtexte in den Ritualstudien.

noch analytisch sinnvoll machen. Dabei folge ich der Argumentation Barbara Stollberg-Rilingers, die in Bezug auf politische Rituale daran erinnert, dass: „definitions are not actually truths, but merely tools used to distinguish and arrange phenomena" (Stollberg-Rilinger 2011: 8).

Mit Hilfe des Ritualverständnisses von Axel Michaels können Gewohnheit und Ritual voneinander unterschieden werden, ohne dass sich der Ritualbegriff auf religiöse Praktiken reduziert. Die begriffliche Offenheit für unterschiedliche Sakralitätsbezüge entspricht dabei auch dem Anspruch an das Zivilreligionspolitikkonzept, das substantielle und funktionale Transzendenzbezüge integrieren will.[238] Michaels Definition lässt zudem viel Raum für rituelle *Dynamik*[239] und damit Veränderung.

Die vielfältigen Forschungslinien der Ritualwissenschaften lassen sich systematisieren in *formale, substantielle* und *funktionale* Ansätze (vgl. Dücker 2007: 209; Michaels 1999: 24; Wulf/Zirfas: 2004: 9). *Formale* Ansätze konzentrieren sich dabei auf den formell richtigen Aufbau und Ablauf eines Rituals. *Substantielle* Ansätze hingegen identifizieren Rituale über deren genuine Inhalte und beschränken sich zumeist auf religiöse Rituale.[240] *Funktionale* Ansätze analysieren wiederum die vielseitigen Leistungen, die Rituale für Gemeinschaften erbringen (Dücker 2007: 209). So wirken Rituale (1) als kommunitärer Rahmen, (2) stabilisatorisch, (3) identifikatorisch-transformatisch, (4) gedächtnisstiftend, (5) kurativ-philosophisch, (6) transzendent-magisch sowie (7) differenzbearbeitend (Wulf/Zirfas 2004: 19ff.). Durkheims Arbeiten waren für diese funktionale Interpretation der Rituale wegweisend.[241]

Axel Michaels konzentriert sich in seiner Analyse der Rituale auf deren Form. In seinen zahlreichen Arbeiten nennt er diesbezüglich die folgenden

---

238  Während Victor Turner argumentiert, dass „Ritual is transformative, ceremony confirmatory", spielt diese Unterscheidung für Michaels keine Rolle (Turner 2002: 95). Die Unterscheidung beruht ohnehin auf dem Urteil des Ritualbeobachters und ist damit recht subjektiv.

239  Vgl. die Arbeiten des Heidelberger SFB 619 „Ritualdynamik", deren Sprecher Michaels ist.

240  Als zentrale Vertreter des substantiellen Verständnisses von Ritualen sind Herbert Spencer, James Frazer, Rudolf Otto und Mircea Eliade zu nennen. Diese Autoren eint die Frage danach: „ob der Ursprung der Religion im Mythos oder im Ritual zu suchen ist" (Wulf/Zirfas 2004: 10). Ihre Antworten fallen dabei jedoch sehr unterschiedlich aus.

241  Auch die Schriften Arnold van Genneps und Victor Turners sind zur funktionalen Theorieschule zu zählen. Auf van Gennep ist zudem die prominente Qualifizierung der Riten als Übergangsriten zurückzuführen (van Gennep 1909). Alle drei Autoren verstanden Rituale schließlich als „Gemeinschaftsgenerator", der beim „Erlernen und der Ausübung sozialer Rollen" von enormer Bedeutung ist (Wulf/Zirfas 2004: 12ff). Mary Douglas vertritt ebenfalls ein funktionales Verständnis von Ritualen, ebenso wie Pierre Bourdieu, dessen Qualifizierung der Rituale als Einsetzungsmechanismus noch vorgestellt wird.

drei formellen Kriterien, die eine Handlung als Ritual ausweisen und von Alltagshandlungen unterscheiden: *Rahmung, förmlicher Beschluss, Form*. Handlungen, die dieser Form entsprechen bewirken schließlich *Transformation* und *Überhöhung*.[242] Mit *Rahmung* sind zunächst jene beobachtbaren ,Zeichen' gemeint, die das Ende bzw. den Anfang eines Rituals bedeuten. Dabei kann es sich um eine Bewegung oder auch einen Ton handeln. Das Betreten eines bestimmten Ortes kann ebenfalls den Beginn eines Rituals bedeuten, denn: „…the very act of entering the 'sacred place' has an impact on participants. In such spaces, special behavior is required" (Schechner 2002: 63). Der *förmliche Beschluss* unterscheidet spontane Alltagshandlungen von geplanten und angekündigten Ritualen, die zudem einen bestimmten Zweck verfolgen, „[m]it diesem Beschluss und der Rahmung sind die Ritualhandlungen als *besondere* Handlungen ausgewiesen, auch wenn es alltägliche Handlungen sein können" (Michaels 2003a: 33, Herv. SH). Mit der *Form* des Rituals sind jene Handlungsabläufe gemeint, die ein Ritual auszeichnen. Die „wiederholten, nachahmbaren (und insofern öffentlichen), unwiderruflich wirkungsvollen und etwas bewirkenden, performativen Handlungen" (Michaels 2003a: 33) machen auch den Wiedererkennungswert eines Rituals aus (vgl. Rappaport 1999: 35; Stollberg-Rinlinger 2011: 11). Es ist zudem die Formalität des Rituals, die für Entlastung bei den Ritualteilnehmern sorgt, indem sie ihnen Handlungsanweisungen vorgibt. Durch ihr regelkonformes Verhalten demonstrieren die Teilnehmer schließlich ihr Bekenntnis zur (Ritual)Gemeinschaft. Rituale bewirken zusätzlich einen Identitäts-, Rollen-, Status- oder Kompetenzwechsel bei allen bzw. einem Teil der Ritualteilnehmer. So muss „[m]it Ritualen eine erkennbare Veränderung eingetreten sein" (Michaels 1999: 38).[243] Da alle Rituale in diesem Sinne *verändern*, werden sie von Arnold van Gennep auch als *Übergangsrituale* bezeichnet (van Gennep 1909).

Rituale können Veränderung jedoch nicht nur performativ bewirken, sie können sich auch selbst verändern, ohne dass man ihnen das Ritualsein absprechen müsste. Durch seine Wiederholung birgt jedes Ritual schließlich die Möglichkeit zur „Aktualisierung und Anpassung" (Kaiser 2010: 15). Daher

---

242  Die Aufzählung beruht auf drei unterschiedlichen Texten in denen Michaels Rituale von Alltagshandlungen unterscheidet: Michaels1999; Michaels 2003a; Michaels 2003b. Die Texte sind in Bezug auf die Ritualkomponenten jedoch nicht komplett deckungsgleich. Beispielsweise spricht Michaels nur in einem der Texte von der solidarisierenden und stabilisierenden Funktion von Ritualen als bestimmendes Merkmal (Michaels 2003a: 34).

243  Richard Schechner unterscheidet so auch Ritual von Theater: Wenn eine Aufführung den Zweck hat „to give pleasure, to show off, to be beautiful, or to pass the time", dann ist sie als Theater zu bezeichnen. Wenn sie jedoch wirksam einen Wandel initiiert, handelt es sich um ein Ritual (Schechner 2002: 71).

„sind [Rituale] immer in Veränderung. Wechsel und Dynamik sind der Nor-
malfall, und es kostet eine große Energie, sie stabil zu halten oder zu verstetigen, da Rituale schon in dem Moment der Entstehung Kritik und Modifizie-
rung begleitet" (Michaels 2003b: 4). Der Heidelberger Sonderforschungsbereich *Ritualdynamik* setzt sich besonders mit diesem Aspekt der Transformation von Ritualen auseinander.[244] Mit Transformation ist dabei zunächst einmal jegliche Form der Veränderung der Form eines Rituals gemeint (Ahn
2011: 603). Gregor Ahn prägt zusätzlich die Begriffe *Ritualdesign* und *Ritu-
alerfindung*, um den Grad an möglicher intentionaler Gestaltung und damit
Veränderung zu unterscheiden. So meint Ritualdesign „processes of adapting,
transforming and re-organising or composing already existing elements out
of different religious or secular traditions into the frame of an already known
type of ritual" (Ahn 2011: 603). Die „Ur*form*" des neu designten Rituals muss
somit als Referenz noch erkennbar sein. Die Erfindung von Ritualen bezeichnet die „construction of a completely new ritual" Ahn 2011: 603). Ein berech-
tigter Einwand lautet dennoch, dass kein Ritual je wirklich komplett neu er-
funden wurde.[245]
     Das Transformationspotential der Rituale hängt schließlich eng mit dem
letzten Ritualmerkmal zusammen, das Michaels nennt: die *Überhöhung* bzw.
*Transzendierung* durch Rituale. Dazu hält Michaels fest, dass Rituale „nicht
selten die im Handlungskomplex ausgedrückten Ereignisse [transzendieren],
indem sie sie zu einer anderen, meist als höher bewerteten Welt oder Tradition in Beziehung setzen..." (Michaels 2003b: 5). Dieses in Beziehung setzen
geschieht durch Bezugnahme auf Symbole, verstanden als „kulturelle Ordnungszeichen" (Michaels 2003a: 34), die eine sakrale Dimension symbolisieren und damit im eigentlichen Sinn des Wortes vergegenwärtigen.
     Mit Hilfe der von Michaels genannten Ritual-„Bausteine" (Michaels 1999:
27) kann somit eine Handlung als Ritual bezeichnet werden, deren Beginn
und Ende erkennbar gekennzeichnet ist, die auf einem förmlichen Beschluss

---

244  Den Titel des Sonderforschungsbereiches erklärt Gregor Ahn wie folgt:„...a fundamental
     shift in ritual theory has taken place during the last few decades- a shift that has changed
     the view on rituals generally, from a more static to a more dynamic perspective. (...) So,
     from the perspective and viewpoint of an external observer, we conclude today that chang-
     ing rituals are the rule, not the exception, as the earlier theory had implied" (Ahn 2011:
     601).

245  Die Diskussion um die Begriffe Ritualdesign und Ritualinvention befindet sich noch am An-
     fang. Inwieweit beispielsweise der Faktor der Intentionalität mit bedacht werden sollte,
     wird diskutiert. Eine Zusammenfassung der Diskussion findet sich bei Houseman 2011;
     vgl. auch Grimes 2000.

beruht, deren Ablauf formell geregelt ist und die darauf abzielt, eine Veränderung durch Überhöhung zu bewirken.

Ein Aspekt wird von Michaels außer Acht gelassen: die symbolpolitische Bedeutung von Ritualen. Gerd Althoff spricht von der „Gemachtheit der Rituale" (Althoff 2003: 188), um deren intentionale Gestaltung und politische Wirksamkeit zu betonen. Rituale bzw. deren Ausgestaltung zählen somit zum *symbolischen Kapital* politischer Akteure. Schließlich kommen Rituale zum Einsatz, wenn Machtpositionen destabilisiert bzw. legitimiert werden sollen. Christoph Wulf und Jörg Zirfas argumentieren diesbezüglich auch, dass: „...nicht nur Rituale Menschen [verändern], auch Menschen verändern Rituale, um ihre Welt zu verändern" (Wufl/Zirfas 2004: 27). Wulf und Zirfas begreifen rituelle Handlungen dementsprechend als *Performanz*. Der Fokus fällt somit auf „das *Performative*, auf *Formen der Inszenierung von Macht*, auf die auf *Transzendenz* und *Transition* zielenden *Dynamiken symbolischer Ordnungen* und auf die *Magie des Ästhetischen*" (Wufl/Zirfas 2004: 38, Herv. i. O.). Im Verständnis von Ritualen als Performanz weiterhin inbegriffen bleibt der gemeinschaftsbildende Aspekt der rituellen Handlungsform (Wulf/Zirfas 2001). So zielt der Begriff Performanz im Sinne Durkheims[246] auf die integrative, *wirksame* Bildung und Abbildung von Gemeinschaften gleichermaßen und damit auf deren normative Integration mittels symbolischer Formen.[247]

Der Begriff Performanz verweist auf die Sprechakttheorie J.L. Austins. Austin bezeichnet damit allerdings allein solche Handlungen, die man mit Worten vollzieht, *How to do things with words* (1962):

> The term 'performative' will be used in a variety of cognate ways and constructions, ... The name is derived, of course, from 'perform', the usual verb with the noun 'action': it indicates that the issuing of the utterance is the performing of an action- it is not normally thought of as just saying something (Austin 1976: 6f.).

Um die Performanztheorie Austins auch auf andere nicht-sprachliche Handlungen beziehen zu können, weitet Michael Göhlich das Verständnis Austins von den illokutionären Sprechakten, vom „etwas *tun*, indem man etwas *sagt*"

---

246 Schechner führt die Interpretation der Rituale als Performanz zurück auf Durkheim (Schechner 2002: 50).
247 Wulf, Göhlich und Zirfas leiten vom lateinischen Verb formare folgende Bedeutungen ab: „'gestalten', 'bilden', 'darstellen', 'verfertigen" (Wulf/Göhlich/Zirfas 2001: 10). Siehe auch Wulf/Göhlich/Zirfas 2001 für einen Überblick über die unterschiedlichen theoretischen Ausgangspunkte für eine Analyse des Rituals als Performanz.

aus auf *etwas tun*, indem man etwas *tut*" (Göhlich 2001: 30, Herv. SH).[248] Performanz bezieht sich damit nicht länger allein auf Sprache, sondern kann auch Körperlichkeit als symbolischen Ausdruck von etwas anderem meinen. Zum Vergleich: während Austin das Versprechen „Ja, ich will" als Performanz bezeichnet, kann nun auch eine wortlose Verneigung vor dem Sarg als performativer Akt interpretiert werden (Göhlich 2001: 31). Es wird damit deutlich, dass nicht allein Worte etwas bewirken können, sondern auch die rituellen Handlungen selbst *von Bedeutung* sind.

Mit der Rede von der Wirksamkeit performativer Akte treten schließlich auch die Bedingungen ihrer Inszenierung in den Vordergrund. Austin spricht hier lediglich von den passenden Umständen, die den performativen Akt bedingen:

> The uttering of the words is, indeed, usually a, or even *the*, leading incident in the performance of the act (...), but it is far from being usually, even if it is ever, the *sole* thing necessary if the act is to be deemed to have been performed. Speaking generally, it is always necessary that the *circumstances* in which the words are uttered should be in some way, or ways, *appropriate*...(Austin 1976: 8, Herv. i. O.).

Was aber ist mit diesen „appropriate circumstances" gemeint?[249] Es erscheint naheliegend, dass auch Austin hier auf die wirkungsvolle Rahmung eines Rituals anspielt, wie sie beispielsweise Mary Douglas beschrieben hat: „[The] ritual provides a frame. The marked off time or place alerts a special kind of expectancy, just as the oft-repeated 'Once upon a time' creates a mood receptive to fantastic tales" (Douglas 1966: 62). Auch die von Austin beschriebenen Beispiele der Schiffstaufe und Eheschließung legen eine solche Interpretation nahe, denn schließlich ist auch hier der performative Akt eingebettet in eine Reihe von formellen Handlungen.

Zu einem Ritual gehören jedoch nicht allein formelle Inhaltselemente. Nimmt man die Lesart vom Ritual als performativer Inszenierung ernst, so wertet dies auch die Position der Zuschauer unweigerlich auf, denn

> [u]m ein Ereignis zu einer künstlerischen Performance zu machen, bedarf es einer entsprechenden Rahmung. Zu dieser gehören, neben den Akteuren und einem zeitlichen und räumlichen Kontext, vor allem die Zuschauer bzw. die Zuschauerinnen, die eine für das Geschehen konstitutive Rolle haben. Erst in der

---

248  Erst so werden rituelle Praktiken erkennbar, die unter den Bourdieuschen Begriff der Praxis fallen.
249  Mit der Bedeutung von kulturellen und politischen Konventionen für und von performativen Akten setzt sich vor allem auch Judith Butler auseinander (Butler 1997).

Bezugnahme der künstlerischen Handlung auf Zuschauer entsteht Performance (Wulf/Göhlich/Zirfas 2001: 11).

Ohne Zuschauer kann eine Performanz somit keine Wirkung entfalten.[250] Für die Wirksamkeit von Ritualen ist es zudem entscheidend, dass der ‚richtige' Darsteller die entsprechende Rolle spielt. Auf diesen Aspekt der *Legitimität* einer rituellen Inszenierung verweist schließlich Pierre Bourdieu in seiner Untersuchung „der Magie der performativen Aussage" (Bourdieu 1990: 82), die davon abhängig ist, dass ein „autorisierter Sprecher" (Bourdieu 1990: 103) die „legitimen" Worte findet.[251] Mit Sprechen meint Bourdieu dabei immer bereits politisch bedeutsames Handeln. Sprache wird so zum Ausdruck politischer Kämpfe und des symbolisches Kapitals des Sprechers:

> Die Macht der Wörter ist nichts anderes als die *delegierte Macht* des Sprechers, und seine Worte (...) sind allenfalls ein Beweis- neben anderen- der *Delegationsgarantie*, mit der er versehen ist. (...) Der autorisierte Sprecher kann nur deshalb mit Worten auf andere Akteure und vermittels ihrer Arbeit auf die Dinge selbst einwirken, weil in seinem Wort das symbolische Kapital konzentriert ist, das von der Gruppe akkumuliert wurde, die ihm Vollmacht gegeben hat und deren *Bevollmächtigter* er ist (Bourdieu 1990: 101ff., Herv. i. O.).[252]

Die performative Wirkung der Sprechakte beruht schließlich auf der Existenz einer „Institution", mit der Bourdieu zumeist den „fiktiven Körper" (Bourdieu 1985: 104) Staat meint.

Der Staat nutzt seine symbolische Macht, die Bourdieu als „wahrhaft *schöpferische*, gottesähnliche Macht" qualifiziert, um „mit Autorität [zu sagen], was ein Seiendes, ob Sache oder Person, seiner legitimen sozialen Definition nach wirklich ist (Urteil), das heißt was es sein darf, was zu sein es ein Recht hat, auf welches es einen Rechtsanspruch hat" (Bourdieu 1985: 115). Während mit Austin demnach beispielsweise der performative Akt des Eheversprechens als illokutionärer Akt verstanden wird, bei dem zwei Menschen

---

250  Die Rede von Inszenierungen, die Darsteller und Zuschauer bedürfen, resultiert auch aus der konzeptionellen Nähe der Performanztheorie zum Theater.

251  Mit der Rede von der legitimen Sprache kritisiert Bourdieu vor allem Saussure und Chomsky, die von einer ahistorischen, unpolitischen, korrekten Sprache ausgehen. Bourdieu hingegen versteht Sprache immer als Teil einer historischen und politischen Entwicklung. Die legitime Sprache ist somit das Ergebnis politischer Kämpfe um und mit Sprache. Dies veranschaulicht er auch anhand der Entwicklung der französischen Hochsprache (Bourdieu 1990: 49ff.). Auch Austin bezeichnet Rituale als *„conventional* acts" (vgl. Austin 1976: 19f.).

252  Die Anerkennung der bevollmächtigten Institution geht somit dem Einsetzungsakt voraus, denn: „[d]er Glaube aller, der dem Ritual vorausgeht, ist die Bedingung seiner Wirkung. Gepredigt wird nur bereits Bekehrten" (Bourdieu 1990: 119).

zu Eheleuten werden, weil sie die magische Formel ‚Ja, ich will' ausgesprochen haben, bekommt man mit Bourdieu die „zentrale [staatliche] Ernennungsinstanz" in den Blick, Kraft derer ein ‚Standesbeamte' ‚erklärt', dass diese zwei Menschen, weil sie die legitimen Worte wiederholt haben, für sich und alle anderen als verheiratet zu gelten haben. Es ist diese „mysteriöse Macht des Ernennens" (Bourdieu 1985: 111f.), die sich im Rahmen von sogenannten *Einsetzungsriten* zeigt. Mit dem Begriff will Bourdieu ein Gegenmodell zu van Genneps und Turners Übergangsriten schaffen. Während die Rede von den Übergangsriten für Bourdieu zu stark den Akt des *Überschreitens* einer Grenze oder Linie und damit die liminale Phase betont, ist es die Grenze selbst, die laut Bourdieu im Zentrum der Theorie stehen sollte. Der Ritus *setzt bzw. sanktioniert, legitimiert oder instituiert*[253] hier die Unterscheidung „von alle[m] oder Nichts" (Bourdieu 1990: 113), um so die soziale Ordnung zu stabilisieren.

„‚Werde, was du bist'. Dies ist die Formel, die der performativen Magie aller Einsetzungsakte zugrundeliegt" (Bourdieu 1990: 115) Kraft der „religiösen" (Bourdieu 1990: 122) Magie des Ritus wird so aus einer willkürlichen Zuschreibung eine legitime soziale Kategorie. Besonders wirksam sind dabei solche Unterscheidungen, die erfolgreich den Anschein von Objektivität bzw. „Natürlichkeit" erwecken (Bourdieu 1990: 113). Um noch einmal auf das vorherige Beispiel zurückzukommen: es ist somit nicht so sehr der Moment des Übergangs von einer Existenz als Unverheiratete zu einer als Verheiratete, der bedeutsam ist, sondern die Unterscheidung in unverheiratet/verheiratet, die wirksam inszeniert wird. Bourdieu unterstreicht zudem, dass sich diese Einsetzung nicht auf den einmaligen Moment der Grenzziehung beschränkt, sondern zusätzlich der fortwährenden „Arbeit" (Bourdieu 1990: 116) mit den eingesetzten Kategorien bedarf:

> Beweise des Respekts wie die, jemanden mit seinen Titeln anzureden (...) sind lauter Wiederholungen des ursprünglichen, von einer anerkannten Autorität vollzogenen und also auf dem *consensus omnium* beruhenden Einsetzungsaktes; sie gelten als Treueschwur, als ein Beweis der Anerkennung, die der so angeredeten Person, aber vor allem der Institution erwiesen wird, von der sie eingesetzt wurde (Bourdieu 1990: 119, Herv. i. O.).

Die Eheurkunde, mit offiziellem Stempel, ist ein solches Zeichen, genau wie der neue Name, mit dem man fortan angesprochen wird. Es ändert sich schließlich auch das Verhalten der Personen selbst (Bourdieu 1990: 113).

---

253  Bourdieu spricht auch von „Sanktionierungsriten", „Legitimierungsriten", „Instituierungsriten" (Bourdieu 1990: 111).

Mit Bourdieus Verständnis der Rituale als Einsetzungsriten wird deutlich, dass Rituale, indem sie soziale Kategorien (re)instituieren, immer auch von politischer Bedeutung sind. Durch deren (Miss)Erfolg zeigt sich schließlich inwieweit die staatliche Ordnung ‚mächtig' und stabil ist. Wenn Catherine Bell also argumentiert, dass politische Rituale „specifically construct, display and promote the power of political institutions (...) or the political interests of distinct constituencies and subgroups" (Bell 1997: 128), so hat sie einerseits Recht. Aus der Perspektive Bourdieus fällt es andererseits schwer, rituelle Praktiken auszumachen, die diese Qualität nicht aufweisen.[254]

Über die vergleichende Perspektive, die die Funktion des Einsetzens und Sanktionierens der Rituale und damit deren Konstituierung des Sozialen untermauert, gelangt man schließlich zurück zu Durkheim, der die Vielfalt der rituellen Praktiken ebenso kannte und ausdrücklich die Gemeinsamkeit politischer und religiöser Zusammenkünfte in ihrer Wirkungsweise als Akte der „moralischen Erneuerung" unterstrich (Durkheim 2007: 509). Und auch Bourdieu hält in guter Durkheimscher Manier fest, dass

> [d]er eigentliche religiöse Ritus nur ein Sonderfall aller gesellschaftlichen Riten [ist], deren Magie nicht auf den Diskursen und Bewusstseinsinhalten beruht, die mit ihnen einhergehen (in diesem Fall der Glaube und religiöse Vorstellungen), sondern auf dem System der für den Ritus selber konstitutiven Sozialbeziehungen, die ihn (unter anderen in den impliziten Glaubensinhalten und – vorstellungen) möglich und sozial wirksam machen (Bourdieu 1990: 109).

Die argumentativen Übereinstimmungen zwischen Bourdieu und Durkheim treten hier nur allzu deutlich hervor. Während Bourdieu jedoch allgemein von einer Institution bzw. spezifisch vom Staat als „tranzendierendes" (Bourdieu 1985: 104) Konstrukt spricht, ist es bei Durkheim immer die Gesellschaft, die als Gemeinschaft sui generis dem Individuum die gemeinschaftlichen Grundsätze vermitteln will und dafür der gemeinschaftlichen Handlungen, der Rituale, bedarf.[255] Durkheims Unterscheidung zwischen sakral und profan, ist dabei jedoch genauso „absolut" (Durkheim 2007: 64), wie die sozialen Kategorien Bourdieus es sind.

---

254 Religiöse Rituale scheinen hier ein Gegenbeispiel darzustellen, denn offiziell hat der aufgeklärte Verfassungsstaat, in Anerkennung der Trennung von Kirche und Staat, keinerlei Einfluss auf religiöse Riten. Es ist jedoch wiederum der Staat, der die Kategorie Religion/Nicht Religion und damit die Unterscheidung religiöse/nicht-religiöse Handlung instituiert. Die Diskussion darüber, ob Scientology als Religionsgemeinschaft anzuerkennen sei, ist hier ein interessantes Beispiel, vor allem da die Frage von unterschiedlichen Staaten unterschiedlich bewertet wurde.

255 Victor Turner prägt für den Moment kollektiver Solidarität während der Teilnahme an rituellen Handlungen auch den Begriff der „Communitas" (Turner 1995: 96).

Bei Durkheim findet sich schließlich auch eine Beobachtung, die erklären kann, warum es der Rituale bedarf, um soziale Kategorien wirksam zu inszenieren. So hält er fest:

> [Die Kollektivbewegungen] neigen von sich aus zu einer Organisation, die sich, wenn sie hergestellt ist, den Individuen aufzwingt. Da es keine Tätigkeit ohne Verstand gibt, kommt es eben vor, daß dieser in derselben Richtung mitgerissen wird und ohne Diskussion theoretische Postulate annimmt, die die Praxis verlangt (Durkheim 2007: 541).

Rituale sind somit legitimierende Verfahren[256], die vor allem darüber wirken, dass sie als „unhinterfragbar und alternativlos" (Schrage 2003: 198) gelten. Zivilreligionspolitik nutzt die performative Magie der Rituale, um politische Deutungen als im weitesten Sinne legitime und im engeren Sinne als „sakrale"[257] Gemeinschaftsvorstellungen einsetzen zu können. Der Erfolg dieses Versuches, bei dem der legitime Sprecher mit Autorität handelt, zeigt sich schließlich in der wiederholenden und damit anerkennenden Verwendung der eingesetzten Kategorien und Symbole.

Abschließend ist festzuhalten, dass sich rituelle Praktiken durch Rahmung, offiziellen Beschluss, Formalität und Überhöhung auszeichnen. Über diese formellen Handlungsabläufe bewirkt ein Ritual schließlich den Wandel aller bzw. eines Teils der teilnehmenden Akteure. Demnach ist „kein Ritual (...) ohne Bedeutung!" (Michaels 1999: 23). Vielmehr bilden sie den Rahmen für einen „feierliche[n] Akt der Kategorienbildung, der dazu dient, zu erzeugen, was er bezeichnet" (Bourdieu 1990: 114). Im Gegensatz zur weitverbreiteten Annahme, dass moderne Gesellschaften „should not rest on images, symbols, and rituals that emotionally overpower people, but solely on words, good reasons, and rational procedures" (Stollberg-Rilinger 2011: 18f.), sind somit auch heutige Gemeinschaften auf jene *erfundenen Traditionen* (Hobsbawm 1983; vgl. Anderson 1983) angewiesen, die Aspekte der gemeinschaftlichen Vergangenheit und Gegenwart zu einer gemeinsamen Zukunft konstruieren. Und auch wenn jede Gesellschaft regelmäßiger Rituale bedarf, „to re-create itself through collective assemblies and spaces devoted to public life" (Rosati 2009: 17), so sind es doch die Momente von Krise und Konflikt, die Rituale als „Verfahren zur Kontingenzstilllegung" (Schrage 2003: 206) elementar werden lassen für den sozialen Zusammenhalt.

---

256  Schrage verweist hier auch auf die Arbeiten Luhmanns zur „Legitimation durch Verfahren" (Schrage 2003: 198).

257  Mathias Hildebrandt spricht diesbezüglich auch von einem „Prozess der Sakralisierung zivilreligiöser Ideen und Prinzipien durch Mythen, Symbole und Riten" (Hildebrandt 2001: 48).

## 3.2.1 Ritual und Narration[258]

Mit den von Bourdieu beschriebenen Einsetzungsriten fokussiert sich der Blick auf die sozialen Kategorien, die so eingesetzt bzw. instituiert werden. Es ist die daraus resultierende sozial wirksame Unterscheidungsleistung, für die sich Bourdieu vornehmlich interessiert. Während er dabei, anders als Austin, die Abhängigkeit der Legitimität dieser Performanz vom autorisierten Sprecher und der ‚besonderen' symbolischen Inszenierung thematisiert, achtet er dennoch wenig auf die größere, sprachliche Inszenierung, in die die eingesetzte Kategorie zumeist eingebettet ist. Die sozial- und sprachwissenschaftliche Theorie interessierte sich insgesamt bisher noch wenig für den Zusammenhang von Ritual und Narration.[259] Dennoch bestehen zwischen beiden semiotischen Medien funktionale Gemeinsamkeiten sowie formelle Unterschiede. So spricht man beiden zunächst eine *Vermittlerrolle* zu. Während Rituale zwischen dem Individuum und der Gesellschaft eine „Brückenfunktion" (Wulf/Zirfas 2004: 7) einnehmen, vermitteln Erzählungen den *übergeordneten* Sinn *unmittelbarer* Erfahrung. Jürgen Habermas fasst diese „archaische Einheit von Mythos und Ritus" (Habermas 2012: 78) wie folgt:

> Mythische Erzählungen bergen im Medium der voll ausgebildeten Sprache etwas von dem Sinn, den Riten bereits in den eigenen ikonischen Darstellungsformen der Musik, des Tanzes, der Pantomime und der Körperbemalung, also in wahrnehmbaren Gesten und Bildern, performativ ausdrücken (Habermas 2012: 80).[260]

Beide, Ritual und Narration, gelten zudem als Mittel zur *Kontingenzbewältigung*.

Formell zeichnen sich Rituale über die ihnen eigenen formellen und strukturierenden Inhaltselemente aus. Über deren Wiederholung verbindet sich schließlich vergangene mit zukünftiger Praxis. Bei Erzählungen steht, anders als beim Ritual, nicht körperliche Inszenierung, sondern die kognitive Vermittlung von sinnhaften Deutungen im Mittelpunkt (Habermas 2012:

---

258  Das Kapitel basiert auf einem früheren Aufsatz, der jedoch vollständig überarbeitet wurde (Hammer 2013).

259  Das *Handbook of Narratology*, das 2009 erschienen ist, führt noch keinen Eintrag zum Ritual. Im November 2011 fand jedoch erstmalig eine Konferenz statt, die die verbindende Analyse von „Ritual and Narration", so der Titel der Veranstaltung, zum Ziel hatte. Der Tagungsband, der die Ergebnisse dokumentiert erschien 2013 (Nünning: 2013).

260  Habermas hält zudem fest, dass der Ritus die „ältere Stufe des symbolischen Ausdrucks" ist (Habermas 2012: 82). Er schließt dabei an Durkheims Untersuchung zur Bedeutung der Rituale für archaische Gemeinschaften an, scheint jedoch ein substantielleres Ritualverständnis zu verfolgen. So beglückwünscht er religiöse Praktiker zu ihrem „Zugang zu einer archaischen Erfahrung", die Ungläubigen verschlossen bleibt (Habermas 2012: 95).

94).[261] Über ihre formelle Flexibilität bettet Narration ein Ereignis, verstanden als externer Anlass für ein Ritual, in den gemeinschaftlichen Horizont ein und unterstreicht darüber sowohl die Vorstellung von historischer Kontinuität als auch den singulären Moment des Anlasses.

Auch das bereits mehrfach angesprochene Hochzeitsbeispiel basiert nicht allein auf den, sicherlich zentralen, performativen Bekenntnissen, deren Wirksamkeit darauf beruht, dass es sich hier um die legitime Tradition der Eheschließung handelt. Als Teil des Trauungszeremoniells findet sich auch das Element der Erzählung, dessen Aufgabe es ist, das bisherige Leben der ,Eheleute' Revue passieren zu lassen. Hier fungieren die immer gleichen Lebensabschnitte als Identifikationspunkte. Die Erzählung findet schließlich ihren Höhepunkt in der Beschreibung des Aktes der Eheschließung selbst.

Für die politische Theorie spielen Erzählungen vor allem in Form von *Mythen* eine Rolle. Für die deutsche Politikwissenschaft sind hier die Arbeiten des „Einzelkämpfers" (Dörner 1995: 29)[262] Herfried Münklers von großer Bedeutung. Politische Mythen gelten Münkler als „Ansammlungen symbolischen Kapitals, von denen man gut leben kann, solange man sie hegt und pflegt" (Münkler 2009: 11). Unter die mythologischen Inhaltselemente fasst Münkler dabei Ritual, Ikonik sowie auch Narration. Während Ritual und Ikonik sich durch formelle Unveränderlichkeit auszeichnen und so die Idee der *longue durée* auf den Mythos projizieren, ist Narration offen für „Variation":

> Mit narrativer Variation ist dabei gemeint, dass Mythen nicht bloß weitererzählt, sondern auch fort- und umerzählt werden und dass die dabei zu beobachtenden Variationen spezifisch politische Deutungsleistungen darstellen, in denen einer Neuorientierung des politischen Verbandes vorgearbeitet wird (Münkler 2009: 15).

---

261  Dennoch können auch Erzählungen performative Züge aufweisen und vor einem „Publikum" aufgeführt werden (vgl. Berns 2009).
262  Auch der Begriff der Narration wurde von der politischen Theorie bisher theoretisch vernachlässigt. So fällt Maureen Whitebrook beispielsweise auf, dass der Begriff Narrativ zumeist als Adjektiv verwendet wird, um einheitsstiftende Formen von Identifikation zu beschreiben (Whitebrook 2001: 5). Neben den Arbeiten Münklers zum Mythos stellt auch die Arbeit Grit Straßenbergers eine Ausnahme dar. Sie zeigt, wie Hannah Arendt, Michael Walzer und Martha Craven Nussbaum in ihren Theorien Narrative nutzen, um „die Frage des Verhältnisses von guter politischer Ordnung und einem gelingenden menschlichen Leben" zu beantworten. Erzählungen fungieren hier als Beispiele, die es vermögen zwischen der individuellen Erfahrung und der normativen Theorie zu vermitteln (Straßenberger 2005: 7).

Die Bundesrepublik gilt heute jedoch als „mythenfreie Zone" (Münkler 2009: 9) in einem ohnehin „postmythischen Zeitalter" (Dörner 1995: 377).[263] Das Studium der Narrationen beruht maßgeblich auf einem Paradoxon. Als „homo narrans" (Müller-Funk 2008: 19) versuchen wir unsere Welt durch einen Prozess des „'emplotting' or 'storyfication'" (Ryan 2005: 8) zu verstehen. Narration ist somit eine ähnlich grundlegende Strategie, wie die der Ritualpraxis. Dennoch wird der Begriff allein im akademischen Kontext verwendet (Ryan 2007: 32). Die Wissenschaft vom Narrativ, die Narratology, ist dabei eine noch recht junge Disziplin.[264] In Folge des *Narrative turn*[265] zog das *Traveling Concept of Narrative* (Hyvärinen/Korhonen/Mykkänen 2006) jedoch die Aufmerksamkeit einer Reihe recht unterschiedlicher Disziplinen auf sich. So setzen sich heute beispielsweise Geistes- und Rechtswissenschaften mit Narrativen auseinander (vgl. Meuter 2009). Ein Resultat dieser Entwicklung ist auch, dass die Bedeutung des Terminus immer weiter geöffnet und aufgeweicht wurde (Ryan 2005: 3).

Die zentrale Herausforderung der Narratologie besteht darin, ein Verständnis von Narration zu prägen, das unabhängig von einem spezifischen Medium ist und somit anschlussfähig für andere Wissenschaften bleibt, das aber zugleich differenziert genug ist, um einen eigenen Untersuchungsgegenstand zu begrenzen. Marie-Laure Ryan, eine der prominentesten Vertreterin der gegenwärtigen Narratologie, argumentiert entsprechend pragmatisch:

> Assessing the narrative status of a text is not a cognitive question that we must consciously answer for proper understanding, but a theoretical question that enables narratologists to delimit the object of their discipline, to isolate the feature to their inquiry, and to stem the recent inflation of the term narrative (Ryan 2007: 33).

Bezüglich der Ereignisse, um die sich die Erzählung aufbaut, sind sich die Narratologen jedoch einig, dass es sich hierbei um unerwartete Vorkommnisse handelt, „some breach in the expected state of things – Aristotle's peripeteia" (Bruner 2002: 17). Wolf Schmid spricht diesbezüglich auch von der *Ereignishaftigkeit* der Geschehnisse, die so unter anderem als unvorhersehbar, nicht wiederholbar, nicht rückkehrbar, als einzigartig also, charakterisiert werden

---

263 Es wird auf eine ausführliche Diskussion der „Legion" an Literatur zum Mythos verzichtet (Dörner 1995: 20). Als grundlegend gelten hier folgende Arbeiten: Barthes 1957; Blumenberg 2001; Cassirer 1949 und Lévi-Strauss 1980. Siehe auch Bizeul für einen Überblick zum politischen Mythos (Bizeul 2009Kapitel 7).

264 Für eine Übersicht über die Entwicklung der „Narrative Studies" siehe Herman 2005 sowie Fludernik 2005.

265 Zum Narrative Turn in den Sozialwissenschaften siehe Kreiswirth 2005.

(Schmid 2003: 26ff.). Während Rituale demnach kontingente Ereignisse bewältigen, indem sie sie in wiederhol- und vorhersehbare Handlung einbetten und so für Verhaltenssicherheit sorgen, bieten variable Erzählungen sinnhafte Deutungsangebote für ebensolche Momente von Kontingenz und Chaos. Diese werden durch die gemeinschaftlichen Erzählungen ‚eingeordnet'. Der narrative „Umgang mit Kontingenz" (Straßberger 2005: 7) ist dabei ein willkürlich perspektivischer[266], der jedoch den Eindruck von Natürlichkeit vermittelt, denn obwohl wir uns darüber im Klaren sind „that stories are *made* (...) we can't resist doubting it" (Bruner 2002: 22).

Die Fähigkeit Wirklichkeit sprachlich zu konstruieren, macht schließlich die politische Bedeutung von Erzählungen aus (Whitebrook 2001: 87; vgl. Bruner 1991). Narration und Ritual ist somit gemein, dass sie wirksame Instrumente bezeichnen, mit denen sich politische Identifikation und damit auch normative Integration vorantreiben lässt. Dennoch sollten auch Erzählungen nicht ohne weiteres als Strategie angesehen werden mit der Stabilität, Einheit und somit politische Ordnung gewährleistet werden kann. Vielmehr kann auch der politische Wettbewerb, der über konkurrierende Geschichten ausgetragen wird in Fragmentierung enden (Whitebrook 2001: 87).[267] Die Wirkung gemeinschaftlicher Erzählungen beschreibt Rogers M. Smith wie folgt:

> Hence narratives of peoplehood work essentially as persuasive historical stories that prompt people to embrace the valorized identities, play stirring roles, and have the fulfilling experiences that political leaders strive to evoke for them, whether through arguments, rhetoric, symbols, or 'stories' of a more obvious and familiar sort (Smith 2003: 45).

Nutzen politische Akteure Erzählungen als symbolisches Kapital, so wird es ähnlich unerlässlich, sich mit der „technique" (Whitebrook 2001: 11) der Narration auseinanderzusetzen, wie mit dem Gestalten von Ritualen. *Narration* meint „the production of narrative" (Abbott 2005: 339) und umfasst verschiedenste Akteure: den *Sender* („the addresser"), den *Empfänger* („the addressee") sowie die *Nachricht* („the message") (Duyfhuizen 2005: 377). In Anlehnung an Seymour Chatmans' Kommunikationsmodell können Sender

---

266   Wolf Schmid diskutiert die Frage, ob das Element der Perspektivität mit in die Definition vom Narrativ mit aufgenommen werden sollte. Er spricht sich jedoch dagegen aus, da jede Form der Repräsentation von Wirklichkeit auf einer eingenommenen Perspektive basiert (Schmid 2003: 20).

267   Siehe Smith 2003: 34ff. für eine Beschreibung jener Narrative, die im politischen Wettbewerb Erfolg verspricht.

und Empfänger noch zusätzlich unterschieden werden. Der Sender meint dabei einmal den *tatsächlichen Autor* bzw. Verfasser des Textes sowie auch den *implizierten Autor* und den *Erzähler* (Duyfhuizen 2005: 377). Auch der Begriff Empfänger schließt verschiedene Akteure ein. So bezieht er sich einmal auf das *Publikum* bzw. den Leser und demnach auf „any receiver of a text, be it a reader, a viewer, or a listener" (Rabinowitz 2005: 29), um dann wieder sehr viel spezifischer den *Adressat* („the narratee") zu bezeichnen und somit „the audience to whom the narrator is addressing the narration" (Rabinowitz 2005: 30). Beide Unterscheidungsmöglichkeiten von Sender und Empfänger erscheinen besonders in Bezug auf politische Narration hilfreich, denn hier fallen Erzähler und Autor, Publikum und Adressat häufiger auseinander. Redenschreiber sind beispielsweise keine Seltenheit, aber auch die indirekte Ansprache bestimmter Wählergruppen.

Produktion und Rezeption eines Textes sind unabhängige Prozesse. Um dennoch die Kongruenz der produzierten und rezipierten Erzählung und damit den Erfolg von Kommunikation bei „doppelter Kontingenz" (Luhmann 1984) zu gewährleisten, ist die Einordnung der jeweiligen Erzählung in ein spezifisches *Genre* von großer Bedeutung (Kearns 2005: 210). Es wird über Codes, Konventionen und Genre-Markierungen kommuniziert und stellt eine Form der *Rahmung* dar, die uns hilft Erfahrungen zu organisieren (Goffmann 1986: 8).

Rituale und Narration können somit zunächst formell unterschieden werden: Rituale zeichnen sich durch ihre formelle Struktur aus durch die sie Verhaltenssicherheit generieren; Erzählungen werden hingegen als variable qualifiziert. Ihre Leistung besteht in der Vermittlung von Deutungen und damit von Sinn. Basierend auf ihrer Formalität strukturieren Rituale auch Erzählungen, die so eine *bestimmte,* politisch gewollte, Deutung transportieren können. Für die nachfolgende Untersuchung der Trauerfeiern für die gefallenen Soldaten der Bundeswehr sind beide Aspekte relevant. So können einmal die Reden, die von den jeweiligen Verteidigungsministern gehalten wurden, als „narrative performance" (Baumann 2005) qualifiziert werden, deren Wirksamkeit von der rituellen Rahmung abhängig ist. Das Ritual verbindet hier schließlich vergangene, gegenwärtige und zukünftige Reden zu einem „intertextual field" (Baumann 2005: 420), das die unterschiedlichen Interpretationsmöglichkeiten der einzelnen Reden auf die intendierte Bedeutung limitiert. Gleichzeitig findet über die Erzählung die sprachliche Vermittlung der Sinnhaftigkeit der rituellen Handlungen statt. So wird erst über die Reden vermittelt, wem dieses Trauerritual gilt und welche Bedeutung es für die Familie, das Militär, aber vor allem für die politische Gemeinschaft hat.

## 3.3 Zwischenfazit: Zivilreligionspolitik

Unter den Begriff Zivilreligionspolitik sind jene politischen Deutungsangebote zu fassen, bei denen Vorstellungen substantiell verstandener Religion
bzw. funktionaler Äquivalente über unterschiedliche semiotische Medien repräsentiert werden, um (1) die normative Integration in politischen Gemeinschaften voranzutreiben (*intransitive Dimension*) (2) sowie über eben diese
auch strategisch wirksamen Akte Politik zu legitimieren (*transitive Dimension*): Politische Gemeinschaftlichkeit (re)konstituiert sich auch über die
symbolische Repräsentation der normativen Grundlagen einer Gemeinschaft
sui generis. Der moderne Verfassungsstaat kann diese normativen Voraussetzungen nicht garantieren ohne seine freiheitlichen Grundlagen zu verlet-
zen. Dies bedeutet jedoch nicht, dass er diesbezüglich untätig bleibt. Der Staat
verfügt vielmehr als Inhaber des Monopols über die legitime Ausübung physischer Gewalt *und* symbolischer Macht über das symbolische Kapital mittels
dessen er wirksame Akte von gemeinschaftlicher, generationenübergreifen-
der Solidarität, Rituale also, gestalten kann. Im Rahmen dieser auch strategisch wirksamen Akte treten Politiker wie zivilreligiöse Hohepriester auf und
versuchen ihre Politik über die sakralisierende Wirkung der Rituale, Erzählungen und Symbole zu legitimieren.

Der Begriff Zivilreligionspolitik zielt demnach nicht auf die inhaltliche
Ebene von Politik, die *policy*-Dimension, ab, sondern beschreibt politische
Strategien, die der Prozessdimension, den *politics*, zuzuordnen sind. Der symbolische Gehalt der semiotischen Mittel, die zum Einsatz kommen, wird hier
keinem ‚Glaubenstest‘ unterzogen, sondern die analytische Perspektive verschiebt sich von der unlösbaren Frage nach der ‚tatsächlichen‘ Zivilreligion
hin zu jenen intentionalen Momenten symbolischer Politik, die diese Religiosität antizipieren und strategisch nutzen bzw. symbolisch die Annahme reflektieren, eine solche existiere überhaupt.

Was Zivilreligionspolitik von einer Instrumentalisierung symbolischer
Formen, von *politischer Religion*, unterscheidet, ist die Beschränkung auf die
legitimen Mittel politischer Semiotik, die dem modernen Verfassungsstaat
zur Verfügung stehen. Zivilreligionspolitik *erzwingt* demnach nicht mit den
gewaltvollen Mitteln autoritärer Regime Gehorsam, sondern *versucht* mit den
symbolpolitischen Mitteln eines modernen demokratischen Verfassungsstaates eigene *Deutungsangebote* zu positionieren. Diese Deutungsangebote beschränken sich auf jene Inhalte, die mit den freiheitlichen Errungenschaften
des modernen Verfassungsstaates vereinbar sind. Eine totalitäre *Bürgerreli-
gion*, die im Sinne Rousseaus anderen Staaten mit Intoleranz oder gar Gewalt
gegenübertritt, wird diesem aufklärerischem Anspruch nicht gerecht.

Die von Rousseau genannten Artikel seines *zivilreligiösen Glaubensbe-kenntnisses*, der Glaube an eine „mächtige, vernünftige, wohltätige, voraus-schauende und vorsorgliche Gottheit; das künftige Leben; die Belohnung der Gerechten; die Bestrafung der Bösen; die Heiligkeit des Gesellschaftsvertra-ges und der Gesetze" (Rousseau 1977: 207) sowie die Verurteilung von Into-leranz entsprechen den aufgeklärten Prinzipien moderner Staatlichkeit. Sie müssen dafür jedoch ihren verpflichtenden Charakter verlieren und können um weitere freiheitliche Prinzipien erweitert werde.[268]

Zivilreligionspolitik ist schließlich auch von *Religionspolitik*[269] abzugren-zen. Während die politische Elite durch Zivilreligionspolitik symbolisch Be-zug nimmt auf jene impliziten gemeinschaftlichen Werte, Traditionen und Symboliken, die die Gesamtgesellschaft (re)konstituieren sollen, verständigt sie sich in ihrer Religionspolitik über jene religiösen Inhalte, die formell auch in der politischen Öffentlichkeit, als „öffentliche Religion" (Casanova 1994), wirksam sein ‚dürfen'[270]. Religionspolitik spiegelt demnach das „Verhältnis zwischen Staaten und den in ihnen beheimateten Religionen" (Pfleide-rer/Heit 2012: 21). Die resultierenden politischen Entscheidungen sind da-bei Ausdruck eines strukturellen und institutionellen Regelungsbedarfes zwischen zwei Organisationseinheiten, den „Religionsgemeinschaften"[271] und dem Staat, als Repräsentant der Gesellschaft insgesamt.[272]

Was nun Zivilreligion und Zivilreligionspolitik (sowie Religion und Reli-gionspolitik) unterscheidet, ist, dass sich Zivilreligion „gerade dadurch aus[zeichnet], dass sie nicht organisiert ist" (Jödicke 2010: 42). Auf dem Feld der Zivilreligionspolitik findet sich hingegen eine Vielzahl an Akteuren, die die symbolischen Ressourcen bereitstellen und einsetzen wollen. Der Staat als Organisation beansprucht jedoch die Monopolstellung auf den legitimen

---

268  Bezüglich der bürgerlichen Freiheiten darf, im Gegensatz zur Rousseauschen Idee, vor al-lem auch der Nicht-Glaube kein Ausschlusskriterium sein. Die Freiheit zu Glauben schließt so die Freiheit zum Nicht-Glauben mit ein.

269  Der Begriff wird in den meisten Publikationen ähnlich intuitiv, wie die Rede von der Bil-dungs- oder Umweltpolitik verwendet (vgl. Baumann/Neubert 2011; Heit/Pfleiderer 2012; Schieder 2001).

270  Religionspolitik wird auch als Mittel genutzt, um der Gefahr Religion zu begegnen (Baumann/Neubert 2010: 12).

271  Für eine religionssoziologische Diskussion der Bedeutung von Organisation für Religion siehe Jödicke 2010.

272  Die deutsche Religionspolitik zeigt sich heute dominiert von der Frage des ‚richtigen' Um-gangs mit dem Islam (vgl. Heit/Pfleiderer 2012: Teil III: „Religions-Kritik: Zum Irritations-potential des Islam für europäische Religionsdebatten."). Gerade das Beispiel ‚des' Islam macht dabei deutlich, dass auch religiöse Teilgemeinschaften einer anerkannten Repräsen-tationsinstanz bedürfen, um selbst religionspolitisch aktiv werden zu können.

Gebrauch symbolischen Kapitals. Dies gilt insbesondere in jenen Fällen, in denen Opfer für die politische Gemeinschaft erbracht werden. Das Beispiel der Trauerfeiern für die gefallenen Soldaten der Bundeswehr macht diese Dimension von Zivilreligionspolitik deutlich. Der (re)konstituierende Verweis auf die gemeinschaftlichen Unverfügbarkeiten ist somit nicht bei allen politischen Problemen gleichermaßen funktional. Als „Problemlösungssurrogat" (Sarcinelli 1987: 244) löst Zivilreligionspolitik vielmehr sehr spezifische Probleme nicht nur im Moment der Gründung politischer Gemeinschaften, sondern vor allem auch bei jenen problematischen Erfahrungen von Kontingenz und Krise, die den Bedarf an gemeinschaftlichem Handeln erhöhen. Die Anerkennung von Opfern, die im Namen einer freiheitlichen politischen Gemeinschaft erbracht wurden, sind ein solches Problem, zumal für heutige „postheroische Gesellschaften" (Münkler 2006: 310ff.). Die Frage *wofür* diese Bürger gefallen sind, lässt sich von einem modernen Verfassungsstaat nicht beantworten, ohne die legitimen Grenzen liberaler, demokratischer Politik zu überschreiten.[273] Sie kann jedoch mit Zivilreligionspolitik beantwortet werden. Über performative Akte des Gemeinsamen wird hier die Frage an die transzendente Dimension von Religion symbolisch weitergereicht. So wird schließlich die „Leistung einer Einstellung des Todes in die Reihe der sinnvollen und geweihten Geschehnisse" (Weber 1988: 550) erbracht.

---

273  Einem autoritären Regime fällt die Überschreitung solcher Grenzen leichter. Hier kann sich der Staat symbolisch selbst überhöhen.

# 4 Die Trauerfeiern für die gefallenen Bundeswehrsoldaten[274]

Im frühen Zivilreligionskonzept Rousseaus fokussiert sich bereits der Blick auf die Opfer, die für die Gemeinschaft erbracht und mittels verschiedener symbolischer Formen legitimiert werden. So fordert Rousseau der Opfer zum Gedenken beispielsweise „ein Denkmal" sowie

> dass man regelmäßig Feierlichkeiten einführte, bei denen sie alle zehn Jahre ge-ehrt würden, nicht mit gleißendem, frivolem Pomp, sondern mit schlichtem, hochgemutem, republikanischen Gespränge; würdig, doch ohne Überschwang sollte das Lob jener tugendhaften Bürger erklingen, denen die Ehre zuteil wurde, in den Ketten des Feindes für das Vaterland zu leiden (Rousseau 1989c: 442).

Deutschland pflegt heute ein besonderes Verhältnis zur Opferthematik. In der Berliner Republik konzentriert sich das öffentliche Gedenken auf die Opfer des Nationalsozialismus. Dieses sinnstiftende Gedächtnis schlägt sich symbolisch nieder in Form von Mahnmalen, wie dem Holocaustmahnmal sowie in einem genuinen Zivilbußritual (vgl. Assmann 2006; Münkler/Hacke 2009).[275] Auch die Traditionslinien des Militärs wurden so zerschnitten:

> Die Geschichte deutscher Streitkräfte hat sich nicht ohne tiefe Einbrüche entwickelt. In den Nationalsozialismus waren Streitkräfte teils schuldhaft verstrickt, teils wurden sie schuldlos mißbraucht. *Ein Unrechtsregime, wie das Dritte Reich, kann Tradition nicht begründen* (Traditionserlass der Bundeswehr 1982: 1, Herv. SH).[276]

Heute stehen die Bundesrepublik und die Bundeswehr vor neuen außenpolitischen Herausforderungen, die auch gemeinschaftliche Opfer fordern können und gefordert haben. Derer zum Gedenken sind neue symbolische Formen zu prägen.

---

274 Das Kapitel baut auf einer früheren gemeinsamen Vorstudie auf (Hammer/Herold 2013). Die Analyse wurde jedoch theoretisch um den Aspekt der Trauerfeiern als Ritual erweitert, die Interpretation umfasst zudem vier weitere Trauerfeiern.

275 Eine Kritik an der opferzentristischen Gedächtniskultur formulieren Jureit/Schneider 2010. Zur Globalisierung des Holocaustgedenkens siehe Levy/Sznaider 2001. Zum Zivilbußritual siehe Lübbe 2001, zum politischen Ritual der Buße siehe auch Bizeul 2009: 203ff.

276 Im ersten Traditionserlass von 1965 war diesbezüglich noch zu lesen gewesen: „Symbole, die das Hakenkreuz enthalten, werden nicht aufgestellt und nicht gezeigt." „Kameradschaftliche Beziehungen" auch zu ehemaligen Wehrmachtssoldaten waren jedoch ausdrücklich „möglich und erwünscht" insofern es sich um „in der Umgebung der Garnisonen wohnende ehemalige Soldaten" handelte. Der militärische Traditions- und Gemeinschaftsgedanke, der auch in einer Idee einer longue durée verhaftet ist, war hier noch von herausragender Bedeutung (*Traditionserlass der Bundeswehr* 1965: 4f.).

Im Jahr 2001 beginnt der ISAF Einsatz der NATO, an dem sich auch Deutschland beteiligt. Bereits in den ersten Jahren fordert dieser acht deutsche Opfer „durch Fremdeinwirkung". Dennoch stellt Manfred Hettling im Jahr 2006 fest, dass „der Bundesrepublik ein politischer Totenkult [fehlt]" (Hettling 04.03.2006) und zählt einige der „verschämten Ersatzlösungen" auf, mithilfe derer der Toten gedacht wird, darunter auch eine Beschreibung der damaligen Praxis der Trauerfeiern:

> Die Toten der Bundeswehr werden privat beigesetzt. Die Dienststellen regeln die Präsenz des Militärs bei den Beerdigungen in eigenem Ermessen und entscheiden von Fall zu Fall. Hierbei steht ein Arsenal verschiedener Elemente zur Verfügung, die bei der Bestattung auf dem zivilen Friedhof praktiziert werden können, zum Beispiel Totengeleit, kleine Zeremonie am Grab und Ehrenformation (Hettling 04.03.2006).[277]

Den Anstoß für die von Hettling eingeforderte Diskussion darüber „wie Politik und Öffentlichkeit mit [dem] gewaltsamen Tod [von Bundeswehrsoldaten] umgehen wollen" (Hettling 04.03.2006), gibt schließlich der Vorschlag des damaligen Bundesverteidigungsministers Franz-Josef Jung ein Denkmal für die „durch Fremdeinwirkung" getöteten Soldaten errichten zu wollen (Hettling 04.03.2006).[278] Überaschenderweise beginnt der Diskurs damit 2006 just in einem Jahr, in dem die Bundesrepublik keine Toten dieser Kategorie zu beklagen hatte.[279] Der Wechsel in der Bundesregierung und der sich daran anschließende Wechsel im Verteidigungsministerium von Peter Struck zu Franz Josef Jung liefert lediglich einen ersten personellen Hinweis dafür, wie diese neue Aufmerksamkeit zu erklären ist, die die Politik dem Füllen ihrer symbolischen Leerstellen seither widmet.

Auch bereits bestehende Formen des Opfergedenkens erfuhren eine Neuerung. So beginnt nicht nur die Diskussion um das Ehrenmal der Bundeswehr im Jahr 2006. Auch die politische Begehung des Volkstrauertages, verstanden als „Kristallisations- und Knotenpunkt der kollektiven Erinnerung in

---

277  Zum Zeitpunkt des Erscheinens des Artikels hatten jedoch, ohne dass Hettling dies erwähnt, bereits zwei Trauerfeiern für „durch Fremdeinwirkung" getötete Soldaten stattgefunden, am 22.10.1993 und am 10.06.2003. Bei beiden Feiern sprach auch der jeweilige Verteidigungsminister.

278  Das drei Jahre später eröffnete Ehrenmal wurde schließlich allen Toten der Bundeswehr gewidmet.

279  Auch im Jahr 2004 gab es keine Gefallenen (siehe die Übersicht 1 auf Seite 170). Während der gleiche Umstand im Jahr 2012 durch offizielle Verlautbarung proklamiert wurde, blieb er sechs Jahre zuvor jedoch aufgrund der symbolischen und rhetorischen Sprachlosigkeit im Umgang mit „Gefallenen" noch unkommentiert (vgl. BMVg: „Afghanistan 2012- ein Jahr ohne deutsche Gefallene." 02.01.2013).

Deutschland im 20. Jahrhundert" (Kaiser 2010: 10)[280], reflektiert den neuen Umgang mit den eigenen Toten. So spricht Angela Merkel, als erste Bundeskanzlerin seit 23 Jahren, bei der offiziellen Feierstunde im Bundestag am 19. November 2006 und schließt die Toten der Bundeswehr ins offizielle Gedenken mit ein. Auch das traditionell zu diesem Anlass vom Bundespräsidenten gesprochene Totengedenken erfuhr einen Wandel. Seither lautet es wie folgt: „Wir trauern um die Opfer der Kriege und Bürgerkriege unserer Tage, um die Opfer von Terrorismus und politischer Verfolgung, *um die Bundeswehrsoldaten und anderen Einsatzkräfte, die im Auslandseinsatz ihr Leben verloren*" (Kaiser 2010: 279, Herv. SH).[281]

Die rituelle Gestaltung des Volkstrauertag offenbart den allgemeinen Zwiespalt zwischen Militär und Politik im Gedenken an die Toten der Bundeswehr: Während der Verteidigungsminister, als Oberbefehlshaber, seit dem Jahr 2009 die Namen der Verstorbenen des vergangenen Jahres bei einer nicht öffentlichen Veranstaltung am *Ehrenmal* verliest, finden sich Vertreter der bundesdeutschen Verfassungsorgane zur Kranzniederlegung an der *Neuen Wache* ein.[282] Bei der Zeremonie an der Neuen Wache legt ebenfalls der Verteidigungsminister den Kranz für die Bundesregierung nieder, diesmal in seiner Position als Mitglied der Bundesregierung.[283] Dieser öffentlich vollzogene Akt findet in dieser Form jedoch erst seit dem Jahr 1993 statt. Zuvor war die Ausrichtung des historischen Gedenktages dem Volksbund Deutsche Kriegsgräberfürsorge überlassen worden. Diese neue Tradition der öffentlichen Kranzniederlegung kann daher als

> ein Zeichen für die Beanspruchung einer staatlichen und politischen ‚Normalität' der Bundesrepublik interpretiert werden, die sich eben auch darin äußert, dass Deutschland seine Kriegstoten nach der Wiedervereinigung jetzt - wie andere ‚normale' Staaten auch - öffentlich ehren will (Kaiser 2010: 376).[284]

---

280 Trotz seiner politischen Bedeutung ist der Volkstrauertag, im Gegensatz zu seinem nationalsozialistischen Vorgänger, dem „Heldengedenktag", heute ein „stiller Feiertag (...), dem nur von den Wenigsten gedacht wird" (Bizeul 2009: 196).

281 Unabhängig vom zitierten Totengedenken kann der Bundespräsident zusätzliche eine Rede halten. Bundespräsident Horst Köhler unterstrich 2009 bei dieser Gelegenheit: „Wir denken darum heute auch besonders an unsere Frauen und Männer in Afghanistan. Sie stehen in einem schwierigen und gefährlichen Einsatz. Sie brauchen Rückhalt hier bei uns in der Heimat" (Rede Köhler, 15.11.2009).

282 Für einen Vergleich der Symbolik des Ehrenmals und der Neuen Wache siehe Hettling 2008.

283 Für eine ausführliche Beschreibung des Rituals am Volkstrauertag nach der Wiedervereinigung siehe Kaiser 2010: 375ff.

284 Kaiser beobachtet zudem eine Konzentration auf den „victima-Narrativ" (Kaiser 2010: 385), wenn die Kränze in der Neuen Wache vor der Käthe Kollwitz Figur „Mutter mit totem

Alexandra Kaiser betrachtet die Fortführung des Volkstrauertages zudem als Strategie, die

> Soldaten von *Helden* zu *Opfern* [macht]. Außerdem gelang es unter dem Deckmantel des Opferbegriffs, ehemalige Verfolger und Verfolgte zusammenzuschließen und die Unterschiede zu negieren. Die Nivellierung der Toten erwies sich damit ab einem gewissen Zeitpunkt letztlich als Strategie, um der deutschen Soldaten überhaupt noch gedenken zu können (Kaiser 2010: 407).

Das symbolische Gegenstück zu dieser Praxis bildet die neue Gestaltung der zentralen Trauerfeiern für getötete Soldaten sowie deren Bezeichnung als „Gefallene", die Kaiser kritisch als „Re-Heroisierung" (Kaiser 2010: 391) des Gedenkens bezeichnet. Entgegen dieser Interpretation werden bei den Trauerfeiern jedoch nicht ‚Opfer zu Helden', sondern über die symbolischen Mittel einer „mächtigen"[285] Zivilreligionspolitik wird die ‚sacrifice' Dimension des Opferbegriffes symbolisch inszeniert und die sakrale Kategorie „Gefallene" instituiert. Auch darin zeigt sich der politische Anspruch an eine „staats- und symbolpolitische ‚Normalisierung' der Bundesrepublik" (Kaiser 2010: 389). Vor einem Rückfall in den Heroismus vergangener Zeiten wird die Politik dabei durch die demokratische Rückkoppelung an die politische Kultur einer postheroischen Gesellschaft bewahrt.[286]

---

Sohn" niedergelegt und in einer für Politiker ungewöhnlich gebeugten Haltung die Schleife geordnet wird. Nach Einführung des Gedenktages für die Opfer des Nationalsozialismus befürchtete der Volksbund, dass der Volkstrauertag nun als Tag des Gedenkens an die *Täter* markiert würde, während an jedem 27. Januar *der Opfer* gedacht wird. Diese Befürchtung stellte sich jedoch schnell als unbegründet heraus, auch weil der Holocaustgedenktag nur wenig öffentliche Beachtung fand (Kaiser 2010: 374).

285   Kaisers eigenes Resümee zur Tradition des Volkstrauertags trägt den Titel: „Die Macht des Rituals" (Kaiser 2010: 404ff.).

286   Herfried Münkler fasst das „Dilemma" der politischen Elite der postheroischen Bundesrepublik wie folgt zusammen: einerseits will sie das Gedenken an die toten Soldaten zu Legitimationszwecken nutzen, andererseits zeigt sich jedoch die Gesellschaft von genau diesem Gedenken „irritiert" (Münkler 2008: 25ff.). Münkler verweist diesbezüglich auch auf die Diskrepanz zwischen traditionellen Formen des militärischen Gedenkens und der Natur der Neuen Kriege (Münkler 2002), Die etablierten Denkmäler und Gedenktage seien demnach der Opfer längst vergangener Kriege gewidmet. Bereits die Bezeichnung Krieg und damit auch alle weiteren semantischen Bezugnahmen sind jedoch für gegenwärtige Formen „militärischer Intervention" nicht länger zutreffend (Münkler 2008: 25f.).

Als symbolische Rechtfertigungspraktik ist auch das *Ehrenmal der Bundeswehr*, das „[d]en Toten unserer Bundeswehr. Für Frieden, Recht und Freiheit" (BMVg Das Ehrenmal der Bundeswehr)[287] gewidmet ist, zu identifizieren. Der verhaltene Umgang mit sowie die Kritik der Politik und medialen Öffentlichkeit an „Jungs Firmendenkmal" (Bernau 01.08.2007) zeugt jedoch von dem auch weiterhin mit „Vorbehalt" (Hettling 2008: 17) behafteten Umgang mit den Toten der Bundeswehr.[288] Dennoch kann nicht länger davon gesprochen werden, dass die Bundesrepublik nur *Bedingt Erinnerungsbereit* (Hettling/Echternkamp 2008) wäre. Das Ehrenmal der Bundeswehr, aber auch das am 13. August 2008 vom damaligen Verteidigungsminister Franz-Josef Jung gestiftete *Ehrenkreuz für Tapferkeit* (BMVg Ehrenzeichen und Einsatzmedaillen)[289] sind vielmehr Reaktionen auf

> [einen] Bedarf an neuer, darüber hinausgehender Sinnstiftung (...), dem man u.a. durch die Schaffung zeitgemäßer Rituale und Symbole zu begegnen sucht, wie die Stiftung eines militärischen Tapferkeitsordens oder der Bau eines ‚Ehrenmals‘ für die Toten der Bundeswehr erkennen lassen. In der Öffentlichkeit scheint es hierfür inzwischen eine grundsätzliche Akzeptanz zu geben, auch wenn speziell die Debatte um das ‚Ehrenmal‘ gezeigt hat, dass die Art und Weise der Einführung und Umsetzung derartiger Traditionen weiterhin strittig sein kann (Biel/Leonhard 2012: 334).

Es ist dieser allgemeine Bedarf an Sinnstiftung, der von den Trauerfeiern bedient wird. Diese zeigen jedoch zusätzlichen einen Bedarf der Opferanerkennung an. Vor allem die deutsche Beteiligung an der NATO-geführten internationalen Sicherheitsunterstützungstruppe (ISAF) stellt in vielerlei Hinsicht eine Zäsur für das deutsche Militär, aber auch für die politische Kultur der Bundesrepublik dar.

---

287  Zur Debatte um das Ehrenmal siehe http://hsozkult.geschichte.hu-berlin.de/websites/id=310; Hettling 2009; Hauswedell 2009. Eine scharfe Kritik am Bau findet sich in Beck/Euskirchen 2009.

288  Zu Beginn der Planungsphase war auch der Bau des Ehrenmals vor dem Reichstag im Gespräch. Nachdem sich jedoch verschiedene Fraktionen (u.a. FDP (Drucksache des Bundestages 16/5593)) und Die Linke (Drucksache des Bundestages 16/5891)) dagegen aussprachen, entschied Verteidigungsminister Jung das Ehrenmal auf dem Gelände des Bendlerblocks zu bauen. Inzwischen gibt es neue Überlegungen im Verteidigungsausschuss zusätzlich ein Denkmal in Reichstagsnähe bauen zu lassen (vgl. Remme, *dradio*, 07.03.2013).

289  Im Jahr 2005, dem Jahr des Jugoslawien Einsatzes der Bundeswehr, hatte General Klaus Naumann bereits die Wiedereinführung von Ehrabzeichen für die Bundeswehr gefordert, war jedoch auf vehemente politische Kritik gestoßen (Biehl/Leonhard 2012: 314; siehe auch Naumann 1999).

Beim ISAF Einsatz handelt es sich nicht nur um den „bislang riskanteste[n], komplexeste[n] und auch ‚teuerste[n]‘ Einsatz der Bundeswehr" (Seifert/Langer/Pietsch 2011: 11)[290], er forderte zudem auch Opfer von bisher unbekanntem quantitativen und qualitativem Ausmaß: Seit Beginn des Einsatzes im Jahr 2001 sind 52 deutsche Soldaten in Afghanistan gestorben, 34 von ihnen sind „durch Fremdeinwirkung gefallen", 18 starben „durch sonstige Umstände", ein Teil dieser auch durch Suizid (Statistik der Bundeswehr, Stand Sept. 2012). Weder das Ehrenmal, noch der Volkstrauertag reflektieren jedoch diese unterschiedlichen Opfergruppierungen in ihrer Symbolik. Die besondere Bedeutung der Kategorie „Gefallene" wird, im Gegensatz zum integrativen Ansatz des Ehrenmals und des Volkstrauertages, erst durch die rituelle Inszenierung der Trauerfeiern für die gefallenen Soldaten der Bundeswehr symbolisch hervorgehoben.

Im Folgenden werden die Trauerfeiern für die gefallenen Soldaten der Bundeswehr als performative Akte des Miteinanders, als Rituale, analysiert, die im Zusammenspiel mit einem bestimmten Typus von Narration zunächst der Kontingenzbewältigung für Kameraden und Familienangehörige dienten, dann jedoch zunehmend zur Legitimierung politischer Entscheidungen genutzt wurden. Im Zuge dessen wandelten sich die Trauerfeiern von internen Akten der Solidaritätsbekundung der militärischen Gemeinschaft in profanen Flugzeughallen hin zu öffentlichen Akten der (Re)Konstituierung der politischen Gemeinschaft in sakralen Kirchenräumen. Die Trauerfeiern sind somit als Beispiel für die symbolische Dimension von Politik zu verstehen, die hier als Zivilreligionspolitik bezeichnet wird.

Es folgt zunächst eine kurze Darstellung des erhobenen Materials (Kapitel 4.1), an die sich die Rekonstruktion der Trauerfeiern entlang der formellen Charakteristika eines Rituals nach Michaels anschließt (Kapitel 4.2). Neben den rituellen Formalien (Kapitel 4.2.1: Rahmung und formeller Beschluss; 4.2.2: Aufbau und Ablauf auf dem Flughafengelände; 4.2.3 Aufbau und Ablauf in den Kirchen) wird die sakralisierende Transformation der Soldaten, von Getöteten zu Gefallenen, durch symbolische Überhöhung im Rahmen eines Einsetzungsrituals, analysiert (Kapitel 4.2.4). Eine Analyse der 14 Trauerreden der Verteidigungsminister Peter Struck, Franz-Josef Jung, Karl-Theodor zu Guttenberg und Thomas de Maizière wird ebenfalls vorgenommen. Zusätzlich wurde die Trauerrede des Bundespräsidenten Johannes Rau im Rahmen der Trauerfeier zu Ehren von sieben in Afghanistan verunglückten Soldaten, die einzige bisherige Trauerrede der Bundeskanzlerin bei einer

---

290  Eine Übersicht über bisherige Auslandseinsätze der Bundeswehr findet sich in Rauch 2006; siehe auch Chiari/Pahl 2010; BMVg *Bundeswehr im Einsatz.* 2011.

Trauerfeier für gefallene Bundeswehrsoldaten sowie die Rede des Innenministers Wolfgang Schäubles zum Anlass des Todes von drei Polizisten in Afghanistan mit in die Analyse aufgenommen. Hier steht die Frage *wer* um *wen* trauert, die Bezugnahme auf transzendente Begründungsinstanzen sowie die legitimierende Darstellung des Todes der Soldaten als Opfer *für* die Gemeinschaft im Vordergrund (Kapitel 4.2.5). Abschließend wird noch einmal zusammenfassend diskutiert, inwieweit die Trauerfeiern als Beispiel für Zivilreligionspolitik fungieren (Kapitel 4.3).

## 4.1 Material

Die Analyse umfasst *18 Trauerfeiern*, die im Zeitraum von *1993 bis 2011* ausgerichtet wurden. *16* von diesen Trauerfeiern wurden für die insgesamt *36
gefallenen Soldaten der Bundeswehr* veranstaltet (siehe Übersicht 1). Zusätzlich zur Vollerhebung dieser Trauerfeiern für die gefallenen Soldaten der
Bundeswehr wurden damit zwei Fälle in die Untersuchung mit aufgenommen, die nicht der Grundgesamtheit Trauerfeier für gefallene Soldaten der
Bundeswehr entsprechen. So fand am 29.12.2002 eine Trauerfeier für sieben
verunglückte Soldaten des Bundeswehr ISAF-Kontingentes im Bonner Münster statt. Bundespräsident Johannes Rau hielt die zentrale Trauerrede. Da die
Soldaten einem „Unglück" (o.V. *FAZ.NET* 22.12.2002) zum Opfer fielen, zählen
sie nicht zu den Gefallenen. Die Trauerfeier wurde dennoch mit in die Analyse
aufgenommen, da es sich bei den sieben Soldaten, um die ersten Opfer handelte, die die Bundeswehr im Rahmen des ISAF Einsatzes zu beklagen hatte.
Dieser Umstand und der Zeitpunkt des Unglücks, kurz vor Weihnachten,
sorgten für ein entsprechend großes Medienecho.[291] Auch aufgrund der hohen Opferzahl nahm das deutsche Militär den Vorfall zum Anlass, sich mit der
Thematik des Umgangs mit seinen Opfern auseinanderzusetzen.[292] Am
18.08.2007 fand eine weitere Trauerfeier im Berliner Dom für drei Polizisten
statt, die im Einsatz in Afghanistan getötet worden waren. Da es sich um Polizisten handelte, gehören diese Opfer ebenfalls offiziell nicht zur Kategorie
der Gefallenen der Bundeswehr.[293] Dennoch sprachen der ehemalige Generalinspekteur Wolfgang Schneiderhan sowie der Leiter der Protokollabteilung des Verteidigungsministeriums Oberst Hubertus von Rohr im Interview
von dieser Trauerfeier als Vorbild für spätere Feiern der Bundeswehr.

---

291  Die *SZ* nahm das Unglück beispielsweise zum Anlass, um über die „Gefährliche[n] Aus-
     landseinsätze" der Bundeswehr zu berichten und alle vorherigen Todesfälle zu resümieren
     (o. V., SZ, 23.12.2002).

292  Diese Einschätzung teilen Wolfgang Schneiderhan und Verteidigungsminister Struck (In-
     terview Schneiderhan; Interview Struck 26.06.2012).

293  Die Diskussion darüber, ob der Begriff der Gefallenen auch bei Tötung von Polizisten und
     zivilen Kräften von NGOs verwendet werden sollte, wird nur am Rande geführt. Die Bun-
     deswehr selbst betont, dass allein Soldaten die Grundpflicht „auferlegt [ist], ,der Bundes-
     republik treu zu dienen und das Recht und die Freiheit des deutschen Volkes tapfer zu ver-
     teidigen' (Soldatengesetz § 8). Dies schließt im äußersten Fall den Einsatz des Lebens ein."
     (*ZDv* 10/1: 48). Kritisch dazu: Dörfler-Dierken, Angelika 2010; siehe auch Zupan 2009.

Die Untersuchung wendet die methodologische Herangehensweise der *Triangulation*[294] an, die unterschiedliche qualitative Methoden miteinander verbindet. Für die Analyse der Trauerfeiern waren dies die Methode des *Leitfadeninterviews*[295], der deskriptiven *Datenanalyse* und der *verstehenden Textinterpretation*[296]. Interviewt wurden der ehemalige Generalinspekteur der Bundeswehr, General a.D. Wolfgang Schneiderhan (2002-2009) sowie die ehemaligen Verteidigungsminister Peter Struck (2002-2005, SPD) und Franz-Josef Jung (2005-2010, CDU). Alle drei waren aufgrund ihres jeweiligen Amtes bei verschiedenen Trauerfeiern anwesend und zum Teil mitverantwortlich für die Entwicklung der Feiern. Zusätzlich wurde ein Hintergrundgespräch mit dem Leiter der Protokollabteilung des Bundesverteidigungsministeriums, Oberst Hubertus von Rohr, und seinem Mitarbeiter Stabshauptmann Peter Gellner geführt, um eine bessere Einsicht in die Organisation der Feiern erlangen zu können. Im Rahmen der Datenanalyse wurden die Homepage der Bundeswehr sowie offizielle Dokumente der Bundeswehr (Zentrale Dienstvorschrift (ZDv), Traditionserlass von 1965 und 1982) und Videomitschnitte des Bundeswehr Fernsehens inhaltlich ausgewertet. Die verstehende Textinterpretation umfasste alle Trauerreden, die von führenden politischen Vertretern der Exekutive bei den untersuchten Trauerfeiern gehalten wurden.

---

294 Zur Methode der Triangulation siehe Flick 2011.
295 Zur Methode des Leitfadeninterviews siehe Mayer 2013.
296 Zur Hermeneutik als sozialwissenschaftliche Methode siehe Seiffert 2006.

Tabelle 1: Die Trauerfeiern für die gefallenen Bundeswehrsoldaten[297]

| Jahr/ Opfer- zahl | Opfer (Einsatz) | Datum/Ort der zentralen Trauerfeier | Zentrale Trauerrede eines politischen Repräsentanten |
|---|---|---|---|
| 1993 -1- | 1 (UNTAC) | 22.10.1993/ Fliegerhorst Wunstorf | Verteidigungsminister Volker Rühe (CDU)/ Generalinspekteur Klaus Naumann |
| 2001 -1- | 1 | Keine offizielle Trauerfeier bekannt | |
| 2002 (7) | 7 (ISAF-Unfalltote) | 29.12.2002/ Bonner Münster | Bundespräsident Johannes Rau (SPD) |
| 2003 -5- | 1 (ISAF) | Keine offizielle Trauerfeier bekannt | |
| | 4 (ISAF) | 10.06.2003/ Flughafenhalle Köln-Wahn | Verteidigungsminister Peter Struck (SPD) |
| 2005 -3- | 2 (ISAF) | 29.06.2005/ Flughafenhalle Köln-Wahn | keine Trauerrede eines politischen Repräsentanten bekannt |
| | 1 (ISAF) | 16.11.2005/ Flughafenhalle Köln-Wahn | keine Trauerrede eines politischen Repräsentanten bekannt |
| 2007 -3 - (3) | 3 (ISAF) | 23.05.2007/ Flughafenhalle Köln-Wahn | Verteidigungsminister Franz-Josef Jung (CDU) |
| | 3 (ISAF-Polizisten ) | 18.08.2007/ Berliner Dom | Bundesinnenminister Wolfgang Schäuble (CDU) |
| 2008 -3- | 1 (ISAF) | 01.09.2008/ Heilig-Kreuz Kirche, Zweibrücken | Verteidigungsminister Franz-Josef Jung (CDU) |
| | 2 (ISAF) | 24.10.2008/ Alexanders-kirche, Zweibrücken | Verteidigungsminister Franz-Josef Jung (CDU) |
| 2009 -5- | 1 (ISAF) | 07.05.2009/ St. Johannes Kirche, Bad Saulgau | Verteidigungsminister Franz-Josef Jung (CDU) |
| | 3 (ISAF) | 02.07.2009/ evang. Stadt-kirche, Bad Salzungen | Verteidigungsminister Franz-Josef Jung (CDU) |
| | 1 (ISAF) | 12.10.2009/ Christkönig Kirche, Fulda | Verteidigungsminister Franz-Josef Jung (CDU) |
| 2010 -8- | 3 (ISAF) | 09.04.2010/ Sankt-Lamberti Kirche, Selsingen | Verteidigungsminister Karl-Theodor zu Guttenberg (CSU)/ Bundeskanzlerin Angela Merkel (CDU) |
| | 4 (ISAF) | 24.04.2010/ Liebfrauen-münster, Ingolstadt | Verteidigungsminister Karl-Theodor zu Guttenberg (CSU) |
| | 1 (ISAF) | 15.10.2010/ Sankt-Lamberti Kirche, Selsingen | Verteidigungsminister Karl-Theodor zu Guttenberg (CSU) |
| 2011 -7- | 3 (ISAF) | 25.02.2011/ Stadtpfarr-kirche St. Michael, Regen | Verteidigungsminister Karl-Theodor zu Guttenberg (CSU) |
| | 1 (ISAF) 2 (ISAF) | 03.06.2011/ Epiphanias-kirche, Hannover | Verteidigungsminister Thomas de Maizière (CDU) |
| | 1 (ISAF) | 10.06.2011/ Heilig-Kreuz Kirche, Detmold | Verteidigungsminister Thomas de Maizière (CDU) |

---

297  Eigene Darstellung (Stand Oktober 2012).

Die Übersicht dokumentiert bereit die grundlegenden Entwicklungen bei den Trauerfeiern. So fanden die offiziellen Trauerfeiern zunächst bis zum Jahr 2008 auf bundeswehrinternem Gelände am Flughafen Köln-Wahn bzw. im Fliegerhorst Wunstorf statt. Eine Teilnahme der zivilen Bevölkerung, mit Ausnahme der Familienangehörigen, war so nicht möglich. Auch politische Repräsentanten nahmen nur vereinzelt teil. Die Trauerfeiern für die verunglückten sieben Bundeswehrsoldaten sowie für die drei getöteten Polizisten fanden indes bereits in repräsentativen Kirchengebäuden der ehemaligen Bundeshauptstadt und dem damaligem Sitz des Verteidigungsministeriums Bonn bzw. in der Hauptstadt Berlin statt. Die öffentliche Anteilnahme war dementsprechend größer. Im Falle der sieben verunglückten Bundeswehrsoldaten „verfolgt[e] eine große Zahl von Menschen den Gedenkgottesdienst auf den Münsterplatz" (o.V. SZ, 30.12.2002). Vor den jeweiligen Feiern in Bonn und Berlin fanden zudem kleinere Trauerfeiern auf dem Flughafengelände Bonn bzw. Berlin statt. Seit dem Jahr 2008 finden auch die zentralen Trauerfeiern in ausgewählten Garnisonskirchen statt, die Empfangnahme der Särge wird im kleinsten Kreis auf dem Flughafengelände begangen. Auffällig ist, dass der Umzug in die Kirchen unmittelbar auf die Trauerfeier im Berliner Dom zu Ehren der getöteten Polizisten folgte. Dass dieser Zusammenhang kein Zufall war, zeigt beispielsweise die Aussage vom Mitarbeiter der Protokollabteilung, Stabshauptmann Peter Gellner, im Hintergrundgespräch:

> [2007 sind] drei Polizisten gestorben und es kam die Frage auf, warum Soldaten im Hangar betrauert werden und die Polizisten sogar im Berliner Dom. Damals haben sich Soldaten, sogar direkt aus dem Einsatz, an den Minister und den Wehrbeauftragten des Deutschen Bundestages gewandt. Daraufhin hat man das heute bekannte Prozedere des kirchlichen Ablaufs ins Leben gerufen (Interview Protokoll).

Und auch der ehemalige Generalinspekteur Schneiderhan erklärt im Interview:

> Die Kanzlerin hatte ein Signal gesetzt hat. Da gab es ja den Fall [2007], als drei Polizisten in Afghanistan getötet wurden. (...) Die Trauerfeier fand im hohen Dom zu Berlin statt. Da habe ich zum Minister Jung gesagt: Moment, Herr Minister, jetzt müssen wir aufpassen. Wir gehen mit unseren Soldaten in die Halle und die drei Polizisten mit der Kanzlerin in den Dom. Und das war dann der Durchbruch zu sagen, wir machen es ganz anders. Wir gehen im Grunde in die Garnisonen, wo die Soldaten herkommen (Interview Schneiderhan).

Nach dem Umzug in die Kirchen werden die Toten dann erstmalig, bei einer Trauerfeier in Zweibrücken am 24.10.2008, vom damaligen Verteidigungsminister Jung mit dem Titel „Gefallene" angesprochen.

## 4.2 Die Trauerfeiern der Bundeswehr als Ritual

In einem Arbeitspapier der Abteilung Innere Führung der Bundeswehr, das Vorgesetzten „Anregungen" geben will, wie sie das Thema „Verwundung, Tod und Trauer im Einsatz" mit den Soldaten besprechen können, wird die Wirkung von Trauerfeiern wie folgt beschrieben:

> Die gemeinschaftliche Trauerfeier ist ein bewährtes Hilfsmittel zur Bewältigung. Sie erleichtert vielen Kameradinnen/Kameraden das Abschiednehmen. Rituale geben Halt und tragen zur Stabilisierung bei. Die Trauerfeier als militärisches Ritual ermöglicht die Kontrolle von Gefühlen und schafft Raum diese auszuleben, ohne dass der Trauernde befürchten muss, seinen Gefühlen völlig ausgeliefert zu sein. Sie erleichtert, die auftretenden Gefühle wahrzunehmen, sie anzunehmen, ihnen Gestalt zu geben und sie gesellschaftlich akzeptiert auszudrücken. Das militärische Trauerritual stellt einen würdevollen Abschied dar, der auch von den hinterbliebenen Kameradinnen/Kameraden erwartet wird. Sie wird als Wertschätzung gegenüber den Gefallenen/Verstorbenen angesehen (Zentrum Innere Führung: 26).

Die Trauerfeiern werden somit deutlich als Verfahren ausgewiesen, welches sich durch spezifische Eigenschaften auszeichnet und über deren Wirkung es für die Gemeinschaft eine Reihe von Funktionen erfüllt. So ist einerseits die Rede von einer rituellen Bewältigungsstrategie, die darauf basiert, dass Rituale in Konfliktsituationen durch Formalisierung von Handlungen Halt bzw. Struktur bieten. Als „Verfahren zur Kontingenzstilllegung" (Schrage 2003: 206) unterstützen Rituale jedoch nicht allein die akute Trauerbewältigung, sondern motivieren die Soldaten darüber hinaus durch die Vergegenwärtigung zukünftiger Anerkennung zu eigenen möglichen Opfern. Zugleich wird die ‚Außeralltäglichkeit' ritueller Handlung angesprochen. So sind im rituellen Rahmen ‚andere' Handlungen und ‚andere', emotionalere Ausdrucksweisen erlaubt, als sie im Alltag angebracht erscheinen. Aber auch der Aspekt der Überhöhung durch Rituale wird im Zitat ausgewiesen. Indem Rituale die Ritualgemeinschaft symbolisch in Beziehung setzen zu transzendenten Werten und Sinnbildern, wird dieser Wert schließlich auch auf die zu betrauernden Individuen im Zentrum einer Trauerfeier sowie auf die Trauergemeinschaft übertragen.

Das Trauerritual wirkt somit als „magisches" Einsetzungsritual, welches verstorbene in gefallene Soldaten transformiert und so deren Opfer durch eine „Aura des Sakralen" (Münkler 2008: 30) von anderen Opfern unterscheidbar macht. Die Gemeinschaft, die sich über diese gemeinsamen Handlungen konstituiert bzw. rekonstituiert, ist zunächst das Militär. Eine mögliche politische Bedeutung der Feiern wird im zitierten Arbeitspapier nicht thematisiert, ebenso wie nicht über die unterschiedlichen Traditionen der Trauerfeiern im Einsatzland sowie im Heimatland gesprochen wird.

Bis zum Jahr 2008 fanden die zentralen Trauerfeiern im Heimatland noch unmittelbar nach Ankunft der Särge auf dem militärischen Flughafengelände statt. Seither unterscheidet man jedoch zwischen den folgenden rituellen Stationen: die *Trauerfeier im Einsatzland* (1), die *Empfangnahme der Särge auf dem Flughafengelände* (2 im Beisein der Angehörigen und wenigen offiziellen Vertretern) und die *zentrale Trauerfeier* in den Kirchen der Garnisonsstädte (3). Jedes Trauerritual adressiert dabei ein unterschiedliches Publikum: die Kameraden, die engsten Angehörigen und schließlich die politische Öffentlichkeit.

Von den militärischen Feiern im Einsatzland gelangen zumeist nur Bilder an die zivile Öffentlichkeit.[298] Ausführliche Berichte, wie der Folgende, der eine Trauerfeier im Juni 2011 beschreibt, finden sich lediglich in Bundeswehr internen Publikationen:

> Am nächsten Morgen werden die drei Gefallenen mit der ‚Line up'-Zeremonie zum Flugzeug gebracht. Dies bedarf keiner aufwendigen Erklärungen. Die Soldaten kennen den Weg, leider, sie brauchen nur eine Uhrzeit. Der Weg zum Flugzeug ist bereits lange vor Beginn mit Soldaten aller Nationen dicht gesäumt. Es wird still im Camp. Die hektische Betriebsamkeit verstummt. (...) dann beginnt der Trommler. Sein Takt zieht das Ehrengeleit im Gleichschritt auf ihren langen Weg. (...) Die Särge werden in das Flugzeug gebracht. (...) Nun wird es langsam Abend. Im Schein der Fackeln versammeln sich die Soldaten zum Gedenken am Ehrenhain. Noch verhüllen schwarze Tücher die neuen Plaketten mit den Namen der Gefallenen. Sie sollen erinnern an die Menschen und ihre Leistungen. Aber auch Ermahnen an den Preis, den der Kampf für ein sicheres und friedliches Afghanistan fordert. Langsam erfüllen die Klänge von ‚Amazing Grace' die Stille der Dunkelheit, die Soldaten grüßen die Flagge. Sie wird auf Halbmast gesenkt. Erneut ist es still in Mazar-e-Sharif. Diese Stille umklammert die leisen Stimmen des Gebets der Soldaten, den Trommler, der ‚Ich hatt' einen Kameraden' spielt und die Worte [des] Brigadegenerals. (...) Die Nationalhymne erklingt. Kraftvoll stimmen die Soldaten ein und vertreiben die Stille. Die Flagge wird wieder aufgezogen (bau 06.06.2011).

---

298 Ein Vergleich zwischen den Trauerfeiern im Einsatzland und den Trauerfeiern im Heimatland erscheint sinnvoll, kann im Rahmen der Arbeit jedoch nicht geleistet werden. Einerseits gestaltet sich der Zugang zum Material schwierig, andererseits richten sich lediglich die zentralen Trauerfeiern im Heimatland an die deutsche Öffentlichkeit. Die Institutionalisierung von Trauerfeiern im Einsatzland sowie auch die Schaffung eines Ehrenhains sind Anzeichen einer sich entwickelnden „Subkultur Einsatz" (vgl. Tomforde 2011).

Das Ritual im Einsatzland zeigt sich geprägt von der Internationalität des NATO Camps. Es umfasst jene Elemente einer militärischen Trauerfeier, auf die sich die Bündnispartner scheinbar verständigt haben: Trommelwirbel, Gebete, der Gruß der Flagge sowie das Erklingen der Nationalhymne. Die Stimmung vor Ort, die auch der Artikel stilistisch einfängt, wirkt zudem für ein Militärcamp ‚außeralltäglich'. Mehrfach wird die sakrale Stille erwähnt, die entsteht, wenn die gewöhnlichen, profanen, Tätigkeiten ruhen. Die Funktionen, die dieses Ritual erfüllt, sind schließlich dieselben, wie bei den zentralen Trauerfeiern im Heimatland. So wird der Toten auf anerkennende, würdige Weise gedacht. Dieses Gedenken wird zusätzlich in den Plaketten objektiviert. Die Namen der getöteten Soldaten symbolisieren zugleich deren besonderen Status als Gefallene. Durch das Lüften des schwarzen Tuches werden schließlich zwei absolute Kategorien, die der lebenden und der gefallenen Soldaten, institutionalisiert.

Der zentrale Unterschied zwischen den Trauerfeiern im Einsatz- und im Heimatland liegt demnach in der Gemeinschaft, die so (re)konstituiert wird. Während im Einsatzland eine internationale Gemeinschaft aus einsatzerfahrenen Soldaten ihrer Kameraden gedenkt, finden die zentralen Trauerfeiern gemeinsam mit den Angehörigen sowie militärischer und politischer Repräsentanten statt. Für diese Trauerfeiern zeigt sich das Bundesverteidigungsministerium verantwortlich. Die dort zentralisierte Durchführung und Planung der Feiern wird im Folgenden anhand der Ritualkriterien, die Axel Michaels formuliert hat, rekonstruiert. Mit Michaels gelten Handlungen, deren Beginn und Ende erkennbar gerahmt ist, die auf einem förmlichen Beschluss beruhen (Kapitel 4.2.1), deren Aufbau und Ablauf formalisiert ist (Kapitel 4.2.2 und 4.2.3) und die darauf abzielen eine Veränderung durch Überhöhung zu bewirken (Kapitel 4.3.4), als Ritual.

## 4.2.1 Rahmung und formeller Beschluss

Durch räumliche und zeitliche *Rahmung* sowie durch einen, dem Ritual vorangegangenen, *Beschluss* werden Rituale von routinierten Handlungen, die ähnlich formalisiert ablaufen, unterscheidbar. Rituale werden so für alle erkennbar als ‚besondere' Handlungen ausgewiesen, ohne dass man sie dazu explizit als solche bezeichnen müsste. Beginn und Ende des Rituals werden dabei durch ein hör- bzw. sichtbares Zeichen oder auch durch das Betreten eines Raumes signalisiert. Zudem wird das Verhalten aller teilnehmenden Personen formalisiert.

Die Verantwortung für die zentralen Trauerfeiern für die gefallenen Soldaten der Bundeswehr liegt beim Bundesverteidigungsministerium (BMVg). Der formelle *Beschluss* zum Abhalten einer solchen Feier wird dort gefällt. Über eine Pressemitteilung, die Ort, Beginn und voraussichtliches Ende der „Trauerfeier" für „die gefallenen Soldaten" sowie die Teilnahme hochrangiger politischer und militärischer Repräsentanten ankündigt, wird dieser Beschluss öffentlich bekannt gegeben. Der in den Pressemitteilungen genannte Anlass ist das gemeinsame „Abschiednehmen" der Bundeswehr mit „den Familien und Freunden". Die Angaben zu den Toten beschränken sich auf deren Alter und militärischen Rang, Namen werden nicht genannt. Die Qualifizierung der Toten als „gefallen" wird erst seit Ende des Jahres 2008 in den Pressemitteilungen verwendet (vgl. Pressemitteilung 01.06.2011).

Das Verhalten der teilnehmenden Personen wird durch die Organisatoren des Ministeriums mehr oder weniger stark formalisiert. Diese entscheiden über die Sitzordnung und planen die Handlungen aller aktiven Ritualteilnehmer. Für die teilnehmenden Bundeswehrangehörigen gelten zudem die entsprechenden Dienstvorschriften bezüglich ihrer Kleidung oder auch ihres Verhaltens. Vor allem jene Soldaten, die bei den Feiern eine aktive Rolle spielen und beispielsweise die Totenwache um den Sarg halten, werden genauestens instruiert, ihre Handlungen einstudiert. Über Verhaltensregeln bezüglich der Teilnahme von Medienvertretern informiert ebenfalls bereits die Pressemitteilun. Der Zugang zur Trauerfeier wird nur geladenen Gästen und unter vorheriger Anmeldung und Akkreditierung gewährt.[299] Bei einem Teil

---

299  Auch die Autorin versuchte im Rahmen der Arbeit an mehreren Trauerfeiern im Jahr 2011 beobachtend teilzunehmen. Der Zugang zum Feld stellte sich jedoch als so schwierig dar, dass davon abgesehen wurde.

der Trauerfeiern wurde aufgrund von Platzmangel zudem die indirekte Teilnahme durch Live-Übertragungen der Feiern auf eine Leinwand vor der Kirche ermöglicht.[300]

In Bezug auf die Rahmung eines Rituals ist die Wahl des Ortes, ob profan oder sakral, von entscheidender Bedeutung. Über die rituellen Handlungen kann dann auch ein profaner Ort sakralisiert werden. Die Trauerfeiern für die gefallenen Soldaten der Bundeswehr fanden bis zum 01.09.2008 auf militärischem Flughafengelände statt. Die dortigen Hallen beschreibt der ehemalige Generalinspekteur Wolfgang Schneiderhan aus der Perspektive der Bundeswehr als „ein[en] neutralere[n] Ort" (Interview Schneiderhan) als die späteren Kirchen. Für Bundeswehrangehörige stellt eine solche Flughafenhalle jedoch nicht nur einen weltanschaulich neutralen Ort dar, die Halle ist vielmehr im Sinne Durkheims ein profaner Ort, der zunächst einmal mit der Arbeit der Bundeswehr verbunden wird. Im Zuge der dort stattfindenden Feiern, wandelt sich die Natur des Ortes allerdings. Für jene Personen, die mehrfach an Trauerfeiern auf dem Flughafengelände teilnahmen, wird dieser schließlich in Beziehung gesetzt zu den „würdevollen" und „beeindruckenden" Momenten (Interview Struck), die man dort während der Feiern erlebt hat, so der ehemalige Verteidigungsminister Struck, der an vier solcher Trauerfeiern teilnahm. Dabei wirkt jedoch nicht so sehr der Raum selbst, sondern die „tradierte[n] soldatische[n] Formen" (Interview Schneiderhan), die in ihm vollzogen werden. Die feierliche Grundstimmung wird erst durch deren symbolisches Kapital erzeugt. Um das symbolische Kapital in diesem Sinne deuten zu können, bedarf es jedoch der Sozialisation durch die Bundeswehr. Die Flughafenhalle auf dem militärischen Gelände des Flughafens ist zudem ein bundeswehrinterner Ort, zu dem zivile Personen nicht ohne weiteres Zugang erhalten. Werden dort Trauerfeiern durchgeführt, so kann dies bei Nicht-Bundeswehrangehörigen zu Irritationen führen. Aber auch hochrangige Militärangehörige, wie der ehemalige Generalinspekteur Schneiderhan, merken an, „dass wir es in der Halle nicht mehr machen wollen, weil wir das selber nicht mehr aushalten" (Interview Schneiderhan). Nach Teilnahme an zwei Feiern auf dem Flughafengelände wünschte sich Schneiderhan daher „eine Phase (...), wo die soldatischen Dinge zunächst ausgeblendet werden sollen" (Interview Schneiderhan). Beim damaligen Verteidigungsminister Franz Josef Jung weckte bereits das Erleben einer solchen Trauerfeier den Wunsch

---

300  Inwieweit das Verhalten dieser nur indirekt teilnehmenden Personen vor der Kirche vom Ritual beeinflusst wird, ist schwierig einzuschätzen. Die Videoaufzeichnungen zeigen vor allem uniformierte Soldaten auf den Marktplätzen deren Verhalten ohnehin von den Dienstvorschriften bestimmt wird.

einen „würdigere[n], angemessene[n] Rahmen [zu] schaffen, als beispielsweise eine Flugzeughalle, wie in Köln-Wahn. Deshalb habe ich entschieden, dass wir etwas verändern. Und so sind wir in den kirchlichen Raum gegangen" (Interview Jung).[301]

Zuvor wurde jedoch bereits eine nicht-militärische, dafür sehr viel ‚sakralere' Phase für die Angehörigen noch auf dem Flughafengelände institutionalisiert: Bei den ersten Trauerfeiern war es noch üblich gewesen die Empfangnahme der Särge und die Trauerfeier gemeinsam an einem Ort zu vollziehen. Eine solche Feier hatte auch der damalige Verteidigungsminister Jung erlebt: „Das Flugzeug kam in Köln-Wahn mit den Särgen an und mit Trommelwirbel wurde der Sarg aus dem Flugzeug in die Halle gebracht und dort fand die Trauerfeier statt" (Interview Jung). Heute trennt man das „technische Entladen" der Särge, das Stabshauptmann Peter Gellner von der Protokollabteilung im Interview als „nichts *Würdevolles*" beschreibt, „das ist nichts fürs Auge" (Interview Protokoll). Der erste Kontakt der Angehörigen mit den Toten findet nun in einer kleinen Kapelle auf dem Flughafengelände, auf Wunsch im Beisein eines Geistlichen, statt, „dort stehen Kerzen und Bilder und sorgen so für eine *angemessene* Atmosphäre" (Interview Protokoll). Man kann somit von einer funktionalen Differenzierung zwischen profanem Entladen und sakralem Abschied sprechen.

Die Entscheidung, die zentralen Trauerfeiern fortan in Kirchen stattfinden zu lassen, wurde auch durch die Gestaltung zweier weiterer Trauerfeiern entscheidend beeinflusst. Diese wurden zwar nicht für gefallene Soldaten der Bundeswehr ausgerichtet, zogen aber dennoch die Aufmerksamkeit der Bundeswehr auf sich. So fand am 29.12.2002 im Bonner Münster die Trauerfeier für sieben Bundeswehrsoldaten statt, die in Afghanistan bei einem Hubschrauberunglück ums Leben gekommen waren. Die zentrale Trauerrede hielt der damalige Bundespräsident Johannes Rau im Beisein des damaligen Verteidigungsministers Peter Struck und des Generalinspekteurs Wolfgang Schneiderhan. Beide zeigten sich von der Feier und der Rede des Bundespräsidenten beeindruckt.[302] Den Bonner Münster hatte man aus unterschiedlichen Gründen ausgewählt: Zunächst einmal war Bonn zu diesem Zeitpunkt

---

301 Man kann nur vermuten, dass die wiederholte Teilnahme an Trauerfeiern auf dem Flughafen diesen Eindruck möglicherweise korrigiert hätte. Zumindest Generalinspekteur Wolfgang Schneiderhan ist jedoch aufgrund seiner Position mit den Traditionen der Bundeswehr ohnehin sehr vertraut. Er merkte im Interview zudem an, dass „Minister Jung und ich sehr katholisch sind" und daher den Ort Kirche für Trauerfeiern bevorzugen (Interview Schneiderhan).

302 Im Interview sagte Generalinspekteur Schneiderhan zur Feier im Bonner Münster: „Das hat mir gut gefallen" (Interview Schneiderhan).

noch Sitz des Bundesverteidigungsministeriums. Zudem war die Bundeswehr erst seit kurzem am ISAF Einsatz beteiligt, die Opfer zählten somit zu
den ersten überhaupt. Die Anteilnahme der Bevölkerung und das Interesse
der Medien waren dementsprechend groß, auch da die Soldaten drei Tage vor
Weihnachten verunglückt waren. Dem wollte man, wie es der ehemalige Verteidigungsminister Struck im Interview ausdrückte „gerecht werden" (Interview Struck). Der Flughafen, als Ort der Bundeswehr, kam hierfür nicht in
Frage.

Den endgültigen Auslöser zum Wechsel des Ortes für die Trauerfeier gab
schließlich die Trauerfeier am 10.08.2007 für drei in Afghanistan getötete
deutsche Polizisten im Berliner Dom. Die Feier fand drei Monate nachdem
Jung das erste Mal bei einer Trauerfeier auf dem Flughafengelände gesprochen hatte statt. Dazu merkte der frühere Generalinspekteur Schneiderhan
an:

> Da habe ich zum Minister Jung gesagt: Moment, Herr Minister, jetzt müssen wir
> aufpassen. Wir gehen mit unseren Soldaten in die Halle und die drei Polizisten
> mit der Kanzlerin in den Dom. Jetzt fährt das gerade eben aus dem Ruder. Und
> das war dann der Durchbruch zu sagen, wir machen es ganz anders (Interview
> Schneiderhan).

Aber auch die Soldaten selbst, die die Trauerfeier ebenfalls, vermittelt durch
die Medien, erlebt hatten, wandten sich daraufhin an das Ministerium.[303]

Bereits die nächste Trauerfeier für einen getöteten Soldaten fand
schließlich am 01.09.2008 in der Heilig Kreuz Kirche in Zweibrücken statt.
Seither werden alle zentralen Trauerfeiern in Kirchen der Garnisonsstädte
ausgerichtet. Die Auswahl der Kirchen basiert dabei auf Informationen der
Protokollabteilung des Ministeriums, die sich bereits vor einem Todesfall
über die Möglichkeiten in einer Garnison, aus der Truppen in den Einsatz ge-
schickt werden, erkundigen. Bei der Auswahl der Kirchen spielen vor allem
organisatorische Gesichtspunkte eine Rolle: wie viele Menschen fasst die Kirche? Für welche Anzahl von Särgen ist die Größe des Altarraums angemes-
sen? Und ist der Geistliche vor Ort bereit, das Hausrecht für ‚seine' Kirche für
die Dauer der Organisation und Durchführung der Feiern an die Bundeswehr
abzutreten?[304]

---

303  Dazu Stabshauptmann Peter Gellner von der Protokollabteilung des BMVg: „Damals haben
     sich Soldaten, sogar direkt aus dem Einsatz, an den Minister und den Wehrbeauftragten
     des Deutschen Bundestages gewandt" (Interview Protokoll).
304  Laut Aussage der Protokollabteilung ist es dem örtlichen Geistlichen erlaubt an der Feier
     teilzunehmen, die Liturgie wird jedoch von Militärgeistlichen durchgeführt (Interview Pro-
     tokoll).

Findet eine Trauerfeier an einem ausgewählten Ort statt, werden im Rahmen eines „professionellen und personenunabhängigen" „Maßnahmenkatalogs" (Interview Protokoll), der eine erste Entlastung für die organisierenden Truppenteile vor Ort bedeutet, notwendige Anpassungen in den Kirchen vorgenommen.[305] Trotz dieser räumlichen Veränderungen, die für den ortsunkundigen Teilnehmer der späteren Trauerfeier kaum wahrnehmbar sind, behält die Kirche jedoch ihre sakrale Aura, die sich auf das Ritual und vor allem auf die Teilnehmer überträgt. Die ‚Würde des Ortes' wirkt dabei auch auf jene Teilnehmer, die selbst keine persönliche Verbindung zur Kirche bzw. zur Religion pflegen. Im Interview äußerte sich diesbezüglich auch der ehemalige Verteidigungsminister Jung:

> ...selbst diejenigen die keinen Bezug zur Religion hatten und die demnach konfessionslos waren, haben diesen Raum [Kirche] trotzdem als sehr würdig und als wesentliche Verbesserung gegenüber der früheren Praxis empfunden. (...) Das erleben Sie ja oft, dass wenn ein Leben sehr abrupt endet, auch bei Leuten, die überhaupt nichts mit der Kirche am Hut haben. Wenn dann aber der Fall eintritt, dann sind sie doch ganz dankbar, wenn ein Pfarrer die Beerdigung vornimmt (Interview Jung).[306]

Auch der Vergleich von Handlungen vor und in den Kirchen unterstreicht noch einmal die Wirkkraft dieses Ortes. So beobachtete beispielsweise der ehemalige Generalinspekteur Wolfgang Schneiderhan Bürger, die *vor* der Kirche beim „Event" Trauerfeier ‚zuschauten'.

> Da kommen die Särge aus der Kirche und gegenüber an der Straße stehen Staatsbürgerinnen und Staatsbürger, lockerer gekleidet als ich das jetzt bin, haben eine Baseballmütze auf dem Kopf und ziehen die nicht ab. Und dann merkt man, das stimmt jetzt hinten und vorne nicht. Die wissen auch nicht, wie es geht. Es wird dann (...) der gute Kamerad gespielt, während [die Särge] in den Leichenwagen kommen. Dann fahren die Wagen mit Eskorte weg und verschwinden. Und die Musik zieht dann mit klingendem Spiel wieder ab. Dabei habe ich schon ein paar Mal gedacht: So viel zum Staatsbürger und zur Würde der Veranstaltung. Das war [für die Bürger] ein Event. Manche saßen auch auf der Mauer und haben die Füße baumeln lassen und haben mit der Nachbarin geredet (Interview Schneiderhan).

---

305 So wurde beispielsweise für die Trauerfeier am 25.02.2011 in Regen der komplette Altarraum umgebaut, damit er die Särge von drei gefallenen Soldaten fassen konnte.
306 Die Informationen der Bundeswehr erlauben es nicht weitere Aussagen zur Religionszugehörigkeit der einzelnen gefallenen Soldaten zu treffen.

Dieses Zitat unterstreicht nicht nur die Bedeutung des Raumes Kirche, sondern auch die sinnvolle Unterscheidung zwischen Ritual*zuschauern* und *Teilnehmern*. So ist die handlungsanleitende Wirkkraft des Rituals auf die Menschen auch davon abhängig, dass diese sich selbst als Teil dieses Verfahrens wahrnehmen. Eine solche Einbindung kann jedoch nicht nur dadurch erreicht werden, dass alle Personen auch tatsächlich vor Ort sind. Durch Ansprache in den Trauerreden und die massenmediale Vermittlung dieser Ansprache über den Rahmen des Rituals hinaus können Personen auch indirekt am Ritual beteiligt werden.

Die Trauerfeiern verlieren schließlich mit dem Umzug in die Kirche bereits einen Teil ihres militärischen Charakters. Auch der Beginn des Trauerrituals verlagert sich vom Eintreffen der Särge in der profanen Flughafenhalle auf das Betreten des sakralen Ortes Kirche. Das Ritual endet schließlich vor der Kirche und wie bei den Feiern auf dem Flughafengelände mit dem Spielen des Liedes „Ich hatt' einen Kameraden", denn, so der Leiter der Protokollabteilung, Hauptmann von Rohr, „[w]enn der Trompeter das Signal geblasen hat, dann geht man auseinander" (Interview Protokoll).

Die Trauerfeiern der Bundeswehr für die gefallenen Soldaten fanden somit von 1993 bis 2007 auf militärischem Flughafengelände und seitdem in Kirchen statt. Auf dem Flughafengelände signalisierte die Ankunft des Flugzeuges sowie die formalisierte Entnahme der Särge, begleitet von Trommelwirbel, den Beginn der Trauerfeier. Mit dem Ende der Trauerfeier wurden die Särge dann, begleitet vom Lied „Ich hatt' einen Kameraden", in wartende Wagen verbracht. In den Kirchen verband sich die Außeralltäglichkeit der Handlung mit dem Betreten und Verlassen des sakralen Raumes. Auch diese Feiern endeten schließlich mit dem Lied „Ich hatt' einen Kameraden".

„Der Weg ging also von der großen neutralen, eher anonymen, Organisationsform hin zu einer eher familiären und persönlichen Form" (Interview Schneiderhan). Bemerkenswert ist, dass sich die formellen Programmpunkte und damit der Ablauf der Feiern auf dem Gelände des Flughafens bzw. in den Kirchen nicht wesentlich unterscheiden, wie im Folgenden zu zeigen sein wird. Die einzelnen Elemente, das Gebet mit Geistlichen sowie Musikstücke und die zentrale Rede des Ministers sind, mit einer Ausnahme, bei beiden Ritualformen vorzufinden. Damit verstärkt sich einerseits die Bedeutung der Faktoren Form und formelle Wiederholung bei rituellen Handlungen, die dazu führen, dass die teilnehmenden Personen in den Handlungen überhaupt ein Ritual erkennen und schließlich ‚richtig' vollziehen. Betont wird andererseits aber auch die Bedeutung der Rahmung eines Rituals durch den Raum und die in ihm präsenten Symbole. Es sind diese beiden Elemente, die ein militärisches Ritual von einem politischen Ritual unterscheiden.

### 4.2.2 Formeller Aufbau und Ablauf auf dem Flughafengelände

Die fünf Trauerfeiern, die zwischen 1993 und 2007 abgehalten wurden, fanden, bis auf eine Ausnahme, auf dem militärischem Flughafengelände in Köln-Wahn statt. Lediglich die erste Trauerfeier für einen in Kambodscha getöteten Soldaten wurde auf dem Bundeswehrflugplatz Wunstorf ausgerichtet. Und obwohl alle diese Trauerfeiern auf der gleichen Zentralen Dienstvorschrift beruhen, unterscheidet sich deren Durchführung im Detail, bezüglich der präsenten Bundeswehrsymbole, der Dekoration der Särge sowie in Bezug auf die Integration der Militärseelsorge, merklich.

Für den ersten „Gedenkappell" (o.V. *SZ*, 21.10.1993) auf dem Flughafengelände Wunstorf wurden die Wände mit schwarzem Stoff, an den Seiten mit Flecktarn verhangen.[307] An der, der Trauergemeinde zugewandten, Wand wurden zudem auf schwarzem Stoff die UN Flagge, das Eiserne Kreuz der Bundeswehr sowie die deutsche Bundesflagge präsentiert. Bei den darauffolgenden „ökumenischen Feiern" (o.V. SZ, 24.05.2007) wurde die Halle ebenfalls mit schwarzem Stoff verhangen, es fanden sich jedoch keine Flaggen an den Wänden, sondern lediglich auf den Särgen sowie am Sprecherpult. Zudem wurde nun der Gefechtshelm der Bundeswehr an das Kopfende des Sarges gelegt und nicht der UN Blauhelm, der sich auf dem Sarg des ersten gefallenen Soldaten befand. Schwarze Samtkissen, die die verliehenen Orden der getöteten Soldaten zeigen, wurden bei allen Zeremonien präsentiert.

---

307 Auf der Basis von Videoausschnitten, die vom Bundeswehrfernsehen zur Verfügung gestellt wurden, wurde der Aufbau bei der Zeremonie nachvollzogen.

Abb. 1: Gedenkappell am 22.10.1993[308]

Abb. 2: ökumenische Trauerfeier am 29.06.2005

308  Die Abbildungen 1, 2 und 3 zeigen Screenshots von Videoaufnahmen, die für die Studie vom Bundeswehrfernsehen zur Verfügung gestellt wurden.

Abb. 3: ökumenische Trauerfeier am 29.06.2005

Wie in der Dienstvorschrift vorgesehen, befanden sich bei den Trauerfeiern auf dem Flughafengelände jeweils sechs Soldaten am Sarg des Toten,
drei zu jeder Seite. Die Soldaten der Totenwache trugen einen Gefechtshelm.[309] Ein Verweis auf die Person des Getöteten, beispielsweise in Form eines Fotos, findet sich erst bei der letzten Trauerfeier in Köln-Wahn am
23.05.2007. Zuvor wurde entweder ganz auf eine solche Symbolik verzichtet,
wie bei der ersten Trauerfeier 1993 (siehe Abbildung 1), oder man platzierte
einen Bilderrahmen mit Namen und Rang des getöteten Soldaten sowie mit
Trauerflor, an prominenter Stelle an der Front des Rednerpultes, das neben
dem Sarg aufgebaut wurde (siehe Abbildung 2).

Abbildung 2 zeigt eine Besonderheit der Trauerfeier für zwei gefallene
Soldaten, die am 29.06.2005 ebenfalls auf dem Flughafengelände Köln-Wahn
stattfand. Neben der Totenwache, die um den Sarg herum Spalier steht, finden sich noch weitere Soldaten, die hinter dem Sarg Aufstellung genommen
haben. Dabei handelt es sich um einen Ehrenzug, bestehend aus einem Offi-
zier, drei Unteroffizieren und 27 Mannschaften sowie um eine Fahnenabord-
nung, die sich aus zwei Offizieren und einem Fahnenoffizier zusammensetzt.
Diese Form des „großen Ehrengeleits" ist ungewöhnlich, da sie laut Dienstvorschrift lediglich „Offiziere[n] in mindestens der Dienststellung eines Kommandierenden Generals oder Offiziere[n] in Dienstanstellung an aufwärts"
(ZDv, Kapitel 3, Absatz 321) zusteht. Bei den gefallenen Soldaten handelte es
sich jedoch um einen Haupt- und einen Oberfeldwebel. Über dieses Mehr an
militärischer Symbolik wollte die Bundeswehr einen „angemesseneren Rahmen"[310] für die Familien schaffen. Zudem wurde auch die Militärseelsorge bei
den Feiern in der Flughafenhalle mit in das Zeremoniell eingebunden. Lediglich der erste „Gedenkappell" in der Fliegerhalle Wunstorf fand ohne seelsor-
gerliche Beteiligung statt. Alle folgenden „ökumenischen Trauerfeiern" wurden schließlich „von Militärgeistlichen geleitet" (o.V. SZ, 24.05.2007).

Vollständige Videoaufzeichnungen der Trauerfeiern auf dem Flughafengelände standen nicht zur Verfügung. Deshalb muss hier auf eine Rekonstruktion des Gesamtablaufs verzichtet werden. Anhand der zur Verfügung stehen-
den Videoausschnitte sowie durch Zeitungsberichte und Zitate, wie dem Folgenden, können jedoch allgemeine Aussagen zum Ablauf getroffen werden.
Beispielsweise berichtet Thomas Elßner von der Trauerfeier am 23.05.2007:

---

309  Dem ehemaligen Generalinspekteur Schneiderhan erschien das Tragen des Gefechtshelms
     am Sarg unpassend, so daß er veranlasste, dass die Totenwache heute am Sarg Barett trägt
     (Interview Schneiderhan)
310  So der Mitarbeiter des Leitungsstab Protokoll des BMVg, Peter Gellner, auf Nachfrage.

Dem Lied ,Wir sind nur Gast auf Erden' (Nr.254) und dem Gedenkwort eines Militärseelsorgers folgte eine kurze Ansprache des Bundesministers der Verteidigung, an die sich ,Air' aus der Ouvertüre der Orchestersuite Nr. 3 D-dur von J.S. Bach anschloss (BWV 1068). Danach wurde ein Gebet gesprochen, die beiden Militärbischöfe segneten die Toten (Segnung) und man betete das Vaterunser. Im Anschluss erklang die Nationalhymne und, während die Särge herausgefahren wurden, das Lied ,Ich hatt' einen Kameraden' (Elßner 2008: 89).

Somit überwiegen bereits am Flughafen die religiös konnotierten Programmpunkte. Diese Handlungen sind jedoch eingebettet in ein Mehr an militärischer Symbolik, denn allein die Person des Militärgeistlichen vertritt in den Flughafenhallen symbolisch den religiösen Raum. Kreuze finden sich keine, auch Kerzen sind nur beim ersten Gedenkappell 1993 sichtbar. Der politisch bedeutsamste Programmpunkt war schließlich die Rede des Verteidigungsministers, die im Ablauf eingerahmt wurde von den genannten religiösen Handlungen.

Mit dem Umzug in die Kirchen wandelt sich die formelle Ordnung der Feiern. Kirchliche Lieder, Gebet und Ansprache des Militärseelsorgers sowie die Rede des Verteidigungsministers finden sich noch immer im Programm. Die religiösen und staatlichen Programmelemente werden *im Ablauf* jedoch stärker voneinander getrennt, während sich die militärische, religiöse und politische Symbolik *im Raum* miteinander vermischen. Die Deutungshoheit über die Ausgestaltung des Rituals hat das BMVg und damit die Politik inne. Dies ändert sich auch nicht in den Kirchen, in denen die lokalen Geistlichen ihr Hausrecht für die Dauer der Feierlichkeit abtreten.

Zu betonen ist noch einmal, dass bereits die Anwesenheit des Ministers sowie auch des Generalinspekteurs auf dem Flughafengelände und später auch in den Kirchen laut Dienstvorschrift bei Trauerfeiern für „im und außer Dienst verstorbene oder tödlich verunglückte Soldaten der Bundeswehr" sowie auch für „Offiziere in mindestens der Dienststellung eines Kommandierenden Generals oder Offiziere in Dienstanstellung an aufwärts" (ZDv, Kapitel 3, Absatz 321) nicht vorgesehen ist. Lediglich die Abordnung eines Offiziers bzw. eines Stellvertreters des Generalinspekteurs ist in der ZDv 10/8 angedacht. Die Anwesenheit des damaligen Verteidigungsministers Volker Rühe sowie des früheren Generalinspekteurs Klaus Naumann bei der ersten Trauerfeier 1993 gilt somit als Präzedenzfall, an dem sich auch alle weiteren politisch Verantwortlichen, trotz Einspruchs aus dem Ministerium, orientierten.[311] Während Naumann jedoch bei dem ersten Gedenkappell eine eigene

---

311 Zur Diskussion über die Teilnahme der Minister an den ersten Trauerfeiern sagte Generalinspekteur Schneiderhan: „Viele, auch hohe Militärs haben gesagt: Es können doch nicht

Ansprache hielt, nahmen die folgenden Generalinspekteure lediglich teil. Aber auch diese ‚bloße' Anwesenheit hochrangiger Vertreter aus Politik und Militär verfolgt die Intention einer weiteren besonderen Würdigung der Toten.

### 4.2.3 Formeller Aufbau und Ablauf in den Kirchen

Der formelle Ablauf der Trauerfeiern in den Kirchen, so wie sie seit Mitte des Jahres 2008 durchgeführt werden, wird anhand eines eigens erstellten Protokolls der Trauerfeier vom 03.06.2011 für drei gefallene Soldaten in der E-piphanias-Kirche in Hannover dargelegt.[312] Das Protokoll beruht auf der Videoaufzeichnung der Live Übertragung durch den Fernsehsender Phoenix.[313]

Zunächst zum Aufbau in der Kirche: Drei Särge sind am Ende des Kirchenschiffs, im Altarraum, eng beieinander aufgestellt. Auf jeden Sarg wurde eine Bundesdienstflagge gelegt sowie ein Gefechtshelm. Hinter den Särgen, der Trauergemeinde zugewandt, steht ein Portraitfoto des jeweiligen Soldaten in Uniform, Format A2. Vor den Särgen sind Samtkissen positioniert, darauf befinden sich Orden in unterschiedlicher Anzahl. Um die Särge herum stehen jeweils auf jeder Seite vier uniformierte Soldaten mit Barett zur Totenwache.[314] Links und rechts des Altarraumes sind Trauerkränze aufgestellt. Hinter den Kränzen, links und rechts des Altarraums, stehen zwei Rednerpulte. Das linke Pult ist mit einem schwarzen Stoff bedeckt, das Rechte ist nicht bedeckt. Auf den Kirchenbänken sitzen in der vorderen Hälfte zivile Personen, während die hintere Hälfte durch uniformierte Militärangehörige dominiert wird.

---

bei jeder Veranstaltung der Minister, der Generalinspekteur und die Politik anwesend sein. (...) Und ich glaube, ich würd auch bei einer höheren Opferzahl empfehlen, dass die staatliche Autorität, in dem Fall der Minister als Verantwortlicher der Exekutive, als Inhaber der Befehls- und Kommandogewalt, dass auch der Mandatsträger daran Anteil hat. Denn seine Fürsorgepflicht endet ja nicht mit der Mandatsverteilung, die geht ja weiter. Parlamentsarmee heißt ja mehr als Mandatserteilung und kontrollieren, dass es eingehalten wird. Und insofern haben wir das immer praktisch weggeschoben, denn wir fühlen uns verantwortlich" (Interview Schneiderhan).

312  Die Auswahl dieser Trauerfeier ist zufällig, der Ablauf repräsentativ für die folgenden Feiern. Wo es zu Abweichungen kam, wird darauf verwiesen.

313  Das Protokoll konzentriert sich auf eine Beschreibung der Abläufe der Feier sowie auf die räumliche Ausgestaltung der Kirche. Eine vollständige Medienanalyse kann hier nicht geleistet werden. Schnitte und Kameraführung sowie die Kommentierung der Feier finden daher keine Beachtung.

314  Die ZDv sieht eine Anzahl von sechs Soldaten für die Totenwache vor. Diese Vorgabe wurde auch bis zur Trauerfeier am 15.10.2010 in Selsingen eingehalten. Sie wurde schließlich jedoch aus gesundheitlichen Gründen auf acht Soldaten angehoben (Interview Protokoll).

Zu Beginn des ökumenischen Gottesdienstes erklingt zunächst eine Orgel (1).[315] Mit dem Ende des Orgelspiels treten ein katholischer und ein evangelischer Militärgeistlicher im liturgischen Gewand auf.[316] Nach Abschluss
des Musikstücks beginnt der katholische Geistliche vom linken Pult aus zu
sprechen.[317] Er spricht den Segen aus und hält anschließend eine Ansprache
(2). Dabei spricht er zunächst die Angehörigen der Gefallenen an, bevor er die
anwesenden politischen, militärischen und kirchlichen Repräsentanten sowie die Kameraden, begrüßt. Das dominierende Bild in der Ansprache des katholischen Militärgeistlichen ist die Suche nach „einem Raum mit einem
Kreuz", den man bei Erhalt der Nachricht vom Tod eines Angehörigen oder
Kameraden aufsuchen will, „um zur Ruhe zu kommen".[318] Deshalb seien „wir"
hier „...und schauen auf den Gekreuzigten, der ebenfalls die ganze Brutalität
der Menschen erlitten hat." Die Botschaft, die der Geistliche an die Trauergemeinde richtet, handelt zudem davon, dass „der Mensch nicht zum Sterben,
sondern zur Unvergänglichkeit erschaffen [wurde]"; er ist „zum Leben, nicht
zum Tod berufen." Damit leitet er schließlich über zum gemeinsamen Singen
des Liedes „Bewahre uns Gott, Behüte uns Gott" (3).Das Lied wird durch ein
längeres Orgelspiel eingeleitet, währenddessen die Uniformierten, die neben
den Särgen aufgestellt sind, ausgewechselt werden – die Männer betreten
und verlassen die Kirche dabei geräuschlos. Erst nach dem Wechsel der Totenwache beginnt der Gesang– die Trauergemeinde singt mit, die Soldaten
der Totenwache am Sarg singen nicht.[319] Während des Musikstücks bleibt der
Militärgeistliche an seinem Rednerpult stehen. Nach Abschluss des Liedes
spricht der katholische Geistliche ein Gebet (4).

Es folgt die Ansprache des evangelischen Militärgeistlichen, der vom selben Pult aus spricht, wie der katholische Militärgeistliche vor ihm (5). Er beginnt mit einem Gebet und spricht anschließend von der „Erschütterung, Verzweiflung und einer tiefen Betroffenheit", die „die Stimmung der letzten Tage
prägen." „Uns fehlen die Worte". Der Militärgeistliche verweist mehrfach zurück auf das anfängliche Gebet und zitiert daraus Passagen. Er spricht zudem
von den Opfern als Gefallene „[D]ie Gefallenen sind in Ausübung ihrer Pflicht

---

315  Als Zeichen des Beginnes des Gottesdienstes erklang bei der Trauerfeier in Regen am
     25.02.2011 eine Glocke.
316  Der evangelische Geistliche trägt Talar, der katholische Geistliche eine Albe über dem Talar
     sowie eine violette Stola.
317  Die Reihenfolge der religiösen Ansprachen variiert von Trauerfeier zu Trauerfeier. Sie basiert auf der Absprache der Militärgeistlichen untereinander.
318  Alle Zitate beruhen auf einer eigenen Transkription.
319  Der Text zum Lied wurde vor der Trauerfeier verteilt – man sieht einige Anwesende, wie
     sie beim Singen auf ein Blatt Papier vor ihnen schauen.

gestorben. Sie sind geachtete und hochgeschätzte Kameraden gewesen." Der evangelische Militärgeistliche spricht auch über die Frage, „ob es überhaupt einen Gott angesichts des Krieges gibt." Hier verweist er auf Christus, der im Leiden an Gott festgehalten habe: „Christus ist auferstanden – das ist die einzige Hoffnung die wir als Christen haben dürfen. Dass Gott uns nicht allein lässt. Dass Gott alle Tränen abwischt und kein Leid und kein Schmerz mehr sein wird." Die Toten „mögen bei Gott geborgen sein, in Ewigkeit – das wollen wir glauben, das erbitten wir, das hoffen wir. Und dass wir alle getröstet werden." Der evangelische Militärgeistliche schließt mit einem Zitat aus dem anfänglich genannten Gebet: „Siehe, um Trost war mir sehr bange. Du aber hast dich meiner Seele herzlich angenommen, dass sie nicht verdürbe. Amen." Es folgt wiederum ein Lied, das die Trauergemeinde gemeinsam singt (6).

Nach dem Lied treten beide Geistliche gemeinsam an das rechte Rednerpult, das bis dahin nicht genutzt worden ist. Der katholische Geistliche fordert die Trauergemeinde auf, sich für eine gemeinsame Fürbitte zu erheben, die mit dem gemeinsamen Vater Unser endet (7). Im Anschluss an das Vater unser treten beide Geistliche vor den Mittelgang der Kirche und sprechen der Trauergemeinde den Segen aus (8). Es folgt ein Musikstück, begleitet durch Bundeswehrmusiker (9). Während des Musikstücks findet wiederum ein Wechsel der Totenwache statt. Wieder sind Aufgang und Abgang der Soldaten nicht zu hören.

Es beginnt der weltliche/staatliche Teil der Trauerfeier[320]: Zunächst spricht der Verteidigungsminister vom linken Pult aus, vom dem auch die Militärgeistlichen zuvor sprachen (10).[321] Die Rede stellt mit 20 Minuten den längsten Einzelbeitrag dar. Im Anschluss an seine Rede verneigt sich der Minister vor jedem der Särge und geht zurück an seinen Platz. Nun spricht der Bürgermeister Hannovers (11). Dieser betont in seiner Ansprache, dass „[d]ie Bundeswehr letztlich eine Armee von Bürgern [ist]. Sie ist Teil der Gesellschaft. Die Soldatinnen und Soldaten sind Bürger in Uniform. Sie verfolgen

---

320   Auch der Verantwortliche der Protokollabteilung des Ministeriums, Oberst von Rohr, verweist auf diese Trennung: „Die Feier beginnt mit dem Glockengeläut, dann Orgelspiel und Begrüßung durch den Militärdekan. Wieder ein Musikstück, dann ein Gebet und eine Lesung bzw. eine Ansprache, in der das Leben der Soldaten gewürdigt wird aus kirchlicher Sicht. Und dann geht es weiter bis zum Segen und ein Lied zum Ausgang des kirchlichen Teils. Und dann kommt der weltliche Teil, das ist meist die Traueransprache des Bundesministers der Verteidigung und gegebenenfalls noch das eine oder andere Abschiedswort, in der Regel vom Bürgermeister der betroffenen Gemeinde. Zum Abschluss wird die Nationalhymne gespielt, danach verlässt der Trauerkondukt die Kirche" (Interview Protokoll).

321   Bei der Mehrheit der Trauerfeiern in Kirchen gab es nur ein Pult, die Kanzel, von der die politischen, wie auch religiösen Vertreter sprachen.

keine eigenen Interessen, sie erfüllen Aufträge der demokratischen Repräsentanten aller Bürger unseres Landes. Sie tun dies auch in Afghanistan." Er schließt mit den Worten: „Die Landeshauptstadt Hannover trauert mit Ihnen." Auch der Bürgermeister verneigt sich nach seiner Rede vor den Särgen. Auf seinem Weg zurück zum Platz reicht ihm der Verteidigungsminister kurz dankend die Hand. Im Anschluss an die Rede des Bürgermeisters erhebt sich die Trauergemeinde gemeinsam, ohne, dass ein sichtbares Signal gegeben wurde. Die Nationalhymne wird von den Bundeswehrmusikern gespielt, die Trauergemeinde singt mit (12).[322] Die Nationalhymne endet in einem Moment der Stille, die Trauergemeinde bleibt stehen. Dann marschieren einige Soldaten des Wachbataillons auf, deren Schritte nun deutlich in der Kirche zu hören sind.[323]

Die Soldaten des Wachbataillons stellen sich zur Totenwache neben die Särge. Es beginnt der Auszug der Särge aus der Kirche: Zunächst werden die Trauergebinde von den Soldaten hinausgetragen (13). Es folgt jeweils ein Soldat, der ein Ordenskissen vor seiner Brust trägt, die Orden werden der Trauergemeinde zugewandt aus der Kirche getragen. Die restlichen Soldaten der Totenwache schließen sich an. Es folgen die Soldaten des Wachbataillons, die den Sarg tragen. Die Trauergemeinde steht während des gesamten Auszugs. Vor der Kirche stehen bereits geöffnete Leichenwagen. Die Totenwache positioniert sich zu beiden Seiten der Leichenwagen, so dass sie, wie schon in der Kirche, ein Spalier bilden. Es wird dann jeweils ein Sarg von den Soldaten des Wachbataillons in die Leichenwagen geschoben. Der Wagen bleibt offen. Die Soldaten nehmen schließlich ebenfalls neben den Wagen Aufstellung. Ein einzelner Trompeter stimmt das Lied „Ich hatt' einen Kameraden" an (14). Anschließend werden die Leichenwagen geschlossen. Die Soldaten bleiben noch einen Moment vor den Wagen stehen. Die Wagen fahren schließlich los, die Soldaten bleiben stehen.

---

322 Bei der Trauerfeier in Regen am 25.02.2011 sah man die beiden Militärgeistlichen während der Nationalhymne im Altarraum mitsingen. In Hannover waren die Geistlichen während der Hymne nicht zu sehen. Die Frage, ob Militärgeistliche bei der Nationalhymne sichtbar mitsingen dürfen oder nicht wurde bei einer Tagung im Januar 2012 am ZERG der Uni Bonn heftig diskutiert.

323 Im Hintergrundgespräch mit der Protokollabteilung wurde auf den unterschiedlichen Stiefelbeschlag bei regulären Soldaten und der Ehrenwache verwiesen. Die Stiefel der Ehrenwache sind mit Eisen beschlagen und deshalb deutlich hörbar. Dies dient auch dem Gleichschritt (Interview Protokoll).

Tabelle 2: Ablaufplan für eine zentrale Trauerfeier (Dauer: ca. 1 Stunde)

| Programmpunkte | | Zeit (ca.) |
|---|---|---|
| *Kirchlicher Teil/ ökumenischer Gottesdienst* | | |
| 1 | Musikstück | 3 min |
| 2 | Segen und Ansprache kath. Militärgeistlicher | 3 min |
| 3 | Musikstück | 5 min |
| 4 | Gebet | 1 min |
| 5 | Gebet und Ansprache des evangelischen Geistlichen | 10 min |
| 6 | Musikstück- Lied mit Orgelspiel | 2 min |
| 7 | Fürbitte – Vater Unser | 2 min |
| 8 | Segnung der Trauergemeinde | 2 min |
| 9 | Musikstück – Begleitung durch Militärmusiker | 1 min |
| *Staatlicher/weltlicher Teil* | | |
| 10 | Rede des Verteidigungsministers – Verneigung vor den Särgen | 20 min |
| 11 | Rede eines kommunalen politischen Repräsentanten | 4 min |
| (Musikstück, gesungen vom Chor (Trauerfeier in Regen)) | | |
| 12 | Nationalhymne | 2 min |
| 13 | Auszug der Särge | 2 min |
| 14 | Lied „Ich hatt' einen Kameraden", gespielt von einem Trompeter | 2 min |

## 4.2.4 Überhöhung und Transformation

Rituale setzen Personen oder Ereignisse performativ in Beziehung zu jenen „kulturelle[n] Ordnungszeichen" (Michaels 2003a: 34), die die grundlegenden Werte einer Gemeinschaft symbolisieren. Das gemeinschaftliche symbolische Kapital wird so auf die Personen und Ereignisse übertragen und diese symbolisch überhöht. Ergebnis dieser *Transzendierung* ist die Veränderung bzw. *Transformation* der betroffenen Personen und Ereignisse. Während nun van Gennep und Turner den Fokus auf den so vollzogenen Wandel legen und Rituale als Übergangshandlungen bezeichnen, wird mit Bourdieu deutlich, dass der bedeutsamere Aspekt der Performanz der Rituale nicht im Wandel selbst, sondern im Resultat ihrer sozialen Magie und damit in der Einsetzung sozial legitimierter Kategorien liegt. Im Anschluss an die inszenierte Instituierung fungieren Personen und Ereignisse schließlich selbst als Symbole der legitimen oder aber auch illegitimen Werte einer Gemeinschaft, die sich so bildet und abbildet bzw. konstituiert und rekonstituiert.

Im Zentrum der Trauerfeiern für die gefallenen Soldaten der Bundeswehr steht „die Frage nach dem Sinn [des Todes]" (Trauerrede zu Guttenberg, 24.04.2010). Sie zu beantworten bedeutet, entweder die Toten als passive Opfer *von* Gewalt oder Krankheit und damit als *victim*, oder als aktive Opfer *für* die Gemeinschaft und für deren Werte, als *sacrifice*, zu präsentieren. Die Kategorisierung der Opfer in gefallene und gestorbene Soldaten fängt diese beiden Dimensionen des Opferbegriffs sprachlich auf. Gefallene Soldaten geben somit ihr Leben „im Einsatz für den Frieden in Afghanistan" (Trauerrede Jung, 24.10.2008), während gestorbene Soldaten „bei einem heimtückischen Terroranschlag ihr Leben verlieren" (Trauerrede Struck, 10.06.2003). Durch die Einsetzung dieser beiden Kategorien im Rahmen der Trauerrituale wird schließlich eine absolute Grenze gesetzt. Die aktiven Opfer der Gefallenen werden dabei, im Sinne des lateinischen Wortes *sacrificium* (von *sacer* (heilig) und *facere* (machen) (Carter 2003: 2)) symbolisch überhöht. Die Opfer werden zudem nicht länger als Mitglieder der exklusiven Gemeinschaft Bundeswehr präsentiert, sondern durch sie und in ihnen (re)konstituiert sich die politische Gemeinschaft sui generis. Sie symbolisieren so das Leitbild des ‚Staatsbürgers in Uniform'.

Als legitim rezipiert wird die sakrale Kategorie des gefallenen Soldaten jedoch nur, wenn sie vom legitimen Sprecher im Rahmen der legitimen Inszenierung eingesetzt wird. Rede, Symbolik und rituelle Handlung stehen hier in einem engen Zusammenhang. Der Erfolg des Rituals zeigt sich schließlich in der Wiederholung und damit in der Anerkennung der Kategorie „Gefallene" durch Dritte, wie beispielsweise die Medien.

Bei den Trauerfeiern sind drei Formen von symbolischem Kapital präsent: *militärische* Symbole, wie Orden und Uniformen, *politische* Symbole, wie die Bundesdienstflagge, aber auch die Präsenz führender politischer Vertreter sowie *religiöse* Symbolik, in der Person des Militärgeistlichen, später aber auch in Form von Kreuzen und anderer kirchlicher Symbole. Die Deutungshoheit über die Vermischung bzw. Trennung dieser symbolischen Dimensionen liegt beim Bundesverteidigungsministerium und damit beim Staat, der so sein Monopol über den legitimen Gebrauch der symbolischen Gewalt ausübt. Im Konflikt zwischen militärischem und politischem Zeremoniell wird der Primat der Politik verteidigt. Erklärtes Ziel des BMVg ist es somit, auch nach dem Einzug der Trauerfeiern in die Kirchen die religiöse und politische Dimension klar voneinander zu trennen, um so die religiöse Neutralität des Staates zu wahren.[324] Profitieren kann die politische Dimension dennoch vom symbolischen Verweis auf Religion.

Im Vergleich zu den späteren Trauerfeiern ist die symbolische Gestaltung der ersten Trauerfeier eher zurückhaltend. Sowohl militärische als auch politische Symbolik sind präsent. Beide Symboliken stellen sich als weltanschaulich neutrale Zeichen dar. Über die Wahl des Ortes Flughafenhalle und die mehrheitliche Präsenz uniformierter Teilnehmer wirken die militärischen Formen, während die politische Bedeutung der Feier vor allem durch Flaggen, als nationalem Totem, repräsentiert wird. Entsprechend bedeutsam ist es demnach, dass bei der Trauerfeier für den ersten gefallenen Bundeswehrsoldat im Jahr 1993 die UN Flagge gezeigt und der Sarg mit einem UN Blauhelm versehen wurde. In seiner Ansprache beim „Gedenkappell" stellt Generalinspekteur Klaus Naumann zudem fest, dass „unser Kamerad" „als erster Soldat der Bundeswehr, *im Dienst der Vereinten Nationen* in Phnom Penh sein Leben verlor" (Trauerrede Naumann, 22.10.1993, Herv. SH).

Abb. 4: Präsentation der Flaggen und des Bundeswehr Signet, Gedenkappell am 22.10.1993 (Quelle Bundeswehr TV)

---

324  Darüber erklärt sich auch die obligatorische Abgabe des Hausrechtes vom Geistlichen auf die Verantwortlichen des Ministeriums und der Bundeswehr für den Zeitraum der Trauerfeiern.

Wie Abbildung 4 verdeutlicht, wird das Opfer bei der ersten Trauerfeier gleichzeitig in den symbolischen Bezugsrahmen zweier Gemeinschaften eingeordnet, die *nationalstaatliche* sowie auch die *internationale* Gemeinschaft. Dies geschieht symbolisch durch die Präsentation der deutschen und der UN Flagge. Als symbolisches Bindeglied zwischen beiden Gemeinschaften fungiert das Bundeswehr Signet des Eisernen Kreuzes.

Über den Dienst der Bundeswehr und die Opfer kann Deutschland sich als vollständiges Mitglied der internationalen Gemeinschaft beweisen. Diese Deutung findet sich auch in der Ansprache des damaligen Verteidigungsministers Volker Rühe:

> In unserer Trauer sind wir verbunden mit all den anderen Nationen, die auch Opfer im Dienst für die Vereinten Nationen, im Einsatz für Frieden und Wohlfahrt anderer Völker beklagen. Wir machen jetzt diese bittere Erfahrung und hatten doch gehofft, sie bliebe uns erspart (Trauerrede Rühe, 22.10.1993).

Das Opfer bezeugt die neue Form der Gemeinschaftlichkeit westlicher Nationen, die bereit sind für „Frieden und Wohlfahrt" Opfer zu erbringen. *Für* diese internationale Gemeinschaft und *für* deren „Dienst für den Frieden" (Trauerrede Naumann. 22.10.1993) hat der Soldat schließlich „sein Leben *verloren*", wie es der damalige Generalinspekteur Naumann ausdrückt– eine Formulierung, die die zwei Opferdimensionen von *victim* und *sacrifice* miteinander verwebt.

Die Präsentation des Soldatentods, als Opfer für die demokratische Gemeinschaft westlicher Staaten, ist ein kontinuierliches Element in den Deutungen der deutschen Auslandseinsätze der vergangenen 20 Jahre. So liest sich die Argumentation Volker Rühes, Deutschland sei über dieses erste Opfer verbunden mit den anderen Staaten, die ebenfalls „diese bittere Erfahrung gemacht haben", auch als ein Zeichen des politischen Anspruchs auf Normalisierung der Rolle Deutschlands als außenpolitischer Akteur. Dieselbe Argumentation finden wir, wie in der Einleitung bereits erwähnt wurde, heute beim Verteidigungsminister de Maizière wieder:

> Der Afghanistan-Einsatz hat nicht nur die Bundeswehr, sondern die gesamte Bundesrepublik einschneidend verändert. Deutschland hat sich mit dem Einsatz, so umstritten er war und ist, erstmals als vollwertiges und belastbares Mitglied der Nato bewiesen. Vor der Isaf-Mission hat kaum einer unserer Partner geglaubt, dass deutsche Soldaten wirklich kämpfen können oder dass ihre Führung sich traut, ihnen den Befehl dafür zu geben. *Wir haben bewiesen, dass wir das können und auch bereit sind, Opfer zu erbringen* (Gebauer, 23.12.2011).

Bemerkenswert ist vor allem der zweite Teil der Argumentation de Maizières:

> Wir haben das Bild der bewaffneten Sanitäter und Wahlbeobachter abgelegt und sind eine vollwertige Armee geworden, die Respekt bei den Partnern hat. Der Kampf in Afghanistan, der breite Einsatz der Armee im Gefecht, hat die Bundeswehr und Deutschland transformiert, und das wird auch bleiben (Gebauer, 23.12.2011).

Während der Dienst des ersten Opfers, ein *Sanitäter,* noch „dem Nächsten [galt]" (Trauerrede Rühe, 22.10.1993) und er sich den Grundsätzen von „Solidarität [und] Menschenliebe" (Trauerrede Rühe, 22.10.1993) verpflichtet sah, ‚dienen' heutige Soldaten nicht mehr ausschließlich im „Feldlazarett" (Trauerrede Rühe, 22.10.1993), sondern „kämpfen" und sterben möglicherweise im „Gefecht" (Trauerrede zu Guttenberg, 24.04.2010). Folgerichtig wurde das erste Opfer zunächst auch nicht als „gefallen" qualifiziert. Erst über die 2008 instituierte sakrale Kategorie erfährt das Opfer diese spezielle Form der symbolischen Anerkennung und Überhöhung. Auch hier bewirkt die soziale Magie des Rituals Wandel.

Die Trauerfeiern zwischen 2003 und 2008 gelten der Protokollabteilung des BMVg als Orientierungsphase, die sich durch ein frühes Bewusstsein für das symbolische Vakuum bei den Feiern in der Flughafenhalle auszeichnet. Zunächst versuchte man dieses durch ein erhöhtes Maß an militärischer Symbolik und Tradition auszugleichen. Ein Beispiel für die versuchte Überhöhung der Opfer durch ein Mehr an militärischer Anerkennung findet sich bei der Trauerfeier vom 29.06.2005, bei der ein Ehrenzug und ein Fahnenappell die leere Halle füllen sollten, obwohl diese Form der militärischen Wertschätzung den Opfern laut Dienstvorschrift nicht zustand.[325] Auch wurde bereits die Militärseelsorge involviert, die die Feiern mit Gebeten und Gesang ‚würdevoll' zu gestalten versuchte. Dabei herrschte jedoch ein Nebeneinander von politischer, militärischer und religiöser Symbolik. Die Intention hinter dieser symbolischen Gestaltung beschreibt Wolfgang Schneiderhan wie folgt:

> Das waren dann die ersten zaghaften Versuche. (...) Und immer ging es darum die Trennlinie einzuhalten zwischen: Was gehört der Familie? Was gehört uns, der Bundeswehr? Und was gehört dem Staat? Oder was gehört der Kirche? Im Sinne von: wer darf was gestalten?" (Interview Schneiderhan). Aber auch die Frage ‚[w]as ist soldatisch in dem Zusammenhang? Was ist würdig und was ist Persiflage vom Soldatischen?' stand dabei im Raum (Interview Schneiderhan).

---

325  Eine solche Ehrenformation nahm auch bei der Trauerfeier am 23.05.2007 Aufstellung.

Die Feiern auf dem Flughafengelände galten der Bundeswehr als „innere Angelegenheit der Truppe" (Mayntz, 03.01.2006) und nicht als öffentliches Gedenken. Auch der Verteidigungsminister blieb bei diesen Feiern fast sprachlos.[326] Deren räumliche, militärische Rahmung, die religiöse Gestaltung sowie die politische Deutung waren schlussendlich nicht kohärent und konnten der Öffentlichkeit abseits der Subkultur Bundeswehr kein Bild von den getöteten Soldaten vermitteln, das diese als Repräsentation der eigenen Werte anerkannt hätte. Auch bei hochrangigen militärischen Repräsentanten sorgten die Feiern für Irritationen. Die öffentliche Anerkennung für die Opfer konnte so nicht gesteigert werden.

Im Jahr 2008 begann schließlich eine Phase der intensiven Neugestaltung der Trauerkultur der Bundeswehr. Planung und Bau des Ehrenmals fallen nicht zufällig in diese Zeit, die auch von den Medien intensiv begleitet wurde. Die wichtigsten Schritte auf dem Weg zu einer „Kultur des öffentlichen Trauerns um gefallene Soldaten" (Deininger, 26.04.2010) waren dabei: der Umzug der Feiern in die Kirchen, ein neuer Redemodus des Verteidigungsministers, der seine „notwendige Anteilnahme" (Encke, 11.04.2010) spiegeln sollte sowie die Teilnahme der Bundeskanzlerin an den Feiern. Diese Änderungen, die nicht alle gleichzeitig umgesetzt wurden, zielten vor allem auch darauf ab, die Trauerfeiern als Kommunikationsmittel mit der Bevölkerung zu nutzen, um deren „freundliches Desinteresse"[327] in ehrliche Anteilnahme zu verwandeln. Bis zum Jahr 2010 herrschte dennoch auch weiterhin ein ‚Nebeneinander' der verschiedenen symbolischen Dimensionen.[328] Auch die Antwort des Ministers auf die Frage: *Wofür ist dieser Soldat gestorben?* bemühte weiter den militärischen Ton des Obersten Dienstherrn:

> Wir sind hier in Zweibrücken zusammengekommen, um zu trauern und um Abschied zu nehmen von unserem Kameraden, Hauptfeldwebel Mischa Meier, der bei einem heimtückischen Anschlag vergangene Woche in Afghanistan aus dem Leben gerissen worden ist (Trauerrede Jung, 01.09.2008).

Rhetorik und auch Symbolik unterstützen hier das militärische Zeremoniell des Gedenkens des Oberbefehlshabers und der Kameraden: „Wir werden [ihn] nicht vergessen. *Die Bundeswehr* wird ihn in ehrendem Gedenken halten" (Trauerrede Jung, 01.09.2008, Herv. SH). Dennoch erkannte auch Jung bereits an, dass die Familien ein „Recht" haben „darauf, dass die Gesellschaft

---

326   Der damalige Verteidigungsminister Peter Struck hielt lediglich bei einer der drei Trauerfeiern, die zwischen 2003 und 2007 auf dem Flughafengelände stattfanden, eine Rede.
327   Die Formulierung geht auf Bundespräsident Köhler zurück (Rede Köhler 10.10.2005).
328   So auch die Wahrnehmung der *SZ*: „Am Ende bleiben das Gebet, eine Rede des Verteidigungsministers, ein militärisches Zeremoniell" (Drobinski, 02.09.2008).

hinter ihnen steht" (Trauerrede Jung, 01.09.2008). Um diese gesamtgesellschaftliche Anerkennung erreichen zu können, muss eine Gesellschaft die Opfer als Mitglieder der eigenen Gemeinschaft identifizieren, sie muss begreifen,
dass „[d]ie Opfer die andere Seite unserer freiheitlichen, offenen Ordnung
[sind]" (Trauerrede Schäuble, 18.09.2007). Einen wichtigen Schritt hin zu einem solchen gesamtgesellschaftlichen Gedenken stellt die rituelle Einsetzung
der Kategorie „gefallener Soldat" dar. Der damalige Verteidigungsminister
Jung verwendete die Wortwendung als erster zu Beginn seiner Trauerrede
am 24.10.2008:

> Wir sind heute hier, um Abschied zu nehmen von zweien unserer Kameraden.
> Stabsunteroffizier Patrick Behlke und Stabsgefreiter Roman Schmidt. Stabsun
> teroffizier Patrick Behlke und Stabsgefreiter Roman Schmidt sind in Wahrneh
> mung ihres Auftrages im Einsatz für den Frieden in Afghanistan gefallen (Trau
> errede Jung, 24.10.2008).[329]

Mit dieser Wortwendung erregte Jung zunächst Aufmerksamkeit bei den Medien. Dort konzentrierte man sich jedoch auf die völkerrechtliche Deutung
des Wortes ‚gefallen', als Beschreibung eines Todes im Krieg (o.V., FAZ,
25.10.2008; ble 25.10.2008). Die Bezeichnung wurde somit vornehmlich als
Zugeständnis an die Einsatzrealität verstanden und nicht als würdigendes
Deutungsangebot des Opfers.[330] Die symbolische Dimension, die vermittelt,
dass es sich hier nicht um einen „normale[n] Tod" handelt und die so „Sinn"
stiftet, wurde, wenn überhaupt, nur am Rande bemerkt.[331] Darüber hinaus

---

329  Im Interview weist General Schneiderhan darauf hin, dass bei der vorhergehenden Trauerfeier, am 01.09.2008, der kommunale Vertreter eine „ziemlich nationalistische Rede" gehalten hatte „[u]nd man hat in dieser Runde gemerkt, dass er den Soldaten aus dem Herzen
[gesprochen hat]. Daraus resultierte auch die Erwartung an den Verteidigungsminister
selbst nun den Tod der Soldaten durch eine ‚andere' Form der Rede zu würdigen (Interview Schneiderhan).

330  Im Interview begründet Jung seine Wortwahl selbst mit den „kriegsähnlichen" Zuständen,
die 2008 in Afghanistan herrschten (Interview Jung).

331  Wolfgang Schneiderhan erklärt die Bedeutung des Begriffs „Gefallener" wie folgt: „Ich habe
einen ganz einfachen Ansatz. Ich habe ewig mit Jung diskutiert. Der Jurist Jung hat natürlich
Recht, dass es ohne Krieg auch keine Gefallenen gibt. Der Soldat Schneiderhan hat ihm aber
gesagt: Wenn es den Leuten hilft, wenn es den Angehörigen hilft, dass dieser Tod etwas
anderes ist, als wenn jemand im Straßenverkehr umkommt. Und wenn es ihnen ein bisschen das Warum erschließt. Auch wenn es ihnen hilft zu verkraften, dass die Soldaten mandatiert sind und das [ihr Einsatz] etwas ist, was in dieser Republik für die Sicherheit notwendig ist, dann lass es uns einfach so sagen. Es ist mir völlig egal, ob das juristisch richtig
ist oder nicht. (…) Wenn das richtig ist und es den [Angehörigen] hilft, dann lass es uns
sagen. (…) Und dann ist es eben nicht der normale Tod, bei dem man von der Leiter fällt
oder von der Disko heimfährt. Es ist etwas anderes. Es kriegt eine Qualität, die sich dann

nahmen die Medien die Bezeichnung ohnehin nur vereinzelt in die Berichterstattung auf (vgl. o.V., SZ, 0805.2009; o.V., SZ, 29.06.2009; o.V. FAZ, 03.07.2009)[332] Die Instituierung der Kategorie „gefallen" gelang damit zunächst nicht.

Die sakralisierende Wirkung der sozialen Kategorie „gefallen", die nur auf getötete *Soldaten* anzuwenden ist, basiert vornehmlich auf der absoluten Grenze, die so zwischen den unterschiedlichen Toten der Bundeswehr, aber vor allem auch zwischen den Opfern der Bundeswehr und anderen Opfern gezogen wird. Diese differenzierende Dimension wird besonders deutlich, wenn man sich das Gedenken an andere Opfer anschaut. Wie bereits erwähnt, war es eine Trauerfeier zu Ehren von „drei Polizeibeamte[n], die in Erfüllung der Aufgaben von Bundeskriminalamt und Bundespolizei [in Afghanistan] getötet wurden" (Trauerrede Schäuble, 18.09.2007), die zur Neugestaltung der Trauerfeiern für die gefallenen Soldaten der Bundeswehr angeregt hatte. Diese Trauerfeier für die Polizisten fand bereits im Berliner Dom statt, als der Soldaten noch auf dem Flughafengelände gedacht wurde. Zudem nahm Angela Merkel teil, eine Tatsache die Wolfgang Schneiderhan im Interview wie folgt kommentierte:

> [I]ch [hätte] der Kanzlerin wahrscheinlich gesagt: Sie [Frau Bundeskanzlerin] müssen sich entscheiden. Aber Sie können nicht selektiv vorgehen. Der Bundeswehrschütze ist nicht weniger wert, als Ihr ehemaliger Personenschützer, was die Würdigung seines Todes betrifft (Interview Schneiderhan).

Auch die Rede des damaligen Bundesinnenministers Wolfgang Schäuble zu diesem Anlass zollte den Toten auf eine Art und Weise Anerkennung, die der Sakralisierung durch Einführung der Kategorie „gefallen" sehr nahe kam:

> Ohne Mut, ohne Einsatz, ohne Engagement und Solidarität kommt auch unsere durch unser Grundgesetz verbürgte Ordnung des freiheitlichen sozialen Rechtsstaates nicht aus. Und deshalb darf man an jene berühmte Rede auf die Gefallenen erinnern, die Perikles vor bald zweieinhalb Jahrtausenden vor den Bürgern von Athen gehalten haben soll: ‚Mit solchen Vorbildern sollt auch ihr das Glück in der Freiheit sehn und die Freiheit im kühnen Mut und euch nicht zuviel umblicken nach den Gefahren.' Das ist der Sinn, den wir hinter dem vordergründig sinnlosen Geschehen sehen können, sehen müssen, um zu erkennen, was unsere Gesellschaft im Innersten zusammenhält (Trauerrede Schäuble, 18.09.2007).

---

verbindet mit Gehorsam, Treue und Dienst. Daraus kann man sich eine [Sinn]Konstruktion bauen" (Interview Schneiderhan; vgl. Löw 25.10.2008).

332 Auffällig ist auch die sprachliche Wendung: „zum Opfer fallen", die wiederum ein passives Opfer meint (o. V., *SZ*, 13.10.2009).

Damit bedient sich Schäuble eines Narrativ, das durch seine zivilreligiösen Züge zur Sinnstiftung beiträgt. Das Opfer der Polizisten wird deutlich als Opfer für das Wohl der Gemeinschaft gedeutet, das daran erinnert, „was [uns] im Innersten zusammenhält". Somit gelingt dem Innenminister die Anerkennung der Opfer der Polizisten noch bevor die Bundeswehr ‚ihrer Kameraden' ein solches Gedenken zuteilwerden lässt. Vieles spricht demnach dafür, dass nicht nur die räumliche Ausgestaltung im Berliner Dom zur Inspiration des Verteidigungsministeriums beigetragen hat. Auch die rhetorische Würdigung hat möglicherweise zur Verwendung der Kategorie „gefallen" beigetragen, um so den Unterschied zwischen getöteten Soldaten und getöteten Polizisten deutlich machen zu können.

Als weiterer Wendepunkt in der Neugestaltung einer öffentlichen Trauerkultur der Bundesrepublik ist schließlich in vielerlei Hinsicht die vielkommentierte Trauerfeier am 09. April 2010 in Selsingen zu bezeichnen. In Selsingen gedachte man dreier gefallener Soldaten. Diese Trauerfeier kommentierte die *Süddeutsche Zeitung* wie folgt:

> Es ist noch nicht lange her, da gedachte Deutschland seiner Gefallenen im Halbdunkel eines Hangars auf dem Flughafen Köln-Wahn. Niemand dürfte Krieg nennen, was Krieg war. In Selsingen nahm erstmals die Bundeskanzlerin an einer Trauerfeier teil, und ihr Verteidigungsminister nannte Krieg, was Krieg ist. Der Weg zu einer Kultur des öffentlichen Trauerns um gefallene Soldaten ist immer noch weit. Aber so wie in Ingolstadt, so würdevoll und schlicht, so könnte sie aussehen (Deininger, 26.04.2010).

Was der Autor hier als eine neue „würdevolle und schlichte" Trauerkultur beschreibt, meint ein Trauerritual, dem es gelingt, die Erinnerung an die Toten nicht nur im Militär und bei den politisch Verantwortlichen, sondern auch in der Gesellschaft zu erhalten– ein zivilreligiös gestaltetes Ritual also, das die Anerkennung der Opfer an die transzendenten Werte der politischen Gemeinschaft bindet. Dazu bedarf es jedoch der symbolischen Voraussetzungen, die von den politischen Verantwortlichen zu gestalten sind. Der Umzug der Feiern in die Kirchen bedeutete diesbezüglich lediglich eine erste Öffnung hin zur zivilen Gesellschaft. Somit wählte man mit der Kirche zwar einen sakralen Raum für die Feiern, der der mehrheitlich gesellschaftlichen Tradition des Trauerns entspricht, dies steigerte jedoch auch die Erwartungen an die weitere Gestaltung des Trauerrituals.

Der Trauerfeier am 09.04.2010 gelang, was den anderen zuvor nicht gelungen war:

> Robert Hartert, 25, Nils Bruns, 35, und Martin Augustyniak, 28, werden in Erinnerung bleiben. Ihr Tod ist zugleich der Beginn einer neuen Kultur der Trauer,

mit der die deutsche Politik und mit ihr ja die gesamte Bevölkerung bemerkenswert spät dran ist (Encke, 11.04.2010).

Was aber machte den Erfolg dieses Rituals aus? Die religiöse Dimension, repräsentiert im Raum Kirche sowie in der Person des Militärseelsorgers und dessen Liturgie, war bereits bei den fünf vorherigen Trauerfeiern präsent. Auch am Ablauf der Feiern waren, wenn überhaupt, nur kleinste Änderungen vorgenommen worden. Die Trauerfeiern unter den früheren Verteidigungsminister Jung und zu Guttenberg folgten demnach dem gleichen Protokoll.

Was die Trauerfeier im April 2010 offensichtlich von ihren Vorgängern unterschied, war die erste Teilnahme einer Bundeskanzlerin an einer Trauerfeier für gefallene Soldaten. Zuvor hatten Angela Merkel und auch ihr Vorgänger, Gerhard Schröder, es stets vermieden, bei den Feiern anwesend zu sein, ohne dass ihre Abwesenheit kritisch kommentiert worden wäre. Die Debatte um die Frage „Wie viel Staat gehört zu einer Trauerfeier?" (Fried, 09.04.2010) wurde bis zum April 2010 schlichtweg nicht geführt, möglicherweise auch da die Anwesenheit des Ministers, als Oberster Dienstherr mit Befehls- und Kommandogewalt, organisationslogisch ausreicht. Erst mit Erklärung des Verteidigungsfalls, im Falle eines Krieges, geht schließlich die Gewalt über die Parlamentsarmee Bundeswehr auf die Bundeskanzlerin über.[333] Damit geriete ihre Teilnahme jedoch eher zum politischen Signal. Die „besondere Würdigung" (Interview Jung) der Opfer, die der damalige Verteidigungsminister Jung in der Präsenz der Bundeskanzlerin erkennt, fällt hinter diese politische Deutung zurück.[334]

---

333 Dass nach der Logik eines parlamentarischen Regierungssystems die Verantwortlichkeit für das Mandat der Bundeswehr beim Parlament bzw. beim Minister liegt, merkt *SZ* Autor Nico Fried an: „Der Verteidigungsminister als oberster Dienstherr ist dafür der richtige Repräsentant. Und 429 Abgeordnete des Bundestages wären auch nicht fehl am Platz. So viele Abgeordnete haben der Parlamentsarmee Bundeswehr zuletzt im Februar das Afghanistan-Mandat verlängert" (Fried 09.04.2010).

334 Die symbolische Wirkung der Teilnahme der Kanzlerin erkannte beispielsweise Julia Encke: „Dass Angela Merkel, die es bis vorgestern noch vermieden hatte, sich neben Soldatensärgen fotografieren zu lassen, sich kurzfristig doch noch entschloss, bei der Trauerfeier in Selsingen neben Karl-Theodor zu Guttenberg dabei zu sein und zu sprechen, war ganz bestimmt die richtige Entscheidung. Sie hatte eine gewisse Tragweite und Symbolik nicht zuletzt deshalb, weil, nach dem Grundgesetz, ‚mit der Verkündung des Verteidigungsfalles die Befehls- und Kommandogewalt über die Streitkräfte' nicht mehr beim Verteidigungsminister liegt, sondern ,auf den Bundeskanzler übergeht'. Das berührt die Frage nach der Begrifflichkeit: Darf man von ‚Krieg' sprechen, trotz der vielleicht ja auch nicht mehr ganz zeitgemäßen völkerrechtlichen Definitionen? Ist es nicht beinahe obszön, es nicht zu tun?" (Encke 11.04.2010).

Zwei Tage vor der Trauerfeier, am 09.04.2010, hatte das Verteidigungsministerium erneut erklärt, dass auch diese zentrale Trauerfeier ohne die
Kanzlerin stattfinden würde. In Reaktion darauf titelte die *BILD* Zeitung mit
der Frage: „Warum gibt Merkel den toten Soldaten nicht das letzte Geleit?"
(o.V., BILD online, 07.04.2010).[335] Kurze Zeit später gab die Kanzlerin ihre
erste Teilnahme an einer solchen Trauerfeier bekannt mit der Begründung,
diese sei ihr „ein persönliches Anliegen" (o.V., SZ, 09.04.2010). Sie hielt
schließlich sogar, im Anschluss an zu Guttenberg, ihre einzige Rede zu einem
solchen Anlass, „der Höhepunkt der Trauer-Zeremonie" (o.V., BILD online,
09.04.2010). Zum Ende ihrer Rede sprach Angela Merkel die folgenden, vielfach rezipierten Sätze:

> Martin Augustyniak, Nils Bruns, Robert Hartert, die in ihrem Einsatz am Karfrei-
> tag in Afghanistan für Deutschland ihr Leben verloren haben, haben den höchs-
> ten Preis gezahlt, den ein Soldat zahlen kann. Ihnen gebührt unsere und meine
> tiefe Hochachtung. Ihnen gebührt unser und mein Dank. *Ich verneige mich vor*
> *ihnen. Deutschland verneigt sich vor ihnen* (Trauerrede Merkel, 09.04.2010, Herv.
> SH).

„Dann geht Merkel zu jedem der drei Särge und tut, was sie sagte– sie verneigt
sich" (o.V., BILD online, 09.04.2010). Angela Merkel vollzieht somit performativ und stellvertretend für die ganze politische Gemeinschaft den Sprechakt
der anerkennenden Verneigung, der diese drei Soldaten symbolisch überhöht.[336] Der Akt erzeugt dabei auch die Erwartung, dass allen folgenden Opfern diese Ehrung in der Verbindung von Rede und tatsächlicher Verbeugung
zuteilwird. Tatsächlich bleibt es jedoch bei diesem einmaligen Sprechakt.
Zwar nimmt die Bundeskanzlerin nach dieser Trauerfeier noch an drei weiteren Trauerfeiern teil und verbeugt sich jeweils vor den Toten, eine Rede

---

335  Die Teilnahme des ranghöchsten Repräsentanten des Volkes, des damaligen Bundespräsi-
     denten Horst Köhler, forderten nur wenige Kommentatoren und das obwohl sich für des-
     sen Teilnahme ein historisches Vorbild hätte finden lassen und zwar die Teilnahme Johan-
     nes Raus an der Trauerfeier für sieben verunglückte Soldaten im Jahr 2002. Im BILD Kom-
     mentar plädierte beispielsweise Ernst Elitz dafür, dass Köhler an der Trauerfeier teilneh-
     men sollte, denn „Bundespräsident Horst Köhler steht für das ganze Volk" (Elitz
     08.04.2010).
336  Auch die Verteidigungsminister Struck, Jung, zu Guttenberg und de Maizière führten die
     Geste der Verneigung rhetorisch und performativ in ,ihren' Trauerfeiern aus. Sie taten dies
     jedoch persönlich, im Namen der Bundeswehr, oder aber der Bundesregierung, nicht aber
     in Stellvertretung eines ganzen Landes.

hält sie allerdings nicht mehr. Nach dem Ministerwechsel im Frühjahr 2011 nimmt sie schließlich auch nicht mehr an den Trauerfeiern teil.[337]
Eine weitere, weniger augenscheinliche Neuerung unter zu Guttenberg sei abschließend noch erwähnt: Vor dem Jahr 2010 wurden einmalig die Namen der Getöteten in der Medienberichterstattung genannt. Es handelte sich dabei bemerkenswerterweise um die Trauerfeier am 24.10.2008 bei der Franz Josef Jung erstmals von Gefallenen sprach (ble 25.10.2008). Zuvor waren lediglich Alter, Rang und Standort der getöteten Soldaten bekannt gemacht worden. Unter zu Guttenberg ging das BMVg schließlich dazu über, der Presse die Verwendung der vollständigen Namen der Toten generell zu erlauben.[338] Auffällig ist auch, dass die Namen jeweils erst im Bericht im Anschluss an die Trauerfeiern genannt werden. Damit wird einerseits Rücksicht genommen auf die Angehörigen, denen so die mediale Aufmerksamkeit zumindest für die erste Zeit vor der zentralen Trauerfeier erspart bleibt. Die Handhabung hat aber andererseits auch den Effekt, dass die Soldaten erst mit der live-Übertragung bzw. mit der Berichterstattung in den Zeitungen ein Gesicht und einen Namen erhalten und so in Verbindung mit dem vollzogenen Einsetzungsritual in Erinnerung bleiben.

---

337  Von Seiten der Protokollabteilung des BMVg heißt es zur Teilnahme der Bundeskanzlerin, dass diese auf der individuellen Absprache von Minister und Regierungschefin beruht. Warum Angela Merkel sich nun im April 2010 entschied ‚plötzlich' doch an den Trauerfeiern teilzunehmen, kann nicht endgültig geklärt werden. Es lässt sich lediglich ein Zusammenhang mit dem Verteidigungsminister zu Guttenberg erkennen, da sie an allen vier Trauerfeiern, die in seine Amtszeit fielen, teilnahm, davor und auch danach von dem Ritual jedoch fernblieb. Bemerkenswert ist auch, dass die Presse ihre Abwesenheit erst im April 2010 bemerkte und kritisierte und ihre Abwesenheit an den zwei Trauerfeiern unter der Verantwortung von Verteidigungsministers de Maizière wiederum unkommentiert ließ.
338  Da die Bundeswehr betont, dass im Umgang mit den Toten eine enge Abstimmung mit den Angehörigen herrscht, bedarf sicherlich auch die Preisgabe der Namen zunächst der Zustimmung durch die Angehörigen. Da jedoch der Wandel mit dem Ministerwechsel in Zusammenhang gebracht werden kann, ist es unwahrscheinlich, dass die Angehörigen selbst, unabhängig vom Ministerium, die Entscheidung getroffen haben die Namen nun doch veröffentlichen zu lassen.

## 4.2.5 Die Trauerreden als Narrativ

Die im Ritual performativ vollzogene Transformation der getöteten Männer in gefallene Soldaten der Bundeswehr ist nicht allein auf die Wirkung des ‚richtigen' formalen Ablaufs des Einsetzungsrituals unter Bezugnahme auf die vorhandenen symbolischen Ressourcen im Raum zurückzuführen. Deren Transzendierung ist auch das Ergebnis der Wirkung einer sinnstiftenden Narration, die erklären will, *wer* um *wen* trauert und *wofür* die Opfer erbracht wurden.

Bei den untersuchten Trauerfeiern sprechen verschiedene Mitglieder der Exekutive- der Bundespräsident, die Bundeskanzlerin sowie fünf verschiedene Verteidigungsminister und ein Innenminister.[339] In ihren Ämtern verbinden diese Personen politische Entscheidungsgewalt mit symbolischen Repräsentationspflichten, ihre jeweilige staatsorganisatorische Stellung unterscheidet sich jedoch erheblich. Während sich das Amt des Bundespräsidenten durch politische Neutralität auszeichnet und dieser als Staatsoberhaupt vor allem repräsentative Aufgaben erfüllt, ist das Amt der Bundeskanzlerin zuallererst von einer Mehrheit im Bundestag abhängig. Im Gegensatz dazu werden der Verteidigungsminister und auch der Innenminister als Teil des Bundeskabinetts auf Vorschlag der Bundeskanzlerin durch den Bundespräsidenten ernannt. Beide verfügen nach dem Ressortprinzip über einen eigenen Verantwortungsbereich. In Friedenszeiten fungiert der Verteidigungsminister so als Inhaber der Befehls- und Kommandogewalt.[340] Eingeschränkt wird die politische Macht der Minister wiederum durch die Richtlinienkompetenz der Kanzlerin.

Die unterschiedlichen Sprecher sind demnach mit unterschiedlichem politischem und symbolischem Kapital ausgestattet, was sich auch auf ihre Narration auswirken kann:

---

339  Lübbe und Vögele beschränken die Verwendung *zivilreligiöser* Rede auf Vertreter der Exekutive. Diese Einschränkung erklärt sich dabei über deren Souveränitätsvorstellungen (Lübbe 2001a: 32; Vögele 1994: 21). Die Beschränkung ist jedoch für das Fallbeispiel der Entsendung des deutschen Militärs unzulässig, da die Parlamentsarmee Bundeswehr auf der Basis einer mehrheitlichen Entscheidung der Legislative entsandt wird. Vertreter des Bundestages sprachen dennoch bisher bei keiner der Trauerfeiern. Sie nehmen allerdings seit dem Jahr 2009 vermehrt teil.

340  Die Teilnahme des Verteidigungsministers erklärt Jung wie folgt: „Zwar haben wir eine Parlamentsarmee, aber der Verteidigungsminister ist der Inhaber der Befehls- und Kommandogewalt und schickt die Soldaten in den Einsatz. Er hat dann, wenn die Situation eintritt, dass die Soldaten fallen, die Verpflichtung, erstens an dieser Trauerfeier teilzunehmen und zweitens das auch ein Stück in einer Rede zu würdigen" (Interview Jung).

Von besonderem Interesse ist die in den Reden verwendete Deixis und damit die Frage, für welche militärische, politische oder zivile Gemeinschaft die jeweilige Person spricht, welches „wir" repräsentiert sie also in den Reden- *wer* trauert? Die 17 Trauerreden zeigen, dass die Minister sowie die Bundeskanzlerin und auch der Bundespräsident unterschiedliche Sprecherpositionen einnehmen können. In der einzigen Trauerrede, die bisher von einer Bundeskanzlerin bei einer Trauerfeier für gefallene Soldaten gehalten wurde, nahm Angela Merkel vornehmlich die Position der Repräsentantin der „Mehrheit der Abgeordneten des Deutschen Bundestages" (Trauerrede Merkel, 09.04.2010) ein, so auch als sie versuchte, den Tod der Soldaten in einem ‚sinnvollen' Kontext zu verorten:

> Der Einsatz der Bundeswehr im Rahmen der internationalen Schutztruppe unter Führung der NATO mit insgesamt 42 beteiligten Nationen liegt auch im dringenden Interesse der Sicherheit unseres eigenen Landes. Unsere Soldaten versehen ihren Dienst und kämpfen in Afghanistan, weil wir verhindern wollen, dass Terroristen uns auch hier in Deutschland treffen (Trauerrede Merkel, 09.04.2010).

Mit diesen Worten würdigt Merkel jedoch weniger die toten Opfer, sie erklärt und verteidigt vielmehr ihre Entscheidung, Truppen nach Afghanistan zu senden. Ihre Argumentation ist demnach eine politische. Diese bedingt auch einen eher distanzierten, „bürokratischen Ton" (Encke, 11.04.2010).

Der ehemalige Verteidigungsminister zu Guttenberg thematisiert die vielfältigen Perspektiven, die ein Minister in seinen Reden einnehmen kann. So kann er als „privater Mensch" zu den Angehörigen, als „Verteidigungsminister" und damit als Oberbefehlshaber zu den Kameraden, oder auch als „Regierungsmitglied und Parlamentarier" zur repräsentierten Bevölkerung sprechen:

> Nichts in der Welt macht hilf- und sprachloser als der Tod. Und nichts, wirklich nichts, stünde dem *privaten Menschen* Karl Theodor zu Guttenberg weniger zu, als zu dem Tod der vier gefallenen Soldaten überhaupt Worte zu finden. Worte, die auch nicht wirklich trösten könnten, aber doch Worte, die gefunden werden müssen, da ich durch mein Amt *persönlich*, als *Verteidigungsminister*, als *Regierungsmitglied* und *Parlamentarier*, Verantwortung für Ihre Trauer trage (Trauerrede zu Guttenberg, 24.04.2010, Herv. SH).

Aus einer entsprechend vielfältigen Rednerposition erklärt zu Guttenberg dann auch: „Sie haben ihr Leben verloren, als und weil sie im Namen ihres *Vaterlandes*, der Bundesrepublik Deutschland, weil sie in *unserem* Namen und weil sie für *uns*, überaus tapfer und mutig ihren Dienst in Afghanistan geleistet haben" (Trauerrede zu Guttenberg, 09.04.2010, Herv. SH).

Im Jahr 1993 hielt Volker Rühe als erster Verteidigungsminister bei einer Trauerfeier für einen Bundeswehrsoldaten, der im Einsatz getötet worden war, eine Rede. Dabei sprach er als Repräsentant einer politischen Gemeinschaft, einer Nation:

> In *unserer* Trauer sind *wir* verbunden mit all *den anderen Nationen*, die auch Opfer im Dienst für die Vereinten Nationen, im Einsatz für Frieden und Wohlfahrt anderer Völker beklagen. *Wir* machen jetzt diese bittere Erfahrung und hatten doch gehofft, sie bliebe *uns* erspart (Trauerrede Rühe, 22.10.1993, Herv. SH).

Der spätere Verteidigungsminister Peter Struck hingegen sprach am 10.06.2003 als Repräsentant und oberster Dienstherr der militärischen Gemeinschaft: *„Die Angehörigen der Streitkräfte* trauern um *ihre* Kameraden. Ihr Tod reißt tiefe Lücken. *Wir* trauern *mit ihnen* um jeden Einzelnen" (Trauerrede Struck, 10.06.2003).

Minister Franz Josef Jung ging über diese exklusive Gruppe hinaus und sprach auch im Namen der führenden politischen Repräsentanten: „Ich persönlich möchte Ihnen, den Angehörigen, Freunden, Kameraden, meine Anteilnahme und mein Mitgefühl aussprechen. Dies tue ich gleichzeitig im Namen der Bundesregierung, an der Spitze unsere Bundeskanzlerin Dr. Angela Merkel" (Trauerrede Jung, 24.10.2008). Auch der damalige Innenminister Wolfgang Schäuble erklärte: „Im Namen der Bundesregierung, als oberster Dienstherr des Bundeskriminalamtes und der Bundespolizei spreche ich den Angehörigen der Toten mein tief empfundenes Beileid aus" (Trauerrede Schäuble, 18.08.2007). Aus einer ähnlichen Position heraus sprach der Verteidigungsminister Thomas de Maizière bei seiner zweiten Trauerrede am 10.06.2011:

> Ich spreche als *Bundesminister der Verteidigung*. Mit mir ist der Außenminister gekommen, der Generalinspekteur, viele Bundestagsabgeordnete, der Wehrbeauftragte. Wir alle haben über den Einsatz in Afghanistan mit entschieden. Wir sind uns unserer Verantwortung bewusst. Ich ganz besonders. *Wir* stehen zu Ihnen fest an Ihrer Seite, nicht nur am heutigen Tag. Gemeinsam mit seinen Freunden und Kameraden trauere ich, trauern *wir alle* mit Ihnen. Wir trauern um [den Soldaten] und wir verneigen uns vor ihm (Trauerrede de Maizière, 10.06.2011, Herv. SH).

In seiner ersten Rede hatte de Maizière noch eine inklusivere, gesamtgesellschaftliche Position eingenommen:

> Ich spreche Ihnen meine tief empfundene Anteilnahme aus – und ich tue dies auch im Namen der ganzen *Bundeswehr*, der *Bundesregierung*, und, da bin ich mir sicher, im Namen der ganzen *Bevölkerung* in Deutschland. Sie sollen wissen: Sie sind in Ihrer Trauer nicht allein. *Wir alle* trauern mit Ihnen (Trauerrede de Maizière, 03.06.2011, Herv. SH).

Als erster und bisher einziger Bundespräsident sprach Johannes Rau am 29.12.2002 bei der Trauerfeier für sieben in Afghanistan verunglückte Soldaten. In seiner Rede sprach er dabei deutlich aus der Position des repräsentativen Staatsoberhaupts:

> Der Staat kann nicht trauern, trauern können nur einzelne, aber *das Vaterland kann Dank sagen* für gelebtes Leben und für geleisteten Dienst. *Darum bin ich heute hier, um stellvertretend diesen Dank auszusprechen* an diese sieben Männer, die ihr Leben hergegeben haben im Dienst einer Sache, die uns wichtig und unverzichtbar ist (Trauerrede Rau, 29.12.2002, Herv. SH).

Der Wechsel zwischen „Staat" und „Vaterland" entspricht hier dem Wechsel zwischen Politik und politischer Gemeinschaft sui generis, zwischen Repräsentanten und Repräsentierten. Rau spricht somit „stellvertretend" für diese, „unsere" politische Gemeinschaft, die „darauf angewiesen [ist], dass andere ihr Leben einsetzen, damit *wir* alle frei und friedlich leben können" (Trauerrede Rau, 29.12.2002, Herv. SH). Und auch bei der Spezifizierung der „anderen", die ihr Leben neben den Soldaten einsetzen, ist seine Perspektive keine exklusiv-militärische, sondern eine integrative:

> Was für die Soldaten gilt, das gilt auch für unsere Polizisten und Feuerwehrleute, das gilt auch für die vielen zivilen Helferinnen und Helfer, die in den Krisengebieten der Welt einen oft gefährlichen Dienst tun. Noch einmal: Wer sein Leben riskiert, der muss wissen, dass er es für eine richtige und gute Sache tut– und dass sein Dienst von seinem Volk getragen, bejaht und unterstützt wird (Trauerrede Rau, 29.12.2002).

Die besondere Emotionalität des Redners Rau, die sich auch in den Reden zu Guttenbergs wiederfindet, zeigt sich bereits am Beginn seiner Rede:

> [Die Angehörigen] nehmen Abschied in Trauer und Schmerz und Liebe. Die Liebe bleibt und soll bleiben. Das wünsche ich den Frauen und den Kindern, den Eltern und den Geschwistern, den Freunden und den Kameraden, mit denen wir trauern und denen wir im Leid verbunden bleiben, das Ihnen so kurz vor dem Weihnachtsfest widerfahren ist. Jeder Tod ist ein schmerzhafter Verlust - ein unwiederbringlicher Verlust, jeder Tod eines uns nahen Menschen reißt eine Lücke in unser Leben, die niemand schließen kann (Trauerrede Rau, 29.12.2002).

Zu Guttenberg drückt seine persönliche Anteilnahme auf ähnliche Weise aus:

> Wir trauern und wir weinen um Oberfeldwebel Florian Pauli. Mit unbändiger, mit grausamer Gewalt wurde er herausgerissen aus unserer Mitte, aus der Mitte seiner Familie, jener, die ihn lieben. Aus der Mitte seiner Freunde und Kameraden. Mit Gewalt, mit perfider und feiger Gewalt, plötzlich, endgültig und unfassbar. Erneut vereinen uns Schmerz und Anteilnahme und die unerbittliche Last

der Verantwortung, hier in Selsingen, in der St. Lamberti Kirche (Trauerrede zu Guttenberg, 15.10.2010).

Er sucht die persönliche, emotionale Verbindung zu den Angehörigen auch, indem er von seiner eigenen Familie und deren Anteilnahme spricht:

> Eine meiner kleinen Töchter, der ich versuchte, diesen Karfreitag und meine Trauer zu erklären fragte mich, ob die drei jungen Männer tapfere Helden unseres Landes gewesen seien und ob sie stolz auf sie sein dürfte. Und ich habe beide Fragen, *nicht politisch*, sondern einfach mit ,Ja' beantwortet (Trauerrede zu Guttenberg, 09.04.2010, Herv. SH).

In Zitaten, wie diesem, „schaffte [zu Guttenberg] diesen Spagat zwischen mitfühlender Trauerrede und dem an dieser Stelle zumindest von den Soldaten zu Recht erwarteten Bekenntnis zu Armee und Afghanistan-Einsatz" (Exner, 09.04.2010), indem er nicht nur aus seiner Position als oberster Dienstherr sprach, sondern als „oberster Dienstherr *und* Vater" (o.v., BILD Zeitung, 09.04.2010, Herv. SH).

In ihrer Trauerrede versucht auch Angela Merkel persönliche Nähe zu den Verstorbenen zu konstruieren und zwar dadurch, dass sie persönliche Details aus den Berichten der Familien in ihrer Rede erwähnt:

> *Mir ist erzählt worden*, dass Martin Augustyniak, Nils Bruns und Robert Hartert begeisterte Sportler waren: Mountainbiking, Kampf- und Kraftsport, Fußball. *Und Sie, liebe Angehörige, haben von der Freundschaft berichtet*, die unsere drei Soldaten verband. *Sie haben erzählt*, mit welcher Begeisterung sie Soldaten waren. Die Erinnerungen bleiben (Trauerrede Merkel, 09.04.2010, Herv. SH).

Durch Verweis auf diese persönlichen Erinnerungen kann die Bundeskanzlerin vor allem vor dem medialen Publikum den persönlichen Kontakt demonstrieren, den sie vor der Feier zu den Angehörigen gesucht hat.

Im Gegensatz zur gewählten Erzählstrategie der Kanzlerin spricht zu Guttenberg nicht allein *über* das Leben der Soldaten, sondern er macht sich selbst *zu einem Teil* derer persönlichen Biographie. Seine Rede veranschaulicht so, wie die lebendige Erinnerung an die Soldaten aussehen kann, auch ohne ,tatsächliche' Verbindung zu den Toten. Indem er also vom Leben der Männer erzählt, gelingt es ihm, eine narrative Verbindung zwischen sich und den Toten herzustellen. Ein Auszug aus der Trauerrede am 15.10.2010 veranschaulicht dieses Stilmittel noch einmal besonders gut:

> *Wir* wissen: Worte können das Geschehene nicht ungeschehen machen. Und doch tragen *unsere* Erinnerungen an die vielen Begegnungen, an die gemeinsam verbrachte Zeit, an manches Lächeln, an manches Lachen, an manche Berührungen - und das mag nicht nur eine tatsächliche Berührung sein, sondern vielleicht

auch eine der Seele - dazu bei, ihn, *unseren Florian Pauli*, im Gedächtnis zu erhalten (Trauerrede zu Guttenberg, 15.10.2010).

So wird auch der Bevölkerung das Gefühl vermittelt, sie kannte „unseren Florian Pauli", der für sie gestorben ist.

Im Zentrum der Reden zu Guttenbergs stand so jeweils die Geschichte der getöteten Soldaten, die er als Menschen, als Familienangehörige *und* als Kameraden beschrieb:

> Hauptfeldwebel Nils Bruns wurde 1974 in Stadtoldendorf geboren. Nach der Schule absolvierte er eine Lehre als Maler und Lackierer. 1998 ging er zur Bundeswehr. Er verpflichtete sich bei den Pionieren. 2004 war er bereits im Auslandseinsatz im Kosovo. 2005 wechselte er zu den Fallschirmjägern. Ein Jahr später wurde er zum Berufssoldaten ernannt. Mit seinem Bataillon verlegte er 2007 in den Standort Seedorf. Hier ist er heimisch geworden und wohnte zusammen mit seiner Frau und seiner kleinen zweijährigen Tochter .... in direkter Nachbarschaft. Seit dem letzten Jahr war Hauptfeldwebel Bruns stellvertretender Zugführer – und alle, die ihn kannten, wussten, dass er dafür mehr als der Richtige war. Er war ein überaus fürsorglicher und verantwortungsvoller Vorgesetzter, ein verlässlicher Kamerad und für nicht wenige aus der Kompanie, *ich durfte dies erfahren*, auch ein tatsächlicher Freund. Er teilte sein viel zu kurzes Leben (Trauerrede zu Guttenberg, 09.04.2010, Herv. SH).

Dass es sich hier um eine neue Form der Beschreibung handelt, wird umso deutlicher, wenn man zu Guttenbergs Bild der Soldaten mit dem seiner Vorgänger vergleicht. So beließ es Peter Struck in seiner Rede lediglich beim Namen und Rang der getöteten Soldaten. Franz Josef Jung berichtete bereits etwas ausführlicher aus dem Leben der Soldaten, beschränkte sich jedoch klar auf deren Militärdienst:

> Hauptgefreiter Sergej Motz wurde nur 21 Jahre alt. Er trat am 1. Januar 2007 beim Panzergrenadierbataillon 294 in Stetten am kalten Markt in die Bundeswehr ein und diente seit Oktober des Jahres 2007 bei der 2. Kompanie des Jägerbataillons 292 in Donaueschingen. Er hatte sich bis zum Ende des Jahres 2010 als Soldat auf Zeit für vier Jahre verpflichtet. Er war ein lebensfroher Mensch, ein tapferer, ein beliebter Kamerad (Trauerrede Jung, 07.05.2009).

Auch Thomas de Maizière verwendet viel Zeit in seinen Reden auf die Beschreibung der Toten, konzentriert sich jedoch in seiner ersten Rede dabei noch auf deren militärische Laufbahn:

> Hauptfeldwebel Tobias Lagenstein wurde 31 Jahre alt. Er trat am 1. September 2000 in die Bundeswehr ein. Nach drei Jahren bei den Fallschirmjägern wechselte er zu den Feldjägern und fand in der 5. Kompanie des Feldjägerbataillons

152 in Bremen seine militärische Heimat. Tobias Lagenstein war einsatzerfahren. Er diente mehr als 400 Tage in verschiedenen Einsätzen: das erste Mal 2002 in Afghanistan, 2007 als Personenschützer des KFOR-Kommandeurs auf dem Balkan. Von September 2009 bis März 2010 war er Personenschützer des deutschen ISAF-Kommandeurs in Afghanistan – und seit April diesen Jahres das erste Mal Kommandoführer in Afghanistan. Tobias Lagenstein war Personenschützer aus Leidenschaft, er liebte und lebte seinen Beruf – und er wusste um dessen Gefahren. Tobias Lagenstein war seinen Männern immer als Kommandoführer Vorbild. Er formte ein starkes Team. Er konnte begeistern – für den Dienst als Personenschützer genauso wie für gemeinsame Aktivitäten außerhalb des Dienstes (Trauerrede de Miazière, 03.06.2011).

In seiner zweiten Rede bereits eine Woche später spricht de Maizière dann fast die Hälfte seiner Redezeit über den Soldaten als „Kameraden" und „Familienmenschen" (Trauerrede de Maizière, 10.06.2011).

Mit der Trauerfeier am 09.04.2010 und somit mit dem Wechsel im Ministeramt von Jung zu Guttenberg ändert sich somit merklich der Redestil bei den Trauerreden des jeweiligen Ministers.[341] In seinen Reden nimmt zu Guttenberg vornehmlich die Position eines zivilreligiösen Hohepriesters ein, dem es gelingt, die Traueransprache zu einem Moment der (Re)Konstituierung von gemeinschaftlicher Solidarität werden zu lassen. Dafür bemüht er religiöse Bilder, aber auch funktional äquivalente Ideen. Als Beispiel dient hier noch einmal ein Zitat aus seiner Rede am 09.04.2010:

> Die drei Soldaten, um die wir heute so sehr trauern, haben in ihrem Eid geschworen, der Bundesrepublik Deutschland treu zu dienen und *das Recht und die Freiheit des deutschen Volkes tapfer zu verteidigen*. Sie haben diesen *Eid* erfüllt. Sie waren *tapfere, treue, wahrlich treue Soldaten*. Sie waren auch *echte Patrioten. Sie sind für unser Land gefallen* und ich verneige mich in größter Dankbarkeit und Anerkennung (Trauerrede zu Guttenberg, 09.04.2010, Herv. SH).

Die bisherige Strategie der sozialwissenschaftlichen Analyse zivilreligiöser Phänomene war es, rhetorische Verweise auf substantiell verstandene Reli-

---

341 Der Generalinspekteur Schneiderhan stellt folgende Ansprüche an die Rede eines Ministers: „...die Frage: War er ein guter Soldat? War er angesehen? Die war wichtig. (...) [Und] dann hätte ich mir manchmal gewünscht, dass man zu den Eltern spricht und nicht zur Gesellschaft, Bundesrepublik Deutschland im Allgemeinen. Für die ist es nur ein virtuelles Problem. Aber sich an die Betroffenen zu wenden und denen aus dem Herzen zu sprechen und denen vielleicht zu helfen, helfen mit dem Warum fertig zu werden. Das hat mir gefehlt. (...) Es ist offensichtlich schwer eine Rede zu schreiben, die denen zu Herzen geht, um deren Herzen es grad eben geht. Es wird dann immer der gleiche Sermon rausgeholt, von der Freiheit Deutschlands und so weiter" (Interview Schneiderhan).

gion bzw. auf funktional äquivalente gemeinschaftliche Ressourcen auszumachen. Versucht man sich beispielsweise im Stile Robert N. Bellahs an einer Wortsuche anhand des Begriffes „Gott", so wird man nur in der Hälfte aller Reden fündig. So verwendet Peter Struck den Begriff „Gott" einmalig zum Ende seiner Rede als Segenswunsch, der einer traditionellen Beileidsbekundung entspricht: „Ich wünsche Ihnen allen, den Familien und ihren Freunden und Ihnen, den Angehörigen der Streitkräftebasis, Kraft und Gottes Segen" (Trauerrede Struck, 10.06.2003).

Auch der Nachfolger Strucks, Franz Josef Jung, verwendet das Wort Gott nur ein einziges Mal bei seiner Trauerrede am 24.10.2008:

> Der Einsatz der Bundeswehr in Afghanistan ist geprägt von unserer Strategie der vernetzten Sicherheit. Er steht in besonderer Weise in Einklang mit dem Geist unseres Grundgesetzes. Diesen Geist beschreibt die Präambel unseres Grundgesetzes als, ich zitiere: ‚Im Bewusstsein seiner Verantwortung vor *Gott* und den Menschen, von dem Willen beseelt, als gleichberechtigtes Glied in einem vereinten Europa dem Frieden der Welt zu dienen' (Trauerrede Jung, 24.10.2008).

Jungs Zitat demonstriert die ‚Vorsicht'[342] mit der deutsche Politiker Bezug nehmen auf religiöse Symbole und Themen– im zitierten Fall wird beispielsweise das Grundgesetz, in seiner Funktion als einheitsstiftende ‚Ressource Sinn' genutzt, um über den Verweis auf die moralische Grundlage des Dokuments, den Glauben an eine Verantwortlichkeit der Politik auch gegenüber Gott erklären zu können: „Warum schicken wir unsere Soldaten in diesen schwierigen Einsatz nach Afghanistan? Warum setzen wir sie diesen Gefahren aus?" (Trauerrede Jung, 24.10.2008).

Es ist es sicherlich kein Zufall, dass das Grundgesetz und seine Präambel erstmalig in jener Trauerrede zitiert werden, in der Jung die Kategorie der „gefallenen Soldaten" wieder einführt. Vielmehr vertraut er auf die Autorität des Dokumentes, welches ihm das symbolische Kapital für diesen performativen Akt liefert. Auch durch die mehrfache Verwendung des Wortes „Geist" wird deutlich, dass es nicht die staatsorganisatorische Leistung des Grundgesetzes ist, auf die Jung hinaus will, sondern dessen normative, integrative Wirkung, die in der Präambel verankert ist. Weitere Verweise auf Religion lassen sich in den Reden Jungs und Strucks jedoch nicht finden. So verweist Jung beispielsweise auch nicht explizit auf den Raum Kirche, um diesen für sein narratives Deutungsangebot nutzen zu können.

---

342 Vorsicht ist hier im Anschluss an Wolfgang Vögeles Qualifizierung der von ihm untersuchten zivilreligiösen Phänomene in den Reden zur Wiedervereinigung als allgemein, überkonfessionell, reflexiv und mittel gemeint (Vögele 1994: 25).

Karl-Theodor zu Guttenberg hingegen gebraucht in all seinen Reden wiederholt und direkt substantiell verstandene religiöse Motive. Darunter findet sich eine Segensformel, wie sie Struck bereits verwendete: „...seid in Gottes Segen geborgen" (Trauerrede zu Guttenberg, 09.04.2010), aber auch das öffentliche Glaubensbekenntnis des Ministers: „Und wenn es diesen Gott unseres christlich geprägten Europas gibt, woran ich fest glaube, dann werden sie, diese vier tapferen Männer, bei dem Vater aufgehoben sein, dessen Sohn sein Leben gab für das Leben der Menschen auf dieser Welt" (Trauerrede zu Guttenberg, 24.04.2010). Der Verweis auf die Existenz Gottes entspricht dem gemeinsamen Kern öffentlich repräsentierter Religion. Das Bekenntnis „woran *ich* fest glaube" ist jedoch ungewöhnlich. In einer solchen Offenheit erklären zumindest bundesdeutsche Politiker ihren persönlichen Glauben sonst allein in den ähnlich feierlichen Momenten ihrer Vereidigung.

Neben seinem Bekenntnis zum Glauben webt zu Guttenberg auch andere traditionell christliche Verweise in seine Reden ein und kann so deren sakrale Deutung als Legitimationsquelle nutzen. So verweist er in jeder seiner Reden auf den sakralen Raum Kirche, aus dem er zu den Menschen spricht: „Erneut vereinen uns Schmerz und Anteilnahme und die unerbittliche Last der Verantwortung, hier in Selsingen, in der St. Lamberti Kirche" (Trauerrede zu Guttenberg, 15.10.2010). Dieser Verweis, der den Worten des Ministers eine zusätzliche symbolische Dimension verleiht, gilt dabei der Öffentlichkeit, die nicht mit in der Kirche sitzt und für die dieser Raum so erst erfahrbar wird. Die Botschaft, dass der Minister in einer Kirche spricht, kann so zudem medial vermittelt werden.

In seinen Reden verweist zu Guttenberg zudem auf den christlichen Kalender:

> Am Karfreitag sind sie bei Kunduz im Kampf gefallen. Ja, am Karfreitag. Am vordergründig trostlosesten aller Tage. Ja, am Karfreitag. Zynisch von jenen gewählt, denen ein Menschenleben nichts, rein gar nichts zählt und die andere Kulturen zu opfern bereit sind, um die eigene letztlich zu verhöhnen. Ja, am Karfreitag. Der allzu vielen heute fremd und wenn überhaupt, leider, Ausdruck verlorener Hoffnung ist. Wie falsch. Und gleichwohl, ich habe am Ostersonntag die Tränen der heimkehrenden Kameraden gesehen, die mit Nils Bruns, mit Robert Hartert und Martin Augustyniak im Gefecht waren und sie nach Hause gebracht haben (Trauerrede zu Guttenberg, 09.04.2010).

Der private Glaube des Ministers allein kann diesen ‚besonderen' Redestil nicht erklären. Dies wird auch über den Vergleich mit den anderen Rednern deutlich. So ist der frühere Verteidigungsminister Jung, wie zu Guttenberg,

Katholik.[343] Dennoch findet sich in den Reden Jungs nur die bereits zitierte Stelle in der er sich auf die Präambel des Grundgesetzes bezieht. Auch die ‚Pfarrerstochter' Angela Merkel verzichtet auf ähnliche Phrasen, verweist jedoch zweimal kurz auf das symbolträchtige Anschlagsdatum des „Karfreitags". Minister de Maizière wird als „der bekennende evangelische Christ Thomas de Maizière" (o.V., SZ, 03.06.2011) beschrieben.[344] Als Verteidigungsminister wünscht er den Angehörigen bei der Trauerfeier am 03.06.2011: „Kraft und Gottes Segen, und ich wünsche Ihnen, dass Sie in diesen schmerzvollen Stunden Menschen an Ihrer Seite haben, die das Leid mit Ihnen tragen und Trost spenden" (Trauerrede de Maizière, 03.06.2011). Zudem macht de Maizière, ähnlich wie zu Guttenberg, in seiner zweiten Rede diesen einzigartigen Raum Kirche durch Nennung ‚sichtbar': „Wir haben uns hier in der Kirche Heilig-Kreuz versammelt, um Abschied von Oberstabsgefreiter Alexej Kobelew zu nehmen" (Trauerrede de Maizière, 10.06.2011). Weitere Bezugnahmen auf Religion finden sich jedoch auch bei de Maizière nicht.[345]

Nicht als Ausdruck persönlichen Glaubens, sondern als zivilreligionspolitische Strategie, wird die Verwendung solcher Phrasen verständlich. Durch seine Form der zivilreligiösen Erzählung, die sich im Gegensatz zu den vereinzelten Verweisen der anderen Minister durch die stetige Bezugnahme auf zivilreligiös zu deutende Vorstellungen auszeichnet, nimmt zu Guttenberg eine symbolische Autorität in Anspruch, die ihm zusätzliches symbolisches Gewicht verleiht, so auch im folgenden Zivilbußritual: „Und in politischer Verantwortung hat man Sie, verehrte Angehörige, auch *um Verzeihung zu bitten.* Entschuldigung wäre wohl ein unangebrachtes Wort, da Schuld und die Fähigkeit zu zweifeln mit Verantwortung einhergehen. Aber: Verzeihung" (Trauerrede zu Guttenberg, 24.04.2010, Herv. SH). Dieselbe Zivilreligionspolitik betrieb bereits Bundespräsident Rau, als er beispielsweise sagte: „Wir wollen– gemeinsam mit ihren Familien und ihren Kameraden– das Andenken dieser Männer in dankbarer Erinnerung halten, und wir wünschen den Angehörigen, *weil menschliche Worte sie nicht erreichen können, Gottes Trost*" (Trauerrede Rau, 29.12.2002, Herv. SH).

---

343  Generalinspekteur Schneiderhan weist Jung als Katholiken aus (Interview Schneiderhan).

344  Eine weitere, mögliche Deutung kann über die parteipolitische Zugehörigkeit der Minister versucht werden. Bis auf Struck gehören jedoch alle weiteren Minister, Jung, zu Guttenberg und de Maizière, der christlich-sozialen bzw. christlich-demokratischen Union an. Die besondere Affinität zu Guttenbergs zu christlichen Motiven kann so ebenfalls nicht erklärt werden.

345  Die Religionszugehörigkeit von Peter Struck wird weder in den Reden, noch in der Berichterstattung thematisiert.

Die Aufgabe der Religion für das deutsche Militär beschreibt der ehemalige Generalinspekteur Wolfgang Schneiderhan im Interview als eine Form der „ethischen Normierung":

> Wir müssen, nach meiner tiefen Überzeugung- und das hat jetzt mit katholisch oder evangelisch nichts zu tun- wir brauchen *eine ethische moralische Bodenhaftung*, oder Erdung der Soldaten. Ich kann mir das anders nicht vorstellen, wenn wir nicht zu Gewalttechnokraten [werden wollen], die unabhängig von allem ihr Handwerk [ausüben]. Und wenn man sagt: Schieß. Dann schießen die. Also ich kann mir nicht vorstellen, dass das erstrebenswert ist. Und dafür haben wir eben das Instrument der beiden großen Kirchen, die uns dabei helfen können, weil sie das ausgebildete Personal haben. Ob man da irgendwann auch Ethiklehrer einbeziehen muss, das muss man heute nicht diskutieren, weil wir es ohne sie noch hinkriegen. Und die Soldaten sperren sich auch nicht dagegen. Das ist natürlich freiwillig. Wenn einer da nicht hin will, dann kannst du ihn nicht zwingen. Aber ich denke ohne *eine Verortung innerhalb von rechter und linker moralisch-ethischer Leitlinien* würde ich mir den Soldatenberuf eigentlich ungern vorstellen für uns. Da ist dann Tür und Tor offen. Das sind dann beliebige Gewalthandwerker, das kann nicht sein (Interview Schneiderhan).[346]

Neben den genannten religiösen Verweisen lassen sich auch funktional-äquivalente gemeinschaftliche Werte und Normen in den Trauerreden ausmachen, die ähnlich unverfügbare gemeinschaftsbildende Ressourcen repräsentieren, wie sie die ‚eigentliche' Religion darstellt. Als ethische Normierung sollen auch sie verhindern, dass Soldaten als „beliebige Gewalthandwerker" agieren. Wie bereits in einem der vorhergehenden Zitate Franz-Josef Jungs deutlich wurde, spielt das Grundgesetz als Gründungsdokument hier eine zentrale Rolle. Schließlich legen die Soldaten der Bundeswehr ihren Eid, mit dem sie sich verpflichten auch unter Einsatz ihres Lebens „der Bundesrepublik Deutschland treu zu dienen, das Recht und die Freiheit des Deutschen Volkes tapfer zu verteidigen..." (Soldatengesetz § 9) nicht auf die Bibel, sondern auf das Grundgesetz ab. Auch dieser Eid kann jedoch durch den Zusatz „so wahr mir Gott helfe" vervollständigt werden.

Mit ihrem Gelöbnis vollziehen die Soldaten den Wandel vom Staatsbürger zum ‚Staatsbürger in Uniform'.[347] In den Trauerreden verweisen die Verteidigungsminister vielfach auf diesen sakralen Eid, so auch zu Guttenberg. Er deutet den soldatischen Eid dabei als Symbol für das demokratische Traditionsverständnis der Bundeswehr. Die Wirkung des Eides wird dabei auf

---

346  In seiner Argumentation führt Schneiderhan zudem an, dass die Bundesrepublik gerade auch den „radikalisierten Verwurzelungen" der Taliban eigene Überzeugungen entgegensetzen muss.

347  Zum Gelöbnisritual siehe Euskirchen 2005.

die gesamte politische Gemeinschaft ausgeweitet, indem er die soldatische als republikanisch-bürgerschaftliche Verpflichtung interpretiert und im Zuge dessen die soldatischen Werte als gesamtgesellschaftliche Werte deutet:

> Die Frage nach dem Sinn bleibt zurück. Die Antwort hat auch mit uns selbst zu tun – einer Gesellschaft, in der auch bequemes Beiseitestehen verbreitet ist, einer Gesellschaft, in der für Viele Worte wie ,Dienen', ,Dienst' oder ,Tapferkeit' für überkommene, altmodische Begriffe gelten. Was müsste es für ein Gefühl sein, unter steter Lebensgefahr einem Land zu dienen und dienen zu wollen, das diesen Dienst allenfalls freundlich-distanziert zur Kenntnis nimmt. Was muss das für ein Gefühl sein, wenn Staatsbürger und Staatsbürger in Uniform nur aneinander vorbei lebten und der Ruf nach Hilfe nur einseitig Gehör findet. *Gottlob ist es nicht so* (Trauerrede zu Guttenberg, 24.04.2010, Herv. SH).

Zu Guttenberg beendet seinen Verweise auf den Eid bereits mit einer religiösen Phrase. Er fährt dann wie folgt fort:

> Und so bitte ich Sie alle in dieser Kirche, aber auch alle in unserem Land: Erhalten Sie unseren Soldatinnen und Soldaten *den gegebenen Sinn* ihres verlorenen Lebens, jenen vieren hier auch, der zusammengefasst ist im soldatischen Eid und im Eid eines jeden politischen Verantwortungsträgers, so wahr Ihnen und uns allen Gott helfe (Trauerrede zu Guttenberg, 24.04.2010, Herv. SH).

Die Verantwortung für die gefallenen Soldaten und für die Sinnhaftigkeit von deren Tod liegt damit nicht länger bei den politischen Verantwortlichen allein. „Gegeben" wird den Opfern der Sinn vielmehr durch das Handeln der gesamten politischen Gemeinschaft und zwar vor allem, indem die Toten und ihre Familien „Anerkennung", „Unterstützung", „Schutz", „Fürsorge" und „Geborgenheit" (Trauerrede zu Guttenberg, 15.10.2010) erfahren. Der Verweis auf Gott entfaltet in diesem Sinngebungsprozess dabei genau jene moralische Wirkung, die sich bereits Rousseau von ihm erhoffte: als transzendente Handlungsanleitung verweist die Politik so über das Politische hinaus. Sie will so den Menschen zu einem besseren, zum tugendhaften Bürger erziehen. Ein Bürger, der diesem Anspruch gerecht wird, bereitet seinen gefallenen Mitbürgern, den Opfern, schließlich ein anerkennendes Gedenken: „Wir werden euch nicht vergessen" (Trauerrede zu Guttenberg, 25.02.2011) Dieses Versprechen eines ehrenden Gedenkens legen auch die anderen Verteidigungsminister ab, so auch Struck: „Wir werden Ihnen ein ehrendes Andenken bewahren" (Trauerrede Struck, 10.06.2003). Es wiegt jedoch umso schwerer, wenn es in der Kirche gegeben wird, von einem Verteidigungsminister, der vom Altar aus spricht.

Der Eid fungiert jedoch nicht in allen Reden als integrative Idee, die hilft den möglichen Zwiespalt zwischen der postheroischen Gesellschaft und ihrem Militär zu überwinden. So verwendet beispielsweise Thomas de Maizière die Bezugnahme auf den Eid um den Unterschied zwischen Soldaten und Bürgern noch zusätzlich hervorzuheben:

> Er war Soldat – mit ganzer Kraft und mit ganzem Herzen. Er war mutig, und er war tapfer. Er hatte seinen Eid geleistet, der Bundesrepublik Deutschland treu zu dienen und das Recht und die Freiheit tapfer zu verteidigen. Niemand sonst als Soldaten leisten diesen Eid, und niemandem sonst verlangen wir diesen Eid ab. Er war bereit, dafür das Äußerste zu geben: sein eigenes Leben (Trauerrede de Maizière, 10.06.2011).

Auch ein so beschriebener Soldat fungiert als Vorbild, das jedoch allein die militärische Gemeinschaft motivieren kann, denn „niemand sonst als Soldaten leisten diesen Eid". Durch die Betonung dieses Alleinstellungsmerkmals des Militärs und durch die Wendung „niemandem sonst verlangen wir diesen Eid ab" wird die Tugendhaftigkeit der Soldaten, aber auch die Distanz zwischen Militär und Bevölkerung betont– ein Leitbild für die zivile Bevölkerung, die hier als ‚Auftraggeber' auftritt, prägt dieses Narrativ im Gegensatz zu der von zu Guttenberg verwendeten Vorstellung nicht.

Um die Deutungshoheit über den Tod der Soldaten zu behalten und ihre Opfer als Opfer für eben diese Gemeinschaft zu repräsentieren, findet jeder Trauerredner seine eigene Antwort auf Frage: *Wofür* sind die Soldaten gestorben? *Das Weißbuch zur Sicherheitspolitik Deutschlands und zur Zukunft der Bundeswehr* erklärt im Gegensatz dazu ganz formell, die bundesdeutsche Sicherheitspolitik Deutschland gründe auf „den Werten des Grundgesetzes". Ihr Ziel sei es

> die Interessen unseres Landes zu wahren, insbesondere: Recht und Freiheit, Demokratie, Sicherheit und Wohlfahrt für die Bürgerinnen und Bürger unseres Landes zu bewahren und sie vor Gefährdungen zu schützen, die Souveränität und die Unversehrtheit des deutschen Staatsgebietes zu sichern, regionalen Krisen und Konflikten, die Deutschlands Sicherheit beeinträchtigen können, wenn möglich vorzubeugen und zur Krisenbewältigung beizutragen, globalen Herausforderungen, vor allem der Bedrohung durch den internationalen Terrorismus und der Weiterverbreitung von Massenvernichtungswaffen zu begegnen, zur Achtung der Menschenrechte und Stärkung der internationalen Ordnung auf der Grundlage des Völkerrechts beizutragen, den freien und ungehinderten Welthandel als Grundlage unseres Wohlstands zu fördern und dabei die Kluft zwischen armen und reichen Weltregionen überwinden zu helfen (BMVg Weißbuch zur Sicherheitspolitik Deutschlands und zur Zukunft der Bundeswehr: 9).

Die eigenen *nationalen* Interessen, der Schutz der eigenen Bürger und deren „Recht, Freiheit, Demokratie, Sicherheit" stehen auch bei den Trauerreden im Vordergrund.[348] Peter Struck erklärt den Tod in diesem Sinne zum „Dienst *für uns alle*", „Sie sind *für den Frieden* gestorben, *für unsere Sicherheit* und damit *für unser Land*" (Trauerrede Struck, 10.06.2003, Herv. SH). Thomas de Maizière formuliert es so: „Aber wir stehen auch hier, weil wir dankbar sind, dass Soldaten wie Alexej Kobelew für die Bundesrepublik Deutschland ihren Dienst leisten. *Für unser Recht, unsere Freiheit* und *unsere Sicherheit*" (Trauerrede de Maizière, 10.06.2011, Herv. SH). Die Soldaten sind somit in Erfüllung ihres parlamentarischen Auftrages gestorben, sie waren „gute Soldaten"[349]. Sie sind es, die tatsächlich unter Einsatz ihres Lebens „das Recht und die Freiheit des deutschen Volkes tapfer [verteidigten]" (Trauerrede Jung, 12.10.2009). Diese Deutung läßt sich auch aus den folgenden Worten de Maizières schlussfolgern: „Dieser Auftrag war ihnen Verpflichtung. Dafür haben sie gekämpft. Bei der Erfüllung dieses Auftrages sind sie gefallen. Wir bleiben ihrem Auftrag verpflichtet" (Trauerrede de Maizière, 03.06.2011).

Zu Guttenberg verbindet das partikularistische Motiv der Verteidigung der eigenen, nationalen Sicherheit zusätzlich mit der ihm eigenen emotionaleren Wendung, wenn er den ISAF-Einsatz zum Einsatz „für die Sicherheit unserer Kinder" (Trauerrede zu Guttenberg, 09.04.2010) ausweitet:

> Thomas Broer, Jörn Radloff, Marius Dubnicki und Josef Kronawitter starben nicht allein für eine zerstörte Hoffnung, sondern für die Gewissheit, ihre und unsere Freiheit, das Leben unserer geborenen wie ungeborenen Kinder, unserer Familien zu schützen. Auch und gerade in Afghanistan (Trauerrede zu Guttenberg, 24.04.2010).

Die Opfer der Soldaten gelten somit nicht allein der gegenwärtigen Gemeinschaft, sondern auch deren zukünftiger Generationen.

Auch auf Werte, die in ihrem Kern universeller Natur sind, wird in den Reden verwiesen, wenn auch sehr viel seltener. Entsprechend der Symbolik der ersten Trauerfeier für Alexander Arndt im Jahr 1993, bei der die UN Flagge noch einen zentralen Platz einnahm, führte Verteidigungsminister Volker Rühe in seiner Ansprache aus: „Solidarität, Menschenliebe und der Einsatz für Frieden und Freiheit hat er nicht nur im Munde geführt. Dafür hat

---

348 Siehe auch Schmidt 2008. Im Rahmen seiner thesenartigen Überlegungen unterscheidet Schmidt dabei zwischen einer *militärischen* und einer *demokratischen* Legitimation der Toten.

349 Im Interview merkt Generalinspekteur Schneiderhan an, dass „Die häufigste Frage von Vätern und Müttern war: ‚Sagen Sie mir, dass [mein Sohn] ein guter Soldat war" (Interview Schneiderhan).

er gearbeitet. Wir alle sind ihm zu tiefstem Dank verpflichtet" (Trauerrede Rühe, 22.10.1993). Und auch Peter Struck erklärt in seiner Traueransprache: „Sie haben dort für Menschenrechte und Freiheit, gegen den Krieg und für mehr Sicherheit weit über die Region hinaus gewirkt und sich in die Pflicht nehmen lassen" (Trauerrede Struck, 10.06.2003). Franz Josef Jung begründet den Tod der Soldaten schließlich mit dem Einsatz *„für die Würde des Menschen, für Frieden, für Freiheit* und *Recht"* (Trauerrede Jung, 07.05.2009, Herv. SH). Der damalige Bundesinnenminister Wolfgang Schäuble formuliert es im Rahmen der Anerkennung der getöteten Polizisten so: „Mario Keller, Jörg Ringel, Alexander Stoffels haben *ihr Leben geopfert im Dienst für eine zutiefst humane Idee*: Menschen können nur dann in Frieden und Freiheit leben, wenn es eine Ordnung gibt, die ihnen Schutz bietet, ihnen Sicherheit gewährt" (Trauerrede Schäuble, 18.08.2007).

Die ebenfalls vom Humanismus inspirierte Vorstellung vom Soldaten als „Helfer" findet sich beispielsweise in einer Trauerrede zu Guttenbergs:

> Er ging als Sanitätsfeldwebel nach Afghanistan um zu helfen. Nicht aus sinnloser Abenteuerlust, sondern *um zu helfen*. *Um Menschen zu helfen* und einer Region zu helfen, deren Sicherheit auch für uns maßgeblich ist. Er wollte seine Pflicht erfüllen, und er wollte sich gerade auch für die einsetzen, die auf Hilfe angewiesen sind (Trauerrede zu Guttenberg, 15.10.2010, Herv. SH).

Hier werden Werte, die ihrem Gehalt nach über das Nationale hinaus verweisen, mit nationalen Interessen zu einem Deutungsangebot verbunden, das sich so häufig in den Reden findet. In den meisten Fällen in denen mit der Sicherheit Afghanistans argumentiert wird, wird so auch die Bedeutung der Sicherheit Afghanistans für die deutsche Sicherheit betont. So argumentiert beispielsweise Franz Josef Jung in einer seiner Trauerrede:

> ...sie haben durch ihren Dienst zum Frieden in der Welt beigetragen. Sie haben dafür durch diesen hinterhältigen Anschlag ihr Leben lassen müssen, aber sie haben es für die Sicherheit und eine friedliche Entwicklung des afghanischen Volkes und für unsere Sicherheit gegeben (Trauerrede Jung, 23.05.2007).

Und auch de Maizière erklärt: „Wir sind entschlossen, unseren Auftrag zu erfüllen. So, wie Major Thomas Tholi, Hauptmann Markus Matthes und Hauptfeldwebel Tobias Lagenstein ihren Auftrag Tag für Tag erfüllt haben – bis zuletzt: für eine bessere Zukunft Afghanistans und für unsere Sicherheit" (Trauerrede de Maizière, 03.06.2011).

Deutungen des Opfertodes, die allein durch die Berufung auf den Frieden und die Sicherheit Afghanistans Sinn stiften wollen, finden sich nur sehr wenige, beispielsweise in der Trauerrede Peter Strucks:

In Kabul sind vier Männer ums Leben gekommen, die, wie Bundeskanzler Gerhard Schröder es ausgedrückt hat, ihre Gesundheit und ihr Leben für eine bessere und friedliche Zukunft des Landes eingesetzt haben. Sie haben dort für *Menschenrechte* und *Freiheit*, gegen den Krieg und für mehr Sicherheit weit über die Region hinaus gewirkt und sich in die Pflicht nehmen lassen (Trauerrede Struck, 10.06.2003).

Auch Thomas de Maizière verfolgt eine ähnliche Argumentation, sichert sie jedoch partikularistisch ab, indem er indirekt auf die Legitimierung des Einsatzes durch „uns" und damit durch das Parlament und die bundesdeutsche Bevölkerung verweist:

> Unsere gefallenen Kameraden haben in den langen Monaten, Wochen und Tagen ihres Einsatzes immer wieder ihr Leben riskieren müssen, um in unserem Auftrag den Menschen in Afghanistan ein besseres Leben zu ermöglichen. Ein Leben in Sicherheit, ein Leben in Frieden, ein Leben mit Perspektive (Trauerrede de Maizière, 03.06.2011).

Eine weitere Argumentationsstrategie, die dem Tod der gefallenen Soldaten indirekt einen Sinn verleiht und die Opfer zudem moralisch überhöht, beruht darauf, sich der eigenen moralischen Überlegenheit durch ein besonders negatives Bild des feindlichen Gegenübers zu vergewissern:

> Wie groß müssen Hass und Verblendung sein, *um in der Gestalt eines vermeintlich Hilfsbedürftigen* dem Helfer entgegen zu treten und sich dann in die Luft zu sprengen? Wir empfinden Fassungslosigkeit und ich empfinde die gewaltige Schwere der Verantwortung für das Leben eines Soldaten, aber auch die Verantwortung dafür, dass dieser erlebte Wahnsinn niemals seinen schrecklichen Siegeszug in unserer Welt antritt (Trauerrede zu Guttenberg, 15.10.2010, Herv. SH).

Und während in den Reden von Struck oder auch Jung ‚der Andere'[350] nur in entpersonifizierten Begriffen, wie dem „heimtückischen Terroranschlag" (Trauerrede Struck, 10.06.2003), oder auch als „dem Hinterhalt" (Trauerrede Jung, 07.05.2009) auftritt, wird der Terrorist von de Maizière zum ‚Anti-Soldaten' stilisiert:

> *Die Taliban* setzen alles daran, dieses Vertrauen zunichte zu machen. Weil *sie* im direkten Kampf durch erfolgreiche Operationen auch der Bundeswehr unterlegen sind, greifen *sie* immer häufiger mit ferngezündeten Sprengladungen an, aus dem Hinterhalt, anonym, feige. Oder indem *sie* junge Menschen anstiften, sich und gleichzeitig andere in den Tod zu sprengen. *Sie* bringen Leid und Terror über

---

Afghanistan. *Sie* bringen Leid und Terror auch nach Deutschland. *Sie* nehmen bewusst in Kauf, dass auch afghanische Zivilisten ihr Leben lassen. Ja, *sie* legen es darauf an. Unschuldige zu treffen, ist gerade ihr Ziel, nichts ist abstoßender. *Sie* fragen nicht nach dem Leid, das *sie* in unzählige Familien bringen, in Afghanistan, in Deutschland und auch bei unseren Partnern. *Sie* kommen oft gar nicht aus Afghanistan. *Sie* wollen Afghanistan zurückwerfen und gerade die Afghanen entmutigen, die sich für die Zukunft ihres Landes mutig einsetzen. Das dürfen *wir* nicht zulassen, das werden *wir* nicht zulassen, *Terroristen* dürfen nie das letzte Wort haben! (Trauerrede de Maizière, 03.06.2011, Herv. SH).

In Bezug auf die unverfügbaren Ressourcen der bundesdeutschen Gemeinschaft gibt es abschließend noch eine erwähnenswerte Leerstelle: an Verweisen auf die Verbrechen des Nationalsozialismus, deren Erinnerung in den Sozialwissenschaften als identitätsstiftend gilt, fehlt es in allen Reden. Weder als mahnende Erinnerung an die eigene historische Verantwortung, noch als Versprechen an die Zukunft in der Wendung „Nie wieder Auschwitz" findet dieser Teil deutscher Kriegsgeschichte Erwähnung. Lediglich in der Trauerrede Johannes Raus findet sich ein längerer Verweis:

> Die Älteren denken in diesen Tagen an ein Ereignis zurück, das wie kein anderes für uns Deutsche zum Symbol für einen verbrecherischen Krieg und für sinnlose militärische Befehle geworden ist: an die Schlacht um Stalingrad. In diesen Tagen vor sechzig Jahren schloss sich der Ring um den sogenannten Kessel, in dem eine ganze Armee eingeschlossen war. Zehntausende waren schon gefallen, vor Hunger und Kälte gestorben, Hunderttausende gingen in Kriegsgefangenschaft, nur wenige kamen zurück. Die Erinnerung daran hat uns Deutsche tief geprägt. Auch in das Gedächtnis der Nachgeborenen hat sich diese Erfahrung tief eingegraben (Trauerrede Rau, 29.12.2002).

Johannes Rau ist selbst Repräsentant dieser „Älteren", deren Erinnerung an die Kriegsgeschichte Deutschland auf der eigenen Erfahrung beruht. Deshalb ist es wenig überraschend, dass er sich auf diese Erfahrung in seiner Rede bezieht. Zwischen ihm und dem jüngsten Verteidigungsminister, zu Guttenberg, liegt mehr als eine Generation. Diese Distanz thematisiert zu Guttenberg schließlich selbst, wenn er sagt:

> Ich bin Teil einer Generation, die den Satz ‚Mein Vater ist im Krieg gefallen' dankbar und glücklich nicht mehr aussprechen musste. Nun gibt es unter völlig anderen Vorzeichen seit einigen Jahren wieder Gefallene und Verwundete, auch Kriege, gewiss gänzlich anderer Dimension (Trauerrede zu Guttenberg, 24.04.2010).[351]

---

351 Auch Schneiderhan sieht zu Guttenberg als Teil einer anderer Generation: „Das ist eine andere Generation. Völlig anders sozialisiert. Er hat offensichtlich auch kein Problem mit dem

Zu Guttenberg nutzt somit seine persönliche Distanz zur deutschen Kriegsgeschichte um Begriffe wie „Krieg", oder auch „Gefallene" neu deuten zu können. Eine Auseinandersetzung mit den früheren „Gefallenen und Verwunde-
ten" findet so jedoch nicht statt.

Zusammenfassend ist festzuhalten, dass auch die Trauerreden die Entwicklung der Trauerfeiern von internen militärischen Gedenkappellen hin zu
öffentlichen Trauerritualen widerspiegeln: Während Peter Struck anfänglich
noch aus der Position des Oberbefehlshabers spricht, repräsentiert sein
Nachfolger Franz-Josef Jung die Gemeinschaft der politischen Repräsentanten. Auch die Bundeskanzlerin spricht vornehmlich aus der Position derjenigen, die die politische Verantwortung für den Einsatz tragen, ebenso wie der
damalige Innenminister Wolfgang Schäuble. Die Verteidigungsminister zu
Guttenberg und de Maizière sprechen im Stile des damaligen Bundespräsidenten Johannes Rau für die gesamte politische Gemeinschaft sui generis. Inhaltlich zeichnet sich deren Narrativ nicht allein durch ihre Sprecherposition
aus, sondern auch durch die häufigere Verwendung religiöser Verweise.

Die wenigen zivilreligiösen Verweise in den Reden der Verteidigungsminister Struck, Jung und de Maizière sind dabei in Übereinstimmung mit Vögeles „zivilreligiöser Grammatik" als *allgemein, überkonfessionell, mittelbar und
reflexiv* zu charakterisieren (Vögele 1994: 25). Insgesamt beziehen sich die
Redner zudem vornehmlich auf funktional äquivalente Zivilreligionsvorstellungen, wie das Grundgesetz und den soldatischen Eid. Lediglich in den Reden zu Guttenbergs finden sich vermehrt Bezugnahmen auf genuin christliche Traditionen. Dabei muss jedoch abschließend betont werden, dass die Minister seit dem 01.09.2008 im sakralen Raum sprechen und deren Erzählungen dadurch an zusätzlicher symbolischer Autorität gewinnen.

Drei Typen von Narrativen lassen sich aus den analysierten Trauerreden
der Verteidigungsminister ableiten: ein *militärisches, staatliches* bzw. *zivilreligiöses Narrativ*, anhand derer der Tod der Soldaten jeweils in eine große gemeinschaftliche Erzählung eingeordnet wird. Mit einem *militärischem Narrativ* gedenkt die exklusive Gemeinschaft der Bundeswehr *ihrer* Toten, genuin-
militärische Motive, wie das Sprechen vom „Kameraden" sind entsprechend
dominant. Der Verteidigungsminister spricht zudem von den getöteten Sol-

---

Wort Krieg. Ich bin mit meiner Generation, die 1966 zum Bund kam, noch so sozialisiert
worden, dass wenn ich als Hauptmann das Wort Krieg gesagt hätte, oder habe, hätte ich
gesagt: Komma, den Gott verhüten möge, Komma. Und dann hätte ich weitergeredet. An-
sonsten hätte ich Ärger bekommen, weil ich Krieg sage. So sind wir sozialisiert worden.
Diese Generation nicht, sie geht völlig anders damit um" (Interview Schneiderhan).

daten aus der Position des Obersten Dienstherren und wendet sich vornehmlich an die Familien und Angehörige des Militärs. Die Toten werden dabei lediglich über deren Dienstgrad und Dienstort identifiziert. Ihr Tod wird als Dienst bzw. in Erfüllung ihres Auftrages erklärt.

Das *staatliche Narrativ* versucht jene politischen Entscheidungen vor der politischen Gemeinschaft, den Repräsentierten, zu rechtfertigen, die dem Einsatz der Soldaten zugrunde liegen. Die politischen Repräsentanten gedenken so, gemeinsam mit der Parlamentsarmee, der gefallenen Staatsbürger in Uniform. Die Rede des Verteidigungsministers richtet sich an die Familien sowie die Angehörigen des Militärs und der Politik. Der Minister, der als Repräsentant der Bundesregierung sowie als Oberster Befehlshaber spricht, übernimmt so die politische Verantwortung für den Tod der Soldaten.

Die Intention *zivilreligiöser Narration* ist es ebenfalls, politische Entscheidungen zu legitimieren. Dieses Ziel wird vornehmlich über die Einsetzung der anerkennenden sozialen Kategorie „Gefallene" erreicht, die so die Opfer des militärischen Einsatzes symbolisch überhöht. Die profanen Opfer von Gewalt (*victims*) werden so von den sakralen Opfern für das Gemeinwesen (*sacrifice*) unterscheidbar. Der Verteidigungsminister spricht hier wie ein zivilreligiöser Hohepriester mit persönlichem Ton zu den Familien, den Kameraden, aber auch zur Bevölkerung und bindet sie in das öffentliche Gedenken ein. Hierfür nutzt er den Verweis auf Religion sowie auf die funktionaläquivalenten moralischen Grundlagen des politischen Gemeinwesens. Die getöteten Soldaten fungieren schließlich als symbolische Repräsentanten eines politischen Gemeinwesens und seiner transzendenten Werte und die Trauerfeier als performativer Akt gemeinschaftlicher Solidarität.

**Tabelle 3: Typologie der Narrativen**

|  | **Militärisches Narrativ (1)** | **Staatliches Narrativ (2)** | **Zivilreligiöses Narrativ (3)** |
|---|---|---|---|
| **Gemeinschaft; "wer trauert?"** | Militär | staatliche Repräsentanten | Politische Gemeinschaft sui generis |
| **Beschreibung der Toten, "wer trauert um wen?"** | Soldaten trauern um *Kameraden* | Politisch Verantwortliche trauern um *Staatsbürger in Uniform* | Bürger trauern um *Mitbürger* |
| **Wofür starben die Opfer?** | Im *Dienst/Auftrag* für Frieden und Sicherheit getötet | In Erfüllung ihres *Eides* getötet | *Gefallen* für uns<br><br>**+ Bezugnahme auf religiöse Dimension** |

Die Trauerredner der bisherigen Trauerfeiern lassen sich dieser Typologie mehr oder weniger leicht zuordnen.[352] So entspricht die Rede Peter Strucks dem Typus des militärischen Narrativs. Franz-Josef Jung verwendet in seinen sechs Trauerreden ein mehrheitlich staatliches Narrativ, das über die exklusive Gemeinschaft der Bundeswehr bereits klar hinausgeht. Auch Angela Merkels Rede wird diesem Typus zugeordnet. Die auf Jung zurückzuführende Einführung der Kategorie „Gefallene" ist als Einstieg in ein zivilreligiöses Narrativ zu werten. Die fehlende Aufnahme und Wiedergabe dieser sakralen Kategorie durch die Medien im Anschluss an seine Rede liefert jedoch bereits einen ersten Hinweis darauf, dass ihm die Einsetzung der Kategorie zunächst misslingt, möglicherweise auch da Jung lediglich eine politische Antwort auf die Frage findet, wofür die Soldaten gefallen sind. Repräsentativ für den Typus des zivilreligiösen Narrativ sind schließlich die Reden von Karl-Theodor zu Guttenberg, Johannes Raus und Wolfgang Schäuble. Es ist somit nicht die staatsorganisatorische Stellung, die ausschlaggebend ist zur Formulierung einer solchen Erzählung, die versucht die politische Gemeinschaft durch Verweis auf deren transzendente Grundlagen sinnstiftend zu (re)konstituieren. Die bisherigen zwei Trauerreden von Thomas de Maizière sind zu differenziert, um ihn einem Typus zuzuordnen. Es zeigen sich Aspekte eines zivilreligiösen Sermons, de Maizière spricht jedoch ebenso häufig aus der Position eines politisch Verantwortlichen. Ein letztes Zitat, das die zentrale Frage nach dem Sinn des Todes eines Soldaten diskutiert, soll diese Zwischenposition veranschaulichen:

> Und Sie, die Angehörigen, können zu Recht erwarten, dass wir auf Fragen Antworten geben, so gut wir es eben können. Auf jenes quälende Warum jetzt, Warum gerade er, können wir Ihnen allerdings keine Antwort geben. Deutsche Soldaten sind in Afghanistan, weil wir unsere Verantwortung für unsere Sicherheit und die Sicherheit in der Welt ernst nehmen. Es ist das Eine, über Frieden und Menschenrechte zu sprechen, es ist das Eine, den Einsatz für die Bewahrung und Herstellung von Menschrechten zu fordern von Anderen, es ist das Andere, dafür Verantwortung zu übernehmen. Diese Verantwortung für Frieden und Freiheit in der Welt fordert auch Opfer (Trauerrede de Maizière, 03.06.2011).

Der Minister nimmt hier eine grundsätzliche Unterscheidung vor: er übernimmt die politische Verantwortung für den Einsatz, in dessen Rahmen *Soldaten* starben, er gibt jedoch keine Antwort auf die Frage, warum es gerade

---

352  Es entspricht dem Wesen einer Typologie zu vereinfachen. Dabei gehen jedoch auch Details, die die Analyse in den vorherigen Kapiteln diskutiert hat, verloren. Besonders die Einordnung von Peter Struck, Johannes Rau und Wolfgang Schäuble ist insofern verkürzend, da sie auf jeweils einem einzelnen Redebeitrag beruht.

*diese* Soldaten, *diese Männer*, waren, die *jetzt* starben. Auf diese Frage, die auf die Kontingenz des Todes abzielt, will er als politischer Repräsentant nicht direkt antworten. Indem er jedoch in einem sakralen Raum, im Rahmen einer Trauerfeier unter Beteiligung der Militärseelsorge spricht, verweist er die Angehörigen indirekt auf die religiöse Instanz. Dies entspricht seiner zivilreligionspolitischen Strategie.

Tabelle 4: Die Ergebnisse der Analyse der Trauerreden

| # | *Wer* trauert | | | Wer trauert um *wen*? | | | *Wofür* starben die Toten? | | |
|---|---|---|---|---|---|---|---|---|---|
| | Militär | Staat | Politische Gemeinschaft | Soldat | Staatsbürger in Uniform | Mitbürger | Im Dienst | In Erfüllung des Eides | Gefallen für *uns; +* |
| 1* | 0 | 1 | 1 („die Nation") | 1 | 0 | 0 | 1 | 0 | 0 |
| 2 | 0 | 0 | 2 („das Vaterland") | 1 | 0 | 1 | 1 | 0 | $2^1$; + 1 |
| 3 | 2 | 0 | 0 | 2 | 1 | 0 | 1 | 0 | 0; + 1 |
| 4 | 1 | 0 | 0 | 2 | 0 | 0 | 1 | 0 | 0 |
| 5 | 0 | 0 | 1 („unsere Gesellschaft") | 1 (P) | 0 | 0 | 2 | 0 | $1^1$; + 1 |
| 6 | 1 | 0 | 0 | 1 | 0 | 0 | 1 | 0 | 0 |
| 7 | 0 | 1 | 0 | 1 | 0 | 1 | 1 | 1 | 1; + 1 |
| 8 | 1 | 1 | 0 | 1 | 1 | 0 | 1 | 0 | $1^2$ |
| 9 | 0 | 1 | 0 | 1 | 1 | 0 | 1 | 0 | 1; + 1 |
| 10 | 1 | 1 | 1 | 1 | 0 | 0 | 1 | 0 | $1^2$ |
| 11 | 0 | 1 | 1 („ein Land") | 1 | 0 | 1 | 1 | 1 | 2; ı 2 |
| 12 | 0 | 2 | 0 | 1 | 0 | 0 | 1 | 0 | 1; + 1 |
| 13 | 0 | 2 | 1 | 1 | 1 | 1 | 1 | 1 | 1; + 2 |
| 14 | 0 | 1 | 2 | 1 | 0 | 1 | 1 | 1 | 1; + 2 |
| 15 | 1 | 2 | 1 | 1 | 0 | 1 | 1 | 1 | $1^1$; + 2 |
| 16 | 1 | 1 | 2 („wir alle") | 1 | 0 | 0 | 2 | 0 | $1^1$; + 1 |
| 17 | 1 | 2 | 0 | 1 | 0 | 1 | 1 | 1 | 1; + 1 |

# die Nummerierung der Trauerreden basiert auf der Übersicht 1 (siehe S. 170)

0 = nicht vorhanden; 1 = vorhanden; 2 = wiederholt vorhanden

* Die Analyse der Trauerrede Volker Rühes konnte nur mit Einschränkungen vorgenommen werden, da das vollständige Redeprotokoll nicht verfügbar war. So konnten lediglich jene Teile untersucht werden, die auf der Basis eines Videomitschnitts des Bunderwehr TVs angefertigt wurden.

[1] = mit Einschränkung, wenn nicht von „Gefallenen" gesprochen wird, aber die Idee des Opfers für uns formuliert wird

[2] = mit Einschränkung; gefallen für den Frieden

+ = Bezugnahme auf religiöse Motive und funktional Äquivalente

## 4.3 Die Trauerfeiern als Zivilreligionspolitik

Die Ritualanalyse hat gezeigt, dass die 16 Trauerfeiern, die zwischen 1993 und 2011 zum Gedenken an die 36 gefallenen Soldaten der Bundeswehr abgehalten wurden, über die charakteristischen Merkmale symbolischer Handlungen verfügen: sie basieren auf einem förmlichen Beschluss des Bundesverteidigungsministeriums, die gemeinschaftlichen Handlungen sind jeweils zeitlich und örtlich gerahmt und der Ablauf formalisiert. Durch das Zusammenspiel religiöser, politischer und militärischer Symbolik und einem entsprechend zivilreligiösen Narrativ bewirken die späteren Feiern in Kirchen zudem die sakralisierende Transformation der Opfer *von Getöteten in Gefallene*. Das zivilreligionspolitische Einsetzungsritual Trauerfeier fungiert so im Sinne Bourdieus als „feierliche[r] Akt der Kategorienbildung, der dazu dient, zu erzeugen, was er bezeichnet" (Bourdieu1990: 114). Die Trauerfeier als performativer Akt des Gemeinsamen instituiert dabei nicht allein die im Anschluss als sakral geltenden Opfer, sondern es wird auch die Gemeinschaft, in deren Namen diese Soldaten gefallen sind, (re)konstituiert. Die Opfer wirken hier als machtvolle, intransitive Symbole und bewirken diese normative Integration der Gemeinschaft, indem sie deren gemeinschaftliche Grundlagen repräsentieren. Handelt es sich um die inklusive politische Gemeinschaft, die hier repräsentiert wird und nicht um die exklusive Gemeinschaft des Militärs, so ist von Zivilreligionspolitik zu sprechen. Der politisch-strategische Aspekt der Zivilreligionspolitik zeigt sich in der zweiten, transitiven Dimension des ‚mächtigen' Trauerrituals. So werden in den Opfern eben jene sakralen gemeinschaftlichen Ideen repräsentiert, die die politisch legitime Antwort darauf liefern, *wofür* der Soldat gefallen ist.

Über das Verständnis der Trauerfeiern als Zivilreligionspolitik erscheint deren Gestaltung durch die Verantwortlichen der Bundeswehr und des Bundesverteidigungsministeriums umso bedeutsamer. Als performative Akte formulieren die Feiern in ihrem Handeln unterschiedliche Antworten auf die Frage, *wer trauert um wen*. Die Antwort kann dabei durch einen abschließenden, zusammenfassenden Blick auf drei Analysekategorien formuliert werden, die auf den vergangenen Seiten bereits ausführlich diskutiert wurden: die Wahl des Ortes (profan vs. sakral), die präsente Symbolik (militärisch vs. politisch vs. religiös) sowie das Narrativ (militärisch vs. staatlich vs. zivilreligiös).

Die Wirkung des Ortes als Rahmung des Rituals wurde im Kapitel 4.2.1 dargelegt. Bei den analysierten Trauerfeiern fiel die Wahl zunächst auf *profane, militärische Flughafenhallen*, die durch die wiederholte Durchführung des Trauerrituals, unter Beteiligung der Militärseelsorge, zu einem gewissen

Grad sakralisiert werden konnten. Diese überhöhende Wirkung war jedoch nur für jene Ritualteilnehmer erfahrbar, die selbst mehrfach an einer solchen Trauerfeier teilnahmen. Seit dem Jahr 2008 finden die Trauerfeiern nun in den *sakralen Räumen der Garnisonskirchen* statt. Die mehrheitliche Durchführung der Feiern in diesen Räumen (von 18 Trauerfeiern fanden 13 in Kirchen statt) spricht dabei für die Legitimität dieser Räume als Ort eines *öffentlichen Trauerrituals*.

Drei Formen von Symbolik sind bei den Trauerfeiern sichtbar: die militärische, politische und religiöse Symbolik. Die *symbolischen Formen des Militärs* zeigen sich in den anwesenden uniformierten Vertretern der Bundeswehr sowie in verschiedenen Objekten, mit denen der Sarg sowie der Raum dekoriert werden- der Gefechtshelm sowie die verliehenen Orden, um nur zwei Beispiele zu nennen. Die Flughafenhalle gehört ebenfalls in die Kategorie der militärischen Symbole. Die *politische Symbolik* zeigt sich vordergründig in Form der Nationalflagge, die zentral auf dem Sarg und im Raum präsentiert wird. Die präsenten hochrangigen Politiker, allen voran die Bundeskanzlerin, fungieren ebenfalls als politisches Symbol. Die *religiöse Symbolik* ist zunächst in der Person des Militärseelsorgers sowie in den von ihm ausgeführten liturgischen Handlungen präsent, mit dem Umzug in die Kirchen jedoch auch durch den Raum und dessen genuiner Symbolik.

Die ersten Trauerfeiern auf dem Flughafengelände zeichneten sich somit durch eine mehrheitlich militärische Symbolik im Raum, in den Orden sowie in den Uniformen der anwesenden Vertreter des Militärs aus. Die wenigen politischen Vertreter, wie der Verteidigungsminister, waren so kaum sichtbar– zumal in jenen Fällen, in denen der Minister auf einen zentralen Redebeitrag verzichtete. Die religiöse Dimension wurde frühzeitig in der Person des Militärseelsorgers repräsentiert. In Konkurrenz zur militärischen Symbolik trat sie jedoch erst mit dem Einzug in die Kirchen. Heute findet sich ein scheinbar ausgeglichenes Verhältnis zwischen militärischer, politischer und religiöser Symbolik. Die Gestaltungshoheit liegt jedoch noch immer beim Bundesverteidigungsministerium.

In den 17 Trauerreden der verschiedenen Mitglieder der Exekutive finden sich Beispiele für alle drei Typen von Narration – das militärische Narrativ mit dem Peter Struck zunächst die Wirkungsweise der Trauerfeier auf die militärische Gemeinschaft beschränkt, die ihrer im Einsatz getöteten Kameraden gedenkt; das staatliche Narrativ, mithilfe dessen der Verteidigungsminister Franz-Josef Jung und die Bundeskanzlerin Angela Merkel ihre politische Entscheidung rechtfertigen Staatsbürger in Uniform zur Verteidigung

der Freiheit und Sicherheit der Bundesrepublik zu entsenden sowie das zivilreligiöse Narrativ zu Guttenbergs, Raus und Schäubles, bei dem der Sinn des
Opfers für die Gemeinschaft in den (zivilreligiösen) Werten der Gemeinschaft
selbst gefunden wird. Die Entwicklung der Narrative als sinnstiftendes Detail
des Einsetzungsrituals Trauerfeier erlebt somit eine ähnliche Öffnung hin zur
politischen Gemeinschaft sui generis, wie sie die Wahl des Raumes für die
Feiern reflektiert.

Im Sinne des hier vertretenen Verständnisses von Zivilreligionspolitik
sind die drei Faktoren von Ort, Symbolik und Narrativ jedoch nicht einzeln,
sondern in ihrem Zusammenspiel zu betrachten. So wirkt das zivilreligiöse
Narrativ erst im Rahmen der legitimen politischen und religiösen symbolischen Ressourcen sinnstiftend. Dies bestätigt die eingangs formulierte These
vom Zusammenhang ritueller Inszenierung und narrativer Sinnstiftung im
Einsetzungsritual Trauerfeier, das versucht die soziale Kategorie „Gefallene"
als ehrenden Titel zu instituieren. Die Analyse der Trauerfeier im Zeitraum
zwischen 1993 und 2011 konnte dabei jene politischen Prozesse rekonstruieren, mit denen der Staat, vertreten durch das Bundesverteidigungsministerium, an der Anerkennung dieser Opfer wirkte.

Tabelle 5: Die Ergebnisse der Analyse der Trauerfeiern als Zivilreligionspolitik*

| Datum | Ort | | Symbolik | | | Trauerreden[353] | | |
|-------|-----|---|----------|---|---|------------------|---|---|
| | Profan | Sakral | Militär | Politik | Religion | 1 | 2 | 3 |
| 22.10.1993 | X | | 1 | 1 | 0 | Verteidigungsminister Volker Rühe (CDU) | | |
| | | | | | | 1 | 1 | 0 |
| 29.12.2002 *Trauerfeier für 7 Solda- ten* | | X | 1 | 2 | 1 | Bundespräsident Johannes Rau | | |
| | | | | | | 1 | 0 | 2 |
| 10.06.2003 | X | | 2 | 1 | 1 | Verteidigungsminister Peter Struck (SPD) | | |
| | | | | | | 2 | 1 | 0 |
| 29.06.2005 | X | | 2 | 1 | 1 | *keine Rede eines politischen Repräsentanten bekannt* | | |
| 16.11.2005 | X | | 2 | 1 | 1 | *keine Rede eines politischen Repräsentanten bekannt* | | |
| 23.05.2007 | X | | 2 | 1 | 1 | Verteidigungsminister Franz-Josef Jung (CDU) | | |
| | | | | | | 2 | 1 | 0 |
| 18.08.2007 *Trauerfeier für 3 Polizisten* | | X | 0 | 2 | 1 | Bundesinnenminister Wolfgang Schäuble (CDU) | | |
| | | | | | | 1 | 0 | 1 |
| 01.09.2008 | | X | 1 | 1 | 1 | Verteidigungsminister Franz-Josef Jung (CDU) | | |
| | | | | | | 1 | 0 | 0 |
| 24.10.2008 | | X | 1 | 1 | 1 | Verteidigungsminister Franz-Josef Jung (CDU) | | |
| | | | | | | 1 | 1 | 1 |
| 07.05.2009 | | X | 1 | 1 | 1 | Verteidigungsminister Franz-Josef Jung (CDU) | | |
| | | | | | | 1 | 1 | 0 |
| 02.07.2009 | | X | 1 | 1 | 1 | Verteidigungsminister Franz-Josef Jung (CDU) | | |
| | | | | | | 1 | 1 | 0 |
| 12.10.2009 | | X | 1 | 1 | 1 | Verteidigungsminister Franz-Josef Jung (CDU) | | |
| | | | | | | 1 | 1 | 1 |
| 09.04.2010 | | X | 1 | 2 | 1 | Verteidigungsminister Theodor zu Guttenberg (CSU) | | |
| | | | | | | 1 | 1 | 2 |

---

353   Die Nummerierung bezieht sich auf die vorhergehende Typologie. 1 = militärische Narrative, 2 0 politische Narrative, 3 = zivilreligiöse Narrative

| 24.04.2010 | | X | 1 | 2 | 1 | Verteidigungsminister Theodor zu Guttenberg (CSU) |
|---|---|---|---|---|---|---|
| | | | | | | 1 \| 2 \| 2 |
| 15.10.2010 | | X | 1 | 2 | 1 | Verteidigungsminister Theodor zu Guttenberg (CSU) |
| | | | | | | 1 \| 1 \| 2 |
| | | | | | | Bundeskanzlerin Angela Merkel (CDU) |
| | | | | | | 1 \| 1 \| 0 |
| 25.02.2011 | | X | 1 | 2 | 1 | Verteidigungsminister Theodor zu Guttenberg (CSU) |
| | | | | | | 1 \| 2 \| 2 |
| 03.06.2011 | | X | 1 | 1 | 1 | Verteidigungsminister Thomas de Maizière (CSU) |
| | | | | | | 2 \| 0 \| 2 |
| 10.06.2011 | | X | 1 | 1 | 1 | Verteidigungsminister Thomas de Maizière (CSU) |
| | | | | | | 1 \| 2 \| 1 |

\* 0 = nicht vorhanden; 1 = vorhanden; 2 = überdurchschnittlich vorhanden

# 5 Schluss

Selten sind jene Momente in der Politik, in denen diese Ruhe herrscht. Eine Ruhe, in der ein Mensch in sich gekehrt ist und doch Kraft ausstrahlt. Willy Brandts Kniefall ist nicht nur ein Bekenntnis zur deutschen Schuld- das Bild berührt uns, weil es scheint, als stoße er zu etwas Verborgenem vor. Politik spielt sich zumeist an der Oberfläche des Plenarsaals, der Talkshow oder des Kabinetttisches ab. Es geht um Konkurrenz, um das Sammeln von Mehrheiten und um Kompromisse. Die Inszenierungen dafür sind Momentaufnahmen des Alltäglichen, wiederholt bis zur Langeweile. Ganz selten dringt etwas aus der Politik hervor, [das] uns auf einmal berührt. Dann kommt zum Vorschein, dass politische Entscheidungen eben nicht immer auf Rationalität beruhen, sondern auch eine verborgene Quelle haben, einen Ursprung. (...) Politik ist manchmal wie Religion (von Daniels, 19.12.2012).

In jenen beschriebenen Momenten in denen Politik wie Religion ,erscheint'[354], will sie nicht anhand von Argumenten rational überzeugen; sie will *uns* ,glauben machen', um so Gemeinschaft zu stiften. „Ohne Glaube könnte keine menschliche Gemeinschaft bestehen" (Bizeul 2009: 7f.), denn auf dem Glauben basiert das Vertrauen, dessen eine freiheitlich organisierte Gemeinschaft bedarf (Bizeul 2009: 109). So lebt „[d]er freiheitliche, säkularisierte Staat (...) von Voraussetzungen, die er selbst nicht garantieren kann. Das ist das große Wagnis, das er, um der Freiheit willen, eingegangen ist" (Böckenforde 1976: 60).

Die Transzendierung politischer Rationalität durch Religion vollzieht sich innerhalb legitimer Grenzen- den Grenzen zwischen einer aufgeklärten Politik und Religion, zwischen Staat und Kirche. Sie basiert somit auf der beständigen Trennung beider Dimensionen. Denn Religion ist nicht wie Politik. Sie besitzt eine andere, *sakrale* Qualität. Und nur wenn Politik tatsächlich Politik bleibt und Religion ebenfalls an der ihr eigenen Qualität festhält, vermag Politik es durch die symbolische Bezugnahme auf Religion über den eigenen, *profanen* Horizont hinaus zu verweisen. Die sakralisierende Wirkung von Religion wirkt sich erst so *legitimerweise* auf Politik aus.

Die sozialwissenschaftliche Theorie hat für die Phänomene „öffentlicher politischer Präsenz von Elementen religiöser Kultur" (Lübbe 2001b: 25) den Begriff der Zivilreligion geprägt. Der von unterschiedlichen Autoren geführte Zivilreligionsdiskurs konzentriert sich dabei entweder auf deren substantiell andere, religiöse Qualität oder auf die Funktion, die Zivilreligion für politische Gemeinschaft erfüllt. In dieser Diskussion darüber was Zivilreligion *ist* bzw.

---

354  Politik, die tatsächlich wie Religion sein will, wird schließlich zur politischen Ideologie bzw. zur politischen Religion.

was Zivilreligion *tut*, kommt jedoch die Beobachtung *wie* sie es tut, die *zivil-religiösen Prozesse* also, zu kurz. So werden die symbolischen Formen, die Rituale und Symbole, durch die Religion und Politik aufeinander Bezug nehmen, nur wenig beachtet. Sie sind es jedoch, die Zivilreligion als erfahrbare und beobachtbare Akte des solidarischen Miteinanders gestalten. Dieser Akte bedarf es, um Gemeinschaft zu stiften und über den Gründungsmoment hinaus zu stabilisieren und zu legitimieren.

Mit Max Weber lassen sich bekanntlich drei Idealtypen von Legitimationsgeltung unterscheiden. So kann die Existenz und Kontinuität einer politischen Ordnung über den *Glauben* an das *Recht*, die *Tradition* sowie das *Charisma* einer politischen Führungsfigur gerechtfertigt werden (Weber 1921/22). Die Bemühung politischer Rituale zur Legitimation politischer Entscheidungen steht quer zu dieser Typologie: Rituale sind zunächst durch die ihnen eigene Formalität und Symbolizität ‚erkennbar'. Sie bringen so jene Traditionen und Werte symbolisch zum Ausdruck, die die normative Integration einer politischen Gemeinschaft ermöglichen. Im Rahmen eines politischen Rituals tritt darüber hinaus eine Person bzw. eine Personengruppe als Repräsentant dieser Traditionen auf und beansprucht so das Monopol über den Gebrauch des symbolischen Kapitals für sich. In Demokratien bestimmt schließlich auch das Rechtssystem, wer diese Person sein darf. Zeichnet diese sich zudem durch charismatische Züge aus, worauf auch immer diese beruhen mögen, so generiert das nicht immer gleichberechtigte Zusammenspiel aus allen drei Legitimationsressourcen ein seltenes, magisches Moment in dem ‚Politik wie Religion erscheint'.[355]

Auch die Beschreibung der Trauerfeiern als Zivilreligionspolitik beruht auf einem Verständnis der legitimierenden Wirkung der symbolischen Formen. Zusätzlich wird mit dem Begriff der politisch-strategisch Aspekt der Performanz des Rituals und der Narration noch einmal zusätzlich betont. Denn gerade weil: „[d]ie freiheitliche Gesellschaft fundamental darauf angewiesen [ist], dass es in ihr verbindende Normen, gemeinsame Maßstäbe und eine Vorstellung von Freiheit, Solidarität, Gerechtigkeit, Menschenwürde und Toleranz gibt" (o.V., Die Zeit, 29.11.2012), bleibt der Staat bezüglich seiner normativen Voraussetzungen nicht untätig, sondern nutzt sein Monopol auf den legitimen Gebrauch symbolischer Macht, um magische Momente, wie die

---

355  Die Frage, welche der drei Legitimationsressourcen überwiegt, kann nur empirisch mit Blick auf das jeweilige politische Ritual beantwortet werden. Jene Rituale, die hier mit dem Begriff der Zivilreligionspolitik bezeichnet werden, zeichnen sich durch eine mehrheitliche inhaltliche Bezugnahme auf Traditionen, Werte und Normen aus.

beschriebenen Trauerfeiern, zu gestalten. Das Opfer, das im Namen einer freiheitlich organsierten Gemeinschaft erbracht wird, bedarf eines magischen
Momentes, um nicht als willkürlich, zufällig und damit als sinnlos zu erscheinen. Politische Alltagsrituale, wie beispielsweise die parlamentarischen Debatten zum Einsatz, können dieses nicht rechtfertigen. Ihnen bleibt es vorbe-
halten, *das Mandat* für den Einsatz von Soldaten rechtlich zu legitimieren. Der
Tod *des einzelnen Soldaten* lässt sich so jedoch nicht begründen. Um dennoch
das soldatische Opfer symbolisch anzuerkennen und diesem auf ‚würdige'
Weise zu gedenken, bedarf es eines zivilreligionspolitischen Rituals, wie der
Trauerfeiern für die gefallenen Soldaten der Bundeswehr.[356]

    Eine der bedeutsamsten Folgen der Transformation der Bundeswehr
von einer Verteidigungs- zu einer Einsatzarmee sind die 36 getöteten Soldaten, die im Zeitraum zwischen 1993 und 2011 zu verzeichnen waren. In Anerkennung dieser neuen Form von Opfern, von *Gefallenen*, gestaltete das Bundesverteidigungsministerium gemeinsam mit der Bundeswehr eine neue
Form der Gedenkkultur, deren Aufgabe es ist, diese Opfer symbolisch zu legitimieren, indem sie sie als besondere, sakrale Opfer inszeniert. So wird dem
kontingenten Tod des Einzelnen durch die zivilreligiöse Transzendenz der
Gemeinschaft begegnet. Aus der Entwicklung der Trauerfeiern zwischen den
Jahren 1993 und 2011 spricht schließlich auch die deutsche Zurückhaltung
im Umgang mit den neuen Opfern, aber auch im Umgang mit diskreditierten
und legitimen militärischen Traditionen und schließlich im Umgang mit religiösen Formen. Nur schrittweise wandelten sich die Trauerfeiern von internen, militärischen Gedenkkappellen auf militärischem Gelände zu öffentlichen
Trauerritualen, die heute in Kirchen, unter medialer Beteiligung des politischen Gemeinwesens stattfinden. Und auch die sinnstiftende Narration der
Trauerreden wandelte sich von politischen Reden zu zivilreligiösen Ansprachen, die die rituelle Sakralisierung der Opfer, von Toten in Gefallene, sprachlich begleiten. Im Rahmen der Trauerfeiern soll auch der Glaube an das politische System und die politische Gemeinschaft (re)konstituiert werden. Es ist
eine solche Form von Glauben, die Rousseau mit seiner Idee von einer Zivilreligion inspirieren wollte. Erst aus ihr erwächst die Motivation für ein solches Opfer, das ein freiheitliches Gemeinwesen nicht befehlen, sondern nur
symbolisch legitimieren kann.

---

356 Am 31.01.2013 wurde das Afghanistanmandat mit einer Mehrheit von 435 Abgeordneten
    verlängert. Im Antrag der Bundesregierung auf „Fortsetzung der Beteiligung bewaffneter
    deutscher Streitkräfte an dem Einsatz der Internationalen Sicherheitsunterstützungs-
    truppe in Afghanistan" werden die bisherigen Opfer nicht erwähnt (vgl. *Drucksache des
    Deutschen Bundestages* 17/11685).

In der republikanischen Vorstellung Rousseaus von einem politischen Gemeinwesen ist ein jeder (männlicher) Bürger dazu aufgefordert, das auf einem heiligen Vertrag beruhende Gemeinwesen in einem solchen Maße zu lieben, dass er schließlich auch bereit wäre, es im Ausnahmefall mit seinem Leben zu verteidigen. In heutigen postheroischen Gesellschaften, wie der bundesdeutschen, ist diese Opferbereitschaft nicht länger selbstverständlich. Deren Wehrtüchtigkeit beruht auf dem Vertrauen in militärische Gemeinschaften, die diesen Dienst leisten. Zwischen postheroischer Gesellschaft und militärischer Gemeinschaft herrscht dabei ein Zwiespalt.[357] Eine allgemeine Wehrpflicht wirkt hier, ganz im Sinne der republikanischen Tradition, als „Klammer" (Interview Schneiderhan). Sie verbindet die „Schutzgemeinschaft"[358] zwischen Gesellschaft und Militär über den Ernstfall hinaus.

Seit der Aussetzung der Wehrpflicht in Deutschland im Jahr 2011 „ist die Klammer, die Brücke [der Wehrpflicht] (...) nicht mehr begehbar" (Interview Schneiderhan). Mit dem Aussetzen der Wehrpflicht wächst auch die Bedeutung der symbolischen Anerkennung der soldatischen Opfer. Über sie muss zukünftig versucht werden, nicht nur die Trauer derjenigen Angehörigen zu bewältigen, deren Familienangehörige sich bereits für den Dienst bei der Bundeswehr entschieden haben und die in Erfüllung dieses Dienstes gestorben sind. Über die symbolischen Formen des Ehrenmals, des Volkstrauertag sowie auch der Trauerfeiern muss nun auch versucht werden, Soldaten für eine freiwillige Parlamentsarmee zu werben und deren Opferbereitschaft zu motivieren.[359]

Zu Beginn der Arbeit stand die Prognose Rolf Schieders, wonach *„zivilreligiöse* Rituale und Rhetorik zunehmen werden, wenn Deutschland in Kriegshandlungen verwickelt wird" (Schieder 2001a: 129, Herv. SH), denn

[i]n diesem Fall ist es das Gemeinwesen den Hinterbliebenen schuldig, zu erklären, *wofür* das Menschenopfer erbracht wurde. Die Begründung ‚für das Vaterland' reicht nicht aus. Da auch Vaterländer verbrecherische und ungerechte

---

357  Die amerikanische Militärsoziologie bezeichnet diesen als „civil-military gap" (vgl. Feaver/Kohn 2001).

358  Die Bezeichnung „Schutzgemeinschaft" verwendete Wolfgang Schneiderhan bei einem Vortrag zum Thema: „Die veränderten Herausforderungen an unsere Sicherheit- was bedeuten sie für Politik, Gesellschaft und Streitkräfte?", den er am 15.01.2013 an der Universität Erfurt hielt. Damit beschrieb er die frühere Verbindung zwischen dem Beschützer Bundeswehr und der beschützten deutschen Gesellschaft in Zeiten des kalten Krieges.

359  Die Bemühungen de Maizières um einen eigenen Veteranentag sowie um die bessere Versorgung von aus dem Auslandseinsatz zurückgekehrten Soldaten sind ebenfalls in diesem Zusammenhang zu sehen (siehe dazu die Diskussion auf der Homepage des BVMg; o. V.: „Veteranendiskussion. Es geht um besondere Wertschätzung." 08.10.2012; o. V. „Minister möchte breite Diskussion um Veteranen." 29.02.2012).

Kriege führen können, steigt der Legitimationsdruck. Ohne die Transzendierung politischer Interessen durch die Berufung auf und das Bekenntnis beispielsweise zu den Menschenrechten läßt sich die neue Außenpolitik kaum rechtfertigen (Schieder 2001a: 129, Herv. SH).

Diese Prognose hat sich mit Blick auf das 2009 eröffnete Ehrenmal, das neue politische Begehen des Volkstrauertages sowie über die Gestaltung einer neuen Form von Trauerfeier für die gefallenen Soldaten der Bundeswehr bewahrheitet. Durch die Analyse der entsprechenden Trauerfeiern für die gefallenen Soldaten als Zivilreligionspolitik konnte jedoch auch deutlich gemacht werden, dass es die Politik ist, die die politische Gestaltungsmacht über diese Rituale innehat. Sie ist es, die „dem Gemeinwesen" durch die Durchführung öffentlich wirksamer performativer Akte einen Raum bietet zur gemeinsamen, (re)konstituierenden Anerkennung der Opfer. Sie gestaltet diese dabei nicht allein für die „Hinterbliebenen", sondern auch um zukünftige Opfer motivieren zu können.

# Literatur

Abbott, Porter: „Narration." in: Herman, David/Jahn, Manfred/Ryan, Marie-Laure (Hrsg.): *Routledge Encyclopedia of Narrative Theory*. New York, NY: Routledge, 2005, S. 339- 344.

Adam, Armin: *Politische Theologie. Eine kleine Geschichte*. Zürich: Pano Verlag, 2006.

Ahn, Gregor: „'Ritualdesign'- ein neuer Topos der Ritualtheorie?" in: Ahn, Gregor (Hrsg.): *Ritual Design. Section IV of Reflexivity, Media and Visuality. Vol. VI: Ritual Dynamics and the Science of Ritual*. Wiesbaden: Harrassowitz Verlag, 2010, S. 1- 15.

Ahn, Gregor : „Ritual Design- an Introduction." in: Simon, Udo: *Ritual dynamics and the science of ritual. Vol. IV: Reflexivity, Media, and Visuality*. Wiesbaden: Harrassowitz, 2011, S. 601- 605.

Alberg, Jeremiah: *A Reinterpretation of Rousseau. A Religious System*. New York, NY: Palgrave Macmillan, 2007.

Althoff, Gerd: *Die Macht der Rituale*. Darmstadt: Wiss. Buchges., 2003.

Althusser, Louis: „Über Jean-Jacques Rousseaus ‚Gesellschaftsvertrag'." in: Althusser, Louis: *Machiavelli, Montesquieu – Rousseau. Zur politischen Philosophie der Neuzeit*. Hamburg: Argument Verlag, 1987, S. 133- 172.

Anderson, Benedict: *Imagined Communities*. London: Verso, 1983.

D' Aprile, Iwan Michelangelo/Stockhorst, Stefanie (Hrsg.): *Rousseau und die Moderne. Eine kleine Enzyklopädie*. Göttingen: Wallstein, 2013.

Asal, Sonja: *Der politische Tod Gottes*. Dresden: Thelem, 2007.

Assmann, Aleida: *Der lange Schatten der Vergangenheit*. München: C.H. Beck, 2006.

Austin, John L.: *How to do things with words: the William James Lectures delivered at Harvard University in 1955*. London: Oxford University Press, 1976.

Barthes, Roland: *Mythen des Alltags*. Berlin: Suhrkamp, [1957] 2010.

Bauman, Richard: „Performance." In Herman, David/Jahn, Manfred/Ryan, Marie-Laure (Hrsg.): *Routledge Encyclopedia of Narrative Theory*. New York, NY: Routledge, 2005, S. 419- 421.

Baumann, Martin/Neubert, Frank (Hrsg.): *Religionspolitik-Öffentlichkeit-Wissenschaft. Studien zur Neuformierung von Religion in der Gegenwart*. Zürich: Pano, 2010.

Baumann, Martin/Neubert, Frank: „Einleitung. Zur Neuformierung von Religion in der Gegenwart." in: Baumann, Martin/Neubert, Frank (Hrsg.): *Religionspolitik-Öffentlichkeit-Wissenschaft. Studien zur Neuformierung von Religion in der Gegenwart.* Zürich: Pano, 2010, S. 9- 21.

Beck, Arndt/Euskirchen, Markus: *Die beerdigte Nation. ‚Gefallenen' Gedenken von 1813 bis heute.* Berlin: Karin Kramer Verlag, 2009.

Beiner, Rainer: „Machiavelli, Hobbes, and Rousseau on Civil Religion." *Review of Politics*, 55: 4 (1993), S. 617- 638.

Bell, Catherine: *Ritual theory, ritual practice.* New York, NY: Oxford University Press, 1992.

Bell, Catherine: *Ritual. Perspectives and Dimensions.* New York, NY: Oxford University Press, 1997.

Bellah, Robert N.: *Tokugawa Religion. The values of pre-industrial Japan.* Glencoe, IL: Free Press, 1957.

Bellah, Robert N.: „Religious Evolution." *American Sociological Review*, 29: 3 (1964), S. 358- 374.

Bellah, Robert. N.: *Beyond Belief. Essays on Religion in a non-traditional world.* New York, NY: Harper & Row, 1972.

Bellah, Robert N.: *Émile Durkheim. On Morality and Society.* Chicago, IL: The University of Chicago Press, 1973.

Bellah, Robert N./Hammond, Philip E.: *Varieties of Civil Religion.* Cambridge: Harper & Row, 1980.

Bellah, Robert. N.: *Habits of the Heart. Individualism and Commitment in American Life.* New York, NY: Harper & Row, 1986.

Bellah, Robert N.: „Comment." *Sociological Analysis*, 50: 2 (1989), S. 147.

Bellah, Robert N.: *The Broken Covenant. American Civil Religion in Time of Trial.* Chicago, IL: Chicago University Press, 1994.

Bellah, Robert N./Tipton, Steven M.: *The Robert Bellah Reader.* Durham, NC: Duke University Press, 2006.

Bellah, Robert N.: „Civil Religion in America." in: Bellah, Robert N./Tipton, Steven M. (Hrsg.): *The Robert Bellah Reader.* Durham, NC: Duke University Press, 2006, S. 225- 245. (Erstmals erschienen in: Bellah, Robert N.: „Civil Religion in America". *Daedalus.* 96 (1967), S. 1- 21).

Belliger, Andréa/Krieger, David J. (Hrsg.): *Ritualtheorien. Ein einführendes Handbuch.* Wiesbaden: VS Verlag, 2006.

Benjamin, Walter: *Das Kunstwerk im Zeitalter seiner technischen Reproduzierbarkeit.* Frankfurt a.M.: Suhrkamp, [1935] 2010.

Berger, Peter L./Luckmann, Thomas: *The Social Construction of Reality. A Treatise in the Sociology of Knowledge.* Garden City, NY: Doubleday, 1967.

Berger, Peter L.: *Zur Dialektik von Religion und Gesellschaft. Elemente einer soziologischen Theorie*. Tübingen: S. Fischer Verlag, 1973.

Berger, Peter L.: „Some Second Thoughts on Substantive versus Functional Definitions of Religion." *Journal of the scientific study of religion* 13: 2 (1974), S. 125- 133.

Berger, Peter L. /Berger, Brigitte/Kellner, Hansfried: *The Homeless Mind*. Harmondsworth: Penguin, 1974.

Berger, Peter L.: *The Desecularization of the World*. Washington D.C.: Ethics and Public Policy Center, 2005.

Berger, Peter L. *A Rumor of Angels*. Garden City, NY: Doubleday, 1970.

Berns, Ute: „Performativity." in: Hühn, Peter/Pier, John/Schmid, Wolfgang/Schönert, Jörg (Hrsg.): *Handbook of Narratology*. Berlin: De Gruyter, 2009, S. 370- 383.

Blumenberg, Hans: *Arbeit am Mythos*. Frankfurt a.M.: Suhrkamp, 2001.

Biehl, Heiko: „Militärseelsorge out of area- Hochgeschätzt und ungenutzt?" in: Werkner, Ines-Jacqueline/Leonhard, Nina (Hrsg.): *Aufschwung oder Niedergang? Religion und Glauben in Militär und Gesellschaft zu Beginn des 21. Jahrhunderts*. Frankfurt a.M.: Peter Lang, 2003, S. 323- 348.

Biehl, Heiko: „Zustimmung unter Vorbehalt. Die deutsche Gesellschaft und Ihre Streitkräfte." in: Wiesendahl, Elmar (Hrsg.): *Innere Führung für das 21. Jahrhundert: die Bundeswehr und das Erbe Baudissins*. München: Schöningh, 2007, S. 103- 116.

Biehl, Heiko/Fiebig, Rüdiger: „Zum Rückhalt der Bundeswehr in der Bevölkerung." *SOWI Thema* 02/2011.

Biehl, Heiko/Leonhard, Nina: „Militär und Tradition." In: Leonhard, Nina/Werkner, Ines-Jacqueline: *Militärsoziologie- eine Einführung*. Wiesbaden: VS-Verlag, 2012, S. 314- 341.

Bizeul, Yves: *Glaube und Politik*. Wiesbaden: VS-Verlag, 2009.

Bock, Martin: „Religion als Lebensbewältigungsstrategie von Soldaten." *SOWI-Berichte* 73/2002.

Böckenförde, Ernst-Wolfgang: *Staat, Gesellschaft, Freiheit. Studien zur Staatstheorie und zum Verfassungsrecht*. Frankfurt a.M.: Suhrkamp, 1976.

Bolle, Rainer: *Jean-Jacques Rousseau. Das Prinzip der Vervollkommnung des Menschen durch Erziehung und die Frage nach dem Zusammenhang von Freiheit, Glück und Identität*. Münster: Waxmann, 2002.

Bonacker, Thorsten: „Die politische Theorie des freiheitlichen Republikanismus." in: Brodocz, André/Schaal, Gary: *Politische Theorien der Gegenwart*. Bd1. Opladen: Barbara Budrich, 2006, S. 177- 214.

Bourdieu, Pierre: *Praktische Vernunft. Zur Theorie des Handelns*. Frankfurt a.M.: Suhrkamp, 1985.
Bourdieu, Pierre: *Was heißt sprechen? Die Ökonomie des sprachlichen Tausches*. Wien: Braumüller, 1990.
Brodocz, André: *Die symbolische Dimension der Verfassung*. Wiesbaden: Westdeutscher Verlag, 2003.
Brodocz, André: „Erfahrung- zur Rückkehr eines alten Arguments." in: Brodocz, André (Hrsg.): *Erfahrung als Argument*. Baden-Baden: Nomos, 2007, S. 9- 24.
Brodocz, André: *Die Macht der Judikative*. Wiesbaden: VS- Verlag, 2009.
Brodocz, André/Hammer, Stefanie: *Variationen der Macht*. Baden-Baden: Nomos, 2013.
Bruner, Jerome. „The Narrative Construction of Reality." *Critical Inquiry*, 18 (1991), S. 1- 21.
Bruner, Jerome: *Making Stories. Law, Literature, Life*. Cambridge, MA: Harvard University Press, 2002.
Burgelin, Pierre: *Jean-Jacques Rousseau et la religion de Genève*. Genève: Labor et fides, 1962.
Butler, Judith: *Haß spricht. Zur Politik des Performativen*. Berlin: Berlin- Verlag, 1998.
Caforio, Guiseppe (Hrsg.): *Handbook of the sociology of the military*. New York, NY: Kluwer, 2003.
Carter, Jeffrey: *Understanding Religious Sacrifice. A Reader*. London: Continuum, 2003.
Casanova, José: *Public Religions in the Modern World*. Chicago, IL: Chicago University Press, 1994.
Caspar, Johannes: *Wille und Norm. Die zivilisationskritische Rechts- und Staatskonzeption J.-J. Rousseaus*. Baden-Baden: Nomos, 1993.
Cassirer, Ernst: *Der Mythos des Staates*. Frankfurt a.M.: Fischer, [1949] 1988.
Cassirer, Ernst: „Das Problem Jean Jacques Rousseau." in: Cassirer, Ernst: *Gesammelte Werke. Hamburger Ausgabe*. Hamburg: Meiner, [1932] 2009, Bd. 18, S. 3- 82.
Cassirer, Ernst: *Rousseau, Kant, Goethe*. Hamburg: Meiner, 1991.
Cassirer, Ernst: *Philosophie der symbolische Formen*. Hamburg: Meiner, [1923-1929] 2010.
Chiari, Bernhard/Pahl, Magnus: *Wegweiser zur Geschichte. Auslandseinsätze der Bundeswehr*. Paderborn: Schöningh, 2010.
Cladis, Mark S.: „Rousseau and Durkheim. The Relation between the Public and the Private." *Journal of Religious Ethics*, 21: 1 (1993), S. 1- 25.

Comte, Auguste: *Die Soziologie*. Stuttgart: Kröner, 1933.

Crocker, Lester G.: „The relation of Rousseau's second *Discours* and the *Contrat Social*." in: O'Hagan, Timothy (Hrsg.): *Jean-Jacques Rousseau*. Aldershot: Ashgate, 2007, S. 107- 119.

Critchley, Simon: *Der Katechismus des Bürgers. Politik, Recht und Religion in, nach, mit und gegen Rousseau*. Zürich: Diaphanes, 2008.

Dörfler- Dierken, Angelika: „Zur Entstehung der Militärseelsorge und zur Aufgabe der Militärgeistlichen in der Bundeswehr." *SOWI-Bericht* 83/2008.

Dörfler-Dierken, Angelika/Kümmel, Gerhard (Hrsg.): *Identität, Selbstverständnis, Berufsbild. Implikationen der neuen Einsatzrealität für die Bundeswehr*. Schriftenreihe des Sozialwissenschaftlichen Instituts der Bundeswehr, Bd. 10, VS-Verlag, 2010.

Dörfler-Dierken, Angelika: „Identitätspolitik der Bundeswehr." In: Dörfler-Dierken, Angelika/Kümmel, Gerhard (Hrsg.): *Identität, Selbstverständnis, Berufsbild. Implikationen der neuen Einsatzrealität für die Bundeswehr*. Schriftenreihe des Sozialwissenschaftlichen Instituts der Bundeswehr, Bd. 10, VS-Verlag, 2010, S. 137- 160.

Dörner, Andreas: *Politischer Mythos und symbolische Politik. Sinnstiftung durch symbolische Politik am Beispiel des Hermannsmythos*. Opladen: Westdeutscher Verlag, 1995.

Dorrien, Gary: „Berger: theology and sociology." in: Woodhead, Linda (Hrsg.): *Peter Berger and the Study of Religion*. London: Routledge, 2001, S. 26- 40.

Douglas, Mary: *Purity and Danger. An Analysis of the Concepts of Pollution and Taboo*. London: Routledge, 1966.

Douglas, Mary: *Implicit Meanings. Selected essays in anthropology*. London/New York: Routledge, 1999.

Dücker, Bernhard: *Rituale. Formen – Funktionen – Geschichte. Eine Einführung in die Ritualwissenschaft*. Stuttgart: Verlag J.B. Metzler, 2007.

Duyfhuizen, Bernhard. „Narrative Transmission." in: Herman, David/Jahn, Manfred/Ryan, Marie-Laure: *Routledge Encyclopedia of Narrative Theory*. New York: Routledge, 2005, S. 377.

Durkheim, Émile: *Erziehung, Moral und Gesellschaft*. Frankfurt a.M.: Suhrkamp, [1902/1903] 1995.

Durkheim, Émile: *Der Selbstmord*. Frankfurt a. M.: Suhrkamp, [1897] 2008.

Durkheim, Émile: *Über soziale Arbeitsteilung*. Frankfurt a. M.: Suhrkamp, [1893] 1988.

Durkheim, Émile: „Individualismus und die Intellektuellen." in: Bertram, Hans (Hrsg.): *Gesellschaftlicher Zwang und moralische Autonomie.* Frankfurt a.m.: Suhrkamp, 1986, S. 54- 70.

Durkheim, Émile: *Die Regeln der soziologischen Methode.* Frankfurt a.m.: Suhrkamp, [1894] 1991.

Durkheim, Émile: „Zur Definition religiöser Phänomene." in: Matthes, Joachim: *Religion und Gesellschaft. Einführung in die Religionssoziologie 1.* Hamburg: Rowohlt, 1967, S. 120- 141.

Durkheim, Émile: *Die elementaren Formen des religiösen Lebens.* (Übersetzung Ludwig Schmidts) Frankfurt: Verlag der Weltreligionen, 2007.

Durkheim, Émile: *Montesquieu and Rousseau. Forerunners of sociology.* Ann Arbor, MI: University of Michigan Press, 1980.

Easton, David: *A Framework for Political Analysis.* Englewood Cliffs, NJ.: Prentice Hall, 1965.

Edelman, Murray: *Constructing the political spectacle.* Chicago, IL: University of Chicago Press, 1988.

Edelman, Murray: *The politics of misinformation.* Cambridge, MA: Cambridge University Press, 2001.

Edelman, Murray: *Politik als Ritual. Die symbolische Funktion staatlicher Institutionen und politischen Handelns.* Frankfurt a.m.: Campus Verlag, 2005.

Eliade, Mircea (Hrsg.): *Encyclopedia of Religion.* Bd. 12. New York, NY: Macmillan, 1993.

Eliade, Mircea: *Die Religion und das Heilige. Elemente der Religionsgeschichte.* Frankfurt a.m.: Insel-Verlag, 1998.

Eliade, Mircea: *Vom Wesen des Religiösen.* Frankfurt a.m.: Insel-Verlag, 2007.

Elßner, Thomas R.: „Der Tod kennt keine Uniform." In Hettling, Manfred/Echternkamp, Jörg (Hrsg.): *Bedingt erinnerungsbereit. Soldatengedenken in der Bundesrepublik.* Göttingen: Vandenhoeck & Ruprecht, 2008, S. 85- 96.

Elßner, Thomas R.: „Bunte Wehr. Innere Führung- Ethnische, kulturelle und religiöse Vielfalt in der Bundeswehr im Spiegel der Jahresberichte der Wehrbeauftragten von 1960 bis 2009." In: Berger, Michael/Römer-Hillebrecht, Gideon (Hrsg.): *Jüdische Soldaten- Jüdischer Widerstand.* Paderborn: Ferdinand Schöningh, 2012, S. 462- 494.

Erdmann, Karl Dietrich: *Das Verhältnis von Staat und Religion nach der Religionsphilosophie Rousseaus.* Berlin: Ebering, 1935.

Eßbach, Wolfgang: „Varros drei Religionen und die soziologische Religionstheorie." in: Faber, Richard/Hager, Frithjof: *Rückkehr der Religion oder säkulare Kultur?* Würzburg: Königshausen und Neumann, 2008.

Esser, Hartmut: *Soziologie. Allgemeine Grundlagen.* Frankfurt a.M.: Campus, 1999.

Euskirchen, Markus: *Militärrituale. Analyse und Kritik eines Herrschaftsinstruments.* Köln: Papy Rossa Verlag, 2005.

Falk Moore, Sally/Myerhoff, Barbara G. (Hrsg.): *Secular Ritual.* Amsterdam: Van Gorcum & Co., 1977.

Feaver, Peter/Kohn, Richard: *Soldiers and Civilians. The Civil-Military Gap and American National Security.* Cambridge, MA: MIT Press, 2001.

Fetscher, Iring: *Rousseaus Politische Philosophie.* Frankfurt a.M.: Suhrkamp, 1993.

Flick, Uwe: *Triangulation.* Wiesbaden: VS- Verlag, 2011.

Fludernik, Monika: „Histories of Narrative Theory (II): From Structuralism to the Present." in: Phelan, James/Rabinowitz, Peter J. (Hrsg.): *A Companion to Narrative Theory.* Malden, MA: Blackwell, 2005, S. 36- 59.

Forschner, Maximillian: *Rousseau.* München: Verlag Alber, 1977.

Furseth, Inger: „Civil religion in a Low Key: The Case of Norway." *Acta Sociologica,* 37: 1, (1994), S. 39- 54.

Furth, Peter: „Schuld und Zivilreligion in Deutschland." In: Piegeler, Hildegard (Hrsg.): *Gelebte Religionen: Untersuchungen zur sozialen Gestaltungskraft religiöser Vorstellungen und Praktiken in Geschichte und Gegenwart. Festschrift für Hartmut Zinser.* Würzburg: Königshausen & Neumann, 2004, S. 299- 314.

Gareis, Sven Bernhard/Klein Paul (Hrsg.): *Militär und Sozialwissenschaft.* Wiesbaden: VS-Verlag, 2004.

Gärtner, Christel/Wohlrab-Sahr, Monika (Hrsg.): *Atheismus und religiöse Indifferenz.* Opladen: Leske + Budrich, 2003.

Gallie, W.B.: „Essentially Contested Concepts." *Proceedings of the Aristotelian Society,* 56 (1956), S. 167- 198.

Geertz, Clifford: „Religion as a Cultural System." In: Geertz, Clifford: *The Interpretation of Cultures.* New York, NY: Basic Books, 1973, S. 87- 126.

Gellner, Winand: „Symbolische Politik." in: Nohlen, Dieter/Schultze, Rainer-Olaf: *Lexikon der Politikwissenschaft.* Bd. 2, 2002, S. 941f.

van Gennep, Arnold: *Übergangsriten.* Frankfurt a.M.: Campus, [1909] 2005.

Giddens, Anthony: *Durkheim.* London: Fontana Press, 1986.

Glum, Friedrich: *Jean Jacques Rousseau: Religion und Staat. Grundlegung einer demokratischen Staatslehre.* Stuttgart: Kohlhammer, 1956.

Gnerlich, Marlen: „Grammatik der Macht. Funktionslogische Implikationen der Machtkonzeptionen Bourdieus und Foucaults." in: Brodocz,

236 Literatur

André/Hammer, Stefanie: *Variationen der Macht.* Baden-Baden: Nomos, 2013, S. 163- 180.

Göhler, Gerhard: „Der Zusammenhang von Institution, Macht und Repräsentation." in: Göhler, Gerhard (Hrsg.): *Institution- Macht- Repräsentation. Wofür politische Institutionen stehen und wie sie wirken.* Baden-Baden: Nomos, 1997, S. 11- 64.

Göhler, Gerhard: „Rationalität und Symbolizität der Politik." in: Greven, Michael Th./Schmalz-Bruns, Rainer (Hrsg.): *Politische Theorie – heute.* Baden-Baden: Nomos, 1999, S. 255- 274.

Göhler, Gerhard: „Politische Symbole- symbolische Politik." in: Rossade, Werner/Sauer, Birgit/Schirmer, Dietmar (Hrsg.): *Politik und Bedeutung. Studien zu den kulturellen Grundlagen politischen Handelns und politischer Institutionen.* Westdeutscher Verlag, 2002, S. 27- 42.

Göhler, Gerhard: „Leitkultur als symbolische Integration." in: Fischer, Joachim/Joas, Hans: *Kunst, Macht und Institution.* Frankfurt a.M.: Campus, 2003, S. 304- 315.

Göhler, Gerhard/Höppner, Ulrike/De la Rosa, Sybille/Skupien, Stefan: „Steuerung jenseits von Hierarchie. Wie diskursive Praktiken, Argumente und Symbole steuern können." *Politische Vierteljahresschrift,* 51 (2010), S. 691- 720.

Göhler, Gerhard: „Macht." in: Göhler, Gerhard/Iser, Mathias/Kerner, Ina: *Politische Theorie. 25 umkämpfte Begriffe zur Einführung.* Wiesbaden: VS-Verlag, 2011, S. 224- 240.

Göhler, Gerhard: „Transitive und intransitive Macht." in: Brodocz, André/Hammer, Stefanie (Hrsg.): *Variationen der Macht.* Baden-Baden: Nomos, 2013, S. 225- 242.

Göhlich, Michael: „Performative Äußerungen. John L. Austins Begriff als Instrument erziehungswissenschaftlicher Forschung." in: Wulf, Christoph/Göhlich, Michael/Zirfas, Jörg (Hrsg.): *Grundlagen des Performativen. Eine Einführung in die Zusammenhänge von Sprache, Macht und Handeln.* München: Juventa, 2001, S. 25- 46.

Goffman, Erving: *Frame-Analysis. An Essay on the Organization of Experience.* Boston, MA: Northeastern UP, 1986.

Gouhier, Henri: *Les méditations métaphysiques de Jean-Jacques Rousseau.* Paris: Vrin, 1970.

Gourevitch, Victor: „The Religious Thought." in: Riley, Patrick (Hrsg.): *The Cambridge Companion to Rousseau.* Cambridge: Cambridge University Press, 2001, S. 193- 246.

Grimes, Ronald: *Beginnings in Ritual Studies.* Columbia, S.C.: University of South Carolina Press, 1995.

Grimes, Ronald: *Deeply into the bone.* Berkeley, CA: University of California Press, 2000.

Habermas, Jürgen: „Eine Hypothese zum gattungsgeschichtlichen Sinn des Ritus." In: Habermas, Jürgen: *Nachmetaphysisches Denken II. Aufsätze und Repliken.* Frankfurt a.M.: Suhrkamp, 2012, S. 77- 95.

Hacke, Jens: *Philosophie der Bürgerlichkeit. Die liberalkonservative Gründung der Bundesrepublik.* Göttingen: Vandenhoeck & Ruprecht, 2008.

vom Hagen, Ulrich: *Homo militaris. Perspektiven einer kritischen Militärsoziologie.* Bielefeld: Transcript, 2012.

Hammer, Stefanie/Herold, Maik: „Zivilreligion in Deutschland? Transzendenz und Gemeinsinnsstiftung in den Trauerritualen der Bundeswehr." in: Pickel, Gert/Sammet, Kornelia (Hrsg.): *Religion und Religiosität im wiedervereinigten Deutschland.* Wiesbaden: VS Verlag, 2013, S. 103- 136.

Hammer, Stefanie: „How to commemorate a fallen soldier. Ritual and Narrative in the Bundeswehr." In: Nünning, Vera (Hrsg.): *Ritual and Narrative: Theoretical Explorations and Historical Case Studies.* Bielefeld: Transcript, 2013, S. 237- 265.

Hansmann, Otto: „Rousseau." in: Dollinger, Bernd (Hrsg.): *Klassiker der Pädagogik.* Wiesbaden: VS-Verlag, 2006, S.27- 52.

Hansmann, Otto (Hrsg.): *Seminar. Der pädagogische Rousseau.* Weinheim: Dt. Studienverlag, 1993.

Harmati, Bela (Hrsg.): *The church and civil religion in the Nordic countries of Europe.* Geneva: The Lutheran World Federation, 1984.

Harmati, Bela: *The church and civil religion in Asia.* Geneva: The Lutheran World Federation, 1986.

Hase, Thomas: *Zivilreligion.* Würzburg: Ergon Verlag, 2001.

Haugaard, Mark: *Power. A Reader.* Manchester: Manchester University Press, 2006.

Hauswedell, Corinna (Hrsg.): *Soldatentod in heutigen Kriegen. Herausforderungen für politische Normenbildung und Erinnerungskultur.* Loccumer Protokolle 25/08, 2009.

Herman, David: „Histories of Narrative Theory (I): A Genealogy of Early Developments." in: Phelan, James/Rabinowitz, Peter J. (Hrsg.): *A Companion to Narrative Theory.* Malden, MA: Blackwell, 2005, S. 19- 35.

Herold, Maik: „Die Republik und das Heilige." in: Hildalgo, Oliver: *Der lange Schatten des Contrat social. Demokratie und Volkssouveränität bei Jean-Jacques Rousseau.* Wiesbaden: VS Verlag, 2013, S 101- 120.

Heit, Alexander/Pfleiderer, Georg (Hrsg.): *Religions-Politik II. Zur Pluralistischen Religionskultur in Europa.* Baden-Baden: Nomos, 2012.

Hettling, Manfred: „Militärisches Ehrenmal oder politisches Denkmal? Repräsentation des toten Soldaten in der Bundesrepublik." in: Münkler, Herfried/Hacke, Jens (Hrsg.): *Wege in die neue Bundesrepublik. Politische Mythen und kollektive Selbstbilder nach 1989.* Frankfurt a.M.: Campus Verlag, 2009, S. 131- 152.

Hettling, Manfred/Echternkamp, Jörg (Hrsg.): *Bedingt erinnerungsbereit. Soldatengedenken in der Bundesrepublik.* Göttingen: Vandenhoeck & Ruprecht, 2008.

Hettling, Manfred: „Politischer Totenkult im internationalen Vergleich." *Berliner Debatte Initial* 20 (2009), S. 104- 116.

Hettling, Manfred: „Militärisches Totengedenken in der Berliner Republik. Opfersemantik und politischer Auftrag." in: Hettling, Manfred/Echternkamp, Jörg (Hrsg.): *Bedingt erinnerungsbereit. Soldatengedenken in der Bundesrepublik.* Göttingen: Vandenhoeck & Ruprecht, 2008, S. 11- 21.

Hidalgo, Oliver: *Unbehagliche Moderne. Tocqueville und die Frage der Religion in der Politik.* Frankfurt a.M.: Campus, 2006.

Hidalgo, Oliver (Hrsg.): *Der lange Schatten des Contrat social. Demokratie und Volkssouveränität bei Jean-Jacques Rousseau.* Wiesbaden: VS-Verlag, 2013.

Hildebrandt, Mathias: *Politische Kultur und Zivilreligion.* Erlangen: Königshausen & Neumann, 1996.

Hildebrandt, Mathias: „Zivilreligion und Politische Kultur." In: Schieder, Rolf (Hrsg.): *Religionspolitik und Zivilreligion.* Baden-Baden: Nomos, 2001, S. 36-55.

Hitzler, Ronald: „Inszenierung und Repräsentation. Bemerkungen zur Politikdarstellung in der Gegenwart." in: Soeffner, Hans Georg/Tänzler, Dirk (Hrsg.): *Figurative Politik: zur Performanz der Macht in der modernen Gesellschaft.* Opladen: Leske & Budrich, 2002, S. 35- 49.

Hobbes, Thomas: *Leviathan.* Oxford: Oxford University Press, [1651] 1998.

Houseman, Michael: „Trying to Make a Difference with 'Ritual Design'." in: Simon, Udo: *Ritual dynamics and the science of ritual. Vol IV: Reflexivity, Media, and Visuality.* Wiesbaden: Harrassowitz, 2011, S. 699- 706.

Hobsbawm, Eric J.: *The Invention of Tradition.* Cambridge: Cambridge University Press, 1983.

Hühn, Peter/Pier, John/Schmid, Wolf/Schönert, Jörg (Hrsg.): *Handbook of Narratology.* Berlin: De Gruyter, 2009.

Hyvärinen, Matti/Korhonen, Anu/Mykkänen, Juri (Hrsg.): *The Traveling Concept of Narrative.* Collegium, 2006, verfügbar unter: (http://www.helsinki.fi/collegium/journal/volumes/volume_1/index.htm).

Idinopulos, Thomas A.: „The strengths and weaknesses of Durkheim's methodology for the study and teaching of religion." in: Idinopulos, Thomas A. (Hrsg.): *Reappraising Durkheim for the Study and Teaching of Religion Today.* Brill: Leiden: 2002, S. 1- 14.

Iser, Mattias: „Glauben als Pflicht? Zivilreligion bei Jean-Jacques Rousseau." in: Buchstein, Hubertus/Schmalz-Bruns, Rainer (Hrsg.): *Politik der Integration. Symbole, Repräsentation, Institution.* Baden-Baden: Nomos, 2006, S. 303- 322.

Jaberg, Sabine/Biel, Heiko/Mohrmann, Günther/Tomforde, Maren (Hrsg.): *Auslandseinsätze der Bundeswehr. Sozialwissenschaftliche Analysen, Diagnosen und Perspektiven.* Berlin: Duncker & Humblot, 2009.

Jakobson, Roman: *Semiotik.* Frankfurt a.M.: Suhrkamp, [1919-1982] 1992.

Jeismann, Michael: *Auf Wiedersehen Gestern. Die deutsche Vergangenheit und die Politik von morgen.* Stuttgart: DVA, 2001.

Jödicke, Ansgar: „Die ‚Religionsgemeinschaft'. Religionspolitik als Stimulus für religionssoziologische und religionswissenschaftliche Begriffsbildung." In Baumann, Martin/Neubert, Frank: *Religionspolitik-Öffentlichkeit-Wissenschaft.* Zürich: Pano, 2010, S. 37- 58.

Jones, Donald G./Richey, Russell E.: *American Civil Religion.* Hagerstown: Harper & Row, 1974.

Jureit, Ulrike/Schneider, Christian: *Gefühlte Opfer. Illusionen der Vergangenheitsbewältigung.* Stuttgart: Klett, 2010.

Kaiser, Alexandra: *Von Helden und Opfern. Eine Geschichte des Volkstrauertages.* Frankfurt a.M.: Campus, 2010.

Kearns, Michael: „Genre Theory in Narrative Studies." in: Herman, David/Jahn, Manfred/Ryan, Marie-Laure (Hrsg.): *Routledge Encyclopedia of Narrative Theory.* New York: Routledge, 2005, S. 201- 205.

Kehrwald, Max: *Jean-Jacques Rousseaus Religionssoziologie und moralisch-religiöse Erziehungsmaxime.* München: Studentenhaus, 1929.

Kersting, Wolfgang: *Jean-Jacques Rousseaus ‚Gesellschaftsvertrag'.* Darmstadt: Wissenschaftliche Buchgesellschaft, 2002.

Kertzer, David. I.: *Ritual, Politics, and Power.* New Haven, CT: Yale University Press, 1988.

Kleger, Heinz/Müller, Alois: *Religion des Bürgers. Zivilreligion in Amerika und Europa.* München: Chr. Kaiser Verlag, 1986.

Knoblauch, Hubert: *Religionssoziologie.* Berlin: De Gruyter, 1999.

Koselleck, Reinhart/Jeismann, Michael (Hrsg.): *Der politische Totenkult. Krie-gerdenkmäler in der Moderne.* München: Wilhelm Fink Verlag, 1994.

Koselleck, Reinhart: „Einleitung." in Koselleck, Reinhart/Jeismann, Michael (Hrsg.): *Der politische Totenkult. Kriegerdenkmäler in der Moderne.* München: Wilhelm Fink Verlag, 1994, S. 9- 20.

König, René: „Einleitung." in: Durkheim, Émile: *Die Regeln der soziologischen Methode.* Frankfurt a.m.: Suhrkamp, 1991, S. 21- 82.

Kreiswirth, Martin: „Narrative Turn in Humanities." in: Herman, David/Jahn, Manfred/Ryan, Marie-Laure (Hrsg.): *Routledge Encyclopedia of Narrative Theory.* London/New York: Routledge, 2005, S. 377- 382.

Krieger, David J./Belliger, Andréa: „Einführung." in: Belliger, Andréa /Krieger, David J. (Hrsg.): *Ritualtheorien.* Wiesbaden: VS-Verlag, 2008, S. 7-35.

Kümmel, Gerhard/Prüfert, Andreas D. (Hrsg.): *Military Sociology. The Richness of a Discipline.* Baden-Baden: Nomos, 2000.

Kümmel, Gerhard/Leonhard, Nina: „Death, the Military and Society. Casualties and Civil-Military Relations in Germany." *SOWI Arbeitspapier* 140/2005.

Lessenich, Stephan/Nullmeier, Frank: *Deutschland- eine gespaltene Gesellschaft.* Frankfurt a.m.: Campus, 2006.

Lévi-Strauss, Claude: *Mythos und Bedeutung. Vorträge.* Frankfurt a.m.: Suhrkamp, [1980] 1995.

Leonhard, Nina/Werkner, Ines-Jacqueline: *Militärsoziologie. Eine Einführung.* Wiesbaden: VS-Verlag, 2012.

Leonhard, Nina/Werkner, Ines-Jacqueline: „Einleitung. Militär als Gegenstand der Forschung." in Leonhard, Nina/Werkner, Ines-Jacqueline: *Militärsoziologie. Eine Einführung.* Wiesbaden: VS-Verlag, 2012, S. 19- 25.

Levy, Daniel/Sznaider, Natan: *Erinnerung im globalen Zeitalter. Der Holocaust.* Frankfurt a.m.: Suhrkamp, 2001.

Linder, Robert D.: „Civil Religion in Historical Perspective: The Reality that Underlies the Concept." *Journal of Church and State,* 17: 3 (1975), S. 399- 421.

Lippert, Ekkehard/Wachtler, Günther: „Militärsoziologie- eine Soziologie ‚nur für den Dienstgebrauch'?" in: Beck, Ulrich: *Soziologie und Praxis.* Göttingen: Otto Schwartz & Co., 1982, S. 335-355.

Lübbe, Hermann: „Staat und Zivilreligion. Ein Aspekt politischer Legitimität." in: Achterberg, Norbert/Krawietz, Werner (Hrsg.): *Legitimation des modernen Staates.* Wiesbaden: Steiner, 1981, S. 40- 64.

Lübbe, Hermann: *Religion nach der Aufklärung.* Graz: Styria, 1986.

Lübbe, Hermann: „Zivilreligion und der ‚Kruzifix-Beschluß‘ des deutschen Bundesverfassungsgerichts." in Brugger, Winfried/Huster, Stefan (Hrsg.): *Der Streit um das Kreuz in der Schule. Zur weltanschaulichen Neutralität des Staates.* Baden-Baden: Nomos, 1998, S. 237- 254.

Lübbe, Hermann: *,Ich entschuldige mich'. Das neue politische Bußritual.* Berlin: Siedler, 2001a.

Lübbe, Hermann: „Zivilreligion. Definitionen und Interessen." in: Schieder, Rolf (Hrsg.): *Religionspolitik und Zivilreligion.* Baden-Baden: Nomos, 2001b. S. 23- 36.

Lukes, Steven: *Emile Durkheim. His Life and Work. A historical and critical study.* Stanford, CA: Stanford University Press, 1985.

Luckmann, Thomas: *Die unsichtbare Religion.* Frankfurt a.M.: Suhrkamp, 1991.

Luckmann, Thomas: „Berger and his collaborator(s)." In Woodhead, Linda (Hrsg.): *Peter Berger and the Study of Religion.* London: Routledge, 2001, S. 17- 25.

Luhmann, Niklas: *Soziale Systeme.* Frankfurt a.M.: Suhrkamp, [1984] 2008.

Luhmann, Niklas: „Grundwerte als Zivilreligion." in: Luhmann, Niklas: *Soziologische Aufklärung 3. Soziales System, Gesellschaft, Organisation.* Wiesbaden: VS-Verlag, [1978] 2005, S. 336-354.

Luhmann, Niklas: „Arbeitsteilung und Moral. Durkheims Theorie." in: Durkheim, Émile: *Über soziale Arbeitsteilung.* Frankfurt a.M.: Suhrkamp, 1988, S. 19- 38.

Luhmann, Niklas: *Die Funktion der Religion.* Frankfurt a.M.: Suhrkamp, [1977] 1992.

Lundgreen, Christoph: „Zivilreligion in Rom? Ein modernes Konzept und die römische Republik." in: Martin Jehne/Lundgreen, Christoph (Hrsg.): *Gemeinwohl und Gemeinsinn in der römischen Antike.* Stuttgart 2013, S. 177- 203.

Machiavelli, Niccolò: *Discorsi. Gedanken über Politik und Staatsführung.* Stuttgart: Kröner, [1513-1517] 2007.

Maciejewski, Franz: „Trauer ohne Riten – Riten ohne Trauer. Deutsche Volkstrauer nach 1945." in Assmann, Jan/Maciejewski, Franz/Michaels, Axel (Hrsg.): *Der Abschied von den Toten. Trauerrituale im Kulturvergleich.* Göttingen: Wallstein Verlag, 2005, S. 245- 266.

Matthes, Joachim: „Auf der Suche nach dem ‚Religiösen'." *Sociologia Internationalis,* 29 (1991), S. 129- 142.

Masson, Pierre-Maurice: *La religion de Jean-Jacques Rousseau.* 3 Bände. Paris: Hachette, 1916.

Masson, Pierre-Maurice: *La profession de foi du Vicaire savoyard*. Paris: Hachette, 1914.

Mayer, Horst O.: *Interview und schriftliche Befragung*. München: Oldenbourg, 2013.

Mayring, Philipp: *Qualitative Inhaltsanalyse*. Weinheim: Beltz, 2010.

Mead, Sidney E.: *The Nation with the Soul of a Church*. Macon, Mercer University Press, 1985.

Meermann, Michaela: *Mensch oder Bürger? Ansätze zur Überwindung einer neuzeitlichen Aporie in den Erziehungs- und Bildungstheorien von John Locke und Jean-Jacques Rousseau*. Münster: Westfälische Wilhelms-Universität Münster: Dissertationsschrift, 2004.

Meuter, Norbert: „Narration in various disciplines." in: Hühn, Peter/Pier, John/Schmid, Wolfgang/Schönert, Jörg (Hrsg.): *Handbook of Narratology*. Berlin: De Gruyter, 2009, S. 242- 262.

Meyer, Thomas: *Die Inszenierung des Scheins. Vorrausetzungen und Folgen symbolischer Politik*. Suhrkamp, 1993.

Meyer, Thomas: *Die Transformation des Politischen*. Frankfurt a.M.: Suhrkamp, 1994.

Meyer. Thomas: *Politik als Theater: die neue Macht der Darstellungskunst*. Berlin: Aufbau-Verlag, 1998.

Meyer, Thomas: *Mediokratie: die Kolonialisierung der Politik durch das Mediensystem*. Frankfurt a.M.: Suhrkamp, 2001.

Meyer, Thomas: „Visuelle Kommunikation und Politische Öffentlichkeit." in: Münkler, Herfried/Hacke, Jens (Hrsg.): *Strategien der Visualisierung*. Frankfurt a.M.: Campus, 2009, S. 53- 69.

Michaels, Axel: „Inflation der Rituale?" *Humanismus aktuell*, 7: 13 (2003a), S. 25- 36.

Michaels, Axel: „Zur Dynamik von Ritualkomplexen." *Forum Ritualdynamik*, 3 (2003b), S. 1- 12.

Michaels, Axel: „'Le rituel pour le rituel' oder wie sinnlos sind Rituale?" in: Caduff, Corinna/Pfaff-Czarnecka, Joanna (Hrsg.): *Rituale heute: Theorien- Kontroversen- Entwürfe*. Berlin: Reimer 1999, 23- 47.

Mol, Hans J.: *Identity and the Sacred*. New York, NY: Free Press, 1976.

Moltmann, Jürgen: *Politische Theologie- Politische Ethik*. München: Kaiser Verlag, 1990.

Müller, Harald/Fey, Marco/Mannitz, Sabine/Schörnig, Niklas: „Demokratie, Streitkräfte und militärische Einsätze: Der ‚zweite Gesellschaftsvertrag' steht auf dem Spiel." *HSFK Report* 10/2010.

Müller-Funk, Wolfgang: *Die Kultur und ihre Narrative*. Wien: Springer, 2008.

Münch, Richard: *Theorie des Handelns. Zur Rekonstruktion der Beiträge von Talcott Parsons, Emile Durkheim und Max Weber.* Frankfurt a.M.: Suhrkamp, 1988.

Münkler, Herfried: *Machiavelli. Die Begründung des politischen Denkens der Neuzeit aus der Krise der Republik Florenz.* Frankfurt a.M.: Fischer, 1987.

Münkler, Herfried: „Die Visibilität der Macht und die Strategien der Machtvisualisierung." in: Göhler, Gerhard (Hrsg.): *Macht der Öffentlichkeit = Öffentlichkeit der Macht.* Baden-Baden, Nomos, 1995, S. 213-230.

Münkler, Herfried/Fischer, Karsten: „'Nothing to kill or die for...' – Überlegungen zu einer politischen Theorie des Opfers." *Leviathan,* 28: 3 (2000), S. 343- 363.

Münkler, Herfried: *Die neuen Kriege.* Reinbek: Rowohlt, 2002.

Münkler, Herfried: *Der Wandel des Krieges.* Weilerswist: Vellbrück, 2006.

Münkler, Herfried: „Militärisches Totengedenken in der postheroischen Gesellschaft." in: Hettling, Manfred/Echternkamp, Jörg (Hrsg.): *Bedingt erinnerungsbereit. Soldatengedenken in der Bundesrepublik.* Göttingen: Vandenhoeck & Ruprecht, 2008, S. 22- 30.

Münkler, Herfried: *Die Deutschen und ihre Mythen.* Berlin: Rowohlt, 2009.

Münkler, Herfried/Hacke, Jens: „Politische Mythisierungsprozesse in der Bundesrepublik: Entwicklungen und Tendenzen." in: Münkler, Herfried/Hacke, Jens (Hrsg.): *Wege in die neue Bundesrepublik. Politische Mythen und kollektive Selbstbilder nach 1989.* Frankfurt a.M.: Campus Verlag, 2009, S. 15- 32.

Münkler, Herfried/Hacke, Jens (Hrsg.): *Strategien der Visualisierung. Verbildlichung als Mittel politischer Kommunikation.* Frankfurt a.M.: Campus, 2009.

Münkler, Herfried: „Visualisierungsstrategien im politischen Machtkampf: Der Übergang vom Personenstaat zum institutionellen Territorialstaat." in: Münkler, Herfried/Hacke, Jens (Hrsg.): *Strategien der Visualisierung. Verbildlichung als Mittel politischer Kommunikation.* Frankfurt a.M.: Campus, 2009, S. 23- 52.

Münkler, Herfried: „Semantische Frontbereinigung. Politologe kommentiert zu Guttenbergs neuen Umgang mit dem Kriegsbegriff." Interview mit *Deutschlandradio,* 09.04.2010.

Naumann, Klaus: „Eisernes Kreuz." *Blätter für deutsche und internationale Politik,* 44: 6 (1999), S. 663- 666.

von Neubeck: *Die Transformation der Bundeswehr von der Verteidigungs- zur Einsatzarmee. Eine sicherheitspolitische Analyse unter Berücksichtigung politischer, verfassungsrechtlicher und militärpolitischer Aspekte.* Dissertationsschrift Universität Würzburg, 2007.

Nullmeier, Frank: „Nachwort." in: Edelman, Murray: *Politik als Ritual.* Frankfurt a.m.: Campus, 2005, S. 199- 219.

Nünning, Vera (Hrsg.): *Ritual and Narrative: Theoretical Explorations and Historical Case Studies.* Bielefeld: Transcript, 2013.

Nussbaum, Martha C.: *Sex and Social Justice.* Oxford: Oxford University Press, 1999.

Oberhem, Harald: „Christliche Religion und Bundeswehr- Anmerkungen aus der Sicht institutionalisierter Katholischer Militärseelsorge: Eine Skizze." In: Werkner, Ines-Jacqueline/Leonhard, Nina (Hrsg.): *Aufschwung oder Niedergang? Religion und Glauben in Militär und Gesellschaft zu Beginn des 21. Jahrhunderts.* Frankfurt a.m.: Peter Lang, 2003, S. 305- 322.

Oelkers, Jürgen: *Jean-Jacques Rousseau.* New York, NY: Continuum, 2008.

Offe, Claus: „Vorwort." in: Edelman, Murray: *Politik als Ritual.* Frankfurt a.M.: Campus Verlag, 2005, S. VII- X.

Orum, Anthony: *Introduction to Political Sociology.* Upper Saddle River, NJ: Prentice Hall, 2001.

Otto, Rudolf: *Das Heilige.* München: Beck, [1917] 1991.

Parry, Geraint: „*Émile:* Learning to Be Men, Women, and Citizens." in: Riley, Patrick (Hrsg.): *The Cambridge Companion to Rousseau.* Cambridge: Cambridge University Press, 2001, S. 247- 271.

Parsons, Talcott: *The Structure of Social Action.* Vol I. New York, NY: Free Press, 1968.

Pfleiderer, Georg/Heit, Alexander: „Einleitendes Vorwort." in: Heit, Alexander/Pfleiderer, Georg (Hrsg.): *Religions-Politik II. Zur Pluralistischen Religionskultur in Europa.* Baden-Baden: Nomos, 2012, S. 7- 23.

o. V. „Performativity." in: Herman, David/Jahn, Manfred/Ryan, Marie-Laure: *Routledge Encyclopedia of Narrative Theory.* London: Routledge, 2005, S. 421.

Pickel, Gert: „Areligiosität, Antireligiosität, Religiosität. Ostdeutschland als Sonderfall niedriger Religiosität im osteuropäischen Rahmen." in: Gärtner, Christel/Pollack, Detlef/Wohlrab-Sahr, Monika (Hrsg.): *Atheismus und religiöse Indifferenz.* Opladen: Leske + Budrich, 2003, S. 247- 270.

Pickel, Gert: *Religionssoziologie.* Wiesbaden: VS-Verlag, 2011.

Pickering, W.S.F.: *Durkheim's sociology of religion.* London: Routledge & Kegan Paul, 1984.

Pickering, W.S.F.: *Durkheim Today.* New York, NY: Berghahn Books, 2002.

Pitkin, Hannah: *The Concept of Representation.* Berkeley, CA: University of California Press, 2010.

Pollack, Detlef/Pickel, Gert (Hrsg.): *Religiöser und kirchlicher Wandel in Ostdeutschland. 1989-1999.* Opladen: Leske + Budrich, 2000.

Pollack, Detlef: *Säkularisierung – ein moderner Mythos?* Tübingen: Mohr Siebeck, 2003.

Pollack, Detlef: *Rückkehr des Religiösen?* Tübingen: Mohr Siebeck, 2009.

Raab, Jürgen/Tänzler, Dirk/Dörk, Uwe: „Die Ästhetisierung von Politik im Nationalsozialismus. Religionssoziologische Analyse einer Machtfiguration." in: Soeffner, Hans Georg/Tänzler, Dirk (Hrsg.): *Figurative Politik : zur Performanz der Macht in der modernen Gesellschaft.* Opladen: Leske & Budrich, 2002, S. 125- 153.

Rabinowitz, Peter J. „Audience." in: Herman, David/Jahn, Manfred/Ryan, Marie-Laure (Hrsg.): *Routledge Encyclopedia of Narrative Theory.* London/NewYork: Routledge, 2005, 29- 31.

Rang, Martin: *Rousseaus Lehre vom Menschen.* Göttingen: Vandenhoeck & Ruprecht, 1959.

Rappaport, Roy A.: *Ritual and Religion in the making of humanity.* Cambridge: Cambridge University Press, 1999.

Rauch, Andreas M.: *Die Auslandseinsätze der Bundeswehr.* Baden-Baden: Nomos, 2006.

Rawls, John: *Das Recht der Völker.* Berlin: De Gruyter, 2002.

Rehm, Michaela: „Ein rein bürgerliches Glaubensbekenntnis." in: Brandt, Reinhard/Herb, Karlfriedrich (Hrsg.): *Vom Gesellschaftsvertrag oder Prinzipien des Staatsrechts.* Berlin: Akademie Verlag, 2000, S. 213- 240.

Rehm, Michaela: *Bürgerliches Glaubensbekenntnis. Moral und Religion in Rousseaus politischer Philosophie.* München: Wilhelm Fink Verlag, 2006.

Reinke de Buitrago, Sybille (Hrsg.): *Portraying the Other in International Relations: Cases of Othering, Their Dynamics and the Potential for Transformation.* Newcastle: Cambridge Scholars Publications, 2012.

Rohe, Karl: *Politik. Begriffe und Wirklichkeiten.* Stuttgart: Kohlhammer, 1994.

Rosati, Massimo: *Ritual and the Sacred.* Farnham: Ashgate, 2009.

Rousseau, Jean-Jacques: *Diskurs über die Ungleichheit.* Paderborn: Ferdinand Schöningh, [1755] 1984.

Rousseau, Jean-Jacques: *Emil oder über die Erziehung.* Paderborn: Schöningh, [1762] 1998.

Rousseau, Jean-Jacques: *Vom Gesellschaftsvertrag oder Prinzipien des Staatsrechtes.* in: Rousseau, Jean-Jacques: *Politische Schriften*, Band 1, Paderborn: Schöningh, [1762] 1977.

Rousseau, Jean Jacques: *Bekenntnisse.* Übersetzung von Ernst Hardt, Frankfurt a.m.: Insel Verlag, [ 1782/1789] 1985.

Rousseau, Jean-Jacques: *Briefe vom Berge.* in: Rousseau, Jean Jacques: *Kulturkritische und Politische Schriften in zwei Bänden.* Berlin: Rütten & Loening, Band 2, [1764] 1989a, S. 130- 369.

Rousseau, Jean-Jacques: *Entwurf einer Verfassung für Korsika.* in: Rousseau, Jean Jacques: *Kulturkritische und Politische Schriften in zwei Bänden.* Berlin: Rütten & Loening, Band 2, [1765] 1989b, S. 372- 429.

Rousseau, Jean-Jacques: *Betrachtungen: Über die Regierung von Polen und ihre beaufsichtigte Reformierung.* in: Rousseau, Jean Jacques: *Kulturkritische und Politische Schriften in zwei Bänden.* Berlin: Rütten & Loening, Band 2, [1771] 1989c, S. 431- 530.

Rousseau, Jean-Jacques: „Brief an Voltaire." in: Ritter, Henning (Hrsg.): *Jean-Jacques Rousseaus Schriften.* Bd. 1. München: Carl Hanser Verlag, [1756] 1978a, S. 313- 332.

Rousseau, Jean-Jacques: „Brief an Christophe de Beaumont." in: Ritter, Henning (Hrsg.): *Jean-Jacques Rousseaus Schriften.* Bd. 1. München: Carl Hanser Verlag, [1763] 1978b, S. 497- 591.

Ryan, Marie-Laure: „Toward a Definition of Narrative." in: Herman, David (Hrsg.): *The Cambridge Companion to Narrative.* Cambridge: Cambridge University Press, 2007, S. 22- 38.

Ryan, Marie-Laure: „On the Theoretical Foundations of Transmedial Narratology." in: Meister, Jan Christoph (Hrsg.): *Narratology beyond Literary Criticism.* Berlin: De Gruyter, 2005, S. 1- 23.

Sarcinelli, Ulrich: *Symbolische Politik. Zur Bedeutung symbolischen Handelns in der Wahlkampfkommunikation der Bundesrepublik Deutschland.* Opladen: Westdeutscher Verlag, 1987.

Sarcinelli, Ulrich: „Symbolische Politik und politische Kultur. Das Kommunikationsritual als politische Wirklichkeit." *Politische Vierteljahresschrift,* 30: 2 (1989), S. 292- 309.

Sarcinelli, Ulrich: *Politische Kommunikation in Deutschland.* Wiesbaden: VS-Verlag, 2011.

Saussure, Ferdinand: *Grundfragen der Allgemeinen Sprachwissenschaft.* Berlin: De Gruyter, [1916] 2001.

Schaal, Gary S./Heidenreich, Felix: „Republikanisch-kommunitaristische Theorien." in: Schaal, Gary S./Heidenreich, Felix: *Einführung in die Politischen Theorien der Moderne.* Opladen: Verlag Barbara Budrich, 2006, S. 139- 151.

Schäfer, Alfred: *Jean-Jacques Rousseau. Ein pädagogisches Portrait.* Stuttgart: UTB, 2002.

Schechner, Richard: *Performance Studies.* London: Routledge, 2002.

Scheffler, Horst: „Soldat, Religion, Glaube- Die Funktion von Religion und Glauben für das Selbstverständnis der Soldaten." In: Werkner, Ines-Jacqueline/Leonhard, Nina (Hrsg.): *Aufschwung oder Niedergang? Religion und Glauben in Militär und Gesellschaft zu Beginn des 21. Jahrhunderts.* Frankfurt a.M.: Peter Lang, 2003, S. 275- 294.

Schieder, Rolf: *Civil Religion. Die religiöse Dimension der politischen Kultur.* Gütersloh: Gütersloher Verlagshaus Gerd Mohn, 1987.

Schieder, Rolf: „Vorwort." in: Schieder, Rolf: *Religionspolitik und Zivilreligion.* Baden-Baden: Nomos, 2001, S. 6f.

Schieder, Rolf: „Zivilreligion als Diskurs." in: Schieder, Rolf: *Religionspolitik und Zivilreligion.* Baden-Baden: Nomos, 2001, S. 8- 22.

Schieder, Rolf: *Wieviel Religion verträgt Deutschland?* Frankfurt a.M.: Suhrkamp, 2001.

Schieder, Rolf.: *Religionspolitik und Zivilreligion.* Baden-Baden: Nomos, 2001.

Schieder, Rolf: „Die Zivilisierung der Religion als Ziel staatlicher Religionspolitik?" *APuZ* 6 (2007), S. 17- 24.

Schmid, Wolf: „Narrativity and Eventfullness." in: Kindt, Tom (Hrsg.): *What is Narratology? Questions and Answers Regarding the Status of a Theory.* Berlin: De Gruyter, 2003, S. 17- 33.

Schmidt, Manfred G.: „Radikale Theorie der Volkssouveränitat: Rousseaus Beitrag zur Demokratietheorie." in: Schmidt, Manfred G.: *Demokratietheorien.* Wiesbaden: VS-Verlag, 2008, S. 80- 97.

Schmidt, Wolfgang: „Die Toten der Bundeswehr. Deutungsleistungen zwischen säkularem Ritual und sakralem Gedenken." in: Hettling, Manfred/Echternkamp, Jörg (Hrsg.): *Bedingt erinnerungsbereit. Soldatengedenken in der Bundesrepublik.* Göttingen: Vandenhoeck & Ruprecht, 2008, S. 58- 71.

Schmitt, Carl: *Politische Theologie. Vier Kapitel zur Lehre von der Souveränität.* München: Duncker und Humblot, [1934] 1993.

Schwegmann, Christoph/Rühe, Volker (Hrsg.): *Bewährungsproben einer Nation- die Entsendung der Bundeswehr ins Ausland.* Berlin: Duncker & Humblot, 2011.

Schrage, Dominik: „Das Ritual als Verfahren. Zur performativen Herstellung intangibler Ordnung." in: Fischer, Joachim/Joas, Hans (Hrsg.): *Kunst,*

*Macht und Institution. Studien zur Philosophischen Anthropologie, Sozio-logischen Theorie und Kultursoziologie der Moderne. Festschrift für Karl-Siegbert Rehberg.* Frankfurt a.M.: Campus, 2003, S. 198- 208.

Seiffert, Helmut: *Geisteswissenschaftliche Methoden: Phänomenologie- Herme-neutik und historische Methode- Dialektik.* München: Beck, 2006.

Seiffert, Anja/Langer, Phil C./Pietsch, Carsten (Hrsg.): *Der Einsatz der Bundes-wehr in Afghanistan. Sozial- und politikwissenschaftliche Perspektive.* Wiesbaden: VS- Verlag, 2011.

Seiffert, Anja/Langer, Phil C./Pietsch, Carsten: „Einleitung." in Seiffert, Anja/Langer, Phil C./Pietsch, Carsten (Hrsg.): *Der Einsatz der Bundes-wehr in Afghanistan. Sozial- und politikwissenschaftliche Perspektive.* Wiesbaden: VS- Verlag, 2011, S. 11- 21.

Shklar, Judith N.: *Men and Citizens. A Study of Rousseau's Social Theory.* Cam-bridge: Cambridge University Press, 1969.

Silk, Mark: „Numa Pompilius and the Idea of Civil Religion in the West." *Jour-nal of the American Academy of Religion*, 72: 4 (2004), S. 863- 896.

Smith, Rogers M.: *Stories of Peoplehood.* Cambridge: Cambridge University Press, 2003.

Soeffner, Hans-Georg/Tänzler, Dirk (Hrsg.): *Figurative Politik. Zur Perfor-manz der Macht in der modernen Gesellschaft.* Opladen: Leske + Budrich, 2002.

Soeffner, Hans-Georg/Tänzler, Dirk: „Einführung." in: Soeffner, Hans-Georg/Tänzler, Dirk (Hrsg.): *Figurative Politik. Zur Performanz der Macht in der modernen Gesellschaft.* Opladen: Leske + Budrich, 2002, S. 7- 16.

Soeffner, Hans-Georg/Tänzler, Dirk: „Figurative Politik. Prolegomena zu ei-ner Kultursoziologie politischen Handelns." in: Soeffner, Hans-Georg/Tänzler, Dirk (Hrsg.): *Figurative Politik. Zur Performanz der Macht in der modernen Gesellschaft.* Opladen: Leske + Budrich, 2002, S. 17- 34.

Soeffner, Hans-Georg: „Erzwungene Ästhetik. Repräsentation, Zeremoniell und Ritual in der Politik." in: Wicke, Michael (Hrsg.): *Konfigurationen le-bensweltlicher Strukturphänomene: soziologische Varianten phänomeno-logisch-hermeneutischer Welterschließung.* Leverkusen: Leske + Budrich, 1997, S. 229- 251.

Soeffner, Hans Georg: *Symbolische Formung. Eine Soziologie des Symbols und des Rituals.* Weilerswist: Velbrück, 2010.

Spaemann, Robert: *Rousseau- Bürger ohne Vaterland. Von der Polis zur Natur.* München: Piper, 1980.

Staal, Frits. „The Meaninglessness of Ritual." *Numen* 26: 1 (1979), S. 2- 22.

Stein, Tine: „Zur Rechtsbegründung bei Hobbes und Rousseau im Kontext des Verhältnisses von Politik und Religion." in: Stein, Tine/Buchstein, Hubertus/Offe, Claus (Hrsg.) : *Souveränität, Recht, Moral.* Frankfurt a.M.: Campus, 2007, S. 36- 50.

Stollberg-Rilinger, Barbara: „Knien vor Gott – Knien vor dem Kaiser. Zum Ritualwandel im Konfessionskonflikt." in: Althoff, Gert (Hrsg.): *Zeichen- Rituale- Werte. Internationales Kolloquium des Sonderforschungsbereichs 496 an der Westfälischen Wilhelms-Universität Münster.* Münster: Rhema, 2004, S. 501- 534.

Stollberg-Rilinger, Barbara: „Much Ado about Nothing? Rituals of Politics in Early Modern Europe and Today." *Bulletin of the German Historical Institute,* 48 (2011), S. 9- 24.

Straßenberger, Grit: *Über das Narrative in der Politischen Theorie.* Berlin: Akademie Verlag, 2005.

de Tocqueville, Alexis: *Über die Demokratie in Amerika.* Vol. I + II. Frankfurt a.M.: Fischer, [1835/1849] 1956.

Tomforde, Maren: „Neue Militärkultur(en). Wie verändert sich die Bundeswehr durch die Auslandseinsätze?" In: Apelt, Maja (Hrsg): *Forschungsthema Militär. Militärische Organisationen im Spannungsfeld von Krieg, Gesellschaft und soldatischen Subjekten.* Wiesbaden: VS- Verlag, 2010, S. 193- 220.

Turner, Victor: *The Ritual Process. Structure and Anti-Structure.* New York, NY: de Gruyter, 1995.

Turner, Victor W.: *The Forest of Symbols. Aspects of Ndembu ritual.* Ithaca, NY: Cornell University Press, [1967] 2002.

Tyrell, Hartmann: „Religion und Politik. Émile Durkheim und Max Weber." in: Faber, Richard/Hager, Frithjof (Hrsg.): *Rückkehr der Religion oder säkulare Kultur?* Würzburg: Königshausen und Neumann, 2008, S. 192- 208.

Vaughan, C.E.: *The Political Writings of Jean-Jacques Rousseau.* Cambridge: Cambridge University Press, 1915,

Voegelin, Eric: *Die Politischen Religionen.* München: Fink, [1938] 1993.

Vögele, Wolfgang: *Zivilreligion in der Bundesrepublik Deutschland.* Gütersloh: Kaiser, 1994.

Vorländer, Hans: *Integration durch Verfassung.* Wiesbaden: Westdeutscher Verlag, 2002.

Vorländer, Hans: *Hegemonialer Liberalismus. Politisches Denken und politische Kultur in den USA 1776- 1920.* Frankfurt a.M.: Campus, 1997.

Vorländer, Hans: „Verfassungen und Rituale in Vormoderne und Moderne." in: Michaels, Axel (Hrsg.): *Ritual Dynamics and the Science of Ritual. Vol.*

*III: State, Power, and Violence.* Wiesbaden: Harrassowitz Verlag, 2010, S. 135- 148.

Vorländer, Hans: „Brauchen Demokratien eine Zivilreligion? Über die prekären Grundlagen republikanischer Ordnung. Überlegungen im Anschluss an Jean-Jacques Rousseau." in: Hilmer, Brigitte (Hrsg.): *Studia Philosophica, Die Idee der Demokratie. L'idée de démocratie. Schriftenreihe der Schweizerischen Philosophischen Gesellschaft,* 2012, S. 135- 154.

Wachtler, Günther (Hrsg.): *Militär, Krieg, Gesellschaft. Texte zur Militärsoziologie.* Frankfurt a.M./New York: Campus, 1983.

Weber, Max: „Zwischenbetrachtung." in: Weber, Max: *Gesammelte Aufsätze zur Religionssoziologie.* I. Tübingen: Mohr, [1920] 1988, S. 536-573.

Weber, Max: *Wirtschaft und Gesellschaft. Grundriss der verstehenden Soziologie.* Tübingen: Mohr, [1921/1922] 1990.

Werkner, Ines-Jacqueline: *Soldatenseelsorge versus Militärseelsorge. Evangelische Pfarrer in der Bundeswehr.* Baden-Baden: Nomos, 2001.

Werkner, Ines-Jacqueline /Leonhard, Nina (Hrsg.): *Aufschwung oder Niedergang? Religion und Glauben in Militär und Gesellschaft zu Beginn des 21. Jahrhunderts.* Frankfurt a.m.: Peter Lang, 2003

Werkner, Ines-Jacqueline: „Religion und ihre Bedeutung für Krieg, militärische Gewalt und den Soldaten." in: Leonhard, Nina/Werkner, Ines-Jacqueline: *Militärsoziologie. Eine Einführung.* Wiesbaden: VS-Verlag, 2012, S. 220-242.

Whitebrook, Maureen: *Identity, Narrative and Politics.* London: Routledge, 2001.

Willaime, Jean-Paul: „Zivilreligion nach französischem Muster." in: Kleger, Heinz/Müller, Alois: *Religion des Bürgers.* München: Chr. Kaiser Verlag, 1986, S.147- 174.

Wohlrab-Sahr, Monika/Karstein, Uta/Schmidt-Lux, Thomas: *Forcierte Säkularisierung.* Frankfurt a. M.: Campus, 2009.

Woodhead, Linda (Hrsg.): *Peter Berger and the Study of Religion.* London: Routledge, 2001.

Wolin, Sheldon S.: *Politics and Vision. Continuity and Innovation in Western Political Thought.* Boston: Little, Brown and Company, 1960.

Wulf, Christoph/Zirfas, Jörg: „Die performative Bildung von Gemeinschaften." *Paragrana,* 10: 1 (2001), S. 93- 116.

Wulf, Christoph/Göhlich, Michael/Zirfas, Jörg (Hrsg.): *Grundlagen des Performativen. Eine Einführung in die Zusammenhänge von Sprache, Macht und Handeln.* München: Juventa, 2001.

Wulf, Christoph/Zirfas, Jörg: „Performative Welten." in: Wulf, Christoph/Zirfas, Jörg (Hrsg.): *Die Kultur des Rituals. Inszenierungen. Praktiken. Symbole.* München: Wilhelm Fink Verlag, 2004, S. 7- 45.

Wulf/Göhlich/Zirfas: „Sprache, Macht und Handeln- Aspekte des Performativen." in: Wulf, Christoph/Göhlich, Michael/Zirfas, Jörg (Hrsg.): *Grundlagen des Performativen. Eine Einführung in die Zusammenhänge von Sprache, Macht und Handeln.* München: Juventa, 2001, S. 9- 23.

Wuthnow, Robert: *The Restructuring of American Religion. Society and Faith since WWII.* Princeton, CA: Princeton University Press, 1988.

Zupan, Natascha: „Neue Kriege- andere Tote?" in: Hauswedell, Corinna (Hrsg.): *Soldatentod in heutigen Kriegen. Herausforderungen für politische Normenbildung und Erinnerungskultur.* Loccumer Protokolle 25/08, 2009, S. 49- 54.

252                                                                    Literatur

**Zeitungsartikel:**

bau: „Wenn man die Vögel hört." *Bundeswehr Aktuell*, 06.06.11, S. 3.

Bernau, Nikolaus: „Jungs Firmendenkmal." *Berliner Zeitung*, 01.08.2007, S. 25.

Ble: „Jung ändert seine Wortwahl." *SZ*, 25.10.2008, S. 6.

Deininger, Roman: „Die Würde der Stille." *SZ*, 26.04.2010, S. 5

Drobinski, Matthias: „Töten und getötet werden." *SZ*, 02.09.2008, S. 4

Elitz, Ernst: „Deutschland trauert." *BILD online*, 08.04.2010. Verfügbar unter: http://www.bild.de/news/standards/ernst/kommentar-12124492.bild.html (letzter Zugriff 04.02.2013).

Encke, Julia: „Ganz in Schwarz." *FAS*, 11.04.2010, S. 14.

Exner, Ulrich: „Merkel verteidigt den Einsatz und die Zweifel daran." *Die Welt online*, 09.04.2010. Verfügbar unter: http://www.welt.de/politik/deutschland/article7115566/Merkel-verteidigt-den-Einsatz-und-die-Zweifel-daran.html (letzter Zugriff 04.02.2013).

Fried, Nico: „Trauerfeier mit Kanzlerin." *SZ*, 09.04.2010, S. 4.

Gebauer, Mathias: „Wir haben unsere Opferbereitschaft bewiesen." *Spiegel online* Interview mit Verteidigungsminister De Maizière, 23.12.2011. Verfügbar unter: http://www.spiegel.de/politik/ausland/de-maiziere-zum-afghanistan-einsatz-wir-haben-unsere-opferbereitschaft-bewiesen-a-805310.html (letzter Zugriff 04.02.2013).

Hettling, Manfred: „Wofür? – Der Bundesrepublik fehlt ein politischer Totenkult." *FAZ*, 04.03.2006, S. 8.

löw „Gefallen." *FAZ*, 25.10.2008, S. 8.

Mayntz, Gregor: „Wie die Bundeswehr der Gefallenen gedenkt." *Rheinische Post Düsseldorf*, 03.01.2006.

Wolz, Nicolas: „Gefallen ohne Krieg?" *FAZ*, 26.10.2008, S. 14.

o. V.: „Trauerfeier für getöteten UNO Soldaten am Freitag." *SZ*, 21.10.1993, S. 2.

o. V.: „Ein selbstlos helfender Mensch." *SZ*, 23.10.1993, S. 6.

o. V.: „Trauer um sieben deutsche Soldaten in Afghanistan." *FAZ.NET*, 22.12.2002. Verfügbar unter: http://www.faz.net/aktuell/gesellschaft/hubschrauber-absturz-trauer-um-sieben-deutsche-soldaten-in-afghanistan-183224.html (letzter Zugriff 04.02.2013).

o. V.: „Gefährliche Auslandseinsätze." *SZ*, 23.12.2002, S. 2.

o. V.: „Rau: Deutsche stehen hinter Auslandseinsätzen." *SZ*, 30.12.2002, S. 6.

o. V.: Interview mit Verteidigungsminister Peter Struck, Bundeswehrmagazin *Aktuell*, 17.11.2005. Verfügbar unter: http://www.bmvg.de/por-

tal/a/bmvg/!ut/p/c4/NY3BCsIwEET_KGkOVepNE-
VEP6kmtl5ImS7rYJGWzqRc_3lboDMxh3sDIl5wc9IhOM8age_mUtcFN-
xGtH53wGDAxEGYvHCTToekYmj8bgRjQosvBpWXYJE-
BuVFWWwtIAU5OYsnnLx_xkQZgYgOdkCIxTO-
tIcSQyRuJ9JJpqIQCvrQu13hSoWqe_qXB1v92Jdni6Hqxy83_4AN4PZlw!!
/ (letzter Zugriff 04.02.2013).

o. V.: „Jung würdigt getötete deutsche Soldaten." *SZ*, 24.05.2007, S. 5.

o. V.: „Jung. Ich verneige mich vor den gefallenen Soldaten." *FAZ*, 25.10.2008,
S. 4

o. V.: „Jung bei Trauerfeier." *SZ*, 08.05.2009, S. 6.

o. V.: „Letzte Ehre." *SZ*, 29.06.2009, S. 1.

o. V.: „Trauerfeier für Bundeswehrsoldaten." *FAZ*, 03.07.2009, S. 2.

o. V.: Kurzmeldung „Guttenberg ehrt Tote." *FAZ*, 16.11.2009, S. 4.

o. V.: „Abschied in Trauer." *SZ*, 13.10.2009, S. 6.

o. V.: „Warum gibt Merkel den toten Soldaten nicht das letzte Geleit?" *BILD
online,*, 07.04.2010. Verfügbar unter: http://www.bild.de/poli-
tik/2010/soldat/warum-kein-letztes-geleit-fuer-tote-soldaten-
12124434.bild.html (letzter Zugriff 04.02.2013).

o. V.: „Angela Merkel kommt nun doch zur Trauerfeier." *SZ online*, 08.04.2010.
Verfügbar unter: http://www.sueddeutsche.de/politik/gefallene-solda-
ten-angela-merkel-kommt-nun-doch-zur-trauerfeier-1.22457 (letzter
Zugriff 04.02.2013).

o. V.: „Merkel nimmt an Trauerfeier teil." *SZ*, 09.04.2010, S. 7.

o. V.: ‚„Sie haben den höchsten Preis gezahlt, den ein Soldat zahlen kann'."
*BILD online*, 09.04.2010. Verfügbar unter: http://www.bild.de/poli-
tik/2010/soldat/nehmen-in-selsingen-abschied-von-getoeteten-kame-
raden-12142640.bild.html (letzter Zugriff 04.02.2013).

o. V.: ‚'Sie waren tapfere, treue Soldaten'." *BILD online*, 09.04.2010. Verfügbar
unter: http://www.bild.de/politik/2010/soldat/trauert-am-sarg-gefal-
lener-soldaten-12150818.bild.html (letzter Zugriff 04.02.2013).

o. V.: „Bundeswehr nimmt Abschied von getöteten Soldaten." *SZ online*,
03.06.2011. Verfügbar unter: http://www.sueddeutsche.de/poli-
tik/bundeswehr-nimmt-abschied-von-getoeteten-soldaten-unser-ein-
satz-in-afghanistan-fordert-einen-hohen-preis-1.1104808 (letzter Zugriff 04.02.2013).

o. V.: „Ohne Glauben ist kein Staat zu machen." Interviews mit Wolfgang
Thierse, *Die Zeit*, 29.11.2012, S. 68.

Reents, Edo: „Ihre Trauer klagt an." *FAZ*, 16.11.2009, S. 27.

Remme, Klaus: „Verbesserungsbedarf bei der Gedenkkultur. Abgeordnete wollen neues Denkmal für gefallene Soldaten." *Dradio*, 07.03.2013. Verfügbar unter: http://www.dradio.de/dlf/sendungen/dlfmagazin/2033995/ (letzter Zugriff 20.03.2013).

Von Daniels, Justus: „Wenn Politik glaubt." *Die Zeit* 52, 19.12.12, S. 4.

**Primärdokumente der Bundeswehr und des Bundestages:**

das Bundesverteidigungsministerium der Verteidigung: *Bundeswehr im Einsatz.* verfügbar unter: http://www.bundeswehr.de/resource/resource/MzEzNTM4MmUzMzMyMmUzMTM1MzMyZTM2MzIz-MDMwMzAzMDMwMzAzMDY3Nzc2NzY5NjEzMzc3NzYyMDIwMjAyMD Iw/Bundeswehr%20im%20Einsatz%20barrierefrei%20NEU.pdf (letzter Zugriff 18.03.2013).

der Bundesminister der Verteidigung: „Bundeswehr und Tradition." Fü B I 4-Az 35-08-07, Bonn, 01.07.1965 (zitiert als *Traditionserlass der Bundeswehr* 1965).

der Bundesminister der Verteidigung: „Richtlinien zum Traditionsverständnis und zur Traditionspflege in der Bundeswehr." Fü S I 3- Az 35-08-07, Bonn, 20.09.1982 (zitiert als *Traditionserlass der Bundeswehr* 1982).

der Bundesminister der Verteidigung: ZDv 10/1: *Innere Führung. Selbstverständnis und Führungskultur der Bundeswehr.* Bonn, 28.01.2008 (zitiert als *ZDv 10/1*).

das Bundesministerium der Verteidigung: Broschüre des Presse- und Informationsstabs. *Das Ehrenmal der Bundeswehr. Den Toten unserer Bundeswehr – Für Frieden, Recht und Freiheit.* Stand November 2009. (zitiert als BMVg: *Das Ehrenmal der Bundeswehr*). Verfügbar unter: http://www.bundeswehr.de/resource/resource/MzEzNTM4MmUzMzMyMmUzMTM1MzMyZTM2MzEzMDMwM zAzMDMwMzAzMDY3NmE2ODc4MzU2ODM5NmEy-MDIwMjAyMDMz/2009-11-02%20-%20Druckfreigabe%204.%20Entwurf%20BMVG_136_Ehrenmal_02-Aktualisierung_RZ05a.pdf (letzter Zugriff 18.03.2013).

das Bundesministerium der Verteidigung: Broschüre des Presse- und Informationsstabs: *Ehrenzeichen und Einsatzmedaillen.* Stand Januar 2011. Verfügbar unter: http://www.bundeswehr.de/resource/resource/MzEzNTM4MmUzMzMyMmUzMTM1MzMyZTM2MzIz-MDMwMzAzMDMwMzAzMDY3NmM3OTc5NmYzNzY2NjYyMDIwMjAy MDIw/Ehrenzeichen%20und%20Einsatzmedaillen_Januar%202011_final_barrierefrei.pdf (letzter Zugriff 18.03.2013).

das Bundesministerium der Verteidigung: *Weißbuch zur Sicherheitspolitik Deutschlands und zur Zukunft der Bundeswehr.* 2006.

Drucksache des Bundestages 16/5891: „Antrag: ‚Ein Mahnmal – Kein Ehrenmal Gegen Kriege – Mahnmal für die Opfer der gegenwärtigen Kriege.'" 04.07.2007.

Drucksache des Bundestages 16/5593: „Antrag: ‚Planungen für Bundeswehr-Ehrenmal am Bendlerblock aussetzen – Würdigung der Toten in unmittelbarer Reichstagsnähe'." 13.06.2007.

Drucksache des Deutschen Bundestages 17/11685: „Antrag der Bundesregierung: ‚Fortsetzung der Beteiligung bewaffneter deutscher Streitkräfte an dem Einsatz der Internationalen Sicherheitsunterstützungstruppe in Afghanistan (International Security Assistance Force, ISAF) unter Führung der NATO auf Grundlage der Resolution 1386 (2001) und folgender Resolutionen, zuletzt Resolution 2069 (2012) vom 9. Oktober 2012 des Sicherheitsrates der Vereinten Nationen'." 28.11.2012.

Gesetz zur Verbesserung der Versorgung bei besonderen Auslandsverwendungen (Einsatzversorgungs-Verbesserungsgesetz), Bundesgesetzblatt Jahrgang 2011 Teil I Nr. 63, ausgegeben zu Bonn am 12. Dezember 2011.

o. V.: „Minister möchte breite Diskussion über Veteranen." 29.02.2012, verfügbar unter: http://www.bmvg.de/portal/a/bmvg/!ut/p/c4/NYu7DsI-wEAT_yGcXkYCOyA0NRZoQOsexnAO_dLmEho_HLtiV-ptjRwhNqkznQG8acTIAHT-BYv80fM8fDilXeqq9jQro5Wh7yVHJDxDWO7Lk7YnBw3skuMlZ4MZxlIE 4dmdqJqBC4wSaV7qeQ_6nsaRn0_d7LTt36AEuP1B8fPuy4!/ (letzter Zugriff 22.03.2013).

o. V.: „Veteranendiskussion: Es geht um besondere Wertschätzung." 08.10.2012; verfügbar unter: http://www.bmvg.de/portal/a/bmvg/!ut/p/c4/NYuxDsIwDET_yE4WCmxUXVgRahu2tl0io-yapjNMuf-DzJwJ30hns6fGFptDt5K5SiXXFEM9N1OmAKu4d3ylxWCBTpI44pBxzqZ 3Ewp-ikUlwUKvRsJTFsiWWtJjMXA7SgUbprlVb_6O_Z9JfheWqa7t4-cAvh9gN9_UvO/ (letzter Zugriff 22.03.2013).

Pressemitteilung des Presse- und Informationszentrum der Streitkräftebasis zentralen Trauerfeier in Hannover, 01.06.2011. Verfügbar unter: http://www.bundeswehr.de/resource/resource/MzEzNTM4MmUzMzMyMmUzMTM1MzMyZTM2MzEzMDMwM zAzMDMwMzAzMDY3NmY2NDc4NmEzMzc0NmEy-MDIwMjAyMDIw/TrauerfeierHannover.pdf (letzter Zugriff 04.02.2013).

Namensliste aller Todesfälle in der Bundeswehr, Stand 30.10.2012. Verfügbar unter: http://www.bundeswehr.de/portal/a/bwde/!ut/p/c4/04_SB8K8xLLM9MSSzPy8xBz9CP3I5E rpHK9pPKUVL301JTUvOzUPL3UjKLUvNzEHL3M3HiYoH5BtqMi-ANGP9kM!/ (letzter Zugriff 04.02.2013).
Todesfälle in der Bundeswehr. Offizielle Statistik der Bundeswehr, Stand September 2012. Verfügbar unter: http://www.bundeswehr.de/portal/a/bwde/!ut/p/c4/DclBDoAgDAXRs3gBunfnLdRNU-xXCaQY-REk8vWR2b2ilnskbDqkhmySaadnC6JvzTeEOKCzC3Cdng-vFjyrvE2qVmxb0LUgIHY0Vh3zfuhrPQFafhB-oSd6w!/ (letzter Zugriff 04.02.2013).
Zentrum Innere Führung: „Auseinandersetzung mit Verwundung, Tod und Trauer im Einsatz." Arbeitspapier 1/2010.

**Dokumente der zitierten Reden:**

zu Guttenberg, Karl Theodor 09.04.2010, Selsingen. Auf Anfrage erhältlich beim Presse- und Informationsdienst des BMVg.
zu Guttenberg, Karl Theodor 24.04.2010, Ingolstadt. Auf Anfrage erhältlich beim Presse- und Informationsdienst des BMVg.
zu Guttenberg, Karl Theodor 15.10.2010, Selsingen. Auf Anfrage erhältlich beim Presse- und Informationsdienst des BMVg.
zu Guttenberg, Karl Theodor 25.02.2011, Regen. Auf Anfrage erhältlich beim Presse- und Informationsdienst des BMVg.
de Maizière, Thomas, 03.06.2011, Hannover. Verfügbar unter: http://www.bmvg.de/portal/a/bmvg/!ut/p/c4/NYvBCsI-wEET_aDe5GPFmLahXD2q9SNosYaFJyrqtFz_e9NA-ZeDA8Bl9Ym_3C0SuX7Ed8Yjfwof9Cn5YIiTN_lITn-BIHkvW0QCpTxsd4DwVAy6UqlrFwZxWsR-mlrouJpZpZBrggJ2xbWOs2WJ_-8v5dHc759prc8MppeMfSCZGSQ!!/ (letzter Zugriff 07.02.2013).
de Maizière, Thomas, 10.06.2011, Detmold. Verfügbar unter: http://www.bmvg.de/portal/a/bmvg/!ut/p/c4/NYvBCsI-wEET_aLc5CNWbpaBehAqi9SJps4SFJinrtl78eJNDZ-DB8Bh8YW60K3ur-n-KKd8In9yIfhC0NYPQSO_FESXgI4kve2QchRxEe5O4IxRdJCpaic6cVqEpiT 6FTMIpINsMO-Mm1TmWqL-dXn6-ne7fZ1e2luOIdw_APWz9UY/ (letzter Zugriff 07.02.2013).

Jung, Franz Josef 23.05.2007, Köln/Wahn. Verfügbar unter: http://www.bmvg.de/portal/a/bmvg/!ut/p/c4/NY1NC8IwEET_UdIo-RfTmB6IXBQ9qvZS03aZbmqRsthXEH28qdAbm8h6MfMlYpOcOmtE73c mnzErcFG9R2NEIiw4DA-FghYFQNlg2DPmfjUAMWKEZnAmzmAdA-ztU6TUVFNWn3aX2Auo2OfExnFYjSO-BpGRxjXEOaPYneE3cTGYgiE-VjJLFGHXaKSOeq7Wp7295tKFufL8Sp7a7c_BPTE1w!!/ (letzter Zugriff 07.02.2013).

Jung, Franz Josef 01.09.2008, Zweibrücken. Auf Anfrage erhältlich beim Presse- und Informationsdienst des BMVg.

Jung, Franz Josef 24.10.2008, Zweibrücken. Auf Anfrage erhältlich beim Presse- und Informationsdienst des BMVg.

Jung, Franz Josef 07.05.2009, Bad Saulgau. Auf Anfrage erhältlich beim Presse- und Informationsdienst des BMVg.

Jung, Franz Josef 02.07.2009, Bad Salzungen. Verfügbar unter http://www.bmvg.de/portal/a/bmvg/!ut/p/c4/NY3bCo-JAFEX_aC6BdHkzIoiiXoKyFxn1OB5xZuTM0SD6-DRwb9gva8GWLznVmxGtYQzedPIpsxJ3xVsUbrTCocfIQDg4Y-SGWDZYNQ_5nIxADVmgHb-Mi5hGQc71NElFRTcZ_2hChbidH-PuazCkQZPPC8DJ5xWkuGA4k-EHczGYgmIrCSmdKHvdJqif6u7-f0slFqd-boeb7J3Lv0BwsxxHg!!/ (letzter Zugriff 07.02.2013).

Jung, Franz Josef 12.10.2009, Fulda. Verfügbar unter: http://www.bmvg.de/portal/a/bmvg/!ut/p/c4/NY3BCo-JAFEX_aMYBLWpXRNKızmWŻkVGł4xNnRt48DaKPTwPvhbs5B658ybl OT2g0o3e6l0-ZV7gv36K0kxEWHQYGwtEKA6FqsWoZij-bgBiwRjM6E1axCIBcqF2SiJoa0u7T-QBNNz-syW85qEJV3wMsyOMZ5DWn2JAZP3C9kJJqJwFrmkTo-dIxWtUd9tdk0f6SaOL7fzXQ7WHn4zw3tH/ (letzter Zugriff 07.02.2013).

Köhler, Horst: „Den Frieden gewinnen"- Rede von Bundespräsident Horst Köhler bei der Gedenkveranstaltung des Volksbundes Deutsche Kriegs-gräberfürsorge e.V. aus Anlass des Volkstrauertages am 15. November 2009 in Berlin. Verfügbar unter: http://www.bundespraesi-dent.de/SharedDocs/Reden/DE/Horst-Koehler/Re-den/2009/11/20091115_Rede.html (letzter Zugriff 04.02.2013).

Köhler, Horst: Rede bei der Kommandeurstagung der Bundeswehr, 10.10.2005, Bonn. Verfügbar unter http://www.bundespraesi-dent.de/SharedDocs/Reden/DE/Horst-Koehler/Re-den/2005/10/20051010_Rede.html (letzter Zugriff 04.02.2013).

Merkel, Angela 09.04.2010, Selsingen. Verfügbar unter: http://www.bundes-
regierung.de/Content/DE/Rede/2010/04/2010-04-09-rede-trauer-
feier-selsingen.html (letzter Zugriff 04.02.2013).

Naumann, Klaus 22.10.1993, Wunstorf. Eigene Protokollierung auf der Basis
eines Videomitschnitts des Bundeswehr TV.

Rau, Johannes 29.12.2002, Bonn. Verfügbar unter: http://www.bundesprae-
sident.de/SharedDocs/Reden/DE/Johannes-Rau/Re-
den/2002/12/20021229_Rede.html (letzter Zugriff 04.02.2013).

Rühe, Volker 22.10.1993, Wunstorf. Eigene Protokollierung auf der Basis eines Videomitschnitts des Bundeswehr TV.

Schäuble,       Wolfgang       18.08.2005,       Berlin.       Verfügbar       unter:
http://www.bmi.bund.de/cln_156/SharedDocs/Re-
den/DE/2007/08/bm_totenfeier_polizisten_afghanis-
tan.html?nn=109576 (letzter Zugriff 04.02.2013).

Struck, Peter 10.06.2003, Köln/Wahn. Auf Anfrage erhältlich beim Presse-
und Informationsdienst des BMVg.

weitere Internetquellen:

Fragen- und Antwortenkatalog der Bundesregierung zum Thema Afghanistan, Stand Juli 2011. Verfügbar unter: http://www.bundesregie-
rung.de/Webs/Breg/DE/Afghanistan/afghanistan.html (Stand Juli
2011)

Materialsammlung zur Debatte um das Ehrenmal. Verfügbar unter:
http://hsozkult.geschichte.hu-berlin.de/websites/id=310 (letzter Zugriff 04.02.2013).

Statistik der NGO ICasualties zu den Todesfällen der Bundeswehr in Afghanistan, Stand Februar 2011. Verfügbar unter: http://icasual-
ties.org/OEF/Nationality.aspx?hndQry=Germany (letzter Zugriff
24.10.2012).

The manufacturer's authorised representative in the EU is Springer
Nature Customer Service Centre GmbH, Europaplatz 3, 69115 Heidelberg,
Germany. If you have any concerns regarding our products, please
contact ProductSafety@springernature.com

Printed and bound by CPI Group (UK) Ltd, Croydon, CR0 4YY

23/04/2026

02095640-0003